未来社区

浙江的理论与实践探索

浙江省发展和改革委员会
浙江省发展规划研究院
编

ZHEJIANG UNIVERSITY PRESS
浙江大学出版社

序

建人民社区　为人民服务

城市是人类文明发展的摇篮。习近平总书记高度重视城市建设与发展，强调“无论是新城区建设还是老城区改造，都要坚持以人民为中心，聚焦人民群众的需求，合理安排生产、生活、生态空间，走内涵式、集约型、绿色化的高质量发展路子，努力创造宜业、宜居、宜乐、宜游的良好环境，让人民有更多获得感，为人民创造更加幸福的美好生活”[①]。

社区作为城市的基本功能单元，是城市文化融合、市民凝聚力和幸福感提升的重要场所。2018 年 5 月，《浙江省大湾区建设行动计划》提出创建未来社区，探索更具人文关怀、更加智慧的美好家园方案，期待由点及面，绘就未来城市、未来社会美好图景。直面这一时代任务，浙江省发展和改革委员会于 2018 年 9 月启动未来社区建设的系统研究，原创性提出了“以人民美好生活向往为中心，聚焦人本化、生态化、数字化三维价值坐标，构建未来邻里、教育、健康、创业、建筑、交通、低碳、服务、治理等九大场景”的“139”顶层设计架构，努力打造以多功能、复合型、亲民化为主要特征的人民群众共建共享现代化生活的美好家园。

回顾两年多来浙江未来社区建设的理论研究与实践探索，自 2019 年 3 月正式开展首批试点项目建设以来，浙江始终坚持有为政府和有效市场并重，形成了省市县三级联动的专班化运作机制，先后开展三批共 150 个试点和创建项目，包括整合提升、拆除重建、拆改结合、规划新建、全域创建等多种类型，已覆盖全省 11 个设区市、81 个县（市、区），直接受益居民近百万人。

习近平总书记和党中央赋予浙江高质量发展建设共同富裕示范区的光荣使命。未来社区建设与共同富裕目标内涵高度一致，是共同富裕的题中应有之义。站在新起点，浙江将聚焦以人为核心的共同富裕，全省域推进城市未来社区建设，全方位塑造现代化生活基本

① 谢坚钢，李琪．以人民为中心推进城市建设［N］．人民日报，2020-06-16（9）．

图景，将未来社区打造成共同富裕现代化基本单元，全面彰显共同富裕成果的鲜活展示地、群众感受美好生活的普遍向往地、数字社会场景应用的最佳实践地的内涵特征，使未来社区成为共同富裕示范区建设的标志性成果。

浙江省发展和改革委员会主任

2021年8月

前言

社区的未来在哪里？

在十八届中央政治局常委同中外记者见面时，习近平同志提出："人民对美好生活的向往，就是我们的奋斗目标。"[①]社区作为承载美好生活向往、增强群众获得感、促进社会稳定的城市基本单元，不仅是体现时代科技水平、生产方式和生活方式的基石，更是城市与乡村文明高质量发展和高品质生活的集成展现。随着人类文明的不断进步，尤其是科技变革的日新月异，国际社会对社区建设理念的追求不断创新，生态社区、健康社区、零碳社区、智慧社区、共享社区、韧性社区、绿色社区等建设理念异彩纷呈。立足浙江"两个高水平"建设交汇期的发展阶段特征，直面群众美好生活需求与城市和社区发展不平衡、不充分的矛盾，以忠实践行"八八战略"、奋力打造"重要窗口"为内在要求，以打造共同富裕现代化基本单元、数字社会城市基本功能单元、城市现代化基本功能单元为使命，浙江省委省政府在《浙江省大湾区建设行动计划》中提出"开展未来社区示范工程建设"部署，首次以"未来"一词所蕴含的无限美好遐想，为社区发展指明奋斗方向，并于2019年1月，将"未来社区"建设写入浙江省政府工作报告，纳入扎实推进大湾区建设的"标志性项目"之一，成为浙江"两个高水平"建设的新名片。

"未来社区"作为一项创新探索，没有先例可循，"是什么、做什么、怎么做、如何保障"都需要进行系统化的研究部署。按照2020年4月习近平总书记在浙江考察期间对浙江发展提出的"努力建设新时代全面展示中国特色社会主义制度优越性重要窗口"的新目标、新定位，浙江未来社区建设正面临着建成人民美好家园的新的时代使命。为此，浙江省发展改革委牵头开展"浙江省未来社区建设与发展研究"课题研究，不断迭代深化，全方位研究能够满足人民美好生活向往的未来社区发展模式，为推动以人为核心的城市现代化建设贡献浙江方案。课题组前期组织开展了3万余份群众问卷调查、企业实地座谈，赴国内的雄安、深圳，以及国外的新加坡学习考察，赴基层把握民意需求、了解前沿技术

---

① 中共中央文献研究室．十八大以来重要文献选编（上）［M］．北京：中央文献出版社，2014：70.

应用、吸收借鉴先进经验，结合专题研究相关成果，围绕满足人民美好生活向往的核心目标，从顶层设计、关键要素、场景方案、指标体系、政策保障、推进机制等方面，系统研究未来社区理论内涵，大智集成，形成课题研究总报告。研究提出的浙江未来社区建设“139”顶层设计、指标体系、政策建议等创新成果已转化为《浙江省未来社区建设试点工作方案》（浙政发〔2019〕8号）《浙江省人民政府办公厅关于高质量加快推进未来社区试点建设工作的意见》（浙政办发〔2019〕60号）等政府文件，并为浙江省已经开展的150个未来社区试点及创建项目提供了有力支撑。

展望未来，我们将以本书成果为基础，不断迭代创新，充分发挥未来社区建设实践的基底功能，助力浙江大湾区、大都市区、大花园和大通道建设，为全国输出城市有机更新和老旧小区改造的浙江理念与实践探索经验，撬动改善民生、带动产业、促进消费、拉动投资等综合效益，走出基层治理体系和治理能力现代化新路径，不断提升人民群众获得感、幸福感和安全感，着力将未来社区打造为共同富裕成果的鲜活展示地、群众感受美好生活的普遍向往地、数字社会场景应用的最佳实践地，以人与城市的和谐关系促进人的全面发展和社会全面进步。

目 录

理论创新篇

技术指引篇

实践探索篇

理论创新篇

浙江未来社区建设研究立足“想百姓所想、尽未来所望”的责任担当，以“满足人民对美好生活的向往”为根本遵循，围绕群众高品质生活主轴和人的全面发展需要，开展顶层设计，着力提升群众获得感、幸福感、安全感。

本篇集成了浙江未来社区建设的系统理论研究成果，围绕“为什么、是什么、怎么做”的研究主线，通过全方位剖析未来社区建设的时代背景，回答浙江未来社区建设的初心使命；通过深入分析未来社区建设的实践基础，首创性提出浙江未来社区“139”顶层设计架构；通过深刻把握“系统集成创新”的突破方向，提出涵盖关键突破口、场景方案、建设标准、政策保障、工作机制的系统化解决方案，为浙江未来社区建设的探索实践夯实理论基石。

第一章　绪　论

一、研究背景

社区作为居民生活的基本单元，是承载人民美好生活向往的基础载体，也是城市现代化发展水平的重要标志。微观尺度的社区与人民美好生活需求的链接具有根本性、直接性和关联性，因而社区建设始终是社会关注的焦点，是检验政府治理能力的考题，也是衡量城市发展质量的考题，更是实现群众获得感的难题①。

浙江省正处在开启高水平推进社会主义现代化新征程的关键时期，未来社区建设是浙江科学把握新发展阶段、深入贯彻新发展理念、主动融入新发展格局的城市现代化发展先行探索，具有强烈的时代紧迫性。

（一）满足人民美好生活向往的初心使命

1. 未来社区建设是贯彻落实以人民为中心发展思想的自觉行动

党的十九大报告明确我国社会主要矛盾已转化为人民日益增长的美好生活需要和不平衡不充分的发展之间的矛盾，提出“把人民对美好生活的向往作为奋斗目标”，强调人的全面发展与社会全面进步的高度统一，深刻凸显了“以人民为中心”的价值导向。2020 年，浙江人均 GDP 达到 100070 元（按年平均汇率折算为 14508 美元），已越过世界银行界定的高收入经济体门槛（12536 美元），居民需求也从基本型向更高层次的发展型需求转变，衍生出新的生活方式，但与人民日常生活息息相关的城市和社区建设治理还存在不平衡不充分问题。浙江正处于开启高水平推进现代化建设进程的关键历史节点，以未来社区建设承载美好生活需要，推动以人为核心的现代化，在人与社区的和谐关系中不断促进人的全面发展和社会进步，是践行习近平新时代中国特色社会主义思想，特别是以人民为中心发展思想的重要举措，是“美好家园”的浙江探索。

---

① 孟刚．未来社区建设的时代背景和浙江追求［J］．浙江经济，2019（7）：8-11.

2. 未来社区建设是忠实践行“八八战略”、奋力打造“重要窗口”的内在要求

2003 年 7 月，时任浙江省委书记习近平同志在浙江省委十一届四次全会上，首次系统提出“八八战略”，即进一步发挥八个方面优势，推进八个方面举措。“八八战略”闪耀着马克思主义方法论的光芒，为浙江发展指明了“发展现有优势在哪里、潜在优势在哪里、哪些优势将失去、哪些优势能再造、哪些优势能培育”的“优势论”，其蕴含的价值观就是坚持以人民为中心的发展思想，最根本目的就是让人民过上更加美好的生活。2020 年 4 月，习近平总书记在浙江考察期间，对浙江工作提出“努力建设新时代全面展示中国特色社会主义制度优越性重要窗口”的新目标新定位。同年 9 月，浙江省未来社区建设工作推进电视电话会议公布了浙江省委书记袁家军关于“开展未来社区建设，是忠实践行‘八八战略’、奋力打造‘重要窗口’的内在要求”的重要批示。未来社区建设的提出是彰显中国特色社会主义制度优越性，忠实践行“八八战略”，坚持“优势论”，发挥浙江开天辟地、敢为人先的首创精神，奋力打造“重要窗口”的内在要求。以未来社区建设为支点，发挥“一盘棋”思维办大事的社会主义制度优越性，着眼于系统优化，撬动社会治理、文化、服务、生态等方面新活力，积极打造“重要窗口”标志性成果。

3. 未来社区建设是落实高质量发展建设共同富裕示范区的有效抓手

国家“十四五”规划纲要指出，支持浙江高质量发展建设共同富裕示范区。根据 2021 年 5 月浙江省委书记袁家军在高质量建设共同富裕示范区省委专题学习会上的讲话要求和省委十四届九次全体（扩大）会议精神，浙江将未来社区作为共同富裕现代化基本单元，着力打造多功能、复合型、亲民化的人民群众共建共享现代化生活的美好家园。浙江在数字经济、公共服务、创新创业、精神文化建设等方面走在全国前列，有条件通过未来社区建设积极探索数字社会高效组织、运营治理持续有效、公共服务普惠共享等经验模式，为浙江高质量发展建设共同富裕示范区夯实基本单元。

4. 未来社区建设是破解城市有机更新和老旧小区现实困扰的路径创新

党中央、国务院高度重视城市更新和城镇老旧小区改造工作。“实施城市更新行动”被写入国家“十四五”规划，已上升到国家战略层面。2019 年 6 月，李克强总理到杭州考察，提出“建设宜居城市首先要建设宜居小区。改造老旧小区、发展社区服务，不仅是民生工程，也可成为培育国内市场拓展内需的重要抓手，既能拉动有效投资，又能促进消费，带动大量就业，发展空间广阔，要做好这篇大文章”[①] 的指示要求。同月，国务院常务会议

① 第一财经 . 李克强考察杭州社区养老：打通养老服务“最后一公里”受高层关注［EB/OL］.（2019-06-15）［2020-10-01］.http://www.gov.cn/xinwen/2019-06/15/content_5400552.htm.

作出了在全国推进城镇老旧小区改造工作的全面部署。从浙江实践来看，浙江已开展了以背街小巷整治、屋面平改坡、小区低效碎片化土地整合利用、网格化治理等为主要内容的老旧小区改造，积累了丰富的经验。但与此同时，浙江建于 20 世纪 70—90 年代的老旧小区点多面广，存在建设粗放、安全隐患多、交通出行难等现实矛盾；部分新建社区在功能配置、空间营造、能源利用、精细治理等方面理念滞后，难以满足现代化生活方式的多元需求。以未来社区模式推进老旧小区改造，可以系统解决土地利用不集约、生活设施配套差、公共服务品质低等问题，盘活存量资源，促进城市有机更新，是对党中央、国务院关于城市更新和城镇老旧小区改造工作部署的有力响应和落实。

（二）延续浙江精神演变脉络的时代选择

1. 未来社区建设是根植于浙江精神和人文基因的大胆探索

浙江精神厚植于历经数千年地域文化孕育的大陆农耕文明和海洋文明精华中，具有刚柔并济、务实创新、兼容并蓄的特点。从永康学派陈亮“崇义谋利、义利并行”到永嘉学派叶适“经世致用、注重事功”，由王充“疾虚妄”到王阳明“知行合一”，从黄宗羲“经世应务”到竺可桢“求是笃行”，[①] 浙江精神深厚的底蕴，不断成为浙江经济社会的发展支撑。以习近平总书记在浙江工作期间提出的“八八战略”为指引，浙江省委省政府在改革“乡村与田园”关系上，探索出了“千村示范、万村整治”重大决策部署，打造推动浙江农村环境美、生活美、生产美全方位发展的综合平台模式创新；在改革“城市与产业”关系上，探索出了特色小镇模式，形成综合集成创新、协调、绿色、开放和共享五大发展理念，集聚高端要素发展高端产业的大平台；在“政府与社会”关系上，提出了“最多跑一次”改革，其成为落实以人民为中心发展思想、推进政府刀刃向内自我革命的模式创新。当前，浙江正全面开启高水平推进现代化建设新征程，以未来社区建设创新“城市与人”的关系，是继续发扬浙江精神的先行先试和有益探索。

2. 未来社区建设是厚植于浙江经济社会基础的可预期蓝图

2020 年，浙江地区生产总值总量突破 6.4 万亿元，较上年增长 3.6%，居全国第四位。以打造全球数字变革高地为目标，浙江省委省政府作出了高质量加快推进数字化改革的全面部署，聚焦“1+5+2”体系[②]，着力打造一批具有机制性、制度性创新成果的重大应用，

---

① 杜平，潘哲琪 .“浙江模式”的演进与丰富［J］. 治理研究，2019（5）：68-77.

② 数字化改革“1+5+2”体系：“1”指一体化智能化公共数据平台，作为智慧化平台中枢支撑各级、各系统应用创新；“5”指 5 个综合应用——党政机关整体智治综合应用、数字政府综合应用、数字经济综合应用、数字社会综合应用和数字法治综合应用；“2”指构建理论体系和制度规范体系共两套体系。

率先探索形成与数字化时代相适应的生产方式、生活方式、治理方式。数字经济领跑全国，总量居全国第四位，大数据、云计算、物联网、人工智能等新技术持续赋能，新产业、新业态、新模式不断涌现。在人才引进方面持续发力，杭州高端人才引进数量甚至超过北上广深等一线城市。创新活力加速释放，区域创新能力连续 13 年居全国各省（区）第三位，大力探索科技创新新型举国体制的浙江路径，加快建设以之江实验室、西湖实验室为引领的新型实验室体系，不断增强以杭州城西科创大走廊为主平台的创新策源能力。“四大建设”战略部署全面实施，“六大新区”、特色小镇、“万亩千亿”等高能级平台支撑优势不断显现。浙江率先探索未来社区建设是立足社会经济基础和发展优势，推进“‘八八战略’再深化、改革开放再出发”的创新实践，与全省数字化改革，以及大湾区、大都市区建设具有很强的联动性，有望成为带动科技力、激发创新力、催生生产力的新动能平台。

3. 未来社区建设是推动新型城镇化高质量发展的时代使命

从城镇化整体趋势特征看，摩根士丹利（Morgan Stanley）提出，中国正推动以智能化的超级都市圈为核心的城镇化 2.0[①]，预测到 2030 年将形成长三角、京津冀、珠三角、长江中游、成渝等五大超级都市圈，预计为中国贡献 75% 的经济增长以及 50% 以上的城市人口增量，微观领域将带动工业互联网兴起（如 5G、物联网等）、成熟产业数字化（如无人驾驶、智能电网等），以及智慧城市新生活（如智能家居、远程医疗以及体验式服务消费等）。吴志强院士预测未来 15 年新时代城镇化和建筑发展重点关注几大问题：城市发展超级技术的应用、地下空间合理的开发利用、三维地籍和时间上的动态迭代、旧城改造和城市更新、城镇治理能力的提升等，其中“旧城改造”和“城市更新”尤其值得重视[②]。仇保兴参事指出，未来城市人口增减分化将明显加剧，长三角、珠三角、京津冀三大城市群的人口将会持续增加。根据国际规律，巴黎人口持续增长超 120 年，纽约人口持续增长超 200 年，大都市区人口的持续增长在城镇化峰值后仍然会加快、持续[③]。2020 年浙江城镇化率超过 72%，大约 4660 万人常住在城市和城镇社区，按照欧美国家经验，当城镇化率达到 70% 后，将出现“诺瑟姆曲线”的第二个拐点，城镇化率趋向平和，由速度城镇化转向深度城镇化，城镇化质量的提升、深度的扩展将成为共识。粗放型“摊大饼”式城市空间资源利用模式难以为继，寻找城市高质量发展转型突破口已成当务之急。未来

---

① Xing R, Yu G, Zheng J, et al. The rise of China’s supercities: New era of urbanization [R]. Australia: Morgan Stanley Wealth Management Australia Pty Ltd Publication, 2019.

② 《城市规划学刊》编辑部 . 第 8 届“金经昌中国青年规划师创新论坛”成功举办 [J]. 城市规划学刊，2019（4）：1-7.

③ 仇保兴 . 中国城镇化下半场的挑战与对策 [J]. 财经界，2018（11）：26-31.

社区建设模式的提出，是顺应以人为核心的新型城镇化、与数字化深度融合、推进城市有机更新等城镇化新趋势的创新突破口，以系统集成创新的高品质社区建设，带动城市有机更新，优化城市资源配置，提升大湾区、大都市区、大花园等高能级平台对人才等高端要素的吸引力，对于提升区域竞争力、实现可持续发展具有重要意义。

（三）推动城市治理体系创新的深刻革命

1. 未来社区建设是推动基层治理精细发展的改革要求

习近平总书记指出，城市治理要像“绣花一样”，在科学化、精细化、智能化上下功夫。党的十九大提出了“推动社会治理重心向基层下移”的要求。社区是城市社会治理的基础细胞，社区治理水平直接决定了城市治理能力。浙江基层治理走在全国前列，积累形成“枫桥经验”、“三治”融合、基层治理四平台等经验做法，但在城市社区特别是老旧小区的治理实践中，社区人文价值缺失、公共服务精细化程度不深、居民参与治理渠道不畅通、矛盾纠纷化解机制不到位、重大突发性事故事件应急响应能力不足等问题依旧存在。通过未来社区建设，深入挖掘独特丰富的文化内涵，以新的文化价值体系为遵循，以数字化赋能精细化治理，以居民自治提升归属感和自豪感，以韧性社区建设提升防灾防疫能力，有助于推动基层治理体系和治理能力现代化创新改革。

2. 未来社区建设是顺应城市理念迭代趋势的系统举措

从城市发展脉络看，由农耕时代至今，城市的演变经历了不同的路径和轨迹：从生态环境视角看，经历了从田园城市、绿色城市向生态城市、宜居城市、低碳城市的转变过程；从产业和经济驱动要素视角看，呈现出从资源型城市、消费型城市向文化城市、创意城市的转变特征；从技术视角看，呈现出由科技城市、信息城市升级为数字城市、智慧城市的演变路径。从社区发展看，从欧洲开放式街区模式，到新加坡组屋模式，再到日本共享社区等，社区内涵的迭代升级和技术变革无不反映出未来社区的雏形。无论是城市还是社区发展脉络，都反映了不同发展阶段对理想城市或社区某一侧面的响应。未来社区是对智慧、复合、绿色、共享等新时代要求的整体凝练，将在地文化元素与国际先进理念有机结合，以迭代更新的“未来”标准和独具魅力的历史文脉的有机融合，指引城市和社区发展。

3. 未来社区建设是变革城市规划管理制度的有效切入口

2018 年重新编制的《城市居住区规划设计标准》（GB 50180–2018）突出强化了宜居的理念，提出街区制、生活圈的概念，以步行范围内满足基本生活需求为原则重新划分居住区分级，包括 5 分钟生活圈、10 分钟生活圈、15 分钟生活圈三个圈层，以生活圈分级设置配套设施。居住区规范的修订反映出对传统“一刀切”式规划管理制度的反思，关注点从物质空间向人的需求转变。在传统的城市规划和管理制度中，在规范设置上过于注重结果的定量化数字管控，而缺乏过程的弹性引导，造成公共服务品质不高、土地集约利用不足等问题，尤其与居民生活密切相关的社区内部服务设施配套，主要参照“千人指标”要求分解落实，开发主体为追求经济效益，多采用化整为零、沿街为市的分散规划，通常与居民的生活需求和轨迹特征脱节，托育、老年人和残障人士护理等生活化、非营利性公益服务类设施容易被忽视；此外小区内部无障碍设施、盲道、人防空间单纯为符合规范要求而设计，缺乏系统思维。未来社区建设是对现行城市规划管理制度的完善和深化，不仅是功能形态、治理模式的创新，更是制度机制的优化升级，让规划真正回归人本内核。

（四）打好高质量发展组合拳的有效招式

1. 未来社区建设是刺激消费、助力双循环新发展格局的坚实抓手

党的十九届五中全会作出“加快构建以国内大循环为主体、国内国际双循环相互促进的新发展格局”的重大部署，其中扩大内需是构建新发展格局必须紧紧抓住的战略基点。中国经济正处在深化改革、转型升级的关键时期，消费对经济发展的“压舱石”作用日趋突出。2020 年消费对经济增长贡献率达到 54%，食品支出在家庭总消费中的占比从 2000 年的 50% 降低到 2020 年的 30.2%，已经与发达国家城镇居民消费水平相差无几[①]。麦肯锡预测，到 2030 年，58% 的中国家庭有望跻身“大众富裕”或以上阶层。在收入水平提升的同时，当前城市居民受到社区停车位、养老幼托、家政服务等设施短缺制约，已扼制正常消费活动的开展。随着数字经济、共享经济时代的到来，消费者偏好也在发生变化，体验式消费、“宅文化”兴起，对社区服务的业态类型、供给模式提出新挑战。浙江作为改革开放的先行区、人均生产总值达到发达水平的地区，消费对社会经济发展的作用更加显而易见。社区作为日常生活的主要场所，更是最大的消费终端和消费网络，以未来社区为抓手，以老旧小区改造为契机，在提升消费供给能力、释放消费潜力、完善消费环境等方面发力，推动社区配套设施改善，补齐服务设施短板，开拓银发消费、幼儿消费、绿色节能等新消费模式，为社会经济发展持续创造新动能。

2. 未来社区建设是承接科技革命和产业变革的新型平台

从时代趋势看，全球新一轮科技和产业革命正在萌发，人类正走向万物互联的智能化时代，以互联网、大数据、云计算、物联网、人工智能等为代表的数字技术蓬勃发展，新

① 日本恩格尔系数为 26%，韩国为 29%，美国为 17%。

能源技术、绿色建筑与材料技术、智慧交通技术、智能安防技术、远程控制技术、快速物流配送技术等不断涌现，带动人类生活方式变革、生产方式重组、生产关系再造，对社区建设、社会治理、服务转型提出新挑战。中国雄安新区“数字孪生城市”、日本“5.0 超智能社会”、新加坡“智慧国”、德国“未来地图 2019”等项目都是与新一轮科技革命和产业变革同行的城市文明产物和有益实践。适应科技革命和产业变革日新月异的新形势，深化供给侧结构性改革，以未来社区建设为引擎牵引应用市场空间，将有效带动数字智能、节能环保、绿色建筑、人居服务等关联产业发展。

3. 未来社区建设是复杂形势下撬动有效投资的有力支点

面对国内外复杂经济局势，未来社区建设将拉动社区建筑更新及其周边的水、电、路、信等基础设施有效投资建设需求，带动数字基础设施、智能化基础设施等新型基础设施建设。根据浙江省建设厅相关统计数据，浙江全省现存建于 20 世纪 70—90 年代的老旧小区建筑面积约 2.5 亿平方米（70 年代约 500 万平方米，80 年代约 4000 万平方米，90 年代约 2 亿平方米），以 60% 按未来社区模式改造测算，预计可拉动社区本体及衍生领域数万亿量级的有效投资。此外，有别于传统“铁公基”投资项目，社区建设项目投资周期更短、边际效益明显、资金周转较快，将有效激发民间投资活力。

二、研究对象和内容

（一）研究对象和概念界定

本研究以“未来社区”为研究对象，聚焦浙江省省域范围。目前国内外对于“未来社区”尚未有明确的定义。

社区最早是社会学概念，是指聚居在一定地域范围内的人们所组成的社会生活共同体[①]。在中国语境下，城市社区除了地缘性和社会性外，还具有“强行政性”的特点，社区与基层行政单位的辖区范围紧密关联，其性质和职能由政府划定并承担大量行政性事务，具有鲜明的“准行政型领域”色彩[②]。《民政部关于在全国推进城市社区建设的意见》提出，“目前城市社区的范围，一般是指经过社区体制改革后作了规模调整的居民委员会辖区”。

① 中华人民共和国民政部 . 民政部关于在全国推进城市社区建设的意见［EB/OL］.（2000-11-19）［2020-10-01］.http://www.mca.gov.cn/.

② 申明锐，夏天慈，张京祥 . 从“单位小区”到“业主社区”：公共产品视角下中国城市社区规划与治理演进［J］. 城市与区域规划研究，2018（4）：179-198.

从我国的实际情况看，我国的城市社区，基本是以住宅区为依托的、以社区居民委员会所辖地域为界的城市居民社会生活的共同体单元。

本研究结合国内外城市和社区发展趋势分析，融合民意需求和未来生活方式引导，提出“未来社区是以人民美好生活向往为中心，以人本化、生态化、数字化为三维价值坐标，以未来邻里、教育、健康、创业、建筑、交通、低碳、服务和治理等九大场景集成创新为重点，形成的有归属感、舒适感和未来感的共同富裕现代化基本单元、数字社会城市基本功能单元、城市现代化基本功能单元”。

第一，在功能定位上，研究认为未来社区在新发展阶段下被赋予共同富裕现代化基本单元、数字社会城市基本功能单元、城市现代化基本功能单元的新使命，是以人为核心的城市现代化、高质量发展、高品质生活的新平台，是“让老百姓幸福”的新平台，是“美好家园”的浙江方案。不仅具有传统社区的居住功能，而且是汇聚生活、生产、生态功能的复合平台，具有全生活链、全功能链、全产业链支撑的价值赋能作用，对改善民生、刺激消费、带动产业、拉动投资、促进转型具有“一揽子”综合效用。

第二，在范围界定上，研究认为未来社区应根据“5、10、15 分钟生活圈”理念划定适宜人的步行活动的范围，原则上与民政部门的社区行政边界相吻合，实现建设运营治理的有机统一。

第三，在建设导向上，研究认为未来社区建设强调从物质层转向社会层，从传统“重物理空间、重建设”转向“重可持续运营、重生活方式营造”。

第四，在“未来性”上，未来社区所指的“未来”不是单一维度、激进式的技术应用，核心是把握现代化属性要求，从群众美好生活向往出发，夯实人本化、生态化、数字化三个维度的价值坐标，以场景为载体实现对人的需求的实时响应和迭代创新。同时强调在地性、文化性的传承，实现前瞻性和延续性的结合。

（二）研究目的和研究内容

本研究旨在建立以“满足人民美好生活向往”为逻辑原点、以促进人的全面发展和社会全面进步为落脚点的社区未来化系统性解决方案，为浙江乃至全国的老旧小区改造、老旧城区有机更新、城市新区高品质开发提供有益探索。围绕研究目的，本研究以“满足人民美好生活向往”为逻辑主线，对以下十个方面进行了重点研究。

1. 研究浙江未来社区建设的时代背景

着眼于国家赋予浙江高质量发展建设共同富裕示范区的新使命，从以未来社区建设满足人民美好生活向往、延续浙江精神演变脉络、推动城市治理体系创新、促进高质量发展四个方面出发，分析浙江省未来社区建设的时代背景和重要意义。

2. 研究国内外社区未来化的理论和实践探索

从全球视野的角度，对国内外社区在标准、规划和实践方面的探索做了系统梳理，总结提炼国内外社区未来化的趋势和方向。

3. 研究浙江社区发展的创新基础和面临的困境

从浙江省社区发展的历程和改善人居环境的具体实践入手，总结浙江省探索新时代人居典范过程中积累的丰富经验，从城镇化发展、居民收入增长和制度改革等方面引发的巨大需求角度，论证浙江省现阶段建设未来社区的优势条件。同时，从浙江实践的问题导向出发，基于问卷调查数据，梳理当前社区发展面临的困境和群众反映的痛点。

4. 研究浙江未来社区建设的顶层设计

在全面系统梳理浙江省社区存在的问题和民意需求基础上，通过“美好生活”哲学内涵的溯源，着眼于人与人、人与自然、人与科技三大关系，提炼出未来社区人本化、生态化、数字化三维价值坐标，提出九大场景的创新集成系统，以及未来社区的内涵特征、功能承载等内容，由此明确浙江未来社区建设的总体方位。

5. 研究浙江未来社区建设的总体方案

从未来社区建设的思路目标、推进要点、组织实施等方面出发，明确浙江未来社区建设的总体方案。

6. 研究浙江未来社区建设关键要素解决方案

将未来社区人本化、生态化、数字化价值维度落实中需要把握的关键模式创新作为重点突破口，提出人文价值体系、数字孪生社区建设、可持续物业运营、立体绿化、“去房地产化”的资金平衡、“带方案”土地出让方式等创新模式和解决方案。

7. 研究未来社区九大场景技术方案

从问题导向、需求导向出发，通过了解现状问题、把握未来趋势，提出九大场景的总体思路、目标愿景、技术方案、体制机制创新等内容，并结合国内外探索经验以及未来社区试点案例进一步分析，为具体实践提供参考。

8. 研究未来社区建设的指标体系

从国内外先进标准中汲取经验，结合必备型—期望型—魅力型的分层评价体系的理论启发，提出兼顾约束性门槛要求和引导性迭代空间的浙江未来社区建设指标体系。

9. 研究未来社区建设推进的政策创新

从规划引领、空间利用、资金保障、金融支持、服务供给、社区治理、数字转型、流程优化等方面提出政策创新建议，为未来社区实践提供保障支撑。

10. 研究未来社区建设的工作机制创新

从未来社区建设实施推进的角度，提出创新构建“政产学研用金”多方协同推进模式，确立“一专班两平台”工作体系。

三、研究方法和技术路线

（一）研究方法

1. 文献资料引证法

利用网络和文本资源，检索国内外中文、英文文献 300 多篇，收集了近百份相关资料，系统梳理城市和社区发展的相关理论研究成果及已有的国内外社区未来化的规划建设实例，为浙江未来社区建设探索提供有益借鉴。

2. 问卷分析法

课题组采取“问计于民、问需于民”的交互式研究方式，前期组织开展了线上线下问卷调查，收集了 3 万余份调查问卷，调查范围覆盖浙江省 11 个地市，系统摸排浙江社区存在的问题和民意需求，并进行翔实的数据分析，为把握未来社区内涵特征、探索适宜于浙江实际的未来社区内容框架与实现路径打下基础。

3. 实地调研

课题组开展了 500 余次实地调研，全面梳理社区居民的迫切诉求，以及未来社区试点推进中的重难点问题。开展了 50 余次专题研讨会和座谈会，就未来社区研究中的焦点问题进行深入交流。赴国内的雄安、深圳、成都、贵阳，以及国外的新加坡等地学习考察，深入了解前沿技术应用，借鉴国内外先进经验。

4. 结合试点“螺旋式”迭代的研究方法创新

研究建立了“场景联络人”对接机制，由 9 位负责人建立与场景相关主管部门、行业专家、试点社区、研究院所、企业、社会组织等主体的常态化联络对接渠道，结合未来社区试点实践，持续迭代场景技术方案，有效指导实践应用。部分场景联络人对接清单如表 1–1 所示。

表1-1 场景联络人对接清单（部分）

场景	部门	优势场景试点项目	对接企业、社会组织	
			领域	企业、社会组织名称
邻里场景	浙江省发展改革委、省文化和旅游厅	杭州上城始版桥社区、杭州江干采荷荷花塘社区、杭州拱墅瓜山社区、宁波鄞州划船社区、宁波鄞州白鹤社区、湖州南浔頔塘社区、嘉兴南湖甪里社区、绍兴上虞鸿雁社区、舟山定海城西社区、金华永康田川社区、金华义乌下车门社区、衢州柯城礼贤社区、台州高新沙北社区	邻里特色文化	浙江大丰实业股份有限公司、杭州泛美文化传播有限公司、杭州谷朴文化发展有限公司、上海朗诗寓商业管理有限公司、融创中国控股有限公司
			邻里开放共享	蓝城伟业建设管理集团有限公司、杭州里仁商业有限公司
			邻里互助生活	华数传媒网络有限公司、杭州美好生活服务有限公司、杭州摩梯文化创意有限公司、杭州文明码信息技术有限公司
教育场景	浙江省发展改革委、省教育厅、省卫生健康委	杭州江干采荷荷花塘社区、杭州萧山亚运社区、温州鹿城集新社区、温州瓯海南湖社区、金华开发区山嘴头社区	托育全覆盖	浙江波菲教育玩具有限公司、杭州初本幼圆托育服务有限责任公司、杭州海亮优教教育科技有限公司、上海堃苗教育科技有限公司、杭州启桢教育科技有限公司
			幼小扩容提质	上海爱绿教育管理咨询有限公司、杭州沃德青少年公益服务中心
			幸福学堂全龄覆盖	网易有道信息技术（杭州）有限公司、保利和乐教育、浙江因学科技有限公司
			知识在身边	浙江出版联合集团有限公司、方正国际软件（北京）有限公司、金华市君华教育投资有限公司
健康场景	浙江省发展改革委、省卫生健康委、省民政厅、省体育局、省人力社保厅	杭州西湖之江社区、杭州萧山亚运社区、宁波鄞州白鹤社区、温州龙湾富春社区、温州鹿城集新社区、温州瓯海南湖社区、丽水莲都灵山社区、舟山定海城西社区、金华开发区山嘴头社区	活力运动健身	杭州乐刻网络技术有限公司、嘉兴企树网络科技有限公司
			智慧健康管理	迪安诊断技术集团股份有限公司、中国移动通信集团浙江有限公司、浙江扁鹊科技健康有限公司、浙江椿龄科技有限公司、杭州和乐科技有限公司、浙江和普医疗健康管理有限公司、新昌医惠数字科技有限公司
			优质医疗服务	微医集团（浙江）有限公司、杭州方回春堂集团有限公司、杭州聪宝科技有限公司、微脉技术有限公司
			社区养老助残	浙江绿康医养集团有限公司、浙江随园养老发展有限公司

续表

<table>
<tr><th rowspan="2">场景</th><th rowspan="2">部门</th><th rowspan="2">优势场景试点项目</th><th colspan="2">对接企业、社会组织</th></tr>
<tr><th>领域</th><th>企业、社会组织名称</th></tr>
<tr><td rowspan="3">创业场景</td><td rowspan="3">浙江省发展改革委、省科技厅、省人力社保厅</td><td rowspan="3">杭州萧山瓜沥七彩社区、杭州江干采荷荷花塘社区、杭州拱墅瓜山社区、宁波鄞州划船社区、温州龙湾富春社区、温州鹿城集新社区、温州瓯海南湖社区、温州永嘉雅林社区、绍兴上虞鸿雁社区、嘉兴南湖甪里社区、金华开发区山嘴头社区、金华永康田川社区</td><td>创新创业空间</td><td>浙江随园养老发展有限公司、上海楷林楼宇科技研究院、杭州链客商业管理有限公司</td></tr>
<tr><td>创业孵化服务及平台</td><td>杭州万科产城发展有限公司、浙江汇林科技孵化园有限公司、浙江开元物业管理股份有限公司、杭州优科达商业管理有限责任公司、中移（杭州）信息技术有限公司</td></tr>
<tr><td>人才落户机制</td><td>杭州泊寓公寓管理有限公司</td></tr>
<tr><td rowspan="5">建筑场景</td><td rowspan="5">浙江省发展改革委、省建设厅、省自然资源厅、省应急管理厅、省人防办、省经信厅</td><td rowspan="5">杭州钱塘新区云帆社区、杭州西湖之江社区、宁波鄞州白鹤社区、金华义乌下车门社区、丽水莲都灵山社区</td><td>城市信息模型（CIM）数字化建设平台应用</td><td>当家移动绿色互联网技术集团有限公司、广联达科技股份有限公司、浙江华东工程数字技术有限公司、杭州裕廊腾飞科技有限公司</td></tr>
<tr><td>空间集约开发</td><td>中建科技集团有限公司</td></tr>
<tr><td>建筑特色风貌</td><td>建恒（浙江）园林科技有限公司、浙江索尔园林工程服务有限公司</td></tr>
<tr><td>装配式建筑与装修一体化</td><td>杭州宝业建筑工业化制造有限公司、浙江大东吴集团有限公司、浙江精工钢结构集团有限公司、浙江亚厦装饰股份有限公司、浙江中天精诚装饰集团有限公司</td></tr>
<tr><td>建筑公共空间与面积</td><td>浙江传化涂料有限公司、海尔智家股份有限公司、浙江和谐光催化科技有限公司、浙江梅轮电梯股份有限公司</td></tr>
<tr><td rowspan="4">交通场景</td><td rowspan="4">浙江省发展改革委、省交通运输厅</td><td rowspan="4">杭州萧山亚运社区、温州永嘉雅林社区、湖州南浔頔塘社区、金华义乌下车门社区、台州椒江心海社区、台州高新沙北社区</td><td>交通出行</td><td>浙江吉城云创科技有限公司、杭州西游科技有限公司、银江股份有限公司、优城联合（宁波）信息技术发展有限公司</td></tr>
<tr><td>智能共享停车</td><td>浙江电马云车科技有限公司、杭州万物互联智慧产业有限公司、浙江宇视科技有限公司</td></tr>
<tr><td>供能保障与接口预留</td><td>杭州汇点网络科技有限公司、汇智智能科技有限公司、新奇点智能科技集团有限公司</td></tr>
<tr><td>物流配送服务</td><td>浙江菜鸟供应链管理有限公司、浙江星星冷链集成股份有限公司、杭州迅蚁网络科技有限公司</td></tr>
</table>

续表

场景	部门	优势场景试点项目	对接企业、社会组织	
			领域	企业、社会组织名称
低碳场景	浙江省发展改革委、省生态环境厅、省建设厅、省能源局	杭州上城始版桥社区、杭州萧山瓜沥七彩社区、杭州西湖之江社区、杭州拱墅瓜山社区、金华永康田川社区	多元能源协同供应	珠海格力电器股份有限公司、浙江尚越新能源开发有限公司、杭州纤纳光电科技有限公司、正泰集团股份有限公司、中节能城市节能研究院有限公司、中能建地热有限公司
			社区综合节能	杭州鸿雁电器有限公司、浙江省能源集团有限公司、宁波东海集团有限公司、国网浙江综合能源服务有限公司、宁波瑞凌新能源科技有限公司、伟大集团节能房股份有限公司
			资源循环利用	浙江虎哥环境有限公司、浙江华力环境科技有限公司
服务场景	浙江省发展改革委、省商务厅、省公安厅	杭州上城始版桥社区、杭州钱塘新区云帆社区、温州龙湾富春社区、嘉兴南湖角里社区	物业可持续运营	绿城物业服务集团有限公司、华为技术有限公司
			社区商业服务供给	浙江城数控股集团有限公司、浙江国技互联集团有限公司、浙江金拱门食品有限公司、利多控股集团有限公司、浙江省农村信用社联合社、杭州腾嘉汇盈房产咨询有限公司、浙江未来社区开发运营集团有限公司、宁波优城悦邻商业运营管理有限责任公司
			社区应急与安全防护	杭州海康威视数字技术股份有限公司、中国联合网络通信有限公司浙江省分公司、浙江大华技术股份有限公司、科大讯飞股份有限公司
治理场景	浙江省发展改革委、省民政厅、省大数据发展管理局	宁波鄞州划船社区、丽水莲都灵山社区、衢州柯城礼贤社区、舟山定海城西社区	社区治理体制机制	浙江省慈善联合总会、中国电信股份有限公司浙江分公司、京东方智慧物联科技有限公司、浙江昊阔物联科技有限公司、杭州识度科技有限公司、浙江未来智联科技有限公司
			社区居民参与	阿里巴巴集团社会公益部、飞叶科技股份有限公司、浩鲸云计算科技股份有限公司
			精益化数字管理平台	杭州筑家易网络科技股份有限公司、全民认证科技（杭州）有限公司、浙大网新系统工程有限公司、浙江易视通联信息科技有限公司

（二）技术路线

本书理论创新篇主要分以下五个步骤进行研究。

第一，开展趋势分析。从时代背景、全球视野中的社区迭代创新两方面着手，研判趋势，借鉴先进经验。

第二，着眼于问题导向，通过问卷调查等方式，深入剖析不同群体的民意需求和当前社区存在的痛点问题，作为研究切入点。

第三，着眼于目标导向，对“美好生活”的内涵进行哲学溯源，确立未来社区的价值坐标、内涵特征、功能承载和营建方式，作为研究的顶层设计架构。

第四，着眼于效果导向，探索建立促成美好生活实现的未来社区实现路径和建设运营体系，明确总体思路，并提出关键突破口解决方案、九大场景技术方案。

第五，建立支撑保障体系，提出未来社区建设的指标体系、政策体系和工作机制，有效支撑实践应用。

本书理论创新篇的技术路线如图 1–1 所示。

图1–1　理论创新篇技术路线

第二章　全球视野中的社区发展迭代创新

一、国际社区未来化探索

（一）以新加坡组屋为代表的宜居社区探索经验

新加坡在建国之初为应对各种不稳定因素，通过公共组屋政策为居民提供优质住房及产权，截至 2020 年，已兴建 107 万余套组屋单元，住房拥有率高达 87.9%，其中 78.7% 的居民住在组屋中[①]，包括 94% 的产权屋主和 6% 的租户，成为世界宜居城市典范。

1. 多种族、跨代际的混合居住理念

1989 年新加坡政府颁布《种族融合政策》，要求组屋区必须种族混居，按照各种族人口比例设定组屋区不同种族人口占比上限，例如华人占全国人口的 77%，则组屋区内华人占比上限为 84%，马来族占全国人口的 14%，则组屋区内马来族占比上限为 22%。倡导“家庭为根”，首先，申请组屋必须以家庭为单元，若单身，需 35 岁以上；其次，为鼓励代际联系，2012 年推出“多代同购优先计划”，为在同一个组屋项目中提交联合申请的父母及其已婚子女提供优先分配权。为满足家庭养老需求，专门提出长者优先配屋计划、二房式灵活计划等，为老年人提供适老化、小户型组屋。为鼓励生育，推出育儿优先配屋计划、第三胎优先购屋计划等（见表 2-1）。此外，在公共空间设置上鼓励邻里互动交流，所有组屋底层架空，作为公共活动场地，并承载婚丧嫁娶等集体活动；倡导将幼儿园与老人日托所毗邻而建；为了保留发扬象征邻里团结互助的“甘榜精神”[②]，每一个组屋区配套建设湿巴刹（菜市场）、小贩中心等富有市井气息的场所，以及托儿所、老人日托所、民众俱乐部等配套设施，在便民的同时增进邻里交往，提升居民归属感和认同感。

---

① 数据来源：https://www.singstat.gov.sg/publications/reference/ebook/households/households。

② 徐国冲．“组屋”的政治学密码——来自新加坡住房政策的启示［J］．中国行政管理，2017（3）：145−150.

表2-1 新加坡组屋优先计划一览

年份	建屋发展局条例	内容
2012	长者优先配屋计划（Senior Priority Scheme）	建屋发展局拨出40%的二房式组屋，供在地安置的老年人，或在已婚子女附近安置的父母居住
2012	多代同购优先计划（Multi-Generation Priority Scheme）	父母及其已婚子女在同一个组屋项目中提交联合申请的，可以享受优先分配。父母可以申请小型公寓（SA）、二房式或三房式组屋，已婚子女可申请购买同个项目的二房式至五房式组屋
2013	育儿优先配屋计划（Parenthood Priority Scheme）	把多达30%的预购组屋与50%的剩余组屋特别保留给育有至少一名16岁以下新加坡籍孩子的首次购屋夫妇
2014	已婚子女优先抽签计划（Married Child Priority Scheme）	将30%的预购组屋留给与父母同住或就近居住（4千米范围内）的首次购屋已婚子女
2014	第三胎优先购屋计划（Third Child Priority Scheme）	5%的组屋预留给供育超过两个孩子的首次购屋家庭
2015	二房式灵活计划（2 Room Flexi Scheme）	55岁及以上长者可以根据年龄、需要及喜好灵活选择两房式组屋的租期（15~45年）

资料来源：课题组根据新加坡建屋发展局官方网站资料整理，https://www.hdb.gov.sg/cs/infoweb/residential/buying-a-flat/new/eligibility/priority-schemes。

2. 复合式、人本化的邻里中心模式

新加坡社区服务设施通常采用与新镇规划体系相对应的“新镇中心—邻里中心—组团中心”三级体系，其中邻里中心对应邻里层级，强调功能复合集成布局，服务半径500 ~ 600米，服务人口4000 ~ 6000户（约2万 ~ 3万人）[①]。例如，淡滨尼天地（Our Tampines Hub）集成文化休闲、医疗卫生、体育健身、养老福利、行政办公、餐饮购物和社区活动等全方位配套服务功能，保障全龄段人群的多元需求，有效激发社区活力。邻里中心不等同于商业综合体，更强调发挥增进邻里交融的触媒作用，通过在一层设置开放式广场，与公益组织、俱乐部合作等方式，常态化组织或由居民自发开展活动，促进邻里交流。践行开放式社区理念，不仅为当地居民服务，也为访客服务，例如淡滨尼天地2018年举办超过300项活动，接待1800多万名游客，平均逗留时间近3小时。此外，邻里中心在功能配置和活动组织上并非一成不变，而是依托数字化手段动态响应生活需求变化，

① 张威，刘佳燕，王才强．新加坡社区服务设施体系规划的演进历程、特征及启示［J］．规划师，2019（3）：18-25.

如淡滨尼天地通过视频分析系统分析客流量、客流构成、客流密度、访客线路和停留时间等，结合行为偏好合理配置或调整相关功能业态、活动组织架构（见表 2–2）。

表2–2 新加坡三大典型邻里中心功能配置一览

名称	设施层级	建筑面积/米^2	设施类别
淡滨尼天地	新镇中心	120000	公共服务中心（1100米^2，7家政府部门和机构）、民众俱乐部、区域图书馆（16000米^2）、室内儿童游乐场、儿童学习中心、幼儿园、东部社区健康中心、家庭医疗中心、乐龄活动中心、节庆艺术剧场（400座）、节庆购物中心、节庆广场（10000米^2）、节庆步行街、餐饮、24 小时小贩中心（800座）、零售网点和超市、社区展览馆、露天体育场（5000座）、室内体育馆（可以举办排球、篮球、手球、曲棍球等多种比赛项目）、竞技场（2个五人制足球场、4个网球场和1个轮滑曲棍球场）、羽毛球馆、游泳中心、健身房、室内环形塑胶跑道（5楼）、生态花园和屋顶花园
海军部村庄	邻里中心	32331.6	架空层社区广场和商店、超级市场、餐厅、药店、小贩中心（900座）、医疗中心（两层）、乐龄活动中心、儿童保育中心（200学额）、社区公园、屋顶社区农场（150米^2）
榜鹅绿洲台	邻里中心	27400	有盖社区广场、社区花园（1.8万米^2）、游乐空间、零售商店、超市、餐馆、小贩中心、教育中心、综合诊疗所（0.9万米^2）、托儿所、健身设施

3. 鼓励居民参与的规划治理模式

组屋自设计阶段就强调充分征求居民意见，以淡滨尼天地为例，在设计之初用一年时间征询 1.5 万余名居民意见，通过问卷调查、焦点小组等形式了解居民需求，并在后续持续沟通。注重“义工”精神培育，新加坡志愿者约占总人口的 10%，志愿服务组织的专职人员与志愿者比例大约为 1 ∶ 20 ~ 1 ∶ 30。政府提供经费支持鼓励志愿者开展活动，部分政府官员也在志愿服务组织担任董事，直接指导并参与志愿服务工作。新加坡政府每年还会为优秀义工颁发总统勋章。

4. 集约复合步行友好的绿色 TOD[①] 理念

组屋在选址上多围绕公共交通站点布局，距离站点步行距离一般控制在 400 米以内，

① TOD（transit oriented development，公交导向型发展）是以公共交通为引导的城市发展模式。通常以公交站点为中心，适宜的步行距离为半径，强调多种功能的混合开发，从而提高居民公共交通的出行率、建筑密度以及土地利用效率。

并依托组屋底层架空空间、连廊、缓坡等，形成连续、遮阳、避雨的无障碍步行系统，可直达公交站点、邻里中心或城市道路，保证老年人及残障人士可独立出门。海军部村庄、榜鹅绿洲台等新一代组屋直接依托地铁站进行上盖开发，实现了良好的绿色出行可达性，从源头上减少出行能耗。强调集约开发，组屋区平均容积率一般控制在 3.0 ~ 3.6[①]，地铁站点 500 米范围，容积率一般高达 4.9、4.0，逐步降低为 3.6、3.0、2.8，形成开发强度围绕公共交通站点圈层式递减的格局。倡导复合开发，确保土地利用的科学化、最优化，相关研究[②]通过对新加坡七个轨道交通站点 500 米范围内的土地利用情况分析，发现一般主要为住宅用地（30% ~ 60%）、商业用地（7% ~ 30%）、公共服务设施用地（7% ~ 11%）、公园绿地（2% ~ 8%）以及道路用地（17% ~ 24%）等，并预留一定比例的开放空间、白色地块。

5.“理性与诗意并茂”的立体绿化系统

新加坡在组屋项目中积极探索生态邻里（eco-precinct）模式[③]，倡导将自然元素直接融合到建筑环境中，尽量采用被动式系统，避免高技术高能耗的解决方式，创新出廊道绿化、绿色屋顶、平台花园、绿植梯田、垂直绿墙等立体绿化形式。创新绿化空间复合利用，通过在立体绿化空间中设置步行设施、休憩设施等，打造垂直活动场所，鼓励居民参与“锦簇社区”项目（Community in Bloom）[④]等绿色教育活动。在政策保障上，为鼓励立体绿化发展，新加坡政府于 2009 年启动打造“翠绿都市和空中绿意”计划，对重点地区的建筑从政策上提出立体绿化的强制要求，并首创性提出将垂直绿化面积计入平面绿化面积。另外，提出实施建筑垂直绿化达到规定面积的，可在原有规定的建筑面积基础上奖励最多 200 平方米，或获得最多为绿化总投入 50% 的政府绿化资金补助；提供屋顶绿化津贴；部分公用空中花园所占楼面积可豁免归入建筑总面积。

6. 建立全周期持续经营和维护机制

为应对旧组屋老化、需求变化等挑战，新加坡建屋发展局从 1989 年开始推行组屋区修复和改善计划，从单个公寓、邻里、街区、区域等不同层面制定改善方案，包括主要翻

---

① Cho I, Trivi Z, Nasution I. New high-density intensified housing developments in Asia: Qualities, potential and challenges [J]. Journal of Urban Design, 2017, 22 (5): 613-636.

② Niu S, Hu A, Shen Z, et al. Study on land use characteristics of rail transit TOD sites in new towns—Taking Singapore as an example [J]. Journal of Asian Architecture and Building Engineering, 2019, 18 (1): 16-27.

③ 张天洁，李泽.新加坡高层公共住宅的社区营造 [J]. 建筑学报，2015 (6): 52-57.

④ “锦簇社区”项目（Community in Bloom）：由新加坡 350 余个社区园艺团体定期集会，指导居民在社区内种植花卉、蔬菜等。

新计划、再创家园计划、邻里更新计划、选择性整体重建计划、家庭改善计划等(见表2-3)。组屋更新不迁离原住民，在维系原有社群关系的基础上，基于公众参与和居民意愿，从响应区域整体功能组织优化、塑造更积极的生活方式、满足老年人需求、突显当地特色、户型升级等因素出发，提供定制化的更新升级方案，前瞻性地阻止了旧社区的衰败，避免了组屋老化后被大规模淘汰的风险。在更新中，强调公众参与，大部分更新计划都需要75%以上居民同意方可执行，且在更新方案中充分吸纳居民意见；强调组屋更新与区域整体功能升级相结合，例如在选择性整体重建计划中，旧组屋被拆除，被强度更高、户型更多样、公共空间更丰富的新组屋所取代，除了原住民外，也为年轻家庭提供了新的组屋，实现人口结构的优化和活力重塑，并带动周边产业发展。

表2-3 新加坡组屋修复和改善计划类型及内容

组屋修复改善计划	适用对象	更新内容	费用	公众参与
主要翻新计划（MUP）	1980年之前建造的组屋	修补剥落的混凝土，增加额外的存储空间、改善厕所等；地面停车场翻新；改善公共空间	政府负担75%~90%费用，其余居民支付	75%以上居民同意方可执行
再创家园计划（ROH）	一般适用于市中心区域的组屋	结合公众调查设计方案，包括设施升级（如开发自行车道和人行道）、环境改善（如美化垂直花园）、整体重塑（如设置"文化遗产角落"）等	所有费用均由政府承担	公众参与方案设计
邻里更新计划（NRP）	建于1995年之前，两个或多个邻里构成的区块	结合居民需求因地制宜开展，包括楼栋层面的改善（如增设架空层休憩设施、电梯厅重新粉刷等）、邻里层面的改善（如增设有盖连廊、慢跑绿道、健身角、避雨棚等）等	所有费用均由政府承担	公众参与方案设计
选择性整体重建计划（SERS）	适用于老旧组屋	老旧组屋拆除更新为更高强度的组屋，提供更多样化的公共空间和户型，保留原住民，并为年轻家庭提供住所，重塑社区活力	所有费用均由政府承担	75%以上居民同意方可执行
家庭改善计划（HIP）	适用于1997年之前建成的组屋	包括基本升级服务（管道维护、混凝土修复和电气升级等）和可选升级服务（加装适老化设施、更换入户大门等）	基本升级服务由政府承担；可选升级服务政府补贴87.5%~95%，其余由居民承担	75%以上居民同意方可执行

资料来源：课题组根据相关文献论述总结整理。Glass M R, Salvador A E. Remaking Singapore’s heartland: Sustaining public housing through home and neighbourhood upgrade programmes［J］. International Journal of Housing Policy，2018，18（3）：479-490.

（二）以多伦多 Sidewalk Toronto 项目为代表的集成式智慧社区探索

Sidewalk Toronto 项目位于多伦多市区东部湖滨区，规划范围约 77 公顷，其目标是依托先进技术，创造为城市居民、公司、初创企业、地方组织等多元主体服务的宜居环境，探索解决住房负担、能源利用、交通运输等方面的一系列城市问题，打造可持续社区的典范。虽然该项目由于数据隐私、财务成本、全球疫情等原因已经搁浅，但其对智能时代未来城市和未来社区的实践探索仍具有重要的启示意义和借鉴价值。

1. 构建以数据为核心的智慧社区顶层设计

Sidewalk Toronto 项目提出利用数据系统串联社区物质空间系统，构建反映社区状况的数字模型，通过布设遍及城市公共空间和建筑内部的传感器，收集交通、噪音、空气质量等实时数据，用于决策分析并及时调整社区空间和功能。开发智慧共享平台，依托数字市集，整合社区资源，将有需求的人和拥有资源的人相连接，并创新“快闪中心”模式，保障志愿者、专业机构和非营利组织能够迅速响应居民需求，例如，通过检测社交媒体动态数据，评估地区的疫苗需求情况，按需派遣志愿者协助医疗机构进行疫苗注射工作等。

2. 创新灵活的用地功能混合模式

Sidewalk Toronto 项目在建筑街区划分中采取灵活的共享空间模式，激发多样性的城市形态和交往活动空间。居民拥有主导权，可自主参与到共享空间的设计、活动策划、业态布局等内容中。

3. 构建以人为核心的交通出行系统

优先保障慢行交通和公共交通，约束停车位，配置绿色无污染的社区共享车队。通过 GTCS（地面交通控制系统）的交通管制措施，收集数据并反馈街道使用动态，通过嵌入路面的 LED 灯重新分配路权以满足多样化的出行需求[①]。

4. 创新高度混合利用的空间模式

在 Sidewalk Toronto 项目中，创新采用模块化建造技术，保证建筑内部结构全生命周期的适应性，可结合使用需求快速改造，实现居住、办公、零售、停车等不同功能的灵活置换，有效提升空间使用效率。

---

① 张鹤鸣，王鹏 . 智慧共享城市——共享经济导向的智慧城市空间响应［J］. 城市建筑，2018（15）：39-42.

5. 注重新能源利用及可持续发展

运用智能热电网、分布式发电等新能源技术，结合智慧能源管理方式，提高能源利用率。充分利用地下空间，依托地下机器人收集垃圾和废弃物，生化处理后提供能源。

（三）以日本“社会 5.0”蓝图为代表的超智能社会探索经验

日本政府于 2016 年 1 月发布《第五期科学技术基本计划（2016—2020）》，首次提出“超智能社会——社会 5.0（Society 5.0）”[①] 概念。该计划指出，“社会 5.0”具备以下三个核心要素：一是建立虚拟空间和物理空间高度融合的社会系统；二是提供满足多样化人群和潜在社会需求的物质和服务；三是让所有人都能享受舒适且充满活力的高质量生活，构建一个以人为本、适应经济发展并有效解决社会问题的新型社会[②]。2018 年 6 月，日本政府公布了《未来投资战略 2018——迈向社会 5.0 和数据驱动型社会的变革》报告，指出未来日本将对生活和生产、能源和经济、行政和基础设施、社区和中小企业等四大领域的 12 个重点方向展开智能化建设[③]，特别针对科技发展、医疗卫生、物流运输、防灾减灾等方面提出了路径方向。

1. 夯实社会发展的“人才”和“数据”根基

日本政府在《未来投资战略 2017》中指出，随着第四次产业革命的到来，创造附加价值的竞争力将由以往的“物”转变为人才和数据[④]。“社会 5.0”的一大特征是以“人才”和“数据”为价值源泉，创新社会治理方式和治理技术，建立解决社会问题的新机制。为此，需要建立健全“数据基础设施”，以开放的数据平台以及知识产权保护、标准化制度等配套措施为基座，建立人人可用的数据创新体系，为“社会 5.0”的实现和迭代赋能。总体而言，“数据基础设施”包含三层结构，最上层是 11 个系统[⑤]，中间层为现实社会及其经

---

① Society 5.0：指继狩猎社会（1.0）、农耕社会（2.0）、工业社会（3.0）、信息社会（4.0）之后出现的新一代社会形态——超智能社会（5.0），即“必要的产品和服务，在必要的时候提供给必要的人，使不分年龄、性别、地区、语言的每个人，其各种社会需求均能得到完全满足，从而实现生活舒适、充满活力的社会”。

② 内閣府 . Society 5.0，https://www8.cao.go.jp/cstp/society5_0/index.html.

③ 内閣官房，日本経済再生総合事務局 . 未来投資戦略 2018［R/OL］.（2018-06-01）［2019-06-15］. https://www.kantei.go.jp/jp/singi/keizaisaisei/pdf/miraitousi2018_pr.pdf.

④ 日本首相官邸 . 未来投資戦略 2017［R/OL］.（2017-06-09）［2018-02-15］.https:/www.kantei.go.jp/jp/singi/keizaisaisei/pdf/miraitousi2017_t.pdf.

⑤ 11 个系统：能源价值链优化系统、地球环境信息平台系统、基础设施高效维护更新管理系统、防抗自然灾害的社会系统、智能道路交通系统、新型制造系统、综合型材料开发系统、地方治理系统、工作流程管理系统、智能食品供给系统以及智能生产系统。

济社会活动产生的数据所构成的数据库，连接两层的是人工智能（AI）、物联网（IoT）、数据处理技术和网络安全等基础技术，最底层是知识产权保护、国际标准制定、法律法规建设、人才培养等配套体系建设[①]。

在推进数据开放应用方面，日本政府于2017年通过了《官民数据活用推进基本计划》，选取电子行政、健康医疗护理、旅游、金融、农林水产、制造业、基础设施与防灾减灾、移动等8个重点领域，率先开展电子化、开源化、行政IT化和BPR（business process reengineering，业务流程再造），旨在为数据流通奠定基础，并通过发布《开放数据基本指南》、不定期召开官民圆桌会议、建立开放共享的超智能社会服务平台、推进接口（interface）和数据格式（data format）标准化、制定数据交换规则等措施，以期实现高质量和无风险的公共数据开放。

在人才培育方面，“社会5.0”的实现除了政府的创新举措之外，更需要实施过程中公民的充分参与，着重培育“智慧公民”，即不仅能娴熟地获得信息和知识，同时在参与社会经济活动时能做出明智选择的公民[②]。同时，鼓励在岗的各行业人员积极学习新知识和新技能，掌握具有更高附加价值的新领域和新业务，以适应“社会5.0”的变革要求。

2. 提供智慧化精准医疗服务

“社会5.0”将积极探索科技创新成果在提供精准医疗服务、提升健康水平等方面的应用。借助人工智能、网络通信、生物基因等技术，采集个人生理、医疗救治、疾病等相关信息，形成电子档案，并整合共享医疗数据，开发新型健康医疗护理系统，提供针对性的精准治疗方案和健康咨询服务。同时，开发医疗器械和科学护理设备，进一步提升健康水平，希望打造一个人人可以终身健康、自立生活、多代人共生共荣的社会。

3. 提升交通出行和物流效率

通过整合应用人工智能、无人驾驶、大数据分析等技术，提升交通出行服务水平和物流运输效率，以减少交通事故、交通阻塞、驾驶员不足等问题，消除“出行弱者”，为行动不便的老年人和出行的居民提供便利，扩大日常活动范围，增加出行机会[③]。在物流领域，除了实现无人智能运输外，通过物联网技术获取消费者终端物流数据，综合分析并挖掘潜在需求，实现个性化服务，由此不仅为仓储和运输管理提供优化解决方案，同时使物流端、

---

① 丁曼．“社会5.0”：日本超智慧社会的实现路径［J］．现代日本经济，2018（3）：1–14.

② 周利敏，钟海欣．社会5.0、超智能社会及未来图景［J］．社会科学研究，2019（6）：1–9.

③ 刘平．日本经济社会发展新模式：社会5.0［J］．上海经济，2017（5）：82–89.

市场端、消费端之间建立起有效的联动机制，创造出更大的附加价值[①]。

4. 提高防灾减灾预警响应能力

应急救灾是日本政府迫切需要解决的难题。“社会 5.0”将构建一个高度集成的智能体系，实现卫星、大数据、物联网、信息通信技术、智慧医疗、智能运输在灾难预警和应急救援方面的综合应用。在灾难预警方面，通过卫星系统以及气象雷达等监测系统收集数据并反馈人工智能系统进行分析，发现异常则通过电子终端第一时间向民众发出灾害预警信息。在灾难发生后，依托无人机等设备及时收集受灾地区相关数据，对灾情进行实时观测，依托人工智能大数据分析，快速向外界发出救援通知[②]。

二、中国社区未来化探索

（一）上海 15 分钟社区生活圈的探索实践

2016 年，上海市规划和国土资源管理局编制了《上海市 15 分钟社区生活圈规划导则（试行）》，将 15 分钟社区生活圈[③]作为上海打造社区生活的基本单元[④]，体现出社区治理意识的多维度转型，具体路径分居住、就业、出行、服务、休闲五大板块[⑤]。

1. 追求多样化的舒适住宅

《上海市 15 分钟社区生活圈规划导则（试行）》提出了包含适宜的住宅平面设计、多样化的住宅类型、包容混合的住宅布局、活力共享的住宅环境、具有人文底蕴的住宅风貌、舒适的住宅建筑等 6 项要求。其中特别强调适当布置人才公寓、工人宿舍和廉租房等，满足不同层次人才需求；鼓励建造绿色住宅建筑；提供适老性住宅；鼓励将多、高层住宅底层架空用作公共开放空间、绿化空间等公共用途，且 24 小时开放使用等。

---

① 日本経済団体連合会 . Society 5.0 時代の物流—先端技術による変革とさらなる国際化への挑戦—［R/OL］.（2018-10-16）［2019-06-15］. https://www.keidanren.or.jp/policy/2018/085_honbun.pdf.

② 房迪 .“社会 5.0”：日本超智能社会规划及对中国的启示［EB/OL］.（2020-03-16）［2020-10-01］. http://www.cssn.cn/gjgxx/gj_bwsf/202003/t20200316_5101812.shtml.

③ 15 分钟社区生活圈：在 15 分钟步行可达范围内，配备生活所需的基本服务功能与公共活动空间，形成安全、友好、舒适的社会基本生活平台。

④ 杨贵庆，房佳琳，关中美 . 大城市建成区小尺度公共空间场所营造与社会资本再生产［J］. 上海城市规划，2017（2）：1-7.

⑤ 上海市规划和国土资源管理局 . 上海市 15 分钟社区生活圈规划导则（试行）［Z］.2016-08-15.

2. 追求更多的就近就业空间

强调构建合理的用地比例结构，提供适度的就近就业空间和机会，建议就业用地占比15% ~ 25%。以公共交通站点或公共活动中心为核心，鼓励在200 ~ 300米半径范围内集中布局就业空间。提倡建筑复合利用，在同一建筑中综合设置商业、办公、住宅等多种功能，提供便利的就业和生活环境。

3. 追求低碳安全的出行

《上海市15分钟社区生活圈规划导则（试行）》提出了安全通达的高密度道路系统、舒适连通的步行网络、便捷多层次的公共交通、TOD导向下的站点开发、合理布局的停车设施等5项要求。具体内容包含：提高步行网络布局的连续性，加强与公园、广场、不同层级公共活动中心、公共交通站点、各类公共服务设施较集中的场所等之间的有效联系；倡导轨道站点周边的用地混合，轨道站点核心区（300 ~ 500米服务范围内）以商业、公共服务、居住等功能为主，鼓励以多种形式灵活利用空间；轨道站点核心区（300 ~ 500米服务范围内）应成为社区级公共服务设施优先布局的地区，使居民在借助轨道出行时，可结合换乘，完成购物、娱乐、接送小孩、用餐、继续教育等日常活动。

4. 追求类型丰富、便捷可达的社区服务

《上海市15分钟社区生活圈规划导则（试行）》提出了便捷可达的高品质地区服务，多层次的社区服务体系，覆盖不同人群需求的社区服务内容，步行可达、高效复合的空间布局等4项要求。注重配置满足居民文体、医疗等需求的地区级体育场馆、图书馆、博物馆以及地区医院等设施，形成功能完善的城市公共服务设施体系。根据各项设施的服务人口和服务半径情况，将设施细分为15分钟、10分钟、5分钟三种可达类型。社区服务内容包括基础保障类设施和品质提升类设施，并针对社区文化、教育、医疗、养老、体育、商业服务等设施类型的设置标准进行明确（见表2–4）。

表2-4　上海市15分钟社区生活圈规划导则设施设置标准

类型	项目	内容	最小建筑面积/（米²·处⁻¹）
文化教育设施	幼儿园	步行5分钟可达（200～300米）	5500
	社区学校	老年学校、成年兴趣培训学校、职业培训学校、儿童教育培训	1000
	养育托管点	婴幼儿托管、儿童集中接送托管	200
	文化活动室	棋牌室、阅览室等	200
健康卫生设施	社区卫生服务中心	15分钟可达（800～1000米）	4000
	卫生服务站	10分钟可达（500米）	150～200
养老福利设施	日间照料中心	老人照顾、保健康复、膳食供应	300
	老年活动室	交流、文娱活动等	200
	工疗、康体服务中心	精神疾病工疗、残疾儿童寄托、残疾人康复活动场所、康体服务等	800
体育健身设施	健身点	室内、室外健身点	最小用地面积300米²/处
商业服务设施	社区食堂	膳食供应	200
	生活服务中心	修理服务、家政服务、菜店、快递收发、裁缝店	100
	室内菜场	副食品、蔬菜等	1500

数据来源：课题组根据《上海市15分钟社区生活圈规划导则（试行）》整理。

5. 追求绿色开放、活力宜人的公共空间

《上海市15分钟社区生活圈规划导则（试行）》提出了多类型、多层次的公共空间，高效可达、网络化的公共空间布局，人性化、高品质、富有活力的公共空间，富有人文魅力的公共空间等4项要求。指出小型公共空间的服务半径不宜超过300米，鼓励有条件的地区覆盖率达到100%；兼顾社区内不同人群的需求，设置幼儿游戏场地、儿童游戏场地、青少年活动与运动场地、老年人健身与休闲场地。

（二）成都“党建引领、多元共治”社区治理模式的探索实践

为学习国内先进社区发展治理经验，课题组于2019年10月赴成都学习考察成华区和美社区、新都区七一国际广场、天府新区等经验做法，其中和美社区“新型社区发展治理”的理念和实践对浙江未来社区探索具有较强的借鉴意义。

1. 形成“公共服务集聚＋消费服务分散”的社区综合服务体系

成华区保和街道和美社区辖区内共有18个楼盘，居住人口8万余人。社区依托和美公园，采用“集聚＋分散”方式，打造了“一园六中心”社区综合服务体，其中，以提供公共服务为主的社区党群综合服务中心、文体活动中心集中布置，单体建筑面积约2500平方米，一层至三层布置文化、儿童教育活动、养老医疗服务等功能，四层用于办公；消费服务功能则分散布置在以社区党群综合服务中心为核心的10分钟生活圈内。在社区服务综合体辐射圈层内，居民既可以拥有文化教育、健康咨询、邻里交往等邻里互动服务，也可以享受休闲娱乐、餐饮购物等社区商业服务，“一站式”响应居民的多元复合需求。

2. 创新“四联互动”的社区治理运营模式

和美社区探索推进“社区党委＋社会企业”“市场＋公益”“中心＋小区”“服务＋孵化”的“四联互动”治理运营模式[①]，即在社区党委引领下，引入具有资源链接能力和孵化能力的社会企业——“创女时代”，对社区服务综合体进行整体运营，带动培育本土社会组织、社会企业和服务项目入驻，同时为辖区内的商家搭建线上线下交互平台，每周为居民提供数十个免费的公益活动和课程，以“免费＋低偿”的方式满足居民需求、激发社区活力，并通过商业服务的反哺实现公益活动的可持续性，增强社区的“造血”机能。

3. 打造“三联治理”的社区治理工作机制“升级版”

和美社区通过用“商居联盟”整合链接资源、用“众创联盟”发动群众参与、用“社团联盟”提升服务能级的“三联治理”机制[②]，极大提升居民获得感和幸福感。其中，“商居联盟”在互利互惠、互助共赢的基础上，整合链接社区邻里资源、商业资源、文化资源和治理资源，形成社区工作人员、商家代表、居民代表组成的治理团队，共建共享自治街区。“众创联盟”以社区公共空间营造为载体，采用“收集民意、产生项目、参与设计、

---

① 闫新宇．美好社区怎么打造？成都市成华区和美社区成样本［EB/OL］．（2020-06-22）［2020-10-01］．http://www.scwmw.cn/yw/gn/202006/t20200622_1153274.htm.

② 吴亚飞．社区阵地“活”起来［N］．四川日报，2019-01-18（8）．

项目评审、后期运维”的五步工作法，引入社区规划导师团、设计师团和众创团等技术力量，广泛发动居民参与社区公共空间的创意设计和运营维护，打造出了169号院架空层空间改造项目“锦绣乐园”等社区精品。社团联盟则是通过整合和美社区党员义工队、专业社会组织和群团组织资源，有效化解邻里矛盾，营造和谐氛围。

（三）深圳福田水围柠盟人才公寓为典型的城中村更新模式

深圳超过60%的住房是老旧屋村和城中村，由于历史成因存在很多遗留问题。深圳福田水围柠盟人才公寓改造区位于深圳中心区的水围村，规划面积约8000平方米，共35栋统建农民楼，其中29栋改造为504间人才公寓。项目不仅将农民房改造升级为人才公寓，更关注如何将504间公寓中的900名青年联系在一起，创建真正的社区。

1. 延续城市肌理，塑造根植于在地性的新文化

深圳的城中村均有600年以上的历史，并承载着时代的集体记忆。水围村改造中保持了原有的城市肌理、建筑结构及城中村特色的空间尺度，通过提升消防、市政配套设施及电梯，形成符合现代标准的宜居空间。握手楼之间的“一线天”巷道里，局部架设了7部电梯和钢结构连廊，每部电梯首层均设有院子，作为公寓入口，形成开放式社区，并与村里的商街、古井遗迹、市集相连[①]。通过旧建筑和新文化的结合，创造一个富有生命力的新平台。

2. 丰富多维界面，营造开放共享的社区环境

改造方案在五层和七层设置空中连廊，并与室内连廊联通，将原本独立的29栋统建楼连为一体，形成四通八达的三维交通流线网络，同时也成为居民交往休憩的公共空间，营造立体生活街区氛围。通过钢结构连接两栋握手楼，打造复合共享的“青年之家”，布置阅读室、多功能厅、厨房、餐厅、茶室、健身房等功能设施。同时对社区屋顶花园进行改造，打造“第五立面”标志性公共空间，并植入洗衣房、菜园、休憩花园等功能场所。

3. 协调多方诉求，创新多元共治的改造机制

水围村改造过程中基于各参与主体利益诉求，以人才公寓为抓手，由政府（福田区政府）出资统筹、国企（市属深业集团）改造运营、村社（水围股份公司）筹房协作，政企村等多方合力探索出“整租统筹＋运营管理＋综合整治”更新改造新路径（见图2-1）。

---

① 田莉．从城市更新到城市复兴：外来人口居住权益视角下的城市转型发展［J］．城市规划学刊，2019（4）：56-62.

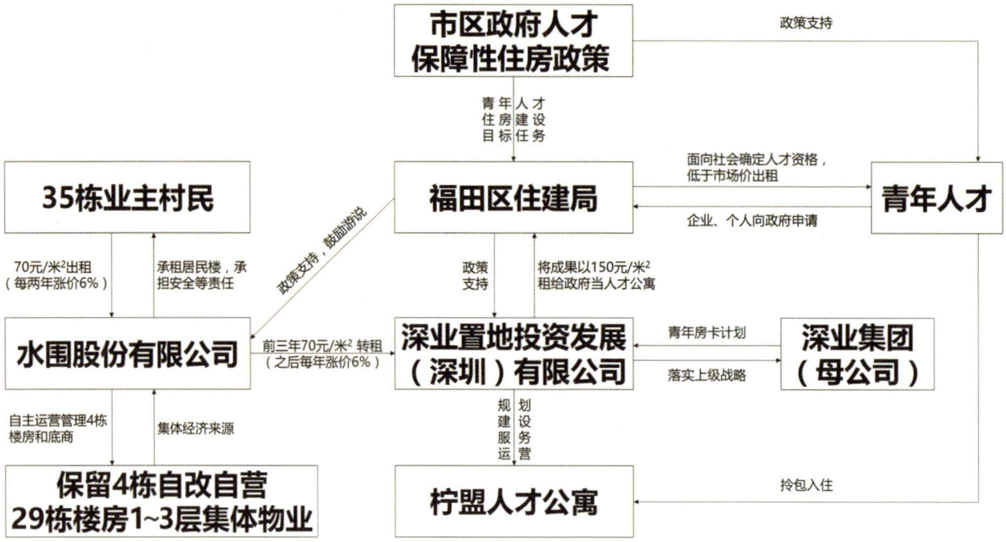

图2-1 水围村改造合作机制示意

资料来源：万成伟，于洋．公共产品导向：多中心治理的城中村更新——以深圳水围柠盟人才公寓为例［J/OL］．国际城市规划（2020-01-21）［2021-08-02］.http://kns.cnki.net/kcms/detail/11.5583.TU.20200525.1418.004.html.

三、国内外探索实践启示

结合国内外社区未来化的探索实践，研究认为，社区未来化方向总体呈现以促进人的全面发展为本，实体生活和虚拟生活有序联动，人文、科技、生态交织等趋势特征。

（一）树立以促进人的全面发展为本的社区营建理念

从国内外经验看，科技变革是推动社区未来化的重要驱动力，但是技术不应作为未来城市和社区发展的根本取向，人的本真需求，人文、科技、生态的和谐交融才是贯穿于城市社区迭代脉络之中不变的基石。因此，社区未来化的核心价值取向应是人本主义，结合马斯洛需求层次理论中“自我实现”的最高需求，社区未来化的追求应进一步提升为以促进人的全面发展为本。在浙江未来社区建设中，应强调人群的多样性特质，充分关注“人的需要”“人的尺度”，重视社区在文化、教育、审美等方面功能的发挥，激发居民能动性，为社区注入人文精神，促进人的全面发展和社会的全面进步。

（二）建立实体生活和虚拟生活有序联动的社区形态

未来人的生活形态具有高流动性、全时段性、高交往性等特征，既有日常生活配套的需求，也有个性化、定制化服务的需要；既有线上交流的需求，亦有线下场景体验的需要。

未来社区应着力构建人与人、人与物、物与物高效互联互通的网络，通过前沿科技的创新应用，充分提升社区资源服务的共享性、功能的多样性，创新工作与生活自由融合、交往无处不在、远程互动广泛、智能服务常在等新生活形态。

（三）以集约化设计践行绿色 TOD 理念

结合新加坡经验，在未来社区建设中，应将开发强度视为集成社会经济多样性、联系度、集约度、活跃度等因素的复合函数，而不是简单理解为容积率等指标的数字大小。首先，树立 TOD 理念，重视轨道交通导向的土地使用强度的层次性，倡导围绕公共交通站点“大疏大密”布局方式，形成依托站点向外依次递减的容积率设定标准，提升土地利用集约度和综合效益。其次，注重站点周边土地复合利用，鼓励未来社区服务设施依托公交枢纽、轨道交通站点等上盖开发，降低出行能耗。最后，树立“容量”思维，灵活利用立面空间，以立体绿化等方式提升开放空间丰富性和居民舒适度。

（四）以共建共享提升精细化治理水平

精细化、智慧化、合作化治理模式是未来的发展方向。精细化治理的前提是真正满足群众需求，围绕教育、就业、医疗、养老、住房、交通等群众切身利益实事，从职能承接、权力界定、服务理顺等方面推进社区“清单式”精细化治理。智慧化治理方面，基于“互联网 +”信息技术，依托智慧服务平台，推进政府、市场和社区互动协商、共享服务，提升治理水平和治理效率。合作化治理强调多元主体的共同协作，搭建共享服务资源、及时反馈信息的渠道，通过协商满足不同主体的利益诉求，达到需求供给平衡，以增强社区凝聚力、增进社区整体利益最大化和实现可持续发展。

第三章　社区发展的浙江实践和创新基础

一、浙江探索新时代人居典范的优势条件

浙江率全国之先探索社区未来化模式和路径，具有深厚的经济、社会、文化、需求、制度等方面的基础和支撑，是城镇化发展进入新阶段的必然选择。

（一）浙江建设未来社区具有优渥的经济社会基础

浙江省因钱塘江古称浙江而得名，简称“浙”，地处中国东南沿海、长江三角洲南翼，陆域面积 10.55 万平方公里，海域面积 26 万平方公里，素有“七山一水两分田”之说。全省辖杭州、宁波 2 个副省级市和 9 个地级市，90 个县（市、区）。浙江省具有三个主要特点：一是经济大省。2020 年浙江地区生产总值为 6.4 万亿元，居全国第四位，以占全国 1% 的国土、4.1% 的人口，创造了全国 6.2% 的 GDP、6.4% 的财政收入。二是活力之省。平均每 9 个浙江人中就有一位创业者，每 26 个浙江人就拥有一家企业，浙江人均市场主体拥有量多年稳居全国第一，大众创业、万众创新正成为浙江的一种价值导向、一种生活方式、一种时代气息。三是幸福之省。浙江民生优渥、和谐和美，城乡居民人均收入居全国各省（区）首位，财政支出增量的三分之二以上用于民生，基本实现养老、医疗保障制度全覆盖。

（二）浙江建设未来社区具有深厚的精神文化支撑

浙江优势集中体现在“八八战略”当中，包括民营经济优势、市场意识优势、数字经济优势、块状经济优势、海洋经济优势等。根本优势是浙江文化的优势，即把悠久灿烂的文化与时代发展创造性结合，用与时俱进的浙江精神开拓创新。习近平同志在浙江工作期间高度重视文化研究，曾深刻指出，“千百年来，浙江人民积淀和传承了底蕴浓厚的文化传统。这种文化传统的独特性，正在于它令人惊叹的富于创造力的智慧和力量”[①]。秉持

① 习近平．干在实处 走在前列［M］．北京：中共中央党校出版社，2006：317.

浙江精神，结合新时代、新变化、新需求，浙江省委省政府积极创新工作方式和载体，做了许多有益的探索，未来社区的提出正是秉持浙江文化中务实、为民、创新的优良传统，坚持以人民为中心的思想，着眼于解决社区发展的难点痛点问题，努力满足人民群众对美好生活的向往。

（三）浙江建设未来社区具有新型城镇化进入拐点时期的巨大需求支撑

2020 年，浙江城镇化率达 72.17%，超过全国平均水平 8.2 个百分点，城镇化整体水平稳居全国第一方阵。从总体特征看：一是人口加速流入。城市的竞争力、吸引力和承载力持续增强，成为全国主要的人口流入省份之一，常住人口增量连续三年排名全国第二位。2020 年浙江省常住人口为 6456 万人，2010—2020 年共增加 1014 万余人，增长 18.63%，年均增长 1.72%，其中杭州市常住人口年均增速高达 3.21%，是全省平均增速的近 2 倍（见图 3-1）。二是以大都市区为引领的城镇化格局初步形成。统筹推进大湾区大花园大通道大都市区建设，省域空间格局不断优化，杭州、宁波、温州、金义四大都市区核心区以不到全省 40% 的面积集聚了全省 68% 的常住人口。今后城镇化重心还将进一步向大都市区转移，以中心城市为核心、带动周边中小城市和小城镇一体化发展的格局形态将更加凸显。三是人口市民化水平不断提升。建立城乡统一的户口登记制度，城镇落户条件全面放开放宽。新型居住证制度实现全省覆盖，90 个县（市、区）全部建立与居住证挂钩的基本公共服务提供机制。四是城乡融合发展格局基本形成。坚持实施城乡统筹发展战略，持续推进美丽城镇、美丽乡村建设，深入推进“千村示范、万村整治”和农村综合改革，城乡居民收入差距缩小至 1.96 ∶ 1，保持全国各省（区）最低。五是特色载体建设成效显著。县城城镇化基础扎实，53 个县城集聚了全省 26.3% 的人口。因势利导推进各县和小城镇建设，2020 年中国百强县中，浙江占 24 席，数量居全国第一。深入实施小城市培育试点，60 多个试点镇中，有 48 个进入全国综合实力千强镇，龙港成功撤镇设市。六是数字化改革进程进一步提档加速。浙江正全面推动数字化改革，加快推进党政机关整体智治、数字政府、数字经济、数字社会、数字法治等系统建设，“数字红利”将带动城乡居民生活质量得到根本性提升。七是人民对美好生活的追求更加多元化。新生代农民工对稳定就业的需求不断扩大，大学毕业生对住房和收入的期待越来越高，老年人对医疗和养老服务的需求日益加大，小镇青年对互联网创业和服务的要求不断提高，城市贫困群体需要更多的关心和救助。

从人居需求来看，国家统计局数据显示，2020 年末，浙江省城镇人口为 4659 万人，占总人口数的 72.17%，较 2017 年多出 813 万人，这部分新增的城镇人口势必增加了对城

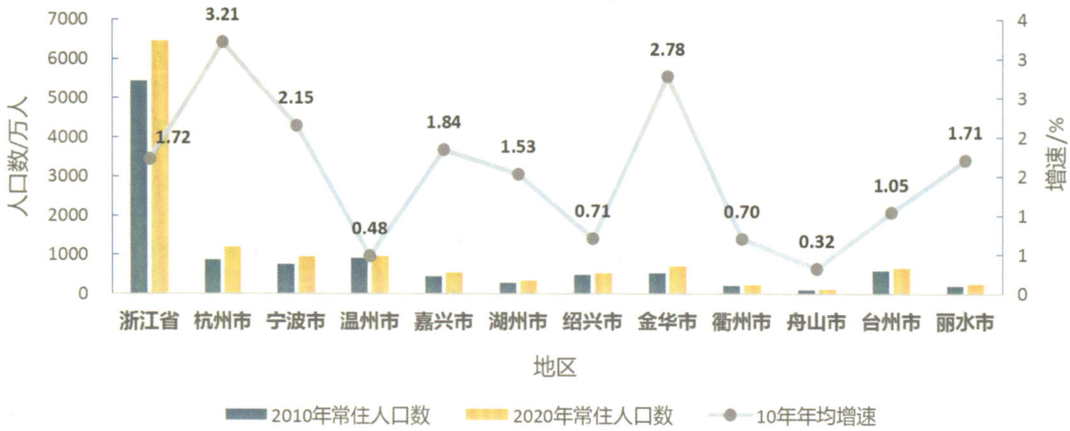

图3-1　浙江省2010年、2020年常住人口数及年均增速

镇住房的需求量，如果按小康水平人均 30 平方米来计算，则解决这部分新增城镇人口的基本性住房需求，至少需要新增 2.43 亿平方米住宅面积，按户均[①]面积 105 平方米计算，浙江城镇化进程带来的潜在住宅市场需求达到 232 万套。从另一个角度来看，浙江仍有 2000 万农村居民，如果通过"集中安置"或者"货币补贴"等方式将他们由农村居民转为城镇居民，使他们能居住到城镇，享受城市功能的便利与福利，只要有 10% 的农村居民进入城市，就会带来近 70 万套的住房需求。

人口城镇化快速演进的过程也是城镇建设快速推进的过程。城镇建设包括新城区建设和老城区改造，后者会引起原有住房的拆迁，产生部分更新的住房需求。同时，由于住房使用寿命、建设质量等原因，将有一批老的住房需要拆迁重建或改造提升，也会形成新增住房需求。根据相关统计数据，浙江在 2000 年以后建造的住房约占 40%，之前建造的住房约占 60%，按照住房设计使用年限 50 年计算，每年将形成相当数量的拆迁重建住房需求。

（四）浙江建设未来社区是满足消费升级需求的必然要求

"十三五"以来，浙江居民人均消费支出增速较快，消费水平继续居全国前列，城乡消费进一步升级，居民生活高品质发展全面推进。2020 年浙江居民人均消费支出 36197 元，比全国平均水平（27007 元）高 9190 元，居全国各省（区、市）第三位，各省（区）第一位。从消费结构来看，居住支出增长较快，全省居民人均居住支出 9009 元，同比增长 7.2%，对消费支出增长的贡献率为 28.8%，贡献率居八大类消费（食品烟酒、衣着、居住、生活用品及服务、交通通信、教育文化娱乐、医疗保健、其他用品和服务）支出第一位。

---

① 按照每户 3.5 人测算。

（五）制度改革带来的市场需求

近年来，浙江实施“住有安居”住房保障体系，开展老旧小区改造，深化“千村示范、万村整治”工程、美丽城镇建设，实施了农房集聚改造、棚户区改造与危旧住房治理等针对特定人群的住房改善政策。一是老旧小区改造的深入推进。老旧小区改造是加快城市有机更新、创造美丽环境的“重头戏”，也是扩大有效投资、完善社区治理的有力之举。根据前期调查得到的数据，全省现有改造需求的老旧小区 4707 个，涉及 138.86 万户居民、5.17 万幢楼房、建筑面积 1.17 亿平方米，有必要积极推动老旧小区功能完善、空间挖潜、服务提升，力争“一次改到位”。二是“百镇示范、千镇美丽”工程美丽城镇建设带来的居住需求。建设美丽城镇是浙江持续深化“千村示范、万村整治”工程、促进城乡融合发展的重要举措。推进 1000 个左右小城镇建设美丽城镇，目标是到 2022 年 300 个左右小城镇达到美丽城镇示范要求，2035 年高质量全面建成美丽城镇，把全省小城镇打造成为功能便民环境美、共享乐民生活美、兴业富民产业美、魅力亲民人文美、善治为民治理美的幸福家园。三是人才吸引政策带来的品质住房需求。2017 年 11 月，在浙江省委省政府《高水平建设人才强省行动纲要》指引下，省建设厅于 2018 年 6 月发布《关于进一步落实高层次人才安居相关政策的通知》，解决高层次人才安居问题。杭州、宁波、嘉兴、舟山等市也纷纷出台人才引进支持政策。比如，2018 年杭州调整落户政策，放宽投靠迁移和人才落户政策；嘉兴借助全面接轨上海利好，从上海“后花园”逐渐发展成“域外通勤区”，出现了越来越多往返上海的“双城族”，2018 年嘉兴全面开放落户，吸引了大量人口。

二、当前浙江社区发展面临的若干困境

浙江社区建设取得飞跃式发展，百姓居住空间更加宽敞，享有的公共服务更加丰富，但对标高品质生活目标仍存在较大差距，难以满足新时期城市文明发展和百姓日益增长的物质文化需求。

（一）“楼盘”模式下社区形态功能趋于同质化

随着 1998 年取消福利分房，香港地产模式于 2000 年左右被引入内地市场，一系列以香港地产模式为范本的社区建设项目开始大量涌入市场。在地产开发商的主导下，房地产行业快速兴起，“楼盘”概念盛行，开发利益为先，“炒房炒地”现象突出，环境、文化、服务往往沦为营销手段。大部分社区建设重规模扩张、轻功能完善，并未按居民需求提升社区的配套设施水平，在设计阶段未考虑城市原有的空间结构、历史文脉和社会网络，社区文化基底被忽视，精神信仰标志被弱化，社区形态普遍雷同。同时，在楼盘开发模式下，

开发商更关注资金的快速回笼，自持物业比重低，不注重社区整体品质打造和可持续运营。

（二）大尺度封闭住区催生“孤岛”和“睡城”

国内小区普遍采用封闭式的住区建设模式，在便于安全管理的同时也带来了内外割裂的问题，尤其是大面积的封闭型居住小区，往往成为一个个“城市孤岛”。从交通影响来看，大型封闭住区内部道路自成体系，仅通过出入口与城市链接，导致城市干道交通流量难以分流，加剧了交通拥堵问题。从功能业态来看，大尺度封闭、流动性低也导致社区活力缺失的问题，不利于除居住功能以外的多元化业态打造，“职住分离”现象显著，单一功能的居住型社区更像是“睡城”，而不是千姿百态、充满生机的微型社会。

（三）公共空间沦为“附属品”加剧了邻里淡漠

公共空间作为社区功能网络结构的关键枢纽，在提高居住环境生态品质和公共服务水平、促进邻里交往、发展地域特色文化、展示城市风貌等方面均发挥着重要作用。审视当前社区，公共空间供给不足、品质低下问题较为突出。公共空间由于经济效益不高，面积规模往往按标准规范中的下限标准执行。尤其是年代久远的老旧小区，公共空间基本上为一些必要的道路、停车场、宅前宅后空地，大面积的集中活动场地极为匮乏。与传统老街坊、四合院充满人气的院落空间不同，当前住区公共空间往往作为建筑之外的“留白”区域，沦为房屋建筑的附属品，设计阶段往往忽视其功能性、层次性等多元化要求，缺乏在地性特色，缺乏对使用需求的多方位考量。高品质“邻里交往”空间的缺失也是当前城市“水泥森林”中邻里关系疏离的一个重要原因。

（四）社区公共服务供给缺乏良性运转机制

社区作为城市的细胞单元，承载着健康、教育等公共服务供给的重要职能。目前来看，社区公共服务的供给过多依赖政府自上而下的运作，市场、非营利组织、社区居民的参与相对有限，尤其在养老、医疗、教育、公共文化等领域，公共产品供给的种类与质量难以满足人们日益增长的需求。例如，社区养老服务缺乏社会主体和专业人才的参与，可持续经营维系难度大；由于政府医疗公共投入的分配机制和社会办医“隐形门槛”的长期存在，社区医疗机构长期以来运转效果不佳，难以真正发挥“健康守门人”的作用；社区教育尽管市场主体参与度相对较高，但教师及其他专业人才等社区居民作为潜在的优质教育资源，未建立共享机制充分发挥其作用；社区文化供给由于供给方单一，大多忽视地域差异性，导致具有艺术性、思想性的高品质公共文化产品出现结构性短缺。

（五）社区治理行政化导致公众认同感降低

近年来，浙江社区治理取得巨大成效，但在"强政府、弱社会"的大环境下，目前大部分社区仍采取政府主导的治理模式，以行政化的手段开展社区治理[①]，影响了社区合作治理目标的达成。社区居委会作为政府公共产品的协助提供者和利益协调者，承担了大量行政性事务，造成了社区居委会在社区治理中的错位。同时，居民对社区治理的参与意识较为淡薄，积极性和主动性不高，参与的渠道不畅，尚未形成协同共治的社区治理格局。尤其在突发公共事件面前，在自上而下的网格化治理发挥重要作用的同时，也暴露出社区志愿者参与不积极等现实问题。

三、基于浙江省问卷调查的社区痛点和民意需求分析

为切实满足人民生活品质提升需求，课题组对浙江各地开展了问卷调研，共发放问卷3万份，其中，杭州市共回收问卷0.96万份，宁波市共回收问卷0.45万份。调研通过线上问卷进行抽样调查，杭州地区采用线上线下相结合的方式。样本覆盖全年龄段、不同职业、不同收入人群，具有普遍代表性。年龄构成上，覆盖少年、青年、中年、老年全龄段人群；职业构成上，涵盖个体私营业主、公职人员、企业管理人员、工人、技术人员、全职家长、学生等不同职业人群；收入特征上，覆盖不同收入群体（见图3-2）。

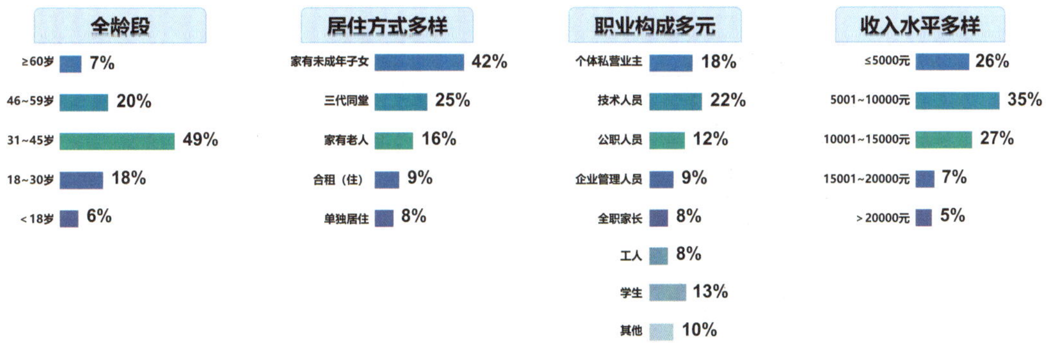

图3-2 问卷调查样本详情

调查结果反映，居民对社区生活关注度较高，主要关注点集中在交通出行、机动车停放、服务设施等领域。其中，对交通便捷程度、日常购物等满意度相对较高；对机动车停放、公共活动空间、养老服务、文体娱乐设施、智能化水平满意度相对较低（见图3-3），这些方面应当成为浙江下阶段社区发展的重要关注点。

① 华文锦.社区合作：中国城市社区治理的困境与出路［D］.南京：南京大学，2016.

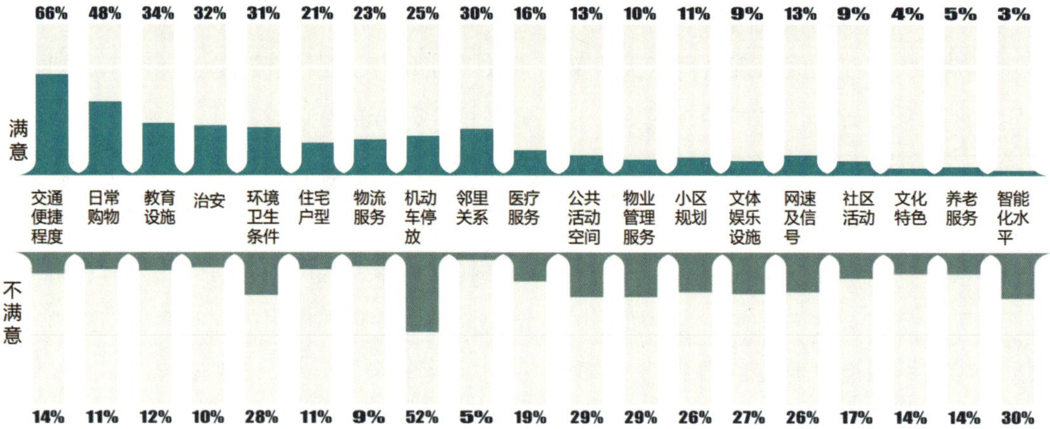

图3-3　社区居民整体满意度调查结果分析

（一）社区六大焦点问题分析

第一，部分住房存在安全隐患，居民更新改造意愿强烈。本次调查涉及部分 20 世纪 70—90 年代建造的老旧小区。这批老旧小区大多配套设施不全、物业管理缺失，且采用多孔预制板，已经接近使用年限，存在结构安全隐患，严重影响居民生命财产安全，加上老旧小区停车难、绿地广场不足且老年群体居住占比高等实际状况，70% 的居民倾向于拆除重建，65% 的居民倾向于原拆原回（见图 3–4）。

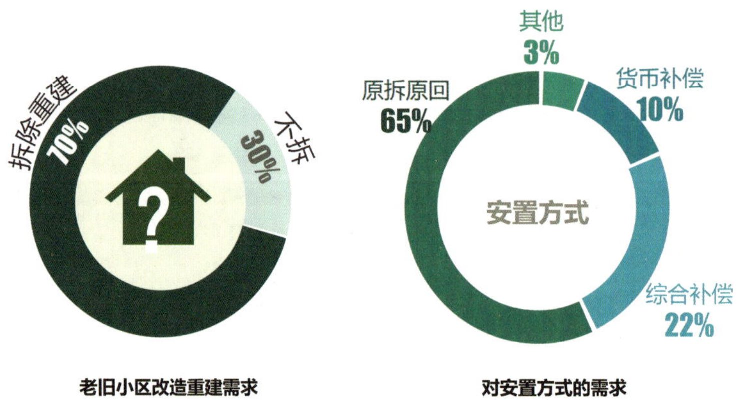

图3-4　社区居民改造及安置方式意愿分析

第二，土地开发利用低效，住宅精细化设计有待强化。调查显示，小区规划满意度仅 11%，存在停车配建不足、绿地广场不足、建筑密度过高等问题，认为存在这些问题的居民占比分别达到 53%、42%、28%，其本质在于开发强度不合理，土地利用不集约。住宅建筑的问题主要集中在智能化不足、建筑老旧和缺乏电梯等方面，占比分别达到 48%、41% 和 30%（见图 3–5）。

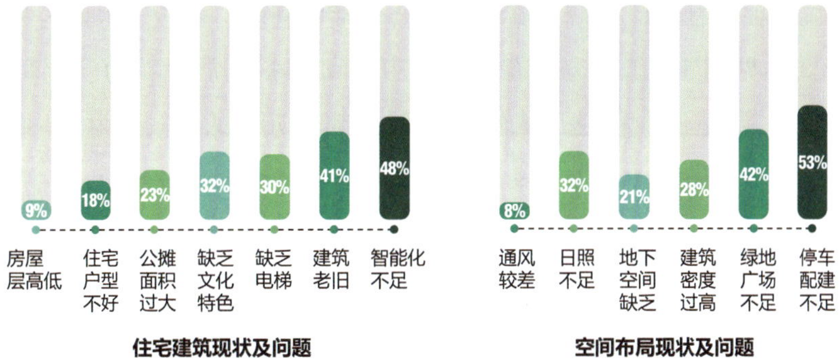

图3-5　社区住宅建筑及空间建设的现状及问题

第三，设施服务水平相对滞后，多元化需求难以满足。根据调查，如图 3-6 所示，居民对教育设施（初中、小学、幼儿园）、体育健身设施（健身步道）整体较为满意；对托儿所、社区医疗设施满意度一般，低于 40%；对文化活动设施、养老设施满意度相对较低，低于 30%。场地设施缺乏、规模小、数量少已成为公共服务发展的主要瓶颈，八大类设施或多或少都面临空间资源紧张的问题，这一点在托儿所、图书馆、活动室、卫生站、居家养老中心这四项设施上最为显著；此外，社区公共服务还存在服务水平低、距离远等问题（见图 3-7）。

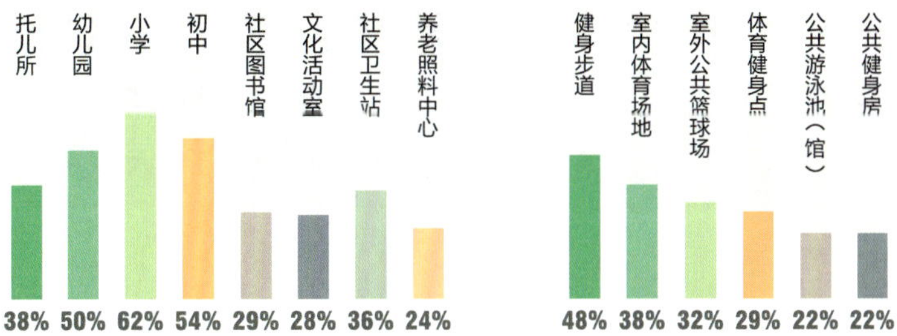

图3-6　对公共服务设施、体育健身设施现状的满意度

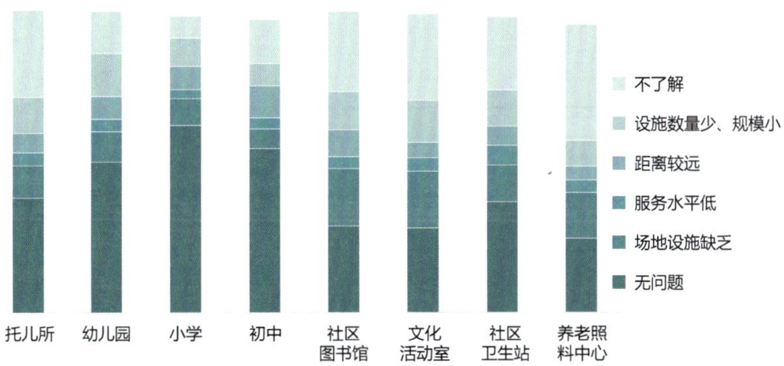

图3-7　社区公共服务设施配套情况调查结果分析

在商业设施方面，社区已配套设施类型主要包括便利店、药店、水果店和餐馆等，多为沿街底商形式（见图 3-8）。分别有 50%、39% 和 34% 的居民认为已配套的商业设施存在设施类型较少、数量偏少和服务层次低等问题，超过 70% 的居民认为公共游泳池（馆）、公共健身房等设施较为缺乏（见图 3-9）。

已配套的设施	便利店	药店	水果店	餐馆	便民小菜店
需要完善的设施	书店（书报亭）	家政中心	社区食堂	休闲娱乐	维修店
期待新型商业模式	无人商店	社区电商平台	社区智慧商圈	社区金融服务	社区快闪店
需网络化商业服务	日常购物	家电维修	水果生鲜	家政服务	物业缴费

图3-8　社区商业配套设施现状、类型及需求

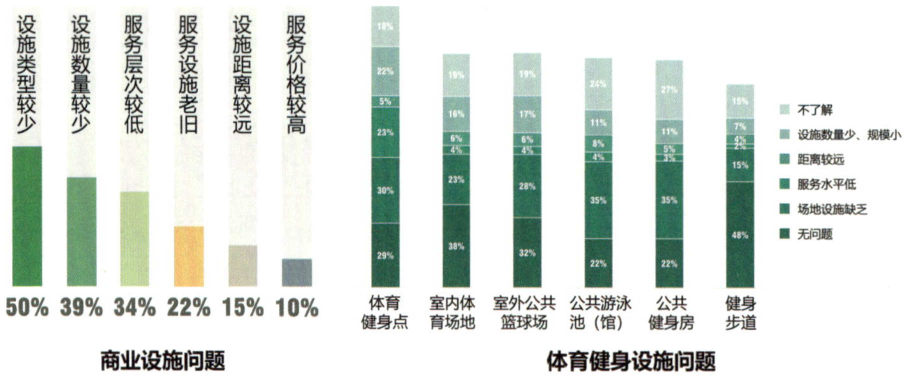

图3-9　社区商业设施问题及体育健身设施满意度

第四，停车难已成关切焦点，交通出行亟待改善。社区交通问题集中体现在停车问题、道路拥堵、公共交通不便等方面，分别占 48%、44% 和 21%（见图 3-10）。其中，停车方式为社区附近路边停放的居民占比达 38%。65% 的居民反映停车遇到的最大问题是小区车位不足（见图 3-11）。

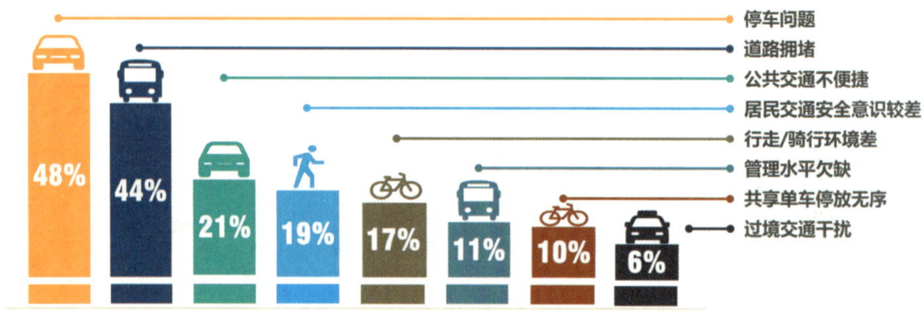

图3-10　社区交通现状及问题

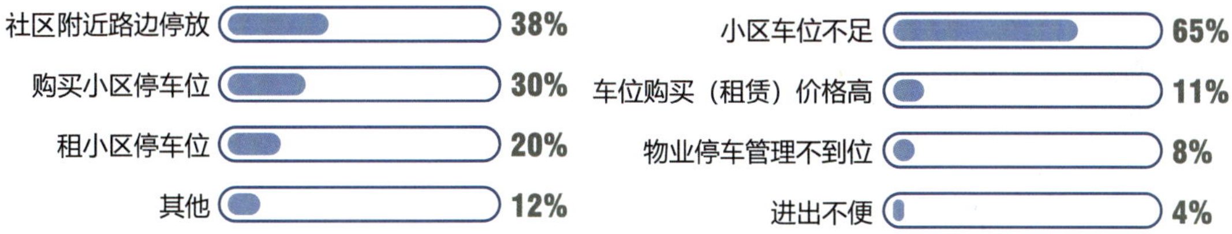

图3-11 社区停车方式及存在的问题

第五，绿色生态空间缺乏，市政能源供给有待加强。调查显示，社区生态环境存在噪声干扰、绿地广场缺乏、废气扬尘等问题，分别占 43.9%、38.8% 和 25.4%（见图 3-12）。市政设施方面，部分社区存在未通燃气、电线线路混乱和读表不智能等市政配套设施不健全的问题，分别占 21%、19% 和 15%。

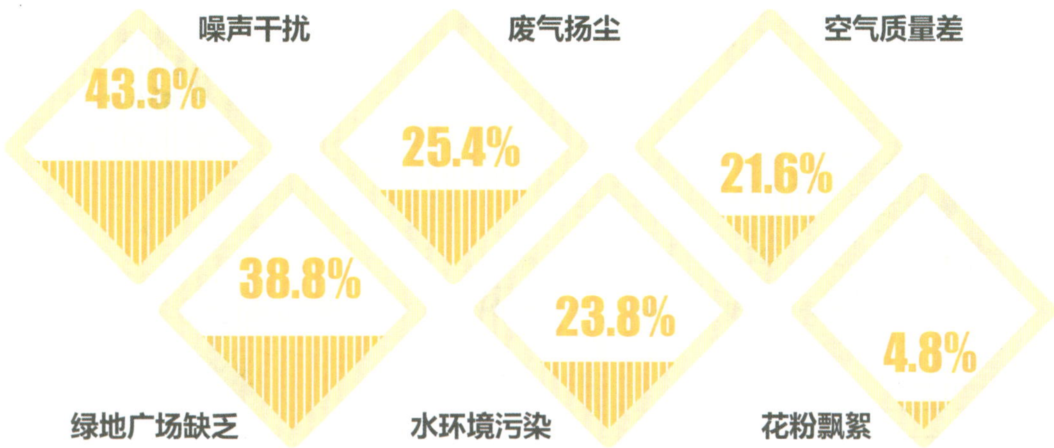

图3-12 社区生态环境问题

第六，邻里交流缺乏载体，亟待建立长效互动机制。调查显示，有 39.26% 的居民认为与邻居不太熟悉，有 1.73% 的与邻居有过矛盾，有 5.3% 的不认识邻居，即有 45.9% 的居民认为邻里关系有待进一步加强。社区邻里互动和社团活动单一且组织频次不高，未参与过活动的居民占 19%，不了解社区活动的居民占比达 54%（见图 3-13）。机制建立上，大部分社区服务平台建设滞后，社区活动举办频次较低，且宣传力度不足，无法满足居民需求。调查结果显示，分别有 47.1% 和 37.9% 的社区不了解或尚未建立社区服务平台，74.6% 的社区活动信息依靠社区宣传和居民告知传递。

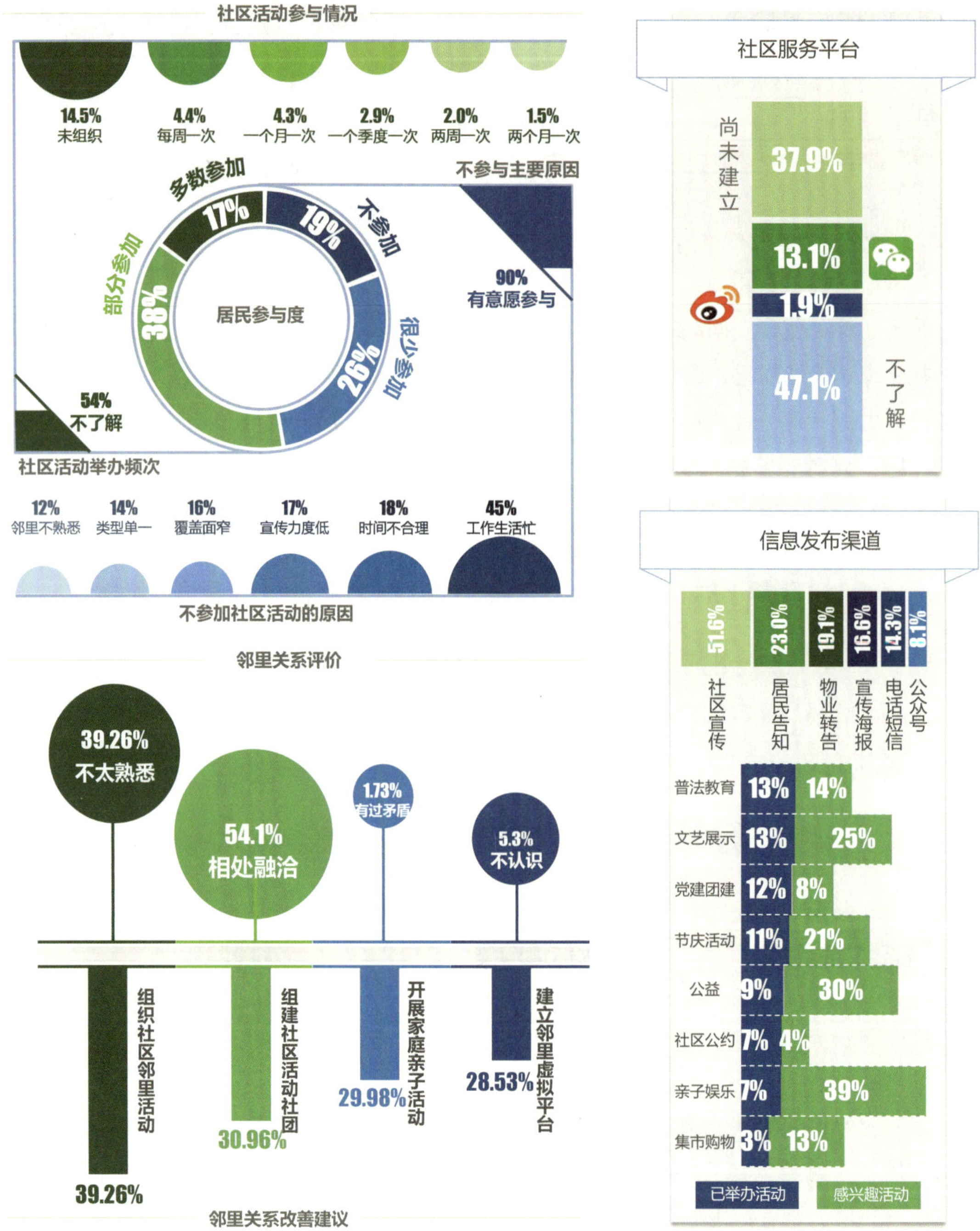

图3-13　社区邻里关系现状、活动参与度及信息发布情况

（二）社区七大生活需求民意分析

第一，住宅产品设计多元化需求。问卷反映社区居民对住宅建筑的设计建造和功能类型较为关注，住宅建筑设计方面，对住宅户型设计、住宅公摊面积、户型大小套型配比等方面关注度较高，分别占72%、42%和32%。住宅类型方面，对老年公寓、小户型住宅、人才公寓等需求较大，分别占30%、30%、28%（见图3-14）。

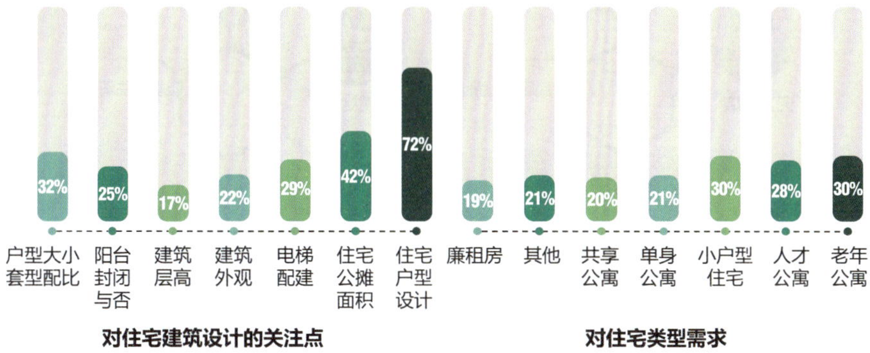

图3-14 住宅建筑设计和类型需求

第二，新兴服务升级需求。45%以上的居民对艺术爱好培训、共享图书馆、室内运动场地、慢跑绿道、公共健身房等服务和设施需求强烈；40%左右的居民对老年生活服务、老年活动中心、家庭医生、健康咨询等方面有需求（见图3-15）。

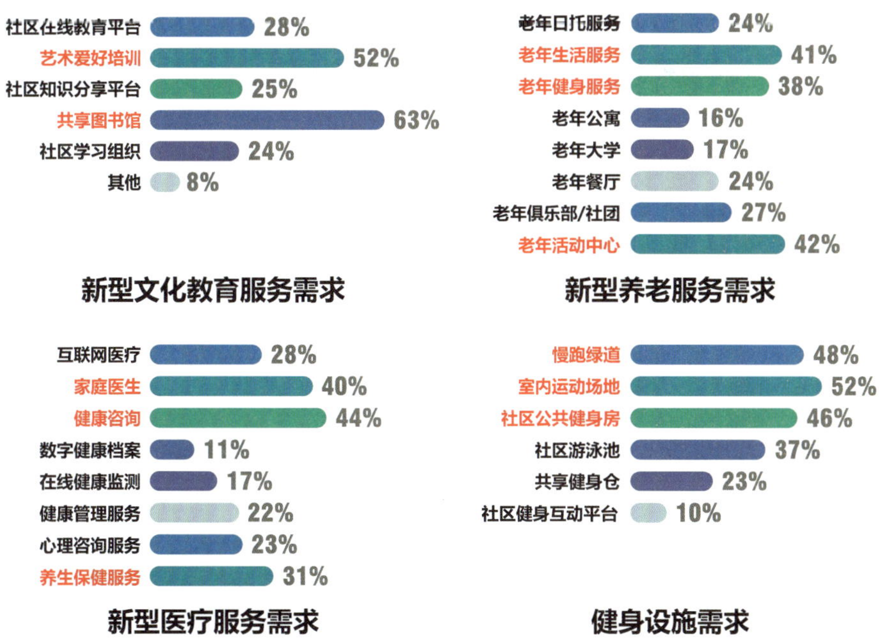

图3-15 社区新兴服务需求

在社区新兴商业服务方面，居民希望日常购物、家电维修、水果生鲜等商业活动实现网络化，书店（书报亭）、家政中心、社区食堂和休闲娱乐设施得到进一步完善。超过30%的居民期待发展无人商店、社区电商平台和社区智慧商圈等新型商业模式（见图3-16）。

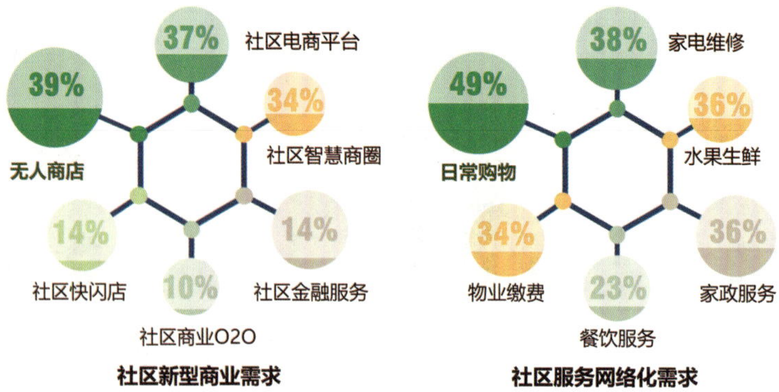

图3-16　社区新型商业需求分布

第三，社区就业创业需求。目前，社区就业创业尚处在萌芽阶段，17%的居民表达了社区创业就业诉求，意向行业聚焦于商业零售、餐饮服务、社区电商、教育培训等领域（见图3-17）。未来，创意设计、互联网等高科技行业的社区创业就业亟待培育，需要为创业者提供众创空间、创业咖啡厅等设施，创业辅导、法律财务咨询等服务，以及人才政策、投融资及创新扶持等政策的支撑（见图3-18）。

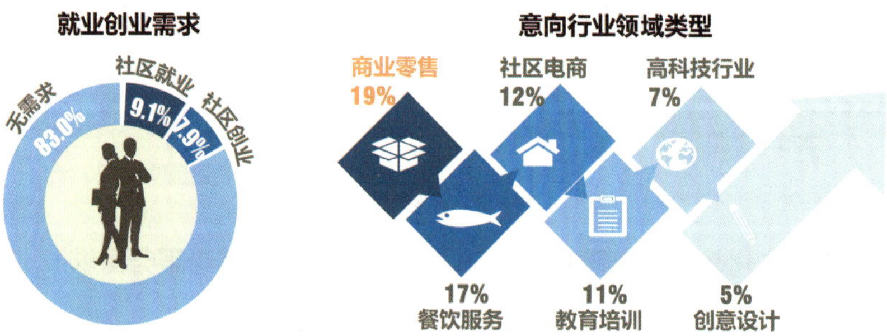

图3-17　就业创业需求及意向行业类型

图3-18　就业创业者需求

第四，社区交通改善需求。社区居民对交通改善的设想主要有：47% 的居民迫切希望建设智能停车系统；31% 的居民希望推广共享停车改善停车难问题；20% 的居民希望通过建设人车分离立体交通，打造共享出行平台，改善道路拥堵问题；40% 的居民希望增设或优化公交线路，提升公共交通服务水平（见图 3-19）。

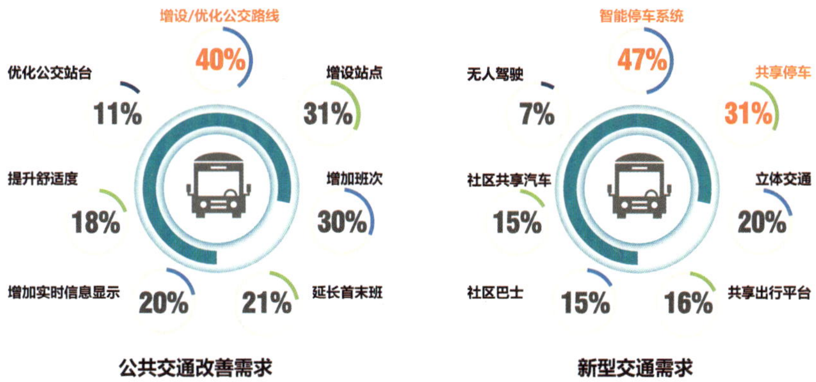

图3-19 公共交通改善及新型交通需求

第五，市政配套改善需求。社区居民对市政和能源设施配套关切较多，分别有 45%、34%、30% 的居民希望从配备净水设备、垃圾分类处理、集中供热等方面完善设施配套；分别有 50%、35% 的居民希望从提升网速、增强信号等方面改善通信网络服务水平；分别有 40%、22% 的居民希望从增设智能快递柜、物业代收送上门等方面提升物流服务水平；分别有 47%、45% 的居民希望从增加或完善高清视频监控系统、小区门禁系统等方面提升安防服务水平（见图 3-20）。

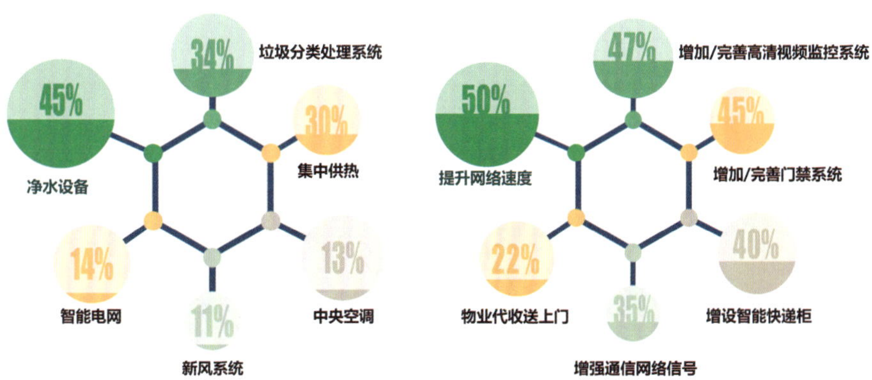

图3-20 市政配套及通信配套完善需求

第六，生态环境优化需求。分别有 51.5%、37.6%、32.1% 的居民希望通过增加社区公园绿地、增加儿童游乐场地、增加步行通道绿化来提升社区环境（见图 3-21）；通过推行社区垃圾分类、加强社区卫生管理来提升环境卫生。

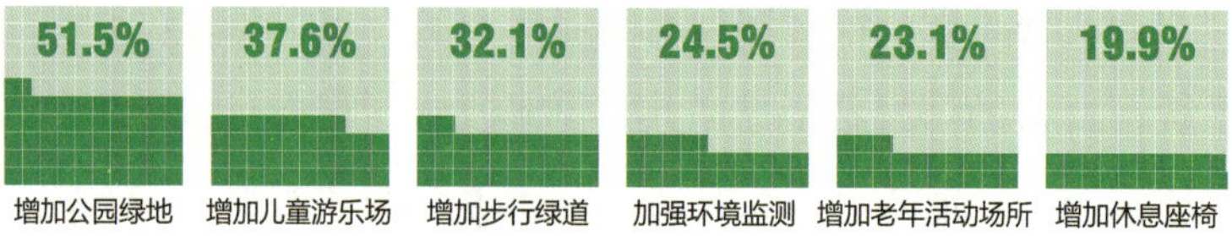

图3-21 生态环境提升需求分布

第七，邻里文化增进需求。社区居民普遍关切邻里关系提升，分别有39%、31%、30%的居民希望通过增加社区邻里活动、组建社区活动社团、开展家庭亲子活动等方式改善邻里关系；希望社区重视活动组织的时间安排，举办更具针对性、主题性的活动，如亲子（39%）、公益（30%）、文艺（25%）、节庆（21%）活动等；提升社区活动的举办频次，增加社区活动宣传力度和方式等（见图3-22）。

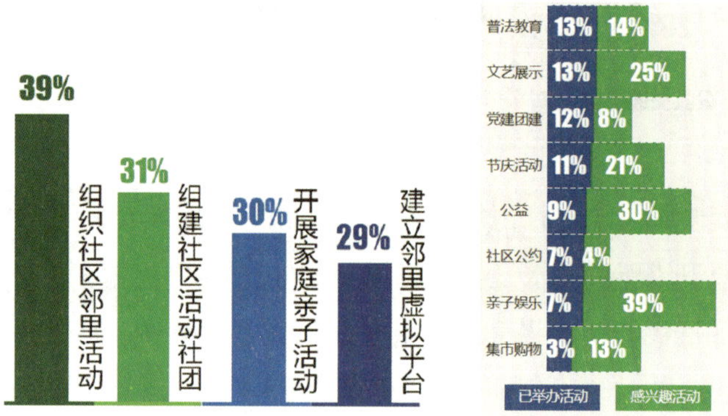

图3-22 邻里关系改善建议及邻里活动内容建议

社区文化方面，社区居民对社区文化设施的提档升级、文化服务的丰富度和专业性也有较大的需求，其中开展文化交流活动、加强文化宣传和增加交流场所的民意较高，分别占48.4%、44.4%和33.6%（见图3-23）。

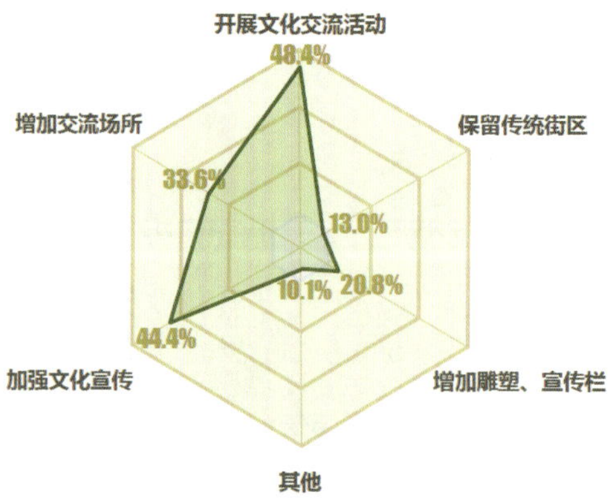

图3-23 社区文化服务需求

（三）对社区未来化的启示

问卷调查反映出的群众需求和暴露出的问题短板，对谋划未来社区建设，具有重要启示和参考价值。

第一，重点关注老旧小区转型改造。呼应群众需求，重点选择设施陈旧、改造呼声较大的老旧小区，围绕空间集约利用、品质公共服务、生态低碳环境、人文亲善氛围、智慧共享模式等方面，探索未来社区新人居建设，满足群众高质量生活需求，实现群众最大获得感。

第二，系统性解决社区发展问题。社区建设涉及居住空间、公共服务、交通出行、生态环境、人文培育等诸多方面，相互之间交织影响、互为因果，应从系统角度提出社区发展解决方案，既要关注社区住房、交通、市政等建设营造设计创新和智慧技术创新，又要关注生态、人文、社区治理等软环境营造，更要关注社区持续健康运营等新模式。

第三，着重关注七大类型需求。一是多样化住宅产品需求，以人才公寓、适老化住宅等多类型设计满足不同人群需求。二是新兴服务需求，着重关注“一老一幼”群体的日常生活特征：针对老年人，提供生活服务保障、家庭看护、医疗服务等；针对儿童，提供专业可信的托育、早期发展等服务。充分满足日常生活、商业、安防等服务需求。三是创业就业需求，为居民提供创业空间、创业服务和机制保障。四是交通出行需求，聚焦无缝衔接的交通换乘系统，推广共享停车、共享汽车等共享出行模式。五是市政能源需求，着重生态友好的能源供给方式创新，提升市政设施智慧化水平，推行低碳绿色生活方式。六是生态环境优化需求，加强丰富多样的绿色环境营造。七是邻里文化需求，打造丰富、共享的公共空间，承载邻里交流交往需求，促进社区文化价值体系的构建，超越虚拟网络，回归体验生活，营造真实的归属感。

第四章 浙江未来社区建设的顶层设计

一、未来社区的价值坐标

满足人民对美好生活的向往是浙江未来社区建设的根本原点。新时代美好生活的理论与实践始终贯穿以人为核心的逻辑，是中国共产党面对新时代中国发展之新境遇，立足我国社会主要矛盾已转化为人民日益增长的美好生活需要和不平衡不充分的发展之间的矛盾这一现实，从人的需要、人的诉求中生成的生活样式构想，凸显了社会主义现代化的根本导向，即实现从人之生活向“人”的“回归”①，从民主、法治、公平、正义、安全、环境等方面进行一系列战略部署，有效满足美好生活需求的丰富性，实现对人的理想生活状态与实体性落实的有机结合，最终落脚点是实现人的全面发展。

美好生活所包含的多样性需要已无法通过个人或家庭来满足，而必须经由社区、城市乃至国家来组织和供给②。未来社区建设是在国家宏观战略指引下，落实美好生活理念的微观实践，立足社区这一承载美好生活的社会基底，聚焦人与人、人与自然、人与科技的和谐关系，使儿童、青少年、中年人、老年人、流动人口、残障人士等各类人群的需求得到满足，使其获得自身物质、智力、体质和精神充分发展的权利，促进人的全面发展和社会的全面进步。

（一）美好生活的哲学溯源

1. 培育人与人的和谐关系，是构建美好生活的价值基础

新时代美好生活是人民的美好生活，人与人的关系处在新时代美好生活的中心位置，体现为两个层次。一是培养自我成长观，不断提升自身素养。马克思强调学习对于实现“人的自由全面发展”的作用，以持续自主的学习实现个人潜能的开发以及自由全面的发展，

---

① 项久雨．新时代美好生活的样态变革及价值引领［J］．中国社会科学，2019（11）：4-24，204.

② 林晓珊．集体消费与美好生活——“需要”的结构转型与城市治理［J］．中国社会科学评价，2018（1）：53-59，127.

以积极有效的实践活动提高个人“美好生活能力”，优化个人和家庭生活资源的精巧配置，从而培养对美好事物的感受能力[①]；通过学习和实践相结合，树立价值目标，引领精神生活健康发展，促进人的能力和素质的全面提升。二是构建共创共享的集体和谐关系，实现精神生活和物质生活的共同富裕。新时代美好生活的实现强调由人民共同完成，具有“共创”属性，同时，美好生活的最终实现又提升了人民的生活质量，具有“共享”属性[②]。“共创”和“共享”强调个体与个体、群体与群体、个体与群体和谐互动包容，共同投身于新时代美好生活的实现过程中，落实到社区层面，则意味着充分激发居民参与社区建设治理的主观能动性，以及凝聚政府、企业、社会组织等多方合力。

2. 构建人与自然的和谐关系，是开启美好生活的自然基础

在马克思看来，人与自然关系的和谐是人类获得幸福生活方式的前提和源泉。马克思指出，超越个体生活所需的必要限度必然造成自然生存的对立面，如奢侈等，应予以控制[③]。因此，在满足人民对美好生活的向往的同时，应把控好需求的度，建立科学合理、和谐绿色的消费观。党的十九大报告把“坚持人与自然和谐共生”确定为构成新时代坚持和发展中国特色社会主义的基本方略，强调人与自然同生共在、一荣俱荣。因此，遵循自然规律是制定一切实践方案的前提，要尊重和保护自然，努力改善人与自然的关系，真正实现可持续发展。

3. 树立人与科技的和谐关系，是引领美好生活方式的社会基础

新时代美好生活根植于当代中国生产力发展水平历史跃迁这一基本境遇，合乎人类社会发展的基本规律与应然走向[④]。马克思指出，“生产力的这种发展，最终总是归结为发挥作用的劳动的社会性质，归结为社会内部的分工，归结为脑力劳动特别是自然科学的发展”[⑤]，突出强调了科学技术等因素对实现生产力跃迁的积极意义。同时，美好生活的实现有赖于生产与消费的平衡关系，过度消费或过度生产都将对社会经济发展造成消极影响。为了从源头上遏制生产与消费之间的失衡问题，首先要解决生产力问题，进而以美好消费生活方式引导形成健康的生产方式，通过生产方式的变革最终促成美好生活方式的形成。

---

① 李铭，汤书昆．马克思生活哲学视域下的“美好生活方式”［J］．学术界，2018（11）：162-171.

② 项久雨．新时代美好生活的样态变革及价值引领［J］．中国社会科学，2019（11）：4-24，204.

③ 王学荣．中国墨家思想：马克思主义中国化的又一文化土壤——以消费观的内在一致性为横截面［J］．党政干部学刊，2013（12）：75-78.

④ 项久雨．新时代美好生活的样态变革及价值引领［J］．中国社会科学，2019（11）：4-24，204.

⑤ 马克思，恩格斯．马克思恩格斯文集：第7卷［M］．北京：人民出版社，2009：96.

从智能社会发展进程看，数字智能等技术发展将极大提升生产力，由此重塑生产方式和生活方式。因此，在新时代背景下，在平衡生活与生产关系时，应着重考虑科技这一变量，以人与科技的和谐促进美好生活的实现。

（二）未来社区的三维价值坐标

未来社区内涵并非局限于时间维度上的“未来”，更是价值维度上的“理想”，即以满足人民美好生活向往为中心，构建古往今来人类内心中一直追求的理想人居之所。通过对“美好生活”的哲学溯源，可以看出，美好生活的实现核心是以人为本，在此基础上反思人与人、人与自然、人与科技的关系，由此提炼出未来社区遵循的三维价值坐标，即人本化、生态化、数字化（见图 4–1）。

未来社区“三化”价值体系是社会、环境和经济三者有机联系的整体，人是生态化和数字化的主体，生态化是人本化和数字化的基础，数字化是人本化和生态化的支撑。以人本化为核心，把满足人民美好生活向往、促进人的全面发展作为未来社区建设工作的出发点与落脚点；以生态化为底色，将可持续理念贯穿未来社区建设的始终；以数字化为引领，为未来社区建设提供技术支撑。

图4–1　浙江未来社区三维价值坐标

1. 人本化：代表以“人”为核心的生产关系

强调以人为本，突出共商、共创、共享三大属性，既要顶层设计，又要问需于民、问计于民、问效于民，注重包容性、公平性、参与性，营造邻里和睦、守望相助、宜居宜业宜游的“生活共同体”。

（1）把握人本化的共商属性，注重问需于民。未来社区强调回归人的需求，为社区居民提供适应全生命周期和引领精神文明健康发展的未来生活方式，营造包容多元文化、富有亲和力和归属感的社区生活氛围。注重深入调查，落实社情民意，结合各地人口结构、文化差异、生活习惯等特征，因地制宜推进未来社区建设落地。注重系统优化，按照不同人群全生活链需求配置社区服务设施，以功能复合邻里中心等空间为依托，实现全功能链响应，推动九大场景集成式、协同式落地。注重文化为根，坚持生活方式“现代化”与人际关系“邻里化”并重，深入挖掘在地文化，留存社区原有历史记忆，让百姓记得住过去、看得见未来。

（2）把握人本化的共创属性，注重问计于民。未来社区建设是一项“让居民来做主”的民生工程，强调充分激发社区居民参与社区建设治理的主观能动性，联动政府、企业、社会组织等多方力量，共同投身于美好生活的实现过程中。注重党建引领，强化居民自治，构建具有地方特色的治理共同体，创新“平台＋管家”物业服务机制和运营模式，建立社区基金会、志愿者协会、时间银行等公益服务组织，营造“交往交融交心”的自治氛围。注重开放式创新迭代，提供“揭榜挂帅”等群策群力渠道，最大限度整合各方力量，把社会期盼和群众智慧吸收到建设运营方案中。注重全周期可持续运营，创新运营模式，常态化开展居民喜闻乐见的各类活动，激发社区活力。

（3）把握人本化的共享属性，注重问效于民。未来社区始终将人民拥不拥护、赞不赞成、满不满意作为衡量工作得失的根本标准，以服务人的全面发展为核心，以高水平供给、高效能治理满足美好生活需要，以更多就业创业机会成就人民，以更丰富的精神文化生活提升未来素养，让居民有更多获得感、幸福感、安全感。注重社群包容，充分考虑原住民、新居民、引进人才、游客等不同人群的交往交流，不同年龄群体的跨代际融合互动，形成包容和谐的社群文化。注重兴业为根，贯彻党中央、国务院关于“新就业形态”的指示要求，把未来社区作为创业平台、创新生态来打造，激发创新动力、就业活力，培育就业新增长点，实现安居致富。注重育教先行，关注居民主体性，强调以育教、互动、共享、交流等方式，不断增强居民知识技能、培育未来素养，使其主动适应城市现代化生产生活方式。

2. 生态化：代表环境友好的生产方式

注重人与自然的和谐相处，以绿色发展为导向，关注社区规划建设运营的全生命周期管理，鼓励绿色节能和资源循环利用，实现社区资源的集约、共享配置，打造绿色低碳智慧的“有机生命体”。

（1）推动规划建设生态化，构建宜居韧性环境底色。注重科学规划引领，植根于在地气候和生态禀赋，彰显与自然环境共生的风貌特色。创新 TOD、EOD[①] 等布局模式，实施地上地下空间高效集约、“疏密有致”混合开发。丰富多样化立体绿化空间、多层级社区绿道网络，打造舒适宜居环境。构建弹性适应的韧性社区，推广分布式、去中心、小型化、并联式的未来社区防灾防疫系统，引入社区微农场等短链生产体系，构建社区—家庭急救站网络，健全城市—社区应急救援管理体系，提升防灾减灾救灾能力。倡导低碳无废的建造方式，推广应用绿色建筑、健康建筑等新技术。

（2）推动资源循环生态化，推广低碳能源资源利用。注重综合用能协同化，创新“一体化全方位节能设计”理念，综合联动建筑、交通、市政设施和绿地碳汇，探索应用超低能耗建筑、光催化等技术，降低社区综合能耗，响应落实碳中和目标。注重资源流动循环化，促进垃圾分类和资源回收体系“两网融合”，打造海绵社区和花园式“无废”社区。推动能源资源管理智慧化，引进一体化开发、投资、建设和运营的综合能源服务商，搭建综合能源智慧服务平台，以数字化管理实现“源网荷储充”万物互联，能源信息广泛交互共享，提升节能效果和资源利用效率。

（3）注重生活方式生态化，倡导绿色健康生活风尚。引导绿色生活，通过构建步行优先的慢行系统、引入一站集成出行服务运营商等方式，形成绿色出行、自然环保、厉行节约等生活方式。开展绿色行动，制定邻里公约，引入邻里贡献积分机制，倡导居民使用绿色产品、参与绿色志愿服务。拓展智慧服务，将绿色生活与数字化相结合，探索无人配送、智慧能源监测、可穿戴互动设备等在未来社区推广示范，在公共空间植入“黑科技”互动方式，打造绿色智慧社区。

3. 数字化：代表先进生产力

注重以科技变革促成美好生活方式实现，以打造数字社会城市基本功能单元为目标，一体化推进未来社区创建和数字社会建设，集聚人的智慧，赋予物以智能，构建人与人、人与物、物与物之间“无处不连、无处不智”的社区新生态，实现触手可及、精准响应、零延反馈的未来生活方式，打造资源高效配置的“社会综合体”。

（1）夯实“数字基底”。搭建未来社区信息模型（CIM）平台，创新项目规划、设计、评估、建设、运营全流程、全周期数字化管理模式。搭建社区智慧服务平台，创新数字化生活服务供给模式，建立开发者场景生态，按需持续丰富社会事业公共服务、居民品质生

---

① EOD 模式（ecology-oriented development）：以生态为导向的空间发展模式，利用生态来引导区域开发，强调生态的价值和服务功能。

活服务等内容。超前布局数字基础设施，优先推动第五代移动通信技术（5G）应用，强化智能快递柜、无接触配送站点、无人图书馆、健康小屋、智能回收站等社区新型基础设施布局，完善未来社区智慧安防网络，赋能场景落地。

（2）集成多跨场景应用。聚焦解决群众高频需求，依托社区智慧服务平台，通过“揭榜挂帅”等方式，探索形成一批群众爱用、基层受用的多跨场景应用。通过社会服务“线上＋线下”融合、“政府数据＋社会数据”融合、“数字赋能＋人文关怀”融合，打通“三化九场景”数字化体系，因地制宜推动“健康大脑＋智慧医疗”“文化大脑＋社区文化”“教育大脑＋未来学校”等系列多跨应用场景，实现学有所教、幼有所育、老有所养、弱有所扶、病有所医、文有所化、体有所健、住有所居、游有所乐、行有所畅、事有所便、业有所创等社会事业精准落地，赋能共同富裕现代化基本单元建设。

（3）加快“全面链接”。构建统一标准的数据中台，提供CIM平台、智慧服务平台衔接路径并预留接口，为建设运营两阶段数字化链接融合奠定基础。围绕群众的切身需求和社区生活中的主要问题，贯通政府和市场数据信息，全方位链接社会事业领域跨部门多业务协同应用，全系统整合相关市场资源。建立健全数据分级分类安全保护制度，形成全生命周期的数据资源安全保障体系，实行负面清单管理，推进数据安全保障和公民个人隐私保护。

二、未来社区的内涵特征

未来社区与传统社区相比，具有六方面典型特征。

（一）以美好生活为目标追求

更加注重人的美好生活需要，以功能复合的邻里中心为依托，构建24小时全生活链功能体系，有机叠加教育、健康、商业、文化、体育等高品质公共服务，并合理配建适老化公寓、婴幼儿托育中心，为“一老一幼”提供友好生活环境。

（二）以多元共治为治理方式

更加注重多元主体共同参与，鼓励发挥社区议事会、社区客厅等自治载体和空间作用，强化社区自治功能，由居民共同管理社区事务。优化提升“基层治理四平台”，实现基层事务统筹管理、流程再造、智能服务，有效推进社区治理体系和治理能力现代化。

（三）以美丽宜居为环境底色

更加注重社区优美环境打造，充分运用新材料新技术，减少建设过程和建筑本身的环境污染。合理优化社区空间规划，打造多样化、个性化的立体绿化空间，建设成网成环的慢跑绿道，演绎绿意盎然的生态交响曲，让居民能够遥望星空、看见绿意、闻到花香。

（四）以绿色低碳为核心理念

更加注重低碳生活方式和生产方式，强化 TOD 布局理念，提升绿色低碳出行比例。应用“光伏建筑一体化 + 储能”的供电系统、“热泵 + 储冷储热”的集中供冷（热）系统，降低社区能耗水平。严格实行垃圾分类，促进生活垃圾源头减量，创建无废社区。

（五）以智慧互联为基本特征

更加注重数字技术在社区建设运营中的应用，对标日本超智能社会愿景，利用互联网、物联网、大数据、云计算、人工智能等先进技术为社区赋能。依托社区智慧服务平台，打造现实与数字“孪生”社区，以新技术、新业态、新模式提升社区服务的精准化、精细化水平。

（六）以创新创业为时代风尚

更加注重大众创业、万众创新，建立一批低成本、泛在化、开放式的社区众创空间，为人才提供优质的创新创业环境，演绎浙江版的“硅谷车库创业文化”。依托社区智慧服务平台，激发共享经济潜能，促进社区资源、技能、知识全面共享，让供给和需求零距离对接。

三、未来社区的功能承载

以引领未来生活方式变革创新为导向，推进全生活链、全功能链、全产业链系统对接。

（一）需求端：勾勒全生活链图景

紧扣“人”的需求，根据少年儿童、上班族、退休老人等不同群体全时段生活需求偏好（见图 4–2）、活动轨迹特征（见图 4–3），依托数字化手段，在保障数据安全和保护居民隐私的前提下，形成社区人群生活需求图谱，因地制宜开展老年友好型社区、儿童友好型社区、科学家社区、青年创客社区等多元主题未来社区创建。围绕社区社交、生活、工作、消费等生活场景变革，从空间营造、文化塑造、机制构建、政策响应等方面满足居民需求，实施差异化供给，构建服务需求全覆盖、服务人群全覆盖、服务响应零延迟的未来社区全生活链图景。

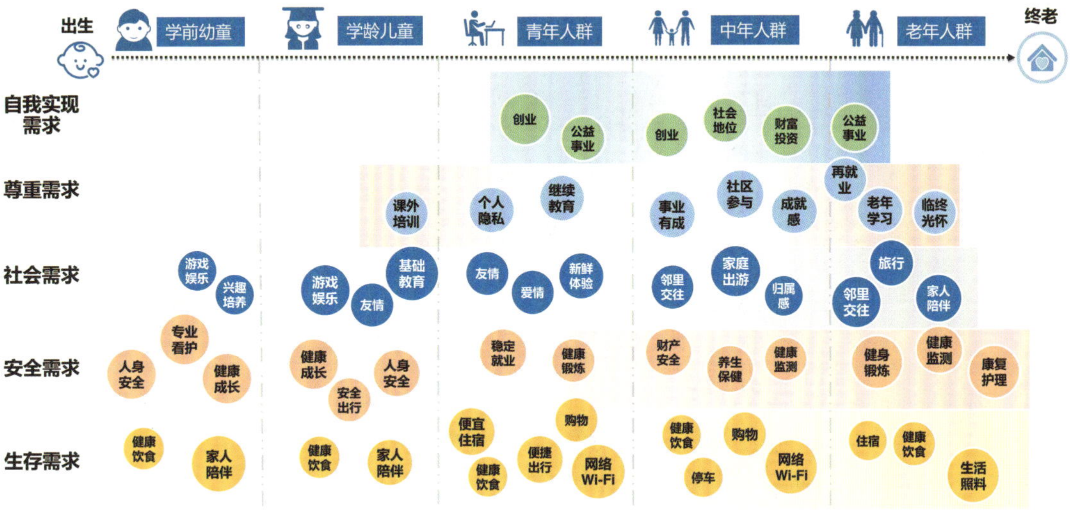

图4-2　社区不同人群需求分析

图4-3　社区居民活动轨迹分析

（二）供给端：配置全功能链体系

基于全生活链需求，围绕集约智能、智慧互联、邻里亲善、共享便利、绿色生态、和谐人居等维度，为社区居民提供新邻里、新文化、新教育、新医疗、新养老、新就业、新商业、新安防、新物流、新能源、新交通、新建筑、新资源等功能和服务（见图4-4）。

（三）支撑端：建立全产业链支撑

未来社区的设计建设和运营管理，以及社区相关新型功能的配置需求，将激发大数据、

图4-4　未来社区全功能链

云计算、物联网、人工智能、新能源等先进技术的应用创新，带动相关产业上下游环节加快发展，提升关联产业核心竞争力（见图 4–5）。在设计建造环节，将带动新型建筑产业链发展，推动建筑信息模型（BIM）系统、绿色建筑、新型建筑工业化、装配式装修、3D 打印建筑等新技术应用，创新全过程咨询、投建运一体化等组织方式，支撑建筑产业现代化发展（见图 4–6）。在运营投用阶段，将带动数字智能（见图 4–7）、新能源（见图 4–8）、节能环保（见图 4–9）等战略性新兴产业创新发展，推动人工智能、智能微网、超低能耗、光伏储能等新技术应用。在服务提升阶段，以社区智慧服务平台的居民生活大数据为支撑，在社区共享服务、新零售、新金融、社区 O2O 等领域催生新模式、新技术、新业态、新产品。

图4-5　未来社区全产业链

图4-6 未来社区建筑关联产业链

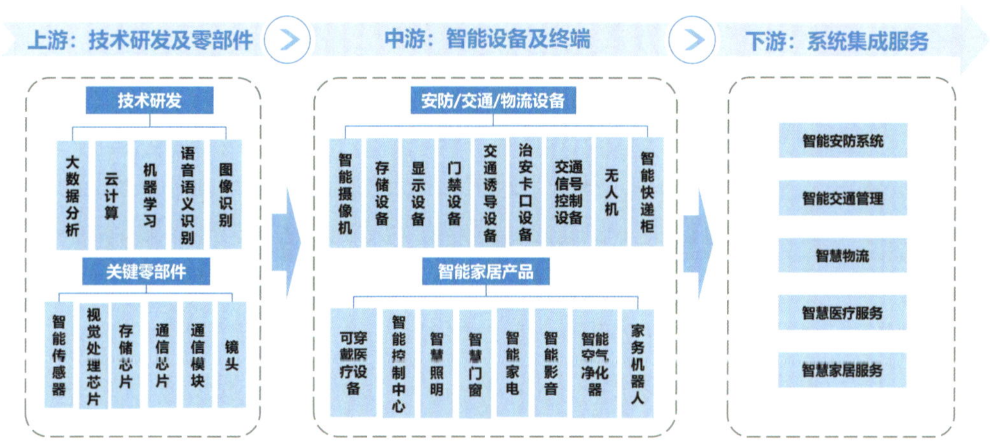

图4-7 未来社区数字智能产业链

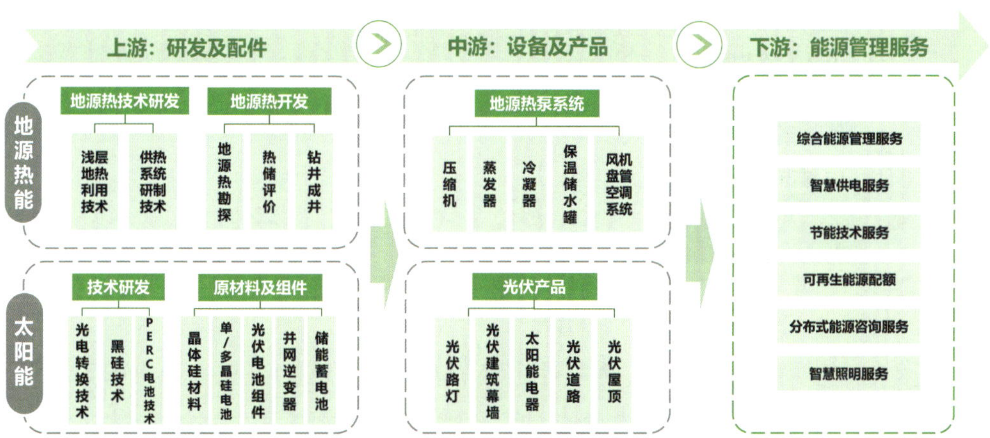

图4-8 未来社区新能源产业链

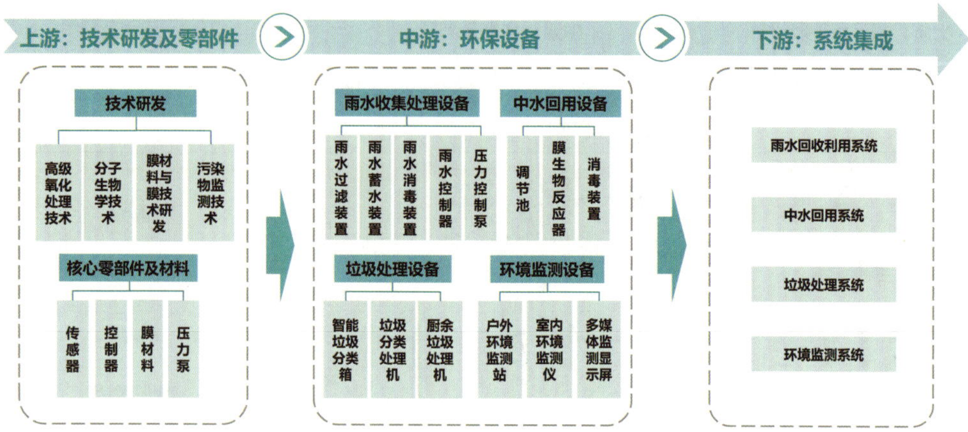

图4-9 未来社区节能环保产业链

四、未来社区的营建方式

（一）场景化营造是社区未来化的趋势导向

20 世纪 90 年代末，经济全球化和科学技术迅猛发展，第三产业蓬勃发展，知识经济开始崛起，后工业阶段特征日益明显。面对城市发展进入新阶段的挑战和机遇，以特里 · N. 克拉克等为代表的新芝加哥学派城市研究学者从城市发展动力的演变趋势出发，在生产要素说、人力资源说的基础上，将文化消费活动等因素加入城市发展驱动力模型中（见图 4-10、表 4-1），提出了“场景理论”（The Theory of Scenes）[①]。通过场景的构建，使后

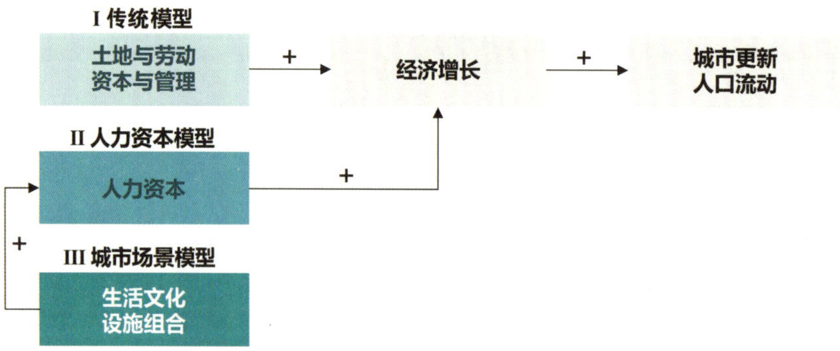

图4-10 城市发展的三种模型

资料来源：吴军 . 城市社会学研究前沿：场景理论述评［J］. 社会学评论，2014（2）：90-95.

① 西尔，克拉克 . 场景：空间品质如何塑造社会生活［M］. 祁述裕，吴军，等译 . 北京：社会科学文献出版社，2019.

工业时代的城市和社区，不仅具有生产意义，还具有美学意义，以及消费、体验、符号、价值观与生活方式等文化意涵，在满足社区居民的生活需求和情感需求上找到平衡兼顾的研究新范式。

表4-1 城市发展模型理论回顾及比较分析

发展模式	主要内容	核心要素	产生阶段	代表人物
经典模式	公司驱动，更多工厂带来更多就业与收入，吸引聚集人口	土地、资本、劳动力和管理等	工业时代	斯密（1768） 马克思（1867） 马歇尔（1890）
人力资本模式	教育学习驱动，通过教育、培训等保障劳动力供给	人力资本的数量与质量	工业时代向后工业时代转变	舒尔茨（1960） 科尔曼（1988） 卢卡斯（1995）
社会资本模式	社会组织驱动，强调参与及自治	社会资本，如社会信任、公民参与等	工业时代向后工业时代转变	托克维尔（1840） 帕特南（1990） 福山（2001）
创意阶层模式	创业阶层驱动，3T理论（技术、人才和宽容度）	创意资本，创新并非专业人士特权，鼓励大众创新	后工业时代	格莱泽（2000） 克拉克（2004） 佛罗里达（2006）
场景模式	文化场景驱动，市民文化艺术参与对城市的驱动	文化资本，居住社区层面、便利设施、多样人群等集合场景，以及场景中的价值观、生活方式与生活质量等	后工业时代	沃斯（1938） 克拉克（2010/2014） 王国平（2007/2010）

资料来源：吴军．场景理论：利用文化因素推动城市发展研究的新视角［J］．湖南社会科学，2017（2）：175-182.

1. 场景理论出发点

后工业社会里，个体对文化和价值观的诉求促成了个体的空间行为，特定区域的文化和价值观蕴含在社区、建筑、人口、风俗和群体性活动中，并外化为生活文化设施的功能、种类、布局、人群、活动的总和（场景）[①]。文化和价值观通过场景的形式来反映和形塑人们的空间行为动机和现代生活方式。

2. 场景概念

根据“场景”在电影中的应用来看，它包括对白、场地、道具、音乐、服装和演员等

① 吴军．城市社会学研究前沿：场景理论述评［J］．社会学评论，2014（2）：90-95.

影片希望传递给观众的信息和感觉，各个元素相互有机关联[①]。特里·N. 克拉克将该现象引入城市社会的研究中，提出在城市中，场景（scenes）是由多样性身份和背景的居民，在相应的生活文化设施（urban amenities）或场所进行文化、消费等实践活动，并孕育着特殊文化价值的社会事实。场景理论强调生活文化设施只有依托特定社区，与文化实践活动相配合，通过多样化人群的互动，才能最大限度地实现其价值。

3. 场景特征

特里·N. 克拉克指出，场景作为系统整体，由五个要素构成：①社区环境（邻里）；②街区、公共设施组成的物质场所；③多样化人群，包含年龄、性别、民族、教育背景等区分方式；④将环境、设施、居民等要素组合链接的特色活动；⑤以上要素综合形成场景所蕴含和表达的价值取向[②]。

4. 场景推动城市发展机理

场景理论强调尊重社区、城市的现状，鼓励居民与群体的自主能动性，突出居民参与及文化价值观在社区、城市发展中的作用。通过场景所传达的文化精神价值取向，吸引不同群体交往、生活、工作和开展文化活动，这一过程为社区、城市带来活力，从而推动城市更新与发展（见图 4-11）。

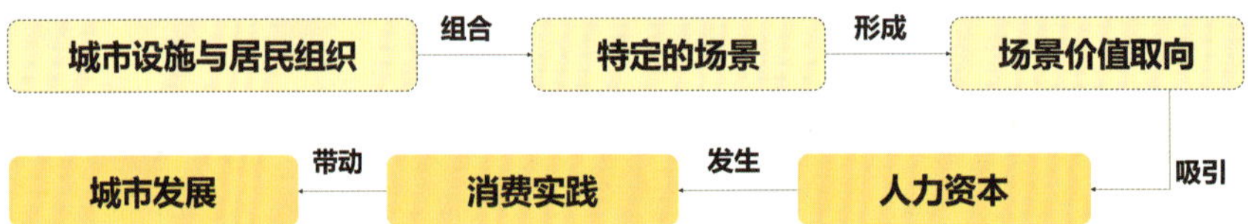

图4-11　场景推动城市发展机理

资料来源：吴军，夏建中，克拉克．场景理论与城市发展——芝加哥学派城市研究新理论范式［J］．中国名城，2013（12）：8-14.

（二）场景理论对社区未来化的启示

社区理想源于传统社会饱含人情脉络和亲密联系的共同体意识，强调“出入相友，守望相助，疾病相扶”，渗透着浓重的人情味。而随着社会分工的介入和契约关系的规

① 吴军．场景理论：利用文化因素推动城市发展研究的新视角［J］．湖南社会科学，2017（2）：175-182.

② Silver D, Clark T N, Yanez C J N. Scenes: Social context in an age of contingency［J］. Social Forces, 2010，88（5）:2293-2324.

制，传统社区的共同体意识在逐渐瓦解，呈现出社区内在价值薄弱、居民自治参与缺席的“亚社区”状态，出现了社区结构形态转变的先导性与社区管理制度改变的滞后性之间的矛盾①。

在此背景下，新芝加哥学派场景理论对当前社区转型和发展具有很大的参考价值，从场景特征看，社区是构建场景最适宜的单元，社区与场景在内涵上均强调生活空间的物质性和社会性，以及蕴含的文化价值。在浙江未来社区建设的探索实践中，引入场景化的营建方式，是满足需求、解决痛点、引导居民互动体验参与、重塑社区人文价值体系的必要之举。

第一，以全局性视角审视社区发展。场景理论是一个从全局性视角来协调城市和社区建设发展的概念。一方面，各场景涉及的环境、建筑、设施、人及其活动等各种具象和抽象元素是有机整体，根据需要相互组合、互动，形成具有不同特点和意义的文化价值混合体。另一方面，不同场景之间是相互交织的有机整体，强调社区整体场景构建的文化多样性和功能复合性。

第二，围绕多样化人群需求和活动特征构建场景。按照场景理论，场景要素包含精神、物质与活动三个层面，“人”是物质空间的主体，“人的活动”是场景建构必不可少的要素，真正有生命力、能孕育文化价值的场景是建筑、设施与人的文化实践活动有机组合的成果②。因此，在未来社区建设中，要围绕不同类型居民的日常生活消费需求和行为活动特征，构建适宜的、特色化的场景，并鼓励多元包容开放的文化表达，激发和培养居民的创造力、自我表达欲望和参与意识。

第三，立足不同要素的协同性和在地性构建场景。场景理论强调通过将在地文化融入不同的生活文化设施中，以展示区域精神气质，激发城市和社区活力③。因此，在未来社区场景营建中，要考虑根植于当地文化特色、彰显日常生活特点，并注重不同文化要素和资源的有机融合。

第四，推动现实与虚拟场景的有机融合。场景理论缺乏对现代科技的影响分析。围绕浙江打造全球数字变革高地的改革方向，在未来社区场景营建中，应立足数字化改革的制

---

① 张鸿雁，邵颖萍．城市未来社区管理模式转型的中国路径——以南京建邺区为例［J］．上海城市管理，2011（3）：8-12.

② 余丽蓉．城市转型更新背景下的城市文化空间创新策略探究——基于场景理论的视角［J］．湖北社会科学，2019（11）：56-62.

③ 祁述裕．建设文化场景培育城市发展内生动力——以生活文化设施为视角［J］．东岳论丛，2017（1）：25-34.

度优势、数字经济高速发展的产业优势，将科技变革因素作为场景营建的重要变量，将场景理念迭代升级为建立在现实世界、移动智能设备、社交媒体、大数据、传感器、定位系统、智能城市模型之上的整合式体验，充分考虑现实空间与虚拟空间在场景构建中的系统融合。

第五，围绕公共场域空间、内容组织生态、配套机制设计、技术模式创新四方面构建场景体系。在场景理论基础上加载科技变量，结合问卷调查反映出的浙江社区现实问题，可以给未来社区涉及的场景设定四个构成要素，分别是公共场域空间（承载活动服务的空间、设施和平台）、内容组织生态（活动服务内容及供给主体、参与主体形成的生态网络）、配套机制设计（政策支持或机制保障）、技术模式创新（新技术、新模式应用），形成兼具空间设施实体、文化活动内容、人群及价值取向的场景混合体。

（三）未来社区“9+X”场景系统集成创新

基于问卷调查反映的民意需求，结合未来社区全生活链图景、全功能链体系架构，凝练出浙江未来社区“9+X”场景系统集成创新的营建蓝图。

1. 未来社区“9+X”场景系统[①]

“远亲不如近邻”的未来邻里场景。营造特色邻里文化，突出社区即城市文化公园的定位，以城市乡愁记忆和社区历史文脉为基础，以和合文化为引领，坚持人文多样性、包容性和差异性，营造承载民俗节庆、文艺表演、亲子互动等活动的邻里交往空间。构建邻里贡献积分机制，弘扬诚信守约、共享互助、公益环保社区精神，建立信用评价体系，构建服务换积分、积分换服务激励机制。打造邻里互助生活共同体，制定邻里公约，建立邻里社群，发挥居家办公人员、自由职业者、志愿者及退休专业人员等群体的特长优势，为居民提供放心安全的服务，形成远亲不如近邻的邻里氛围。

“终身学习”的未来教育场景。高质量配置托育服务设施，重点发展普惠性托育机构，探索临时看护、家庭式托育等多元化模式，强化专业托育员培训和监管体系建设，实现3岁以下幼儿托育全覆盖。提升扩容幼小服务设施，扩大优质教育资源供给。围绕3～15岁年龄段教育需求，打造“名师名校在身边”青少年教育平台，打通优质教育资源进社区的渠道，集成素质拓展、兴趣活动等多类型教育服务。搭建“人人为师”共享学习平台，建设社区邻里共享学堂、共享图书馆等，探索建立社区全民互动的知识技能共享交流机制，

---

① 九大场景内容由浙江省发展和改革委员会统筹指导，浙江省发展规划研究院课题组研究提出，已被吸纳到《浙江省未来社区建设试点工作方案》（浙政发〔2019〕8号）文件中，指导全省第一批、第二批试点以及2021年度创建项目落地。

丰富教育培训内涵，倡导终身学习新风尚。

“全民康养”的未来健康场景。促进基本健康服务全覆盖，建立全生命周期健康电子档案系统，完善家庭医生签约服务机制。推广可穿戴设备等智能终端应用，探索社区健康管理线上线下融合模式，促进健康大数据互联共享。创新社区健身服务模式，科学配置智能健身绿道、共享健身仓、虚拟健身设备等运动设施。加强社区保健管理，普及营养膳食、保健理疗等养生知识。促进居家养老助残服务全覆盖，创新多元化适老住宅、居家养老服务中心、日间照料中心、嵌入式养老机构、老年之家等场所配置，支持“互联网＋护理服务”等模式应用。构建“名医名院零距离”服务机制，探索城市医院与社区医院合作合营，通过远程诊疗、人工智能（AI）诊断等方式，促进优质医疗资源普惠共享。

“大众创新”的未来创业场景。搭建社区“双创”空间，结合地方主导产业培育，按照数字经济、文化创意等领域特色创业需求，配置孵化用房、共享办公、家居办公（SOHO）等“双创”空间，配套共享厨房、共享餐厅、共享书吧、共享健身房等生活空间，营造社区创新创业良好生态。激发共享经济潜能，依托社区智慧服务平台，形成共享服务需求与供给零距离对接场景，促进社区资源、技能、知识等全面共享。健全特色人才落户机制，推出多类型人才公寓，采用定对象、限价格等方式，建立利于招才引智的出售出租政策机制，吸引更多特色人才安家落户，打造各类特色人才社区。

“艺术与风貌交融”的未来建筑场景。推广集约高效公共交通导向开发布局模式，围绕公交枢纽和轨道交通站点，形成“疏密有致”布局模式，探索容积率弹性管理机制，推动地上地下空间集约复合开发，统筹做好地下综合管廊建设衔接。打造绿色宜居宜业空间，促进空间复合利用和功能集成，探索弹性功能组合空间模式，优化青年创业公寓、新型养老公寓等配比，推广智慧家居系统应用。建设个性化、泛在化绿色公共空间，依托空中花园阳台、社区公园、屋顶花园等，提高立体复合绿化率，完善配备服务设施。搭建数字化规划建设管理平台，构建社区信息模型平台，实现规划、设计、建设全流程数字化，建立数字社区基底。应用推广装配式建筑、装修工业化集成技术。

“5、10、30分钟出行圈”的未来交通场景。以实现5分钟取停车为目标，统筹车位资源，创新车位共享停车管理机制，推广应用自动导引设备（AGV）等智能停车技术。完善社区新能源汽车充电设施供给，预留车路协同建设条件，为5G环境自动驾驶和智能交通运行留白空间。以人实现10分钟到达对外交通站点为目标，创新街区道路分级、慢行交通便利化设计，倡导居民低碳出行，通过信息服务实现一键导航、交通无缝衔接，打造居民便捷交通站点出行圈。以物实现30分钟配送入户为目标，运用智慧数据技术，集成社区快递、零售及餐饮配送，打造“社区—家庭”智慧物流服务集成系统。

“近零”的未来低碳场景。打造多能协同低碳能源体系，构建社区综合能源系统，创新能源互联网、微电网技术利用，推广近零能耗建筑，建设“光伏建筑一体化 + 储能”的供电系统、“热泵 + 蓄冷储热”的集中供热（冷）系统，优化社区智慧电网、气网、水网和热网布局，实现零碳能源利用比例倍增。构建分类分级资源循环利用系统，打造海绵社区和节水社区，推进雨水和中水资源化利用。完善社区垃圾分类体系，提升垃圾收运系统功能，促进垃圾分类和资源回收体系“两网融合”、建筑垃圾资源化利用，打造花园式无废社区。创新互利共赢模式，引进一体化开发、投资、建设和运营的综合能源服务商，搭建综合能源智慧服务平台，实现投资者、用户和开发商互利共赢，有效降低能源使用成本。

“优质生活零距离”的未来服务场景。推广“平台 + 管家”物业服务模式，依托社区智慧服务平台，按照居民基本物业服务[①]免费和增值服务收费的原则，合理确定供物业经营用房占比，统筹收支平衡。建立便民惠民社区商业服务圈，完善现代供应服务管理，创新社区商业供给和遴选培育机制，以多层次、高性价比为主要标准，精选各类商业和服务配套优质供应商并在社区推广，结合 O2O 模式应用，支持其做大做强，努力催生一批本土品牌。建设无盲区安全防护网，围绕社区治安，构建设界、控格、守点、联户多层防护网，应用人脸识别等技术，推广数字身份识别管理。围绕社区消防和安全生产，应用智能互联技术，实现零延时数字预警和应急救援。

“党委统领、政府导治、居民自治、平台智治”的未来治理场景。构建党组织统一领导的基层治理体系，完善党建带群建制度，健全民意表达、志愿参与、协商议事等机制，推动党的领导更好嵌入基层治理实践，引领基层各类组织、广大群众积极参与基层治理。采用居民志愿参与的自治方式，构建社区基金会、社区议事会、社区客厅等自治载体和空间，激发多方主体广泛参与社区治理。推行社区闭环管理和贡献积分制，形成社区民情信息库，推举有声望、贡献积分高的居民作为代表共同管理社区事务。搭建数字化精益管理平台，依托浙江政务服务网和“浙政钉”平台，促进“基层治理四平台”的融合优化提升，梳理社区各项任务，强化基层事务统筹管理、流程优化再造、数据智能服务，有效推进基层服务与治理现代化。

若干个性化场景。首先，未来社区场景系统遵循因地制宜、迭代留白、公众参与原则。在九大场景基础上，鼓励结合在地资源和特色文化，创新更多主题鲜明、群众参与度高、文化意涵丰富的场景成果。其次，场景建设充分考虑“弹性留白空间”，为未来城市发展、技术变革留出空间或接口，以场景迭代、升级和拓展不断响应新生活需求。最后，积极推

① 基本物业服务：以社区资产保值为目的的保修、保洁、保安、保绿的“四保”服务。

动未来社区建设运营中的公众参与度，组织社区居民开展“自我设计”，自主选择需要配置的功能模块和配套设施，组织开展相关活动，营造群众自主创造、喜闻乐见的特色场景。

2. 未来社区场景耦合关系

结合场景理论，建立全局视角，未来社区“9+X”场景并非割裂，而是相互融合、互动交织、彼此关联的有机整合。各场景内部的组成要素可以结合居民需求和活动特征进行优化重组，产生更多新场景，更好地服务于各类群体，形成有效互动机制（见图4-12）。

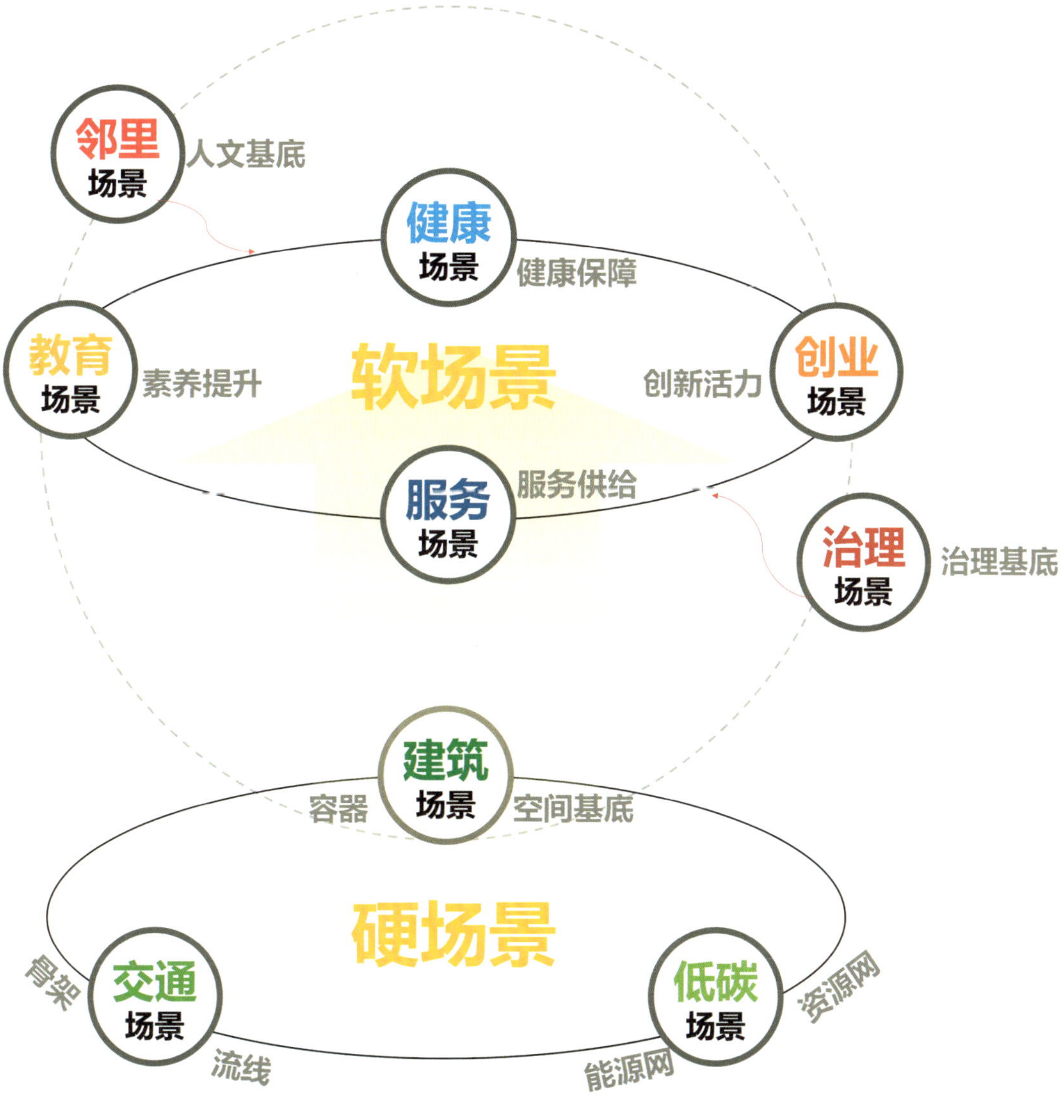

图4-12　九大场景耦合关系

九大场景整体关联上，建筑、交通、低碳三大硬场景是支撑六大软场景功能实现的空间载体。其中建筑场景发挥对物质空间进行整体布局、组织和统筹的“基底”和“容器”作用，六大软场景涉及的线下功能服务，最终都要落到建筑场景的细分空间模块中予以呈现。同时三大硬场景之间也存在耦合关联，交通场景涉及的“小街区、密路网”格局、社区与对外交通站点衔接、慢行交通系统设计、无障碍交通组织等都与建筑场景的空间布局密切关联；低碳场景涉及的能源管网、集中供能站等设施布置，需要提前与建筑场景的地上地下空间设计做好衔接。

六大软场景之间也是相互关联的有机整体。其中，邻里场景蕴含“里仁为美”的内涵，通过营造交往、交融、交心的邻里氛围，促进人与人关系的和谐，从这一意义出发，邻里场景在某种程度上，是增强其他软场景活动内容组织和居民参与意愿的“人文基底”。在具体路径上，邻里场景通过邻里公约、邻里贡献积分机制等制度创新，有效引导和激励居民形成新生活风尚，更好促进其他场景的落地实现。

教育场景是丰富精神文化生活、促进人的全面发展的重要载体，以“善学促善治”发挥对其他软场景“潜移默化”的作用，通过教育实现价值引领、知识技能普及、素养提升，促进治理、邻里、健康、创业、低碳等其他场景更好实现。

健康场景是其他场景实现的基础保障，只有满足健康生活方式、充足的医疗保障和养老服务等基础性需求，才有可能进一步激发情感交流、认知提升、自我实现等更高层次需求。

创业场景为其他场景落地提供人才输出，一方面创业场景可以吸引更多人才落户，激发社区活力和创意交流；另一方面未来社区鼓励创业人才提供与社区九大场景相关的创业创新活动，例如托育服务、教育服务、电商服务以及各类生活服务等。

服务场景通过创新“平台 + 管家”物业服务模式，在保障基础性物业服务的同时，充分链接托育、养老、照护等增值服务资源，有效支撑其他场景相关服务或产品供给。

治理场景是未来社区实现高效可持续运营管理的“中枢”，通过“党委统领、政府导治、居民自治、平台智治”的治理模式创新，一方面依托数字化精益管理平台，实现社区各要素、各场景的全周期可视化管理，推进数字化治理服务功能创新集成，实现高效率、高质量治理服务。另一方面通过对居民自治和社会组织的支持，培育社区居民主人翁意识，更好支撑其他场景功能实现和活动组织，激发场景活力。

五、未来社区的顶层设计架构

立足以满足人民美好生活向往为出发点、以促进人的全面发展为落脚点的逻辑主线，通过对“美好生活”进行哲学溯源，基于对未来社区价值坐标、内涵特征、功能承载、场景化营建方式等的研究分析，凝练确立浙江未来社区建设的“139”顶层设计（见图4-13），作为贯穿未来社区理念、设计、建设、运营全过程的核心架构。

“1”：一个中心。即以“满足人民美好生活向往”为中心，将其作为浙江未来社区建设的根本遵循。

“3”：三维价值坐标。即着眼于人与人、人与自然、人与科技三大和谐关系，形成人本化、生态化、数字化三维价值坐标，将其作为浙江未来社区建设的价值追求。

“9”：九大场景系统集成创新。即以未来邻里、教育、健康、创业、建筑、交通、低碳、服务和治理等九大场景系统集成创新，承载美好生活蓝图。

图4-13　未来社区“139”顶层设计

第五章　浙江未来社区建设的总体方案

一、未来社区建设的思路目标

（一）总体思路

高举习近平新时代中国特色社会主义思想伟大旗帜，深入贯彻党的十九大、十九届五中全会精神和浙江省第十四次党代会、省委十四届二次全会、省委十四届八次全会精神，聚焦人本化、生态化、数字化三维价值坐标，以美好生活、美丽宜居、智慧互联、绿色低碳、创新创业、和睦共治为内涵特征，突出高品质生活主轴，构建以未来邻里、教育、健康、创业、建筑、交通、低碳、服务和治理等九大场景创新为重点的集成系统，打造有归属感、舒适感和未来感的共同富裕现代化基本单元、数字社会城市基本功能单元、城市现代化基本功能单元，促进人的全面发展和社会进步，打造浙江“两个高水平”建设新名片。

（二）基本原则

聚焦以人为本，着力处理好“人与社区”关系。坚持房子是用来住的、不是用来炒的定位，按照“去房地产化”要求，围绕社区居民全生活链需求，把以人为本、改善民生作为出发点和落脚点，满足社区全人群美好生活向往，融合先进文化和前沿科技，引领高品质生活方式革新。

坚持因地制宜，着力处理好“城市与社区”关系。结合不同城市、不同地段实际情况，分类推进、精准施策，推动未来社区模式多样化、差异化、特色化，形成百舸争流、百花齐放新格局。

统筹多方参与，着力处理好“社会与社区”关系。坚持有为政府和有效市场并重，强化顶层设计、政策引导，充分调动市场主体、投资主体积极性，激发社会活力，探索形成产业联盟支撑的可持续未来社区建设模式。

注重面向未来，着力处理好“历史与未来”关系。既尊重历史肌理和文脉传承，又强调大胆探索、适度留白、持续迭代，为未来新功能、新模式植入预留空间和接口。充分发挥政策创新牵引作用，系统推进民生改善、产业培育、投资拉动和管理转型。

（三）分阶段发展目标

加快启动试点阶段。优先考虑轨道等公共交通覆盖、地上地下空间开发潜力较大的区块，2019 年初，先行择优启动若干省级试点；到 2019 年底，培育建设省级试点 20 个左右，先行建设若干未来社区规划展示馆，同步开通未来社区数字展示馆。

加速增点扩面阶段。到 2020 年底，已培育建设省级试点 60 个左右，建立未来社区建设运营的标准体系，形成可复制、可推广的经验做法，涌现出一批未来社区“最佳实践”典型范例。

数字社会融合阶段。2021 年开始，在两批试点基础上，及时总结经验成效，从“试点制”全面转为“创建制”，年度创建数量达到 90 个以上，以整合提升、拆改结合类项目为主，争取到 2021 年底，实现 30 个创建项目率先取得示范性成果，形成滚动推进格局。一体化推进未来社区和数字社会建设，率先推进“智慧医疗”“社区文化”两大多跨场景在未来社区落地；推动“浙家政”“浙里畅行”“浙里健身”等“浙系列”应用与社区智慧服务平台精准对接，落地运行；推广“邻里帮”“邻里医”等 30 个“邻系列”应用并上架未来社区服务应用商场，到 2021 年底，实现在 70 个以上创建项目低成本全面推广。

全域创建推广阶段。2021 年开始，全面开启“点面结合、普惠共享”的全域创建格局，到 2022 年，累计建成 100 个共同富裕现代化基本单元省级样板，“三化九场景”推进行动深入实施，鲜活展示共同富裕示范区建设成果。到 2025 年底，未来社区“三化九场景”作为一种理念、模式、标准和品牌，成为全省域城镇社区现代化建设发展的自觉行动和基本方向。未来社区成为浙江打造“重要窗口”、高质量发展建设共同富裕示范区的标志性成果，成为浙江推动高质量发展的又一张“金名片”。

二、未来社区建设的推进要点

（一）创建类型

未来社区创建类型主要包括整合提升类、拆除重建类、拆改结合类、规划新建类和全域类。

1. 整合提升类

针对 2000 年以后建造、整体建筑质量与环境品质较好，但离“美好家园”要求还有差距的存量社区，开展整合提升类创建。以数字社会系统改造提升为主，“补短板”式引导“三化九场景”功能和业态嵌入，整合社区现有运营资源，增补优质社区公共服务配套，重塑社区生活圈活力。落实未来社区数字社会建设要求，实现场景线上智慧化功能全实现、服务应用实施单元全覆盖，并逐步向规划单元延伸覆盖；查漏补缺，优化完善软场景设施配置，灵活采取补建、购置、置换、租赁、改造等方式配套相关设施，全面响应约束性指标要求，保障场景设施的普惠共享性，满足向社区全体群众开放要求，确保实现10分钟社区生活圈功能；参照硬场景建设标准要求，酌情实施社区环境和硬件设施的改造提升。

2. 拆除重建类

针对2000年以前建成、普遍采用多孔预制板建材且存在较大安全隐患的老旧小区，开展拆除重建类创建。结合全省城镇老旧小区改造工作，以建设具有浙江特色的高级改造形态为目标，完善布局数字社会系统，整体性打造“三化九场景”体系，完善配置公共服务与商业服务设施，鼓励原住民“原拆原回”保留社群结构，积极落实建设运营一体化，实现“一次改到位”。

3. 拆改结合类

针对存在质量安全隐患的老旧小区与建筑环境品质较好的住宅小区混杂的社区，开展拆改结合类创建。统筹协调保留与拆建区域，实施城镇老旧小区改造与片区联动城市更新相结合，系统性开展“三化九场景”功能与业态植入，保留部分参考整合提升类方式，拆建部分参考拆除重建类方式。通过统一的线上社区智慧服务平台，叠加邻里中心和公共服务空间等线下设施，将旧改新建区域整合于一体，构建较完备的社区生活圈。

4. 规划新建类

依托浙江省重大发展平台，优先在人口集聚潜力大、公共交通便捷、地上地下空间复合开发禀赋好的城市发展核心区，开展规划新建类创建。完善布局数字社会系统，系统打造“三化九场景”体系，立足投资建设运营一体化，全方位探索新文化、新技术、新业态、新模式创新与应用，打造引领未来生活方式变革的标杆。

5. 全域类

在条件成熟的相对独立城市区域或主要平台范围，全域响应未来社区建设理念、标准和模式，开展全域类创建。系统制定未来社区创建中长期规划和实施计划，滚动实施、整体推进整合提升、拆除重建、拆改结合、规划新建等多类别项目群。全域类未来社区创建一方面需参照前四种类型做好单点上的创建工作，另一方面需统筹项目群的城市公共服务功能织补，突出共建共享，发挥协同效应，构建完善的九大场景功能空间“拓扑网络”和

“城市大脑”系统。

（二）规模尺度

参照深圳市城市有机更新的做法[①]，在浙江未来社区建设中按照“规划单元、实施单元”两个层级进行统筹考虑。一个“规划单元”可包括一个或多个“实施单元”。“规划单元”主要考虑各场景功能的统筹布局，应满足社区居民日常使用规律和社区服务设施运营效益；“实施单元”主要考虑近期启动的可能性，实现滚动推进。

（1）未来社区规划单元。用地规模一般为 50 ~ 100 公顷。基于 10 ~ 15 分钟社区生活圈（500 ~ 1000 米步行距离）需要，结合城市行政区划，在保证基础设施和公共服务设施相对完整的基础上，综合考虑城市干道、河流等自然要素及产权边界等因素划定规划单元，原则上用地面积为 50 ~ 100 公顷为宜，具体范围视实际情况而定。未来社区项目应按照规划单元进行系统整体规划，突出集约共享、复合利用原则，做好九大场景与存量公共服务设施的有效衔接，在控制性详细规划等规划编制中，统筹落实规划单元内涉及的社区邻里中心、学校、社区卫生服务中心、文化活动中心、居家养老服务照料中心等街道级服务设施配置要求，并与住宅建筑同步规划、同步建设、同步验收、同步交付使用。

（2）未来社区实施单元。用地规模一般为 20 公顷左右。基于 5 ~ 10 分钟社区生活圈（300 ~ 500 米步行距离）需要，综合考虑房屋征收、土地供给、居民意愿等因素划定实施单元，满足近期实施建设要求，原则上用地面积以 20 公顷左右为宜，按照实际改造或建设需求合理确定。根据近期土地出让和建设准备情况，确定各实施单元时序安排，在出让地块规划指标设定中，明确托育点、幼儿园、共享书房、社区食堂等社区级服务设施配建要求。

（三）资金平衡

按照系统设计、去房地产化要求，立足社区建设运营资金总体平衡，在交通和环境容量允许前提下，改革城市核心资源要素配置机制。拆除重建类在满足原权利人利益、符合未来社区建设标准、可市场化操作前提下，科学测算设定改造地块容积率，适度提升开发强度，通过地上地下增量面积的合理限价售租，基本实现资金平衡。规划新建类参照“标准地”做法，实行“带方案”土地出让模式，适度降低用地成本，提高综合配套水平。整

① 深圳市城市有机更新的范围考虑。规定一个“城市更新单元”可以包括一个或者多个“城市更新项目”。城市更新单元规划的划定是在保证基础设施和公共服务设施相对完整的情况下，综合考虑道路、河流等自然要素及产权边界等因素确定。

合提升类和拆改结合类鼓励探索通过容积率奖励、收益期权定向出售[①]、落实资产权益等措施吸引社会资本、专业机构等市场主体参与改造。鼓励全域类探索大片区统筹资金平衡模式，通过系统规划、成片设计、一体开发，统筹不同类型未来社区项目、公益性和经营性项目收支，实现整体资金平衡。

三、未来社区建设的组织实施

浙江省未来社区试点创建工作，由试点申报工作起，至验收命名止，总体上按照发布申报通知、编制申报方案并提交申报材料、申报方案评审、确定试点创建名单、编制实施方案、实施方案评审及备案、土地“带方案”公开出让、签订创建协议、实施推进、试运营、评估考核（验收命名）的流程进行。

（一）创建主体

未来社区创建项目包括三类主体：

第一，建设主体。为创建项目所在的县（市、区）人民政府或设区市派出的开发区（新区）管委会，是创建项目的责任主体，负责整体创建工作的统筹协调、政策保障等工作。

第二，实施主体。由建设主体指定的单位或机构，具体负责创建过程中的申报方案和实施方案编制、前期有关手续办理等工作。

第三，项目建设单位。即创建项目的用地主体或运营责任主体。项目建设单位可以自行运营，也可以另行选择运营单位。政府投资建设的创建项目，应当通过招标投标方式选择运营单位。

鼓励和支持第三方专业智库为创建项目提供创新研究的智力技术支撑和第三方服务。鼓励委托第三方提供全过程工程咨询服务，鼓励采用总承包方式进行工程建设。

（二）创建流程

未来社区创建工作一般按照以下流程进行。整合提升类和拆改结合类的改造部分不涉及土地出让，可略过第八个环节。

① 收益期权定向出售，基本路径包括：一是物业捆绑式，即由业主与物业运营主体签订长期或多年物业服务协议，在此前提下由物业运营主体支付部分改造费用。二是社区服务捆绑式，即将维修、保养、商业、金融、教育培训、旅游、养老、医疗等社区服务按项目分别与相应的机构签订长期或多年服务协议，由签约机构买断协议期相关服务，同时由签约机构支付一部分改造费用。三是广告捆绑式，由业主与广告公司签订长期或多年广告位出租协议，由广告公司支付一部分改造费用。

第一，发布创建申报通知。由省级未来社区建设牵头部门发布年度未来社区创建申报通知，明确创建要求和申报流程，组织申报工作。

第二，编制申报方案。县（市、区）人民政府或设区市派出的开发区（新区）管委会在精准摸排辖区内社区实际需求基础上，综合考虑群众意愿、开发（改造）难度、示范带动性等因素，择优选择创建申报对象，并明确实施主体具体负责申报方案编制。

申报方案应达到概念规划深度，其中工程建设项目内容应达到工程可行性研究要求，并符合下列条件：申报方案应明确创建项目的规划单元、实施单元范围，划定用地控制边界；提出社区创建思路、目标定位和特色主题；初步开展“三化九场景”系统策划，以及相配套的空间总体设计方案、数字化方案、资金方案设计，并明确创建计划。

申报方案编制过程中，省级未来社区建设牵头部门组织专门力量，深入开展“三服务”活动，对规划选址、项目筛选、方案编制等核心内容进行窗口指导。

第三，自愿申报。按照“自愿申报”原则，由建设主体以文件形式提出申请，经设区市人民政府审核同意后由设区市未来社区建设牵头部门上报。申报需附浙江省未来社区创建项目申报表和未来社区创建项目申报方案，全域类附未来社区创建中长期规划。

设区市人民政府应发挥未来社区创建的统筹督导作用，在鼓励发动更多社区开展创建的同时，做好创建项目申报方案审查，协调项目实施与储备，合理确定申报数量与类型。

第四，创建申报评选。按照“宽进严定”原则，由省级未来社区建设牵头部门统一组织创建项目的评选，采用线上线下专家评审、部门联审、实地现场核查等形式，择优确定创建项目初选名单，并对项目的合理性、可行性提出优化建议。

第五，确定创建名单。创建项目初选名单由省级未来社区建设牵头部门上报省人民政府，经批准同意后向社会正式公布。

第六，编制实施方案。实施方案由实施主体负责编制。实施方案应在申报方案基础上予以深化，重点围绕“三化九场景”落地和数字社会多跨场景应用，进一步挖掘社区特色、响应人群需求，确定创建社区特色主题与优势场景，详细制定场景策划方案、空间设计方案、数字化方案和建设运营方案，系统性整合 33 项指标体系。实施方案的建设工程建设内容应达到初步设计深度。

实施方案在应用上，对拆除重建类、拆改结合类（新建部分）、规划新建类项目，是开展土地“带方案”公开出让的前置条件，用于约束项目建设单位的开发建设运营活动；对整合提升类和拆改结合类（改造部分），是指导改造与运营活动的技术文件。

实施方案编制期间，建设主体应同步推进创建项目涉及的征迁安置、规划调整、土地收储等工作；设区市人民政府应落实未来社区创建督导的主体责任，统筹协调市级有关部门和相关单位，保障工作有序推进；省级未来社区建设牵头部门组建工作专班，全程开展创建技术指导和工作督导。

第七，市级实施方案审查。设区市人民政府负责实施方案的审核审定工作，并承担督导建设主体组织实施的职责。

实施方案编制完成后，由建设主体初审，通过后报送设区市政府审查。设区市政府应建立相关审核审定程序，在批准实施前，指定相关职能部门组织召开实施方案专家论证会，确保方案合理性、可行性和示范性。评审专家应涵盖城市规划、建筑工程、能源资源、数字化、社区运营、技术经济等领域，专家组组长从省级专家库中抽取，且原则上专家组成员中省级专家库成员占比不低于80%。可委托第三方机构出具实施方案评估报告。

设区市政府批准同意实施方案后，将修改完善后的实施方案、评估报告同步抄送省级未来社区建设牵头部门备案，作为省级考核验收的重要依据。

第八，土地“带方案”公开出让。实施方案获设区市政府同意实施后，涉及国有建设用地使用权出让的创建项目，应依法供应土地。土地供应前应完成宗地征迁收储、规划调整以及实施方案确定等工作。

鼓励采用土地“带方案”公开出让，由实施主体组织制定履约监管协议，经建设主体同意后作为土地公开出让的前置条件；履约监管协议应明确“三化九场景”具体实现方案，包括九大场景设施空间配置、技术标准要求、建设运营要求等，确保各场景约束性指标实现。创建名单公布前获得国有建设用地使用权的，其建设、运营均应符合实施方案。

项目建设单位在获得创建项目国有建设用地使用权后，应在签订土地出让合同时，同步与建设主体签订履约监管协议。

第九，推进建设实施。未来社区创建项目可按照不同项目建设单位（用地主体）赋码形成若干政府投资或企业投资的工程建设项目。创建项目应按照创建申报通知的进度要求，及时组织建设（改造）工作，完成各项创建任务。原则上，自公布创建名单后，要求整合提升类1年内基本完成创建工作；拆改结合类、规划新建类2年左右完成创建工作；拆除重建类考虑拆迁安置进度等因素，3年左右完成创建工作。建设主体应切实落实创建主体责任，实行专班化推进、清单化管理，确保未来社区创建早出成效。

科学编排施工组织，优先推进邻里中心等公共配套集成空间建设（改造），优先开展未来社区数字社会多跨应用系统建设，结合实际，阶梯式推动九大场景落地。

省级未来社区建设牵头部门会同省级有关部门，依托数字CIM平台对创建项目实行动态管理，进行实时监测、阶段性评估，及时开展督导工作。各管理、实施、建设、运营及第三方机构应积极做好并配合创建项目动态数据的搜集、汇总、分析工作，共享动态跟踪评价结果。

第十，试运营及考核命名验收。创建项目在完成竣工验收、交付使用后，应组织开展试运营，系统性校验九大场景设施和社区智慧服务平台运作效果，及时开展调整优化。

试运营 3 个月后，建设主体可向省级未来社区建设牵头部门提出创建验收申请。由省级未来社区建设牵头部门会同省级有关部门组织评估考核，达到创建标准的予以命名。

第六章　未来社区建设关键突破口解决方案

在“139”顶层设计架构下，以未来社区建设项目实际推进和落地过程中存在或面临的问题、难点为切入点，明晰未来社区建设落地的若干关键突破口。

一、人文价值体系构建方案

将打造“以人为本”指引的社区人文价值放在首位，突出人文多样性、包容性和差异性，着眼社区人本价值、伦理价值和美学价值三位一体，在人与自我、人与人、人与社区和人与社会关系四个层面，协同建设推进，将未来社区真正打造成“宜居、宜游、宜业”的生活共同体和心灵之家，推动实现人的现代化。

（一）确立“以人为本”的城市社区人文价值体系建设思路

首先，要突出社区个人作为独立个体的主观能动性和选择权利，社区各项活动的开展要充分满足全龄段人群的需求，真正从“需求”出发，做到以人为本。其次，要突出人的全面发展，通过社区的物质塑造和引导，以及丰富多样的社区人文交流活动，着重解决人的精神支柱和精神动力问题，提升思想道德素质和科学文化水平，为人的全面而自由的发展创造良好条件[①]。最后，要推进社区的各项制度化建设，培育平等、参与、友爱、协作的社区价值理念，营造和谐健康的社区文化氛围。

（二）规范社区人文价值培育和生长的城市社区组织与管理体制

在当前城市社区的组织与管理体制下，进一步理顺居委会、业委会与街道办事处和社区党组织的关系。首先，要强化城市社区居民自治组织的建设，进一步畅通社区居民参与社区事务管理的渠道。其次，要明确社区各组织的管理权限和责权范围，以清单化、任务化方式，分解各组织的工作内容。最后，要充分调动个人的积极性，特别是在城市社区居

---

① 查志强．试论中国城市社区文化建设的变迁与创新［J］．中共杭州市委党校学报，2001（1）：42-46.

民自治组织各层次机构的建立过程中，充分考虑社区居民参与度，从认知层面将“社区的事”转变为“居民自己的事”，提高个人“主人翁”意识。

（三）尊重和培育城市社区人文价值的复杂性和多样性

社区文化是集合了地域特色、人文底蕴，并经过居民多年生活磨合后形成的特色文化内容。随着人口流动频率增加，社区人群层次逐步丰富，复杂化、多样化的社区文化与当前主流的家国文化逐步融合，尊重和培育这一社会发展的文化基础，是城市社区不可推卸的责任。首先，要深入分析地方文化特色的现实禀赋条件，立足于社区自身的文化浸润、人群特点，创新培育在地性文化。其次，要突出地域文化特色，避免出现人为的“千人一面、千篇一律”现象。最后，要丰富文化组织形式，更多地依靠社会力量建设社区文化。

（四）创新经营体制营造社区文化发展的持续造血能力

社区文化的经营管理体制，应逐步打破福利型、无偿型等固有模式，打造有生命力的文化经营体制。首先，要通过适当拓展有偿服务和文化经营项目，为社区文化活动提供经费来源和持续发展活力。其次，要以高质量的文化活动“引流”创造价值，逐步培育市场化发展的能力[①]。最后，要创新文化活动组织形式，通过自主举办、引入合作机构联办等多元化方式，增强社区文化发展后劲。

（五）加强社区文化活动的软硬件配套设施建设

各社区应充分利用和挖掘现有的存量文化活动设施，积极更新和补充新型文化设施。首先，要构建全人群享有的文化网络体系，结合社区居民年龄层次、兴趣爱好等特征，系统规划，建立健全社区文化网络。其次，要重点关注“一老一幼”，结合日常生活规律合理安排活动时间、针对性策划活动内容，积极为社区老年人和儿童开辟活动场所。最后，要建立规范的配套设施管理制度，促进各类文化设施的高效使用和管理，共同推动和促进社区文化建设的新发展。

二、数字孪生社区构建方案

将打造数字孪生社区作为未来社区科技变革的主引擎，重点搭建社区信息模型平台和社区智慧服务平台。一方面，创新数字化规划建设管理，构建和依托 CIM 平台，提供规划、

① 朱毅蓉．城市社区文化可持续发展研究［D］．福州：福建师范大学，2002.

建设、运营全周期数字化服务。另一方面，创新数字化生活服务供给模式，搭建社区智慧服务平台，以共享模式创新应用为根本理念，以生活服务“零距离”为目标，实现社区服务供给与居民需求的精准匹配、快速响应、零延反馈。

（一）搭建社区信息模型平台

作为未来社区全信息数字化平台，践行实体建设和数字建设孪生理念，主要发挥三大作用：以数据为核心，伴随社区建设全过程同步汇聚社区基底模型、方案设计模型、设计BIM 模型、施工 BIM 模型以及竣工 BIM 模型；以数据驱动应用，包括数字化规划、数字化设计、数字化征迁安置、数字化施工管理等，发挥数据价值，提升未来社区项目质量和效率；以数据支撑评估督查，数字化呈现项目建设态势，更好地服务未来社区规划决策。

发挥开放性、共享性、兼容性三大特性，采用“1+N”的总体架构（见图 6-1），“1”即 1 个数据汇总展示平台，负责展示各环节收集到的全部信息数据，面向对象为政府决策部门。“N”即多个数据分析处理子系统，各子系统分别负责专项数据分析处理，面向对象为建设单位。

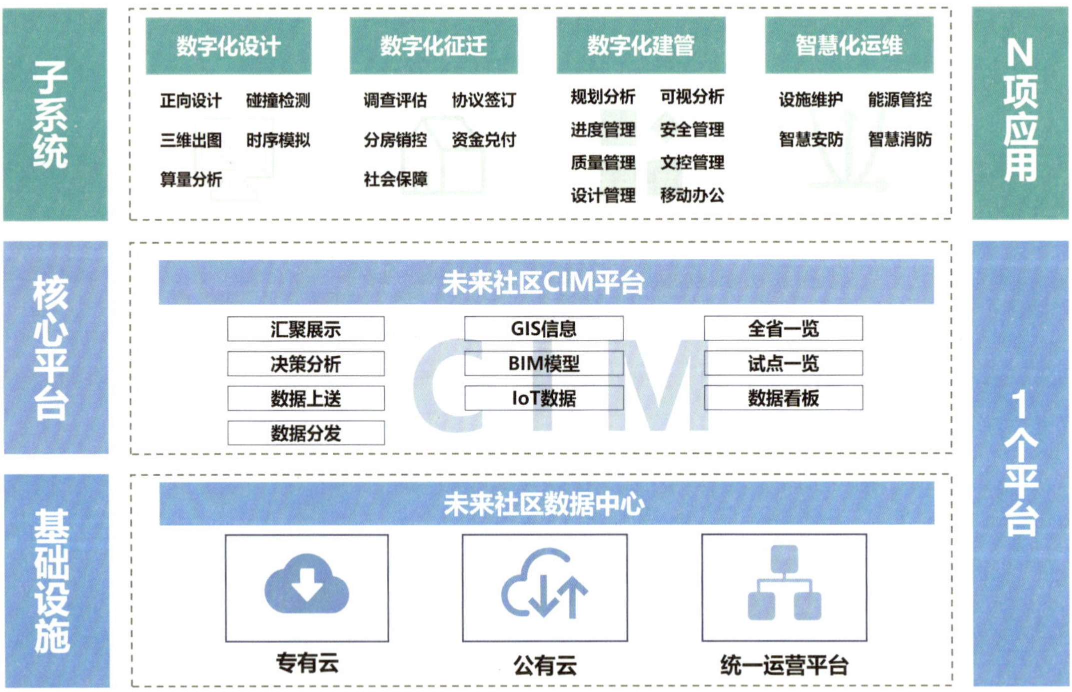

图6-1　社区信息模型平台“1+N”整体架构

具体应用包括：

第一，项目规划设计阶段。通过 BIM、GIS（geographic information system，地理信息系统）技术融合，助力未来社区方案呈现，实现在线 BIM 设计协同，降低沟通协作成本。支持规划方案比选，以二维 GIS 底图呈现地块周边信息，结合三维 BIM 设计模型，展现直观可见的天际线分析、阴影率分析、视域分析等成果，助力未来社区方案设计比选和优化。实现社区记忆在线还原留存，保留社区建设原址原貌，呈现老旧小区历史人文特征，让未来与过去时空交错，留住社区美好记忆。提供三维设计协同漫游，通过模型实时在线浏览、更新替换等功能，实现“所见即所得”，保障未来社区理念高质量落地。

第二，项目建设管理阶段。以 BIM 为载体，以业务管控为中心，以移动化应用为重心，实现对施工现场数字化、可视化、智慧化的高效管控。提供建设进度甘特图，根据进度任务计划、实际进度与计划进度的对比分析、形象展示与工况分析，增强现场进度管理的直观性和可控性。提供桩基可视化管理，挂接记录每根桩的施工全过程数据，支持多终端交互访问，实现未来社区桩基质量精细化管控。提供大屏系统功能，发挥“数据驾驶舱”作用，侧重项目整体统筹分析，实现信息分析、决策支持、态势显示等功能。

第三，项目运营管理阶段。打造 1 ∶ 1 虚拟社区，提供在线资产管理、社区安防管理、能源管理、消防应急管理等功能，助力社区高效运营维护。创新社会治理方式，提供社区周边交通管理、应急状态处理、流动人口管理等功能，提升社区运营监管水平，实现高效应急处置。打造 3D 社区，提供三维空间数据服务，助力共享停车、无人物流等便民服务。

（二）搭建社区智慧服务平台

按照浙江省数字化改革要求和数字社会系统建设总框架，搭建具体社区数字化应用和服务的支撑平台——社区智慧服务平台，依托开放式社区基础数字操作系统，上联城市大脑、应用服务商城、CIM 平台，下联社区数字基建，全方位承接社会事业优质公共服务和多跨协同服务在社区精准应用落地，基于数据安全和隐私保护准则，高效链接集成市场主体个性化、品质化、多样化的产品和服务，为政府管理、社区治理、居民生活提供全场景供给，发挥“民生服务 + 社会治理”双功能作用。

1. 未来社区数字社会总体架构

围绕群众的切身需求和社区生活中的主要问题，通过政府和市场数据信息的相互贯通，全方位链接社会事业领域跨部门多业务协同应用和全系统整合相关市场资源提供数字化解决方案，优化和调整社区资源配置，协同推进制度创新和政策保障，实现普惠性社会事业公共服务和市场化、个性化品质生活服务在未来社区中的高效、精准、智慧供给，推动数字社会“12有”[①]与未来社区“九大场景”有机融合，形成数字社会城市基本功能单元系统（见图6–2）。

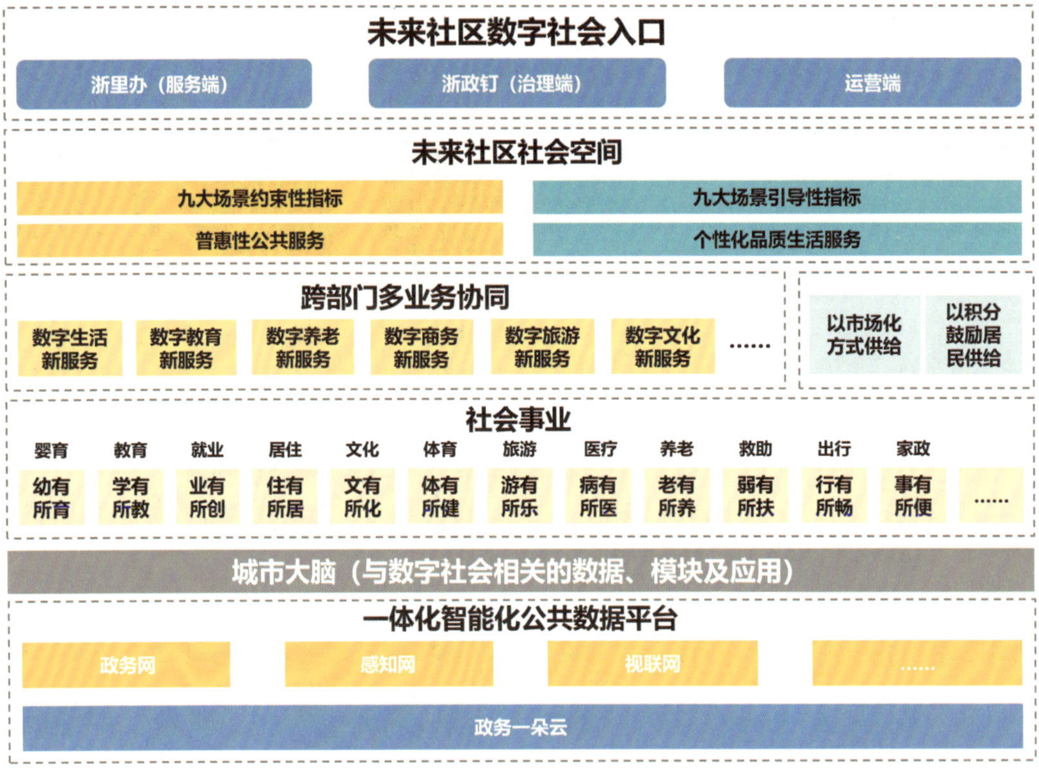

图6–2　未来社区数字社会建设总体架构

2. 未来社区“1+N”智慧服务平台架构

社区智慧服务平台整体采用“1+N”体系架构（见图6–3）。其中，“1”指标准统一的省级开放平台，是为实现未来社区场景快速有效落地搭建的链接供给侧与需求侧的开放平台，其上提供各种标准化的应用事项数字化解决方案、ICT（信息与通信技术）硬件设备、智能化系统等，相当于未来社区场景下的“服务应用市场”。“N”指各社区使用的社区级平台，在数字社区引擎上构建，用于各社区按照未来社区标准和要求实施管理运营，“N”可从“1”上按需配置各项数字化服务、系统和设备，不断完善迭代增强自身运行。

① “12有”：学有所教、幼有所育、老有所养、弱有所扶、病有所医、文有所化、体有所健、住有所居、游有所乐、行有所畅、事有所便、业有所创。

“1”与“N”均以社区空间尺度为考虑对象，以市场化方式（其中“N”还以积分鼓励社区居民提供服务方式）满足居民个性化品质生活服务需求，与城市大脑（与数字社会相关的数据、模块及应用）互联互通之后满足居民普惠性公共服务需求并反哺赋能，同时还包括数字化硬件设备的选配、使能和管理，充分响应数字社会落地未来社区所需。

按照数字化改革总设计，未来社区数字社会服务端以“浙里办”为统一入口，为方便居民使用，兼容支付宝、微信、APP 等应用程序入口。治理端以“浙政钉”为统一入口，可分层、分级、分类设置管理权限。服务端和治理端进入后，均与“N”相连。“1”与“N”还设置市场主体提供展示产品、设备、服务的入口界面，此外“N”还有社区管理运营主体入口界面。

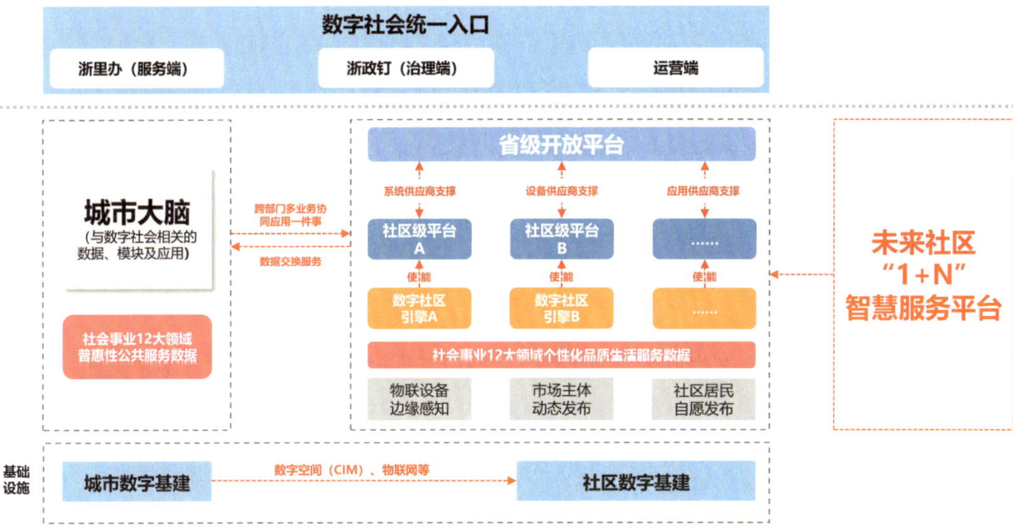

图6–3　未来社区“1+N”智慧服务平台架构

3. 社区智慧服务平台综合应用及公共数据的集成共享

包括普惠性公共服务应用和个性化品质生活服务应用。通过公共数据的集成和共享（这里的公共数据既包括政府提供的数据，也包括市场提供的数据），实现横向到边、纵向到底的覆盖，推动数字社会在未来社区的高效运转。

普惠性公共服务应用。聚焦群众高频事项，参照未来社区九大场景约束性指标，梳理数字社会可以落在社区空间范围内的普惠性公共服务应用需求。针对这些需求，按照开放设计理念和 V 形开发模型，进行任务定义和分解，建立相应指标体系、工作体系、政策体系和评价体系，确定数据需求和数源系统，组装集成“一件事”，推动跨业务流程再造、跨部门业务协同、跨行业数据共享，并通过一体化智能化公共数据平台、城市大脑（与数字社会相关的数据、模块及应用）与未来社区智慧服务平台的相互贯通，实现数字社会普惠性公共服务应用在未来社区的全方位落地。

个性化品质生活服务应用。参照未来社区九大场景引导性指标，梳理数字社会中可落地在社区空间范围内的个性化品质生活服务应用需求，通过社区智慧服务平台，由广大市场主体提供多样化有偿数字产品、服务与设备；另可由社区居民通过积分换服务、服务换积分方式自愿提供相关服务，实现数字社会个性化品质生活服务应用在未来社区的多样化落地。

公共数据的集成和共享。在脱敏脱密前提下，一体化智能化公共数据平台、省市县城市大脑（与数字社会相关的数据、模块及应用）、乡镇（街道）“基层治理四平台”与社区智慧服务平台纵向对接贯通，将普惠性公共服务数据（包括空间数据）回落至社区。同时，相关市场主体通过发布供给信息并采集社区内人、机、物、空间等动静态信息，以及居民上传的相关需求和自愿提供服务的信息等，横向覆盖社区内各主体数源，将个性化品质生活服务数据提供给社区（见图 6-4）。通过公共数据的集成和共享，依托社区智慧服务平台大数据计算、AI 管家等功能，实现政务服务、商业服务、便民服务等服务内容全场景链接。

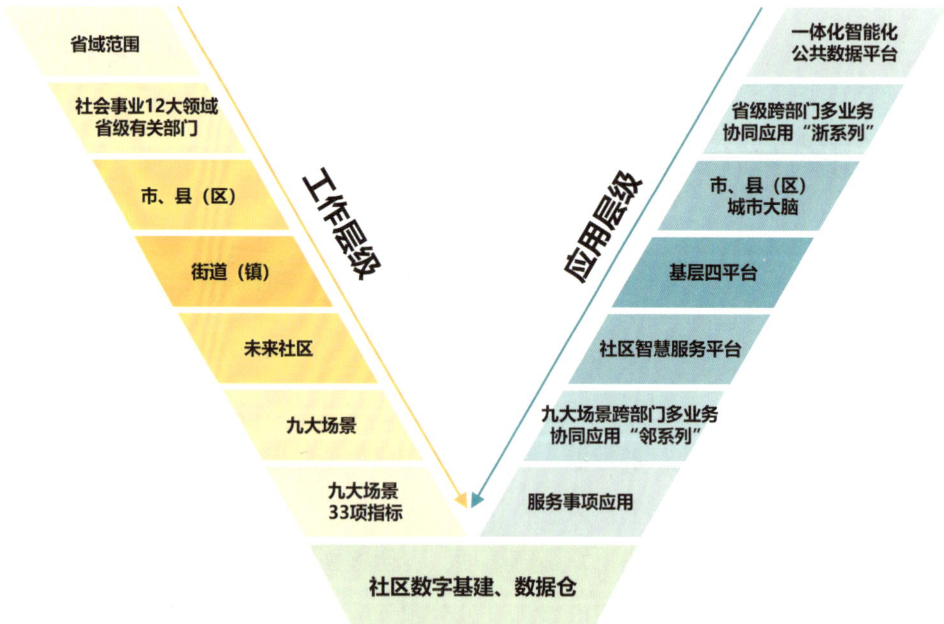

图6-4 社区智慧服务平台集成公共数据

三、可持续物业运营解决方案

针对现今社区物业服务质量普遍不高、物业费与服务不匹配、便民惠民服务设施覆盖不全等焦点问题，围绕居民 24 小时生活服务需求，发挥数字经济和市场配置优势，创新未来社区“平台 + 管家”物业服务模式，把现有物业公司管理社区的机制，转型为社区服务由“生活服务平台运营商 + 专业服务供应商”组合提供的服务交易机制。通过社区资源高效调度和集成化运营，推动物业服务效率和质量的双重提升，实现“基本物业居民零付费、增值物业有偿使用”的可持续物业运营。

（一）创新“平台 + 管家”物业服务模式

通过“平台 + 管家”模式链接社区居民与优质资源，引领社区物业服务模式创新（见图 6–5）。“平台”即依托社区智慧服务平台，构建未来社区物业服务管理模块（见图 6–6），通过数字赋能，由社区管家精准匹配居民服务需求与优质服务供应商，赋能舒适便捷的社区生活、邻里共治共建管理，助力社区高效运营和可持续发展。“管家”即精服务、善管理、擅经营的社区管家团队，核心作用在于协调和连接，在居民、专业供应商、运营团队之间建立沟通桥梁，在人与硬件设备、软件系统之间建立信息流转的通路。管家依托平台大数据分析进行居民社群需求捕捉，针对性匹配相应的商品、服务及商户，实现精准响应。社区管家团队可由专职管家和志愿者共同组成，由社区工作委员会结合居民满意度对管家团队进行考评。

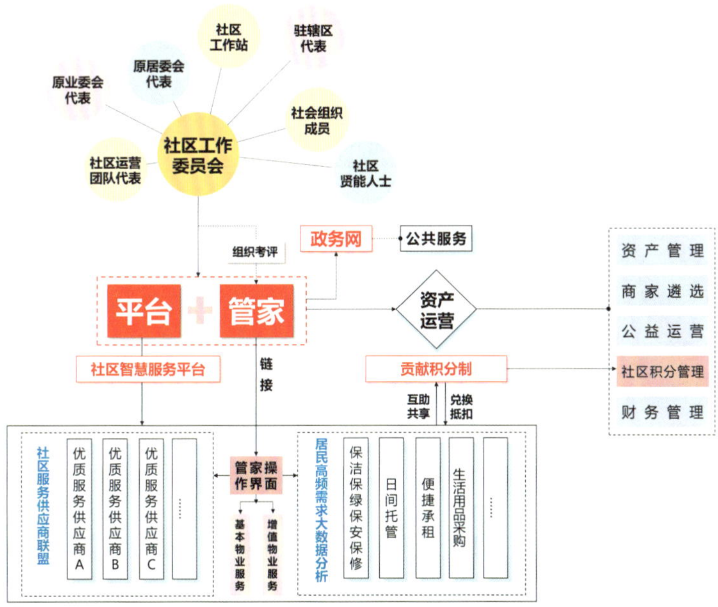

图6–5　未来社区可持续物业运营方案

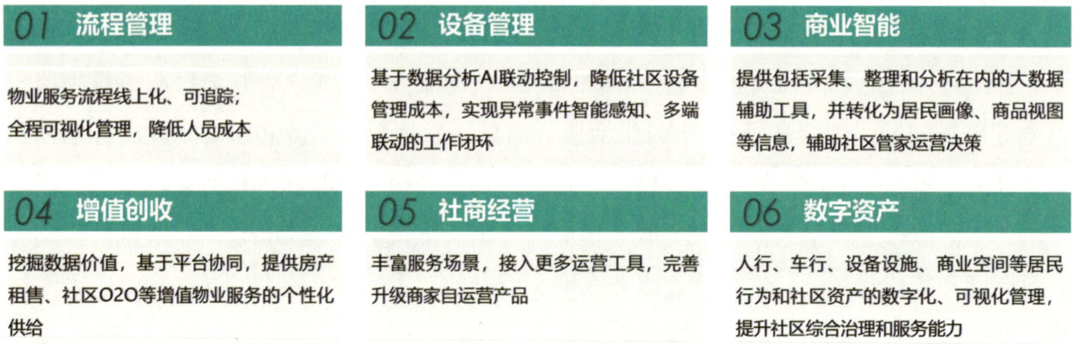

图6–6 “平台+管家”物业服务管理模块主要功能

（二）建立可持续的物业运行机制

第一，构建收支平衡的运行机制，建立基本物业居民“零付费”、增值物业服务由居民自行承担的收费模式，全方位调度资源，高效利用社区空间资源，综合考虑经营性用房、智慧运营等收益与物业服务成本，合理确定经营用房占比，实现可持续运作。其中，基本物业居民“零付费”可探索通过由相关社区运营企业支付、以积分抵扣、先缴后返等多种方式实现。

第二，创新社区服务商遴选培育模式，建立服务供应商联盟，引入市场机制，以多层次、高性价比为原则，根据综合实力、相关业绩、履约诚信等标准，精选各类商业和服务配套优质供应商，接入社区智慧服务平台，根据服务品质和居民满意度等情况，采用政府购买公共服务等形式给予适当扶持。

第三，拓展增值服务发展空间，在免费提供保洁[①]、保绿[②]、保安[③]、保修[④]“四保”为主的基本物业服务基础上，依托平台大数据分析，围绕居民持续性的高频需求，整合线上线下两端资源，拓展便捷承租、日间托管、生活用品采购等增值服务（见表6–1）。另外，通过合作广告媒体、电商生态系统合作、社区O2O服务、社区共享服务等收费创造盈利点，收益纳入社区运营资金池，用于补贴基本物业费。

---

① 保洁服务：公区区域室内外日常保洁服务、特殊节点及设备保洁服务等，例如道路/广场保洁服务、水系保洁服务、单元厅保洁服务、地下车库保洁服务、垃圾收集/分类处理、果壳箱清理/美化。

② 保绿服务：绿化日常养护、绿化灾害预防及处理等，例如草坪养护、乔木灌木养护补种、时花养护、水生植物养护、绿篱养护、盆栽植物养护、绿化药品管理。

③ 保安服务：巡逻服务、车辆管理、应急事件处置等，例如门岗值守、安全巡更巡查、消防管理、秩序维护、车辆管理、访客通行、应急处置。

④ 保修（工程）服务：设施设备管理及维修、工程意外事件处置等，例如承接查验、设施设备综合管理、设备巡查、断水/电应急处置、电梯困人救援处理、报事报修、工程供应商管理。

表6-1 社区增值服务（部分）一览

服务类型	服务内容
教育服务	早幼教服务、夏令营服务、兴趣班服务等
健康服务	健康档案服务、急救培训服务、远程医疗服务等
到家服务	家政保洁服务、家电维修服务、空调清洗服务、车辆清洗服务等
资产服务	房屋租售服务、车位租售服务、商铺投资服务等
新商业服务	米面粮油服务、时令瓜果服务、半小时达服务等
社区养老服务	日间托管服务、机构养老服务、居家养老服务等

（三）建立共治共创式物业管理模式

从传统社区引导式物业管理向未来社区共治共创式物业管理模式转变。依托“平台 + 管家”物业服务模式，为住户（以家庭为单位）创建积分体系，积极撮合居民互帮互助、共享资源，实现服务需求与贡献供给的及时匹配，对提供无偿帮助或公益服务的居民给予邻里贡献积分奖励，居民可通过积分兑换，享有社区个性化、定制化的增值服务。完善物业—服务—积分循环机制，联合覆盖居民 24 小时生活的社区便民商圈，实现购物和购买服务的积分累计、查询和兑换功能，并探索与物业运行的收支平衡机制实现对接，使居民可通过积累的积分抵扣部分物业服务费用。构建责任和激励机制，以物业管理成本为年营收额目标，超过目标时，以工资、奖金、津贴等形式将超额收益回报给社区管家团队，社区业主也能获得相应的分红或实现物业费抵扣。

四、立体绿化解决方案

将立体绿化应用作为未来社区提升空间集约利用效率、改善生态环境的亮点举措。根据浙江省域气候特点，灵活利用立面空间，创新廊道绿化、屋顶花园、绿植梯田、垂直绿墙等多样化立体绿化形式，提升开放空间丰富性和居民舒适度。

（一）创新立体绿化技术举措

推进模块型立体绿化[①]、牵引式立体绿化[②]等技术应用，根据不同项目的特殊性选择适合的技术方案。创建未来社区立体绿化植物选择“菜单”，根据项目所处不同气候带开展立体绿化植物遴选。设立立体绿化技术标准，明确标配、中配、高配等类型，将未来社区立体绿化系统打造为兼具生产性、生活性、生态性的绿色基础设施（见表6–2）。

表6–2　未来社区立体绿化特征及目标

特征	目标	实现载体
生活性	实现“家家有花园”，通过管理和运营绿色空间，促进社会交往	居民、社会组织、运营机构
生产性	整合绿色技术，生产食物、能源、中水、肥料等	屋顶农场、雨水回收利用系统、厨余垃圾处理系统等
生态性	建立三维绿色空间网络，助力大花园建设	地面绿色、屋顶/平台绿化、墙体/阳台绿化等构成的立体绿化系统

（二）创建立体绿化持续运营体系

优化立体绿化技术治理手段，采用节水灌溉、飞虫防控等新型自动化技术（见表6–3）实现立体绿化可持续维护。创新绿化空间复合利用，通过在立体绿化空间中设置步行设施、休憩设施、集水系统等措施，实现多功能集成。设立社区居民责任和激励机制，将维护立体绿化景观纳入未来社区居民公约和积分制度，鼓励居民参与共建自治。探索特许经营、置换经营等多种创新运营方式，鼓励推动立体绿化商业板块开发。

（三）加大立体绿化的政策支撑

适当出台如直接财政补贴、低息贷款、绿地率奖励等激励性政策，以及绿化材料援助、示范项目奖励等援助性政策。建立互联网立体绿化技术咨询平台，开展科普、竞赛、体验等多样化活动，加深公众对立体绿化功能和前景的认识。

---

① 模块型立体绿化：将植物种植在容器中，包括种植盘、种植槽、种植箱等一些容器，将容器垂直安装在墙壁结构或框架上。

② 牵引式立体绿化：通过铁丝网、绳索等材料对攀爬植物进行牵引。

表6-3 新型技术体系支撑

<table>
<tr><th>技术</th><th>系统</th><th>技术措施</th></tr>
<tr><td rowspan="8">节水灌溉技术</td><td>自动灌溉系统</td><td>由水箱、自动控制箱、灌溉管网和排水系统组成。传感器固定在栽培基质或无土种植毯中，当基质含水量低于正常湿度约20%时，自动控制器会发出指令，自吸泵提水进行自动灌溉。此外还有雨水感应器，在有降水的情况下，不进行滴灌。</td></tr>
<tr><td>水肥一体化灌溉</td><td>将液态肥料按照一定比例混于灌溉水中，在给植物灌溉的同时进行施肥，补充立体绿化植物所需的营养物质。利用水动力肥料泵能够实现浇水和施肥操作的自动化。</td></tr>
<tr><td>滴灌、微喷、渗灌和痕量灌溉技术</td><td>滴灌：将水通过直径约10毫米毛管上的孔口或滴头送到植物根部进行局部灌溉，在墙面绿化和屋顶菜园、屋顶花园的应用比较普遍。
微喷：又称雾滴喷灌，是在总结喷灌与滴灌的基础上研制的一种先进灌溉技术。利用低压水泵和管道系统输水，在低压水的作用下，通过特别设计的微型雾化喷头，把水喷射到空中，并散成细小雾滴，洒在植物枝叶上或表土上。
渗灌：地下灌溉，是利用地下管道将灌溉水输入田间埋于地下一定深度的渗水管道内，借助土壤毛细管作用湿润土壤的灌水方法。
痕量灌溉：是以土壤的毛细管为基础，依照植物的需求，缓慢、适量地为植物根系供水的一项技术，是世界上最省水的灌溉技术之一。
屋顶绿化适宜使用滴灌、渗灌、痕量灌溉技术；墙面绿化适宜使用滴灌、微喷技术。</td></tr>
<tr><td>手机、PC物联网技术</td><td>对灌溉管网的水流进行精确管理，屋面气象站和土壤传感器会将收集的灌溉参数通过互联网传输到服务器上，实现对灌溉效果的实时监控。</td></tr>
<tr><td>后备电源和停电报警系统</td><td>自动灌溉系统可以配合后备电源和停电报警系统，后备电源包括在线式UPS、自吸泵和控制器，保障不间断自动灌溉；自吸泵无须在管路内充水即可自动抽水，实现灌溉的自动化管理。</td></tr>
<tr><td>中水、雨水回用系统</td><td>中水和雨水的回收利用可采用人工湿地生态系统结合循环渗滤系统的技术原理，将净化后的中水和雨水再接入灌溉系统。</td></tr>
<tr><td>屋顶绿化的蓄能腔体：灰水、黑水回收利用</td><td>将雨水、生活用水等水体通过自然净化后储存到连接循环渗滤系统的能够储存水分的蓄能腔内。当水位高于设定高度时，水将进入下一个蓄能腔中，从而实现无动力循环。蓄能腔采用高强度、高渗透性材料，使植物自下而上吸取水分，实现水资源的按需分配。</td></tr>
<tr><td colspan="2" style="display:none"></td></tr>
<tr><td>有机垃圾处理技术</td><td>有机垃圾处理系统</td><td>将剩菜剩饭、水果残余、残枝落叶等有机垃圾进行发酵分解制成肥料，可供作为植物肥料，实现垃圾资源化、降低成本、减少排放等目的。</td></tr>
<tr><td>飞虫防控技术</td><td>飞虫防控系统</td><td>采用飞虫防控系统解决立体绿化过程中带来的蚊虫滋生问题。</td></tr>
</table>

资料来源：课题组根据参考文献相关论述总结整理。唐桂兰，马大庆．新技术在立体绿化中的应用［J］．绿色科技，2017（7）：40-44，48.

五、“去房地产化”的资金平衡解决方案

浙江未来社区建设以践行“去房地产化”、不增加财政负担为导向，通过制度创新、成本控制、多元筹资和稳定收益来实现资金平衡。

（一）创新制度要求

突破房地产拿地、建设、运营的传统模式，以降低土地成本、提高土地利用效率、提升建设质量和效率、扩大资金收益为原则，创新相关制度规定。制定分类土地出让方式，对于自持人才公寓、公益性功能区，以划拨方式出让土地，其余可销售部分采取公开出让方式。在土地出让阶段，摒弃“价高者得”评判标准，进行“带方案”“限地价、竞自持、竞运营”土地公开出让，考虑民生改善、市场带动等综合效益后确定中标者。改造更新类项目对应土地出让收益，剔除上缴国家部分，其余全部用于支持未来社区项目建设，降低土地成本。

（二）有效控制成本

以持续的科技研发投入和标准化体系建设为降低未来社区建设成本的核心手段，进一步提升装配式建筑、装配式装修、立体绿化等技术成熟度，探索形成九大场景营建的分档标准化配置模块，在实现高品质建设的同时，确保造价成本不会大幅提高。

（三）推进多元筹资

在项目建设期，适当降低项目最低资本金比例，运用“专项债＋市场化融资”模式，降低建设期资金成本。以省级财政部门为主导，牵头联合其他主体共同组建未来社区建设投资基金，吸引更多社会资本投资未来社区建设。中国人民银行和监管机构可通过宏观审慎管理，采用窗口指导（将未来社区作为重点投向）和再贷款、再贴现（增加贷款资金供给，降低融资成本）等货币政策工具，引导银行业金融机构给予信贷支持。在项目运营阶段，将成熟的商业地产、物业管理等项目资产证券化，盘活优质存量资产，扩大融资渠道。

（四）稳定预期收益

建设期收入包括回迁缴纳收入、房屋出售收入和停车位出售收入等；运营期收入包括房屋租金、车位租金、智慧运营增值收入和广告等经营性收入（见表 6-4）。在功能集聚和复合开发背景下，依托智慧化手段，合理定价社区租售项目，实现收益稳步上升。

表6-4　建设期及运营期支出、收入一览

<table>
<tr><th>序号</th><th colspan="3">资金类别</th><th>说明</th></tr>
<tr><td colspan="5">建设期支出</td></tr>
<tr><td rowspan="4">1</td><td rowspan="4">建安成本</td><td colspan="2">地下室费用</td><td rowspan="4">包含九大场景中增加的面积建设费用；
不包含“场景落实费用”项目；
建安成本的单价仅反映常规建设单价；
若单价不同可自行增加小类，也可在单价一列填写平均值</td></tr>
<tr><td rowspan="2">地上建筑费用</td><td>住宅</td></tr>
<tr><td>公建</td></tr>
<tr><td colspan="2">总图费用</td></tr>
<tr><td rowspan="7">2</td><td rowspan="7">场景落实费用</td><td colspan="2">立体绿化</td><td>屋顶绿化、阳台绿化等立体绿化费用</td></tr>
<tr><td colspan="2">绿色建筑 / 装配式建筑</td><td>提高绿色建筑标准而增加的建设费用；
因采用装配式建造而增加的建设费用</td></tr>
<tr><td colspan="2">装配式装修</td><td>采用装配式装修的费用</td></tr>
<tr><td colspan="2">集中供冷供暖</td><td>包含设施设备、管线等；
不包含设备房、管道井等建筑费用</td></tr>
<tr><td colspan="2">未来社区 CIM 平台</td><td>包括基底模型（含实景三维模型及地质三维模型）与建筑信息模型的创建、应用及整合，以及数字化建设管理系统、数字化征迁系统的使用</td></tr>
<tr><td colspan="2">未来社区智慧服务平台</td><td>包括服务器、停车系统、监控系统、安防告警系统等设施费用</td></tr>
<tr><td colspan="2">其他项目</td><td>包含其他未来社区软硬件要求；
不包含为落实指标所增加的建筑费用</td></tr>
<tr><td>3</td><td colspan="3">拆迁安置费用</td><td>拆迁到入住期间对居民的奖励和补偿费用。具体内容及标准以地方政府文件为准</td></tr>
<tr><td rowspan="3">4</td><td rowspan="3">市政配套费用</td><td colspan="2">城市道路</td><td rowspan="3">其中城市道路的建设费用应根据地质情况等进行具体计算</td></tr>
<tr><td colspan="2">市政管网</td></tr>
<tr><td colspan="2">公共绿地与水域</td></tr>
<tr><td rowspan="2">5</td><td rowspan="2">工程建设其他费用</td><td colspan="2">土地使用费</td><td>包括土地购买费用、税费等，不包括出让金返还部分</td></tr>
<tr><td colspan="2">其他费用</td><td>包括勘察设计费、建设管理费、可行性研究费、全过程咨询费、环境影响评价费、水土保持费等</td></tr>
<tr><td>6</td><td colspan="3">预备费</td><td></td></tr>
<tr><td>7</td><td colspan="3">融资成本</td><td>因项目融资产生的利息等费用</td></tr>
<tr><td>8</td><td colspan="3">销售费用</td><td>项目营销费用、管理费用</td></tr>
<tr><td>9</td><td colspan="3">物业启动费</td><td></td></tr>
<tr><td>10</td><td colspan="3">税费</td><td>包括印花税、增值税等</td></tr>
</table>

续表

<table>
<tr><th>序号</th><th colspan="2">资金类别</th><th>说明</th></tr>
<tr><td colspan="4">建设期收入</td></tr>
<tr><td>1</td><td colspan="2">回迁缴纳</td><td>产权调换类居民安置时按地方政府相关文件的结算标准进行结算的费用</td></tr>
<tr><td rowspan="5">2</td><td rowspan="5">房屋出售</td><td>人才住房</td><td rowspan="5">中类根据项目实际情况增减项目（例如：若没有老年公寓则删除）</td></tr>
<tr><td>老年公寓</td></tr>
<tr><td>普通商品住房</td></tr>
<tr><td>商业用房</td></tr>
<tr><td>商务办公用房</td></tr>
<tr><td>3</td><td colspan="2">停车位出售</td><td>地下停车位出售的收入</td></tr>
<tr><td colspan="4">运营期支出</td></tr>
<tr><td>1</td><td colspan="2">基础物业费补贴</td><td>居民物业费用补贴，面向所有居民提供</td></tr>
<tr><td>2</td><td colspan="2">智慧运营费用</td><td>社区智慧运营平台的硬件租赁费用、软件采购费用等</td></tr>
<tr><td colspan="4">运营期收入</td></tr>
<tr><td rowspan="3">1</td><td rowspan="3">房屋租金</td><td>人才公寓</td><td rowspan="3">中类根据项目实际情况增减项目（例如：若没有廉租公寓则删除）；
仅指社区运营的房屋租金</td></tr>
<tr><td>廉租公寓</td></tr>
<tr><td>商业办公</td></tr>
<tr><td>2</td><td colspan="2">车位租金</td><td>仅指社区运营的公共停车位的长期租金</td></tr>
<tr><td>3</td><td colspan="2">智慧运营增值收益</td><td>采用社区智慧运营平台后，通过平台获得的增值收入</td></tr>
<tr><td>4</td><td colspan="2">广告等经营性收入</td><td>经营性收入</td></tr>
</table>

六、“带方案”土地出让方式

为实现未来社区建设“初心”不偏离，确保实现高质量建设运营，最大限度保障公共利益不受影响，未来社区建设采用“带方案”土地公开出让模式，将建设运营实施方案作为土地出让的附加条件，保障高品质设计方案有效落地。

（一）分类推进，精准施策

未来社区项目按照各自情况可以运作两种出让模式：一是采用划拨与出让两者的组合方式，优点在于土地的成本可以控制；二是采用公开出让的单一方式，优点是易操作，地块内不同类别项目可以复合建设。考虑不同城市、不同地段实际情况，统筹考虑规划新建、拆除重建、拆改结合等不同类型，分类推进。对于拆除重建、拆改结合等改造更新类未来社区项目，鉴于其具有旧城改造、城市更新的公共利益属性，可通过协议出让方式，通过组建 SPV（special purpose vehicle，特殊目的公司）统领项目建设，SPV 可由不同性质企业组成。对于规划新建类未来社区项目，可参照“标准地”和其他地区经验，探索推进“带方案”土地招拍挂的方式，通过指标清单化、场景项目化，确定未来社区建设地块的主要基础指标，利用市场竞争机制确定项目建设主体，并按照既定基础方案进行深化设计及后续建设。

（二）“带方案”的界定

“带方案”土地出让方式中的“方案”是指以各未来社区创建项目的落地性实施方案为开展土地公开出让的“方案蓝本”，开展相关的出让合同、监管协议、地价评估、招标文件等文件的编制。政府主体将未来社区“三化九场景”系统设计、综合指标与 33 项场景指标、工程初步设计深度的方案、社区运营方案等作为土地出让条件纳入合同。如此可明确未来社区的产品定位，适度降低用地成本、提高综合配套要求，约束开发商落实未来社区建设标准，保障未来社区建设运营品质，全面提升创建的综合效益。

（三）土地“带方案”出让的两种模式

1. 土地“带方案”公开拍挂

按规定需采用线上公开竞价方式，价高者得。可通过《出让合同》和《监管协议》对未来社区建设运营标准进行约束。创新探索未来社区新方法，对受让人履约能力、运营能力、建设能力、场景联合体能力、承担政府工程能力进行约束，并在监管协议中进行事先约定。

2. 土地“带方案”公开招标

严格遵循土地招标出让一般规定，招标公告与招标文件应依据经审查备案的未来社区项目实施方案制定。竞标人在投标时，根据自身实际，提供商务报价、建设运营方案等投标材料，其中可对建设方案提出优化建议。评标组对竞标人的建筑优化方案，将重点进行偏离度审核，偏离大的不予采纳。评标组采用综合评定方式，择优选择项目土地受让人。

公开招标为线下出让模式，应在招标文件中明确未来社区项目创建目标定位，准确把握未来社区的独特内涵，因地制宜，实现“三个结合”：一是要着力实现设计方案与建设、运营相结合；二是要着力实现体现方案意图的土地出让规则与创建目标相结合；三是要着力实现实施单元和规划单元相结合。土地“带方案”公开招标具体流程如图 6–7 所示。

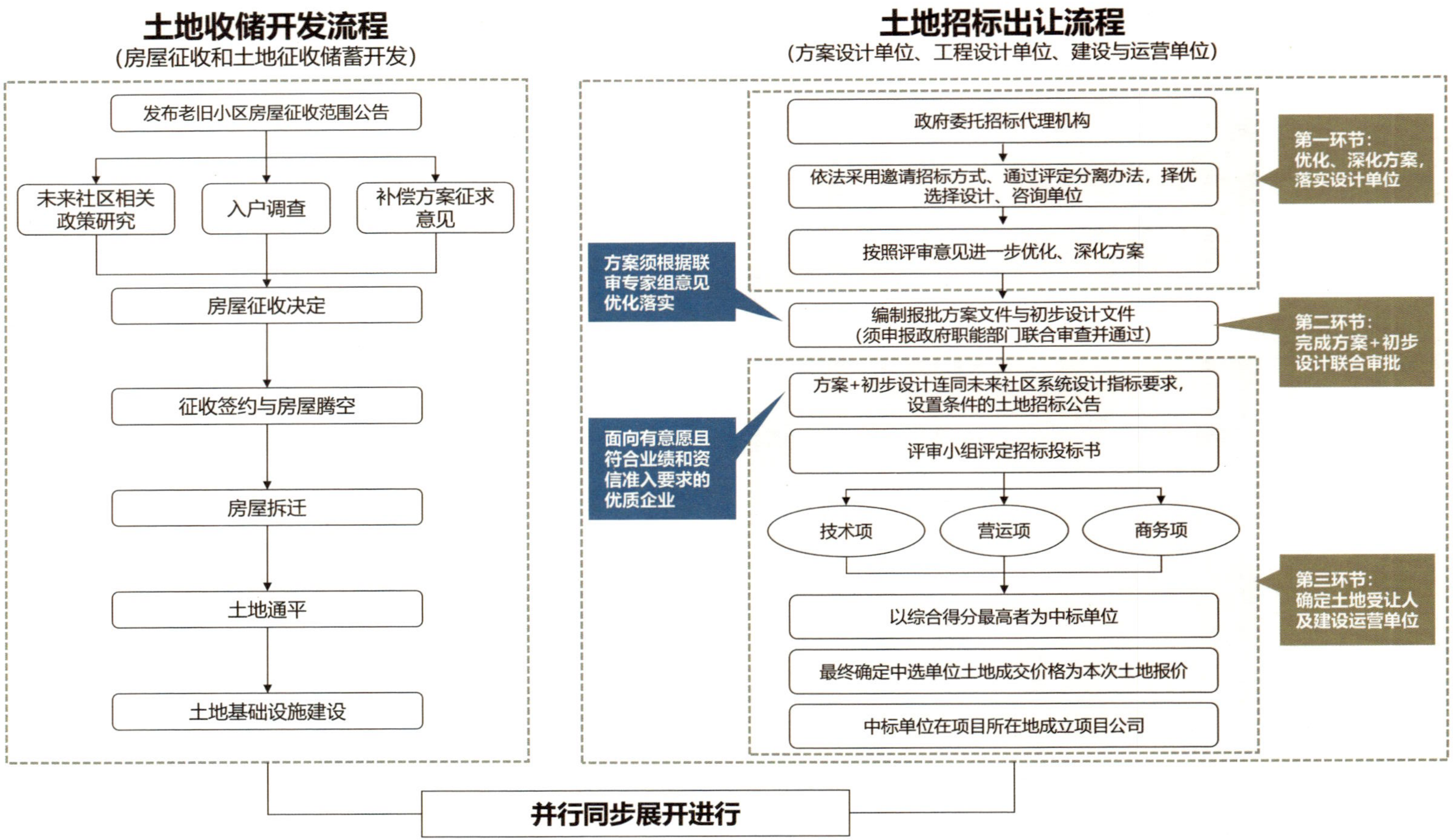

图6-7　土地“带方案”公开招标流程

招标文件的出让须知中应规定招标出让地块按“综合评分最高者得”的原则确定中标人，明确在《国有建设用地使用权出让中标通知书》规定的时间内签订《国有建设用地使用权出让合同》和《履约监管协议》，协议针对未来社区建设运营提出约束，作为对合同的补充，并作为整体合约组成部分。

投标文件由资信标、技术标和商务标三部分组成，其中资信标涵盖投标人资产规模、财务表现、政府项目开发运营经验及招商资源等内容；投标人须在技术标中提供未来社区方案的深化建设、九大场景落地实施深化方案、产业引入承诺、未来社区整体开发运营方案、运营团队组建计划承诺；商务标为未来社区宗地土地出让价款总报价，设定最低限价和最高限价，最低限价即为土地做地成本，最高限价应不高于周边商品房的均价，投标人总报价低于招标底价视为无效标书，有效标书报价根据公式计算商务标得分。

（四）创新土地“带方案”拍挂监管协议模式

未来社区“带方案”公开出让合约由《国有建设用地使用权出让合同》（以下简称合同）和《履约监管协议》（以下简称协议）组成。合同以国家标准模板进行约定，协议针对未来社区建设运营要求以特殊协议进行约定，合同和协议构成了整个出让合约体系。为保障未来社区项目“三化九场景”的顺利落地，合约以附件的形式增加未来社区履约监管协议，有别于一般的土地出让合约。协议主要内容包括总则、未来社区建设总体要求、配建和回购、项目运营要求、风险提示和其他说明等。

（五）建立动态监测机制

地方政府作为第一责任主体，按照“谁提出、谁监管”的原则做好监管工作。按省市县（区）三级逐级联动协调机制操作，本地政府无法协调的，报请上级政府协调。结合履约保证金制度和诚信体系建设，加强对建设质量与运营持续性管理要求的监管。结合项目绩效评估，实施奖惩机制管控。实行系统管控，落实工作计划进度、关键工程节点进度，并报送未来社区发展研究中心进行动态跟踪评价，重点监管约束性指标，发现违约情况应及时预警、纠正。

第七章　未来社区九大场景技术方案

一、“远亲不如近邻”的邻里营造方案

针对城市社区邻里关系淡漠、缺乏文化交流载体平台、“重地产、轻人文”等现状问题，以和合文化为引领，突出历史文化和社区文脉传承，营造交往、交融、交心的人文家园和心灵之家，构建“远亲不如近邻”的未来邻里场景。

（一）总体思路和目标愿景

通过优化邻里公共空间配套、建立热心暖心的邻里互助机制、完善数字赋能文化邻里渠道，实现未来社区特色邻里文化的在地化生成。

第一，以公共空间的丰富度增加邻里交往度。以城市乡愁记忆和社区历史文脉为基础，突出未来社区“文化公园”的定位属性，明确开放社区空间组织形态，配建多层次、多形式的邻里交往空间，承载民俗节庆、文艺表演、亲子活动等特色邻里活动。

第二，以契约精神增加社区认同感。凝练未来社区人文内核，塑造社区文化标志，制定邻里公约，建立邻里社群，再生形成新邻里文化，打造邻里互动生活共同体。

第三，以积分机制提升居民互助度。创新“人人贡献”邻里贡献积分机制，建立信用评价体系，构建服务换积分、积分换服务激励机制。

（二）场景技术方案

1. 优化邻里公共空间配套

强调社区文化的在地性生成，凝练地域历史文化记忆，凝集新邻里文化内涵，营造具有丰富多样的传统文化和浓郁独特风情的人文家园。一是突出邻里文化核心主题。强化未来社区“城市文化公园”的定位属性，延续社区历史文脉，注重社区色彩、形态等方面的艺术化打造，创意化布置社区历史元素，设计统一的未来社区品牌 LOGO。二是构建丰富多样的邻里文化载体。通过文化赋能，以“物质空间 + 功能空间 + 文化空间 + 活动空间”

的综合营造，形成丰富的邻里共享空间和文化交流载体，支撑和丰富邻里生活场景。三是营造特色邻里文化氛围。体现价值导向与未来引领，结合各未来社区项目不同特点，强化邻里文化要素建设，提升公共场所文化品位，实现全龄段沉浸式文化交流体验。

2. 彰显共享互助邻里内核

通过再生性创造，发掘更多有利于新邻里文化建设的资源，丰富未来社区核心价值观念。一是以邻里公约强化社区共识。弘扬诚信守约、睦邻守望、共享互助社区精神，由社区居民自下而上地自主协商、制定、完善并实施邻里公约，突出价值导向、个人修养、日常规范和监督机制相统一。二是营造邻里文化新生态。结合地缘文化特征、自然条件、社区功能、形态特征等因素，基于"同频、同趣、同价值观"形成社群群体，结合兴趣爱好成立社团组织，再生形成新邻里文化。三是建立邻里文化资源整合机制。建立邻里文化联盟组织，统筹协调上下、内外专业力量以及邻里文化策划、邻里活动组织、社区艺术与美育、公益社会组织等各类文化资源，积极引进社会力量参与邻里文化建设，利用社区的邻里中心、公共广场、绿地公园、运动场地、架空空间等场所，常态化组织开展社区特色邻里文化活动。

专栏7-1　案例借鉴：杭州上城杨柳郡社区——邻里关系新范式

杨柳郡社区根据所在地文化属性、居民年龄层次和生活习惯等特征，打造"好街"社区商业品牌街区，以公益和社群为纽带，联结业主、商家、物业等多方关系，营造街区生活氛围，打造美好邻里关系。"好街"不仅是商业街区，更是一个有温度的新城市空间，针对长者、儿童、青年等不同年龄段人群的邻里价值认同，不定期举办"一碗长寿面"、公益科普分享课、电影周、"海豚计划"、相亲会等有趣有爱的街区活动，塑造"文化＋公益＋共享"的新型邻里互动模式，打造"好街、好邻、好生活"的理想生活氛围，让业主、商家、物业等成为好街建设的"参与主体"，既接受服务也服务他人，重新定义邻里关系新范式。

3. 畅通数字赋能邻里渠道

从共享经济到共享文化，建立空间邻里和线上邻里"双邻里"。一是建立邻里贡献积分机制。集合社区内知识技能共享积分、绿色生活积分、公益帮扶积分、贡献积分、声望积分等多样化内容，形成社区互帮互助氛围。二是畅通"积分换服务"交换机制。构建非货币介质服务应用数据平台，为居民提供统一的时间支付、资源支付平台，将志愿服务行为折算为时间单位和积分的形式，畅通积分换服务、服务换积分渠道，实现积分兑换社区商业联盟服务、社区定制化服务、共享资源优先服务、社区五星级管家服务等。三是搭建“数字邻里”平台。依托社区智慧服务平台，加载邻里社交虚拟空间、邻里数字服务等功能，为社区居民参与社区治理、互助交流提供平台。

二、“终身学习”的教育解决方案

针对群众关切的婴幼儿托育难、放学后托管难、优质教育资源稀缺、成人终身学习渠道有限等短板，服务社区全人群教育需求，构建“终身学习”未来教育场景。

（一）总体思路和目标愿景

未来社区教育场景核心宗旨是以群众需求为本，激发全民参与社区教育活动热情，促进人的全面发展和社会进步。一方面兼顾教育活动的功能性价值和生命性价值，突出素养教育，创新共享式、社交化学习方式，实现“共学以育人”；另一方面通过教育场景实现价值引领、凝聚人心、提升素养，重建熟人社会及交流系统，促进治理、邻里、创业等其他场景更好实现，实现“善学促善治”。具体可以教育空间环境、内容组织、学习机制等为切入点。

第一，以“天地为课堂、万物为教材”的社区教育环境，提升吸引力。重塑人与环境的关系，精心设计未来社区教育设施布局网络，将社区环境本身打造为美学教育的范本，充分激发偶发性、非正式学习机会，将教育融入生活，寓教于乐、不“教”而“育”。

第二，以精准匹配的教育资源再组织模式，提升参与度。依托数字化智慧平台，整合社区内外存量教育资源，架设居民与优质教育资源的链接通道，结合需求合理配置，实现教育资源供给由传统社区的自上而下“配餐”模式，转变为群众需求为本、双向对接的“点单”模式。

第三，以“人人为师”的共享互助学习机制，提升持续性。充分依托在地性资源，激发群众主观能动性和参与意识，通过创新青少年跨龄互动、能人技能交换、共学养老等共享互助学习模式，营造“师资无处不在、同道无处不遇、学习无时不有”的社区共享教育氛围。

（二）场景技术方案

围绕三大切入点，从创新未来社区教育生态的系统思维出发，构建一张终身学习基础设施地图、一个“知识在身边”共享平台、一份精准多元学习内容菜单和四大可持续机制。

1. 描绘复合开放终身学习地图

统筹整合、优化设计未来社区 15 分钟生活圈范围内的教育场所设施，创新“3+X”的未来社区终身学习地图（见图 7–1），构建社区学习中心。“3”即以“幼托一体”幼儿园、“全龄覆盖”幸福学堂、社区共享书房为三大必配“锚点机构”[①]，“X”即因地制宜配置乐龄学院、创客学院、儿童体适能训练馆以及儿童友好户外空间等个性化设施和场地。

图7–1　“3+X”未来社区终身学习基础设施地图

① 锚点机构（anchor institutions）：美国关于图书馆性质的两种新定位之一，意指深深地嵌入社区，作为社区的生活、经济和社会发展必备要素的一类机构，没有这类机构，社区就不能称之为社区。

（1）以“幼托一体”幼儿园为普惠性托育的主要载体。最大限度落实幼托一体化，未来社区项目涉及的新建、改扩建幼儿园按比例设置托班，以满足普惠性托育需求。鼓励独立型托育点、嵌入式托育点、家庭入户指导等多元类型。强化安全保障，实现托育场所安防监控系统全覆盖，24 小时设防，并接入社区智慧服务平台，实时“云看护、云监督”。托育机构从业人员持证上岗，每年完成不少于 72 课时的在职培训，以及不少于 40 课时的职业道德培训。

（2）以功能复合、全龄覆盖的幸福学堂满足“一站式”终身学习需求。依托社区邻里中心，配置功能复合、分时共享的幸福学堂，结合社区人口结构特征及居民需求，灵活设置 “人人为师”技能交换站、四点半课堂、开放共享式文化客厅等功能板块。吸引优质教育机构等入驻，让素质教育活动在社区内就近解决，打造家门口的“青少年宫”。依托共享空间，组织开展党建活动、论坛讲座、艺术展览、体验课等文化教育活动。

专栏7–2　案例借鉴：新加坡民众俱乐部（民众联络所）和日本公民馆

新加坡通过设置民众俱乐部（民众联络所），形成覆盖全民的均等化社区文化服务网络，深受民众欢迎。民众俱乐部在活动组织上，主要设置课程、项目、兴趣小组三大类别，包含生活技能和生活方式、体育健身、艺术表演、种族和谐、应急预案、社区融入、社区对话等内容。在经费保障上，由政府承担 90% 的建造费用，剩余 10% 由各选区的公民咨询委员会负责筹集。在管理队伍上，专职工作人员均为人民协会员工，一般 10 ~ 16 名专职人员负责一个民众俱乐部，另外还有大量的志愿者协助工作，并开发了针对正式员工的培训体系及面向志愿者的奖励体系。在激励机制上，民众俱乐部通过百盛卡（Passionez–link Card）吸引居民参与联络所的活动，志愿者有机会获得长期服务奖章、公共服务星章等精神奖励。

日本的公民馆是一种自治性的文化机构，日常管理团队包括专业人士和居民志愿者，共同策划每年、每月甚至每天的文化活动项目。社区居民不仅参与管理，而且行使监督权，对公民馆的运行效能进行评价。公民馆集学习培训、公众集会、生活指导等功能于一体，形成覆盖全人群的学习计划。除此之外，还承担发扬在地文化和振兴乡土产业的使命，通过演讲、学习会等形式，让居民更多地了解家乡文化，例如箱根作为日本有名的自然旅游区，其公民馆中创设了具有地方辨识度的“自然观察教室”“染织工艺讲座”“亲子自然观察会”等活动，不仅宣传了乡土特色文化，同时增强了居民的环境保护意识。

（3）以社区共享书房为传播文化知识、培育社区共同精神的触发器。以践行社会主义核心价值观、培育居民共同精神为目标，学习借鉴古代传统书院、北京大学创新训练营等模式，建设集全民阅读、文化交流、科普教育、议事协商、社会组织孵化培育等多功能于一体的社区共享书房。重点考虑三大模式，即与地方图书馆合作模式，鼓励城市级优质公共资源下沉服务到未来社区；“公建民营”模式，引入优质社会企业、品牌连锁书店等运营共享书房；与名人大家合作模式，借鉴良渚文化村晓书馆经验，打造社区文化地标。

（4）织线成网拓展室内外儿童友好空间。响应《联合国儿童权利公约》号召，以儿童友好空间设计充分保障儿童权益。强化回归自然生态的美学教育，以儿童视角设计户外活动空间，通过沙盘模拟、绘画等方式，征集社区儿童对户外空间的设计意见，见缝插针、创新设置共享农场、沙池、涂鸦区、轮滑绿道等户外空间，辅以儿童适宜的运动游乐设施，支撑户外活动开展。探索打造儿童安全出行路径，联动交通场景，保障儿童路权，参照荷兰模式，规划“儿童出行路径”，在实施单元层面串联社区、学校及主要活动场所，以设置彩色人行横道、富有童趣的标识引导系统等方式，打造安全有趣的街道空间。

2. 创新“知识在身边”共享平台

依托社区智慧服务平台打造“知识在身边”板块，重点设置知识技能共享、优质资源集成、居民学习管理、学习地图可视化管理等四大教育场景数字化模块（见图 7–2），构建线上线下交融共生（online – merge – offline，OMO）的全时空学习方式。

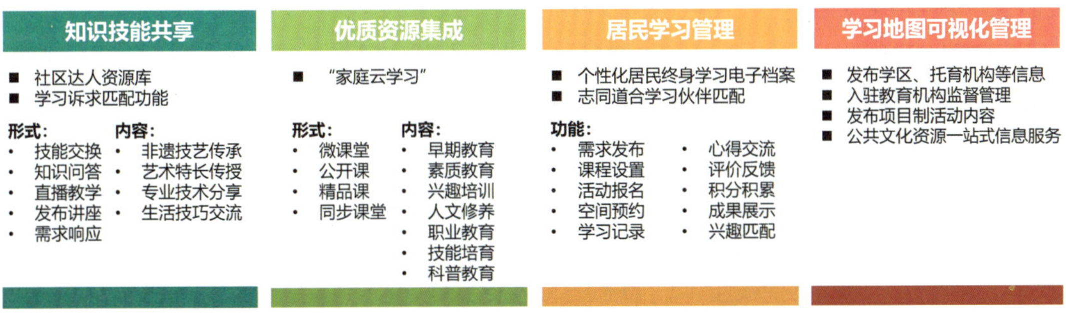

图7–2 “知识在身边”四大教育场景线上模块

（1）知识技能共享模块。突出在地性的居民互助共享教育模式，发动非遗传承人、退休专家、艺术特长居民等能人，依托社区智慧服务平台组建“达人资源库”，通过技能交换、知识问答、直播教学、发布讲座、需求响应等形式，匹配相关学习诉求，沉淀形成各具特色的社区群体智慧数据库。

（2）优质资源集成模块。满足“家庭云学习”需求，通过开放标准链接优质教育资源，覆盖微课堂、公开课、精品课、同步课堂等形式，按照资源类型、学习层次、主题等进行分类，结合居民画像精准推送，满足各年龄段教育需求。预留高速且稳定的学校教育端口，满足疫情等特殊时期学校网上授课需求。

（3）居民学习管理模块。对学习过程进行规范管理和记录，提供学习需求发布、课程设置、活动报名、空间预约、学习记录、心得交流、评价反馈、积分积累、成果展示等功能，形成个性化的居民终身学习电子档案。结合居民学习轨迹、兴趣特长等，设置志同道合学习伙伴匹配板块，引导居民形成互助学习小组、交流圈等。

（4）学习地图可视化管理模块。整合发布学区、托育机构等信息，并实行对入驻教育机构准入资质、人员资质、安全防范等方面的监督管理。与浙江省教育厅牵头开展的中小学劳动实践教育、研学旅行工作联动，链接社区周边实践基地、研学营地等资源信息，依托平台整合发布科普考察、艺术创作、公益帮扶、创客教育等项目制活动资源，增进社区青少年跨龄互动交流和综合素养培育。汇聚社区周边讲座活动、图书阅读、非遗保护等公共文化资源，为社区居民提供“一站式”信息服务。

3. 构建精准多元学习内容体系

遵循未来社区“人本化”价值维度，以人的生命成长规律为出发点，围绕生命从孕育诞生到终身发展各阶段教育侧重点建构纵向主线，结合各领域横向信息，制定覆盖全年龄段、精准多元、开放迭代的未来社区终身学习内容体系菜单（见表 7–1），并依托社区智慧服务平台予以呈现。

表7-1 未来社区终身学习内容菜单

类型	内容	年龄段	载体	供应主体
纵向主线				
普惠性托育服务	科学照护、健康营养、潜能开发、安全保障、亲子教育公开课等	0～3岁	幼儿园、独立托育点	政府、普惠性托育机构
多元化托育服务	全日制、半日制、临时托管、喘息服务、夜间保育、家庭“邻托”、特殊儿童康复保育、入户指导、家长课堂、专家咨询等	0～3岁	幼儿园、独立托育点	政府、托育机构
儿童早期教育	儿童体适能训练、绘本共读、戏剧表演、科普教育、环保教育、儿童职业体验教育、自闭症家庭教育辅导等	1.5～3岁	家庭、幸福学堂、开放空间	公益组织、儿童早期教育机构
基础教育及延伸	学前教育、双师课堂、名师微课堂、放学后托管、家长学校等	3～12岁	幼儿园、小学、幸福学堂	政府、公益组织、志愿者
青少年项目制素质拓展教育	劳动实践教育、研学旅行、科普考察、艺术创作、公益帮扶、创客教育（少儿编程、机器人制作等）、思想品德教育、美学教育等	6～18岁	幸福学堂、开放空间，以及周边学校、公园、场馆等	公益组织、优质素质教育机构、政府
场景紧缺人才职业技能教育	社区管家、专业托育员、全能社工、志愿者等培训及继续教育课程	18～64岁	幸福学堂、开放空间、智慧平台	公益组织、高校院所、入驻机构
老年教育服务	居民共学养老、体能健康、形体礼仪、艺术兴趣、代际交流、戏剧表演等	65岁以上	幸福学堂、开放空间	公益组织、相关教育机构、社区达人等
横向组织				
思想道德类课程	党员教育、道德教育	全龄段	幸福学堂、开放空间、智慧平台	公益组织、专家、教育机构、社区达人等
生活科普类课程	邻里公约普及、智慧平台应用指导、垃圾分类、社区历史文化、老年人生活技能指导、英语实用口语辅导、中医理疗知识、应急避灾知识等	全龄段		
艺术文化类课程	知识、文化、历史、美术、书法、摄影、工艺、陶艺、剪纸、文学、诗歌、花道、茶道、国学、围棋、象棋、乐器、歌唱、戏剧、诗朗诵等	全龄段		
人文社科类课程	心理咨询、金融、法律、历史、民俗、经济学、计算机、多媒体等	全龄段		
创业就业类课程	职业能力开发、创业辅导、专门技能培训、学历职业教育、应试及升学培训、残障人士创业就业培训课程	全龄段		
语言交流类课程	讲话技巧、语言学习、写作、手语、盲字学习、普通话学习等	全龄段		

续表

类型	内容	年龄段	载体	供应主体
阅读活动	全民阅读、亲子阅读、读书会、沙龙、文化论坛、社区议题圆桌会等	全龄段	共享书房、幸福学堂	公益组织、地方图书馆、社区达人等
文化艺术类活动	绘画、摄影、唱歌、电影、舞蹈、歌剧、乐器、时装展示等	全龄段	幸福学堂、开放空间	公益组织、文创机构、社区达人
仪式教育活动	传统节庆、儿童成人礼	全龄段		社区、公益组织、居民
家庭生活类活动	亲子教育经验分享、缝纫手工、烹饪、健康保健、园艺等	全龄段		居民、公益组织
地方特色活动	地方艺能展示、地方特色美食制作、非物质文化遗产展示	全龄段		社区、公益组织、专家、社区达人
亲子教育互助小组	作业问答、错题辅导、兼职家教、临时小班教学、家庭“邻托”	全龄段	幸福学堂、智慧平台等	社区居民
非遗技艺传承小组	结合地方特色文化开展剪纸、陶艺、雕塑等非遗技艺传授活动	全龄段	幸福学堂、开放空间	社区居民
技能交换合作小组	结合居民各类职业技能、特长等进行交换、积分置换或合作	全龄段	幸福学堂、开放空间、智慧平台	社区居民
阅读分享小组	读报、朗读分享、名著解析、跨龄阅读互动等	全龄段	共享书房、开放空间、智慧平台	社区居民
教育商业配套	教育书籍、智能穿戴教育产品、品质母婴产品、亲子咖啡屋、亲子电影院、亲子健身房等	全龄段	幸福学堂	社区居民

（1）以需定供的“点单 + 套餐”学习内容组合。通过线上点单、线下组织等方式，由场景联合体依托社区智慧服务平台，灵活组织相关学习链条和资源，比如“家园共育 + 游戏化潜能开发 + 体适能锻炼 + 幼小衔接适应 + 父母教育”的 0 ～ 3 岁保教融合托育服务套餐，“幼儿园课程 + 儿童职业体验教育 + 自然美学教育”的 3 ～ 6 岁学前教育套餐，“学校课程 + 放学后托管 + 青少年项目制素质教育”的 6 ～ 18 岁学龄期教育套餐、成年人职业教育套餐、老年人以学养老套餐等。

（2）梯度进阶的“小组 + 活动 + 课程”学习形式。丰富互助小组、活动、课程等多元教育形式，满足不同程度学习需求。互助小组由居民自发开展，以小规模课程、圆桌式讨论、演讲等方式，满足入门级别的兴趣培训、知识分享、技能合作等需求。活动主要由社会组织开展，以政府购买服务、基金支持、企业赞助等方式，常态化开展群众喜闻乐见的教育活动。课程主要由优质教育机构等提供，鼓励线上线下混合式教学、微课堂等模式，主要满足专业级别需求。

（3）彰显特色的在地性、品牌化学习资源组织。充分考虑融合在地文化、在地资源、在地达人，打造“一社一特”的未来社区教育品牌（见表7–2）。动员当地学校、公共文化部门、社会组织、名人名师等，组织开展非遗课程、文史教育、国学教育等特色活动。设立职业志愿者主题日，鼓励社区律师、教师、厨师等各类人才开设能人课堂。将社区地域文化融入教育内容，如通过设置故事板等公众参与手段，传承地区历史记忆；探索开发社区地域文化微课程；组建融合当地特色文化的学习社群等。

表7–2　未来社区试点在地学习资源组织案例

试点项目名称	在地性、品牌化学习资源组织举措
台州椒江心海城社区	·融合“和合”文化，设置和合书院，提供和合文化释义讲解课程等； ·设置文化戏台，通过“老育幼”方式，增强两代人之和合； ·与台州非遗文化传承人合作，定期开展文化体验活动； ·依托心海公园开展营地探险、自然认知、户外运动等教育活动； ·链接台州曲艺协会、台州文化展馆，拓展社区文化艺术教育内容； ·链接镇海中学、台州高等教育园区、台州学院等优质教育资源，打造精品教育社区
温州鹿城集新社区	·联动周边博物馆、文化馆、少年宫等资源，以温州传统文化活动为主题，以幼儿组队、家庭组队、老幼互助等方式展开传统文化教育活动； ·融入温州诚信文化精神，开展诚信主题宣传教育活动，举办诚信文化大讲堂； ·组织南戏、龙舟等温州民俗活动及文化普及课程； ·与鹿城区文化和广电旅游体育局城市书房合作，建设社区共享书房，搭配智能书柜，提供自助借阅、图书捐赠等服务，促进知识共享； ·结合鹿城区人力资源和社会保障局人才引进记录，建立社区达人资源库，引入社区达人特长类别、资格证书等信息
衢州柯城礼贤社区	·结合南孔文化、“衢州有礼”品牌，设置南孔书屋、邻礼学堂等； ·南孔书屋收藏文化古籍等，提供图书借阅、读书沙龙、主题讲座、技能分享等活动； ·邻礼学堂围绕衢州历史底蕴与精神内涵，开展特色文化学习、美学生活培训、非遗手艺教学，打造衢州生活“体验馆”； ·开展“先进达人”“学习先进个人”等评比活动，激励社区达人和社区居民参与社区教育活动
杭州上城始版桥社区	·组织“四季学堂”系列活动，围绕春季、夏季、秋季、冬季的不同特色，结合居民及本地文化，每季度开展一次专项主题培训； ·强化与小学联动，在幼儿园大班定期举行“跨年级教育体验日”“小学老师进校园”等相关活动； ·与社区周边博物馆、美术馆、图书馆等场馆建立联盟关系，设置美育工作坊，利用场馆资源开展主题共享课程

续表

试点项目名称	在地性、品牌化学习资源组织举措
杭州西湖之江社区	·充分利用之江文化中心（浙江图书馆新馆、浙江省博物馆新馆、浙江省非物质文化遗产馆和浙江文学馆），形成线上线下联动社区学习地图
杭州萧山万向社区	·与美术馆、博物馆、鲁冠球精神展陈馆、民营企业家纪念馆等建立云端联系，成立艺文联盟，形成“产学研创”生态系统； ·对接引入高教园区内浙江师范大学（萧山校区）资源及周边惠立小学等学校优质教育资源，建立线上微课堂，预留“5G+智慧课堂”接口，实现“名师进社区”
丽水莲都灵山社区	·开展年度社区达人评选活动，颁发达人证书并提供相关达人福利； ·幸福学堂内设置文化展厅，展示丽水历史、发展进程、文脉和文化遗产等； ·设置文化墙，展示介绍灵山社区及其特色节庆、风貌等
湖州南浔頔塘社区	·结合南浔文化兼江南水乡文化、中国儒家文化和海派文化三大基因，开展特色文化学习、美学生活培训、非遗手艺教学
杭州拱墅瓜山社区	·引入北京宋庄画家村、樊登书店等形式的文化载体，形成独具特色的文化艺术交流平台
绍兴上虞鸿雁社区	·幸福学堂内设置由公办职业学校主导的职业体验馆； ·在孝德文化公园设置户外儿童活动空间，结合孝德文化教育潜移默化影响儿童成长
嘉兴南湖角里社区	·设置启红公园，宣传红船精神； ·创新“口袋学堂”理念，促进社区达人线上分享知识
嘉兴港区牌楼头社区	·依托邻里中心设置怀橘书院、共享屋，弘扬传统孝廉文化，形成全民学习氛围； ·与嘉兴市图书馆、博物馆建立长期合作机制，引入电子资源，定期举办社区小型展览，普及嘉兴历史文化，提升居民素养
舟山定海城西社区	·对接定海区教育局，将学区信息导入社区智慧服务平台，整合社区人员数据信息，制定学位资源统筹方案

4. 健全可持续终身学习保障机制

从运营可持续、内容可持续、师资可持续、活力可持续四方面着手，探索构建具有生命力的未来社区教育场景运转机制。

（1）多元主体协同的场景运作机制。形成政府引导、社会多方合力的联合运营机制。政府重点关注优质基础教育资源供给，以提高百户生源指标、增加师资编制等方式，合力落实学位资源保障、幼托一体等方案，确保社区学龄儿童“就近入学”。鼓励创新跨区域合作办学、名校集团化办学、联盟式发展等办学模式，进一步扩大优质教育资源覆盖面。

畅通社会力量参与教育场景渠道，在设计阶段即引入社会组织、社会企业、社会智库“三社合力”的教育场景联合体，按照可持续运营目标，合理确定幸福学堂规模以及公益性、商业性活动场地比例，探索公益引流惠及商业、商业造血反哺公益的运转机制。由社会组织提供以普惠性为主的群众活动和素质教育内容，输出志愿者、社工等人才队伍；由社会企业提供教育供应链上下游的精准多元服务和产品以及资金支持；由社会智库联动教育专家、高校院所、行业协会等力量，对教育场景运作方案、内容体系、入驻机构进行遴选把关。

（2）文创产业联动的内容可持续机制。合理引导，形成优质大、中、小教育机构共生格局。鼓励文创产业发展，联动创业场景，在幸福学堂中留出空间孵化发展中小型教育机构，鼓励开发“小而美”的细分领域特色化、定制化教育内容，对社区教育活动开展有突出贡献的个人、团队或机构，给予一定比例的成本资助、推广应用等奖励。积极推动校社合作、社馆联动，建立社区与名校、图书馆、青少年宫、老年大学、高等院校等机构的战略合作与指导关系，采取流动课堂、教师代培、课程共享等方式为社区持续输入优质教育资源。

（3）梯队有序合理的师资可持续机制。着力构建专职教师队伍、兼职教师队伍和志愿者队伍合理搭配的社区教育师资队伍。联合浙江大学、浙江师范大学等高校，通过共建名师工作室、文化研究室、实习实训基地等产学研合作方式，为社区输入专职师资力量。充分发动在职教育人员、社工，以及社区内外各行业系统的离退休老教师、老干部、老职工、能工巧匠等，组建兼职教师队伍。以各类学校在校生和有学习热情的居民为重点，形成志愿者队伍，并为有意愿成为社区专职教师的志愿者提供系统的培训服务。

（4）可认证记录的居民参与激励机制。创新学习积分、授课积分等激励机制，对居民发生的线上线下教育学习行为，均可通过智慧平台进行记录转化，并探索与市级公共文化机构合作，将积分与文化展演门票、课程兑换券、社区设施租用津贴、共享停车票等挂钩。鼓励居民共创共享学习资源，探索依托区块链技术，实现知识资产确权、学迹记录分析、代币激励、知识库组建等功能，完善社区知识产权保护和信用体系建设，激发社区居民共享知识和技能热情。

三、“全民康养”的健康解决方案

针对健康多元化需求难以满足、社区医疗“看得起”但“看不好”、养老设施与服务缺失等难题，围绕健康生活、优质医疗和幸福养老三大板块，倡导新型健康理念，构建面向全人群与全生命周期的“全民康养”未来健康场景。

（一）总体思路和目标愿景

以新加坡“我们的目标不是延长寿命，而是提高健康生活质量和年限”健康理念为灵感，以全方位、全人群、全生命周期保障社区居民健康为目标，重点聚焦三个方面：

第一，配置步行可达的运动空间。配建室内集中式、室外分布式健身运动场馆，满足居民日常活动需求及专业运动需求，营造人气集聚、充满活力的健康生活环境。同时开展健康知识普及行动，提升社区居民健康素养。

第二，提供优质专业的医疗服务。建立社区与三级医院紧密型“医联体”，普及居民电子健康档案，推进中医保健服务，实现社区居民医疗需求全覆盖、医疗数据全打通。

第三，满足幸福舒心的养老体验。建立居家养老、机构养老、智慧养老等多元养老新模式，营造适老、助老、亲老的幸福养老体验，建立资源整合、供需匹配、数据融合的社区养老服务体系。

（二）场景技术方案

1. 健康生活风尚

（1）打造便捷互联的健身网络。灵活布置球类场地，串联社区零散角落，建立“社区活力运动纽带”，打造“15 分钟健身圈”。结合邻里中心等空间，建设室内健身场馆，提供基础健身、专业训练等服务，探索“体医结合”，开展慢性病运动干预。鼓励布局社区绿道网络，让居民感受“推门可跑、出门见景”的舒适生活。

（2）组建全民参与的运动社群。提倡“全民健身”理念，形成紧密运动组织，定期组织群众性、趣味性的体育赛事、社区运动会等，通过社区运动建立邻里联系纽带，营造群体氛围。激发居民参与运动积极性，构建运动激励、实践、酬赏、激励的有效闭环。

（3）构建互联共享的数据后台。利用智能化管理系统，全时段采集健康数据，实时了解和掌握社区健身场馆人流量、设施利用率、设备能耗等情况。在室外运动空间中基于人脸识别、行为识别等前沿科技，借助智能穿戴设备，链接智能显示屏，使居民实时掌握自身健康数据。

2. 优质医疗服务

（1）建立“名医名院零距离”的紧密“医联体”体系。通过三级医院落实“双下沉，两提升”[①]，开展人才输送、远程医疗、双向转诊等合作模式，建立社区与三级医院紧密型“医联体”，为居民提供“小病进社区，大病到医院”的医疗服务。一方面整合医疗资源，输

---

① “双下沉、两提升”：医疗人才下沉，医疗资源下沉；提升基层医疗服务能力，提升群众就医满意度。

送优质人才，建立明确的院校人才输送、定向培养、结对帮扶、下派任职、下派锻炼、科学激励等制度。另一方面强化双向转诊，打破转诊壁垒，探索由三级医院开通转诊绿色通道，实现“首诊在社区，小病进社区，大病到医院，康复回社区”的分级诊疗新模式（见图7–3）。再者，开展远程医疗，跟踪病患动态，社区卫生中心增配高清摄像头、高清显示屏、语音通话等远程会诊设备，利用智能物联网设备及时采集康复患者动态情况，提高疾病诊断效率。

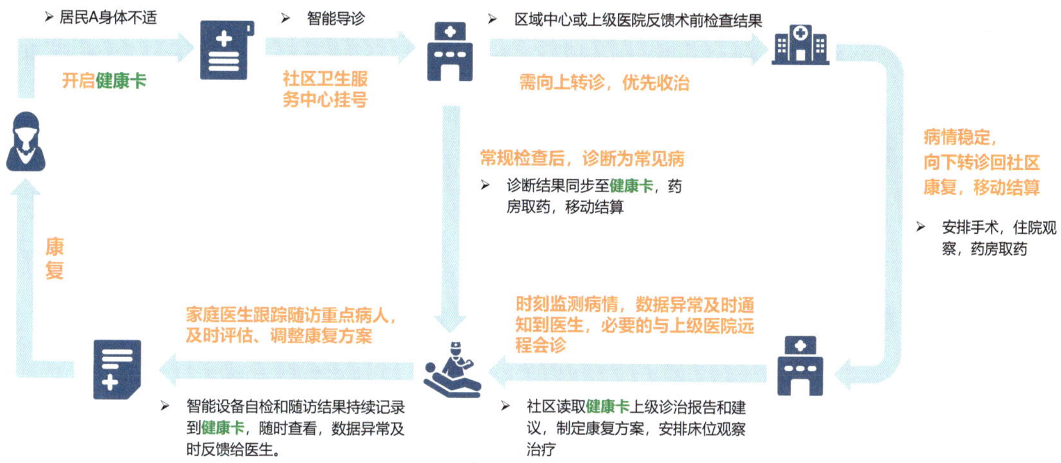

图7–3　分级诊疗流程

（2）完善“院前院后在社区”的医疗服务。建立全周期电子健康档案数据库，实现“一人一档”，打通居民在社区医院及三级医院的医疗数据，便于社区卫生服务中心提供针对性康复治疗方案。开展全人群疾病管理新模式，针对健康人群，建立从育儿到临终的全周期健康档案；针对慢性重要疾病患者，通过物联网家庭自检设备，同步上传至电子健康档案，形成慢性病病种管理。应用全领域辅助诊断新技术，探索使用成熟安全医疗系统、设备，快速全面提升社区医疗早期筛查诊断水平。拓展全功能医疗服务新模式，增设AED（自动体外除颤仪）紧急救援中心和紧急救援站，开展应急知识服务宣传，提高居民紧急情况自救及互救能力。

（3）提供“国医保健在身边”的社区中医服务。发挥中医调理养生优势，创新应用“智能中医”诊疗决策系统，促进传统国医标准化、现代化升级。打造中医康复医疗中心，在社区卫生服务中心设置中医科室、中医诊室等，引进掌握全科医学知识的社区中医药人员，加强中医药“治未病”服务能力建设，开展中医健康体检、体质辨识、健康咨询等服务。创新智慧化中医应用，依托社区智慧服务平台增配互联网国医馆模块，满足居民足不出户接受中医治疗服务需求。

3. 幸福养老体验

（1）提供人性化的居家养老服务。社区应配建适老化住宅，面向自理老人、介护老人、介助老人开展适配性设计。对社区公共区域进行适老化改造，设置无障碍通道、采用防滑地面设计、配建电梯等。配置多层次的社区级居家养老服务设施，完善社区居家养老服务体系，提供生活照料、医疗保健服务、紧急救助服务、精神慰藉等日间照料服务，满足社区老人基本生活需求。

（2）创新社区互助养老模式。推广“时间银行”模式（见图7–4），以互助养老为核心理念，满足养老服务需求。主要内容可以概括为“一核三环”：“一核”指以时间积分为时间银行体系的流通货币，承载时间银行服务的流转、获取、兑换功能；“三环”指服务流程分三个环节，分别是老人发布服务需求、志愿者认领服务、志愿实施服务并进行双方互评。服务内容包含日常生活类、时间类、技术类、康复类、护理类等。由全流程运营方通过大数据分析推送服务，并运用区块链技术，全流程记录存储服务流程、服务对象等一系列服务数据。

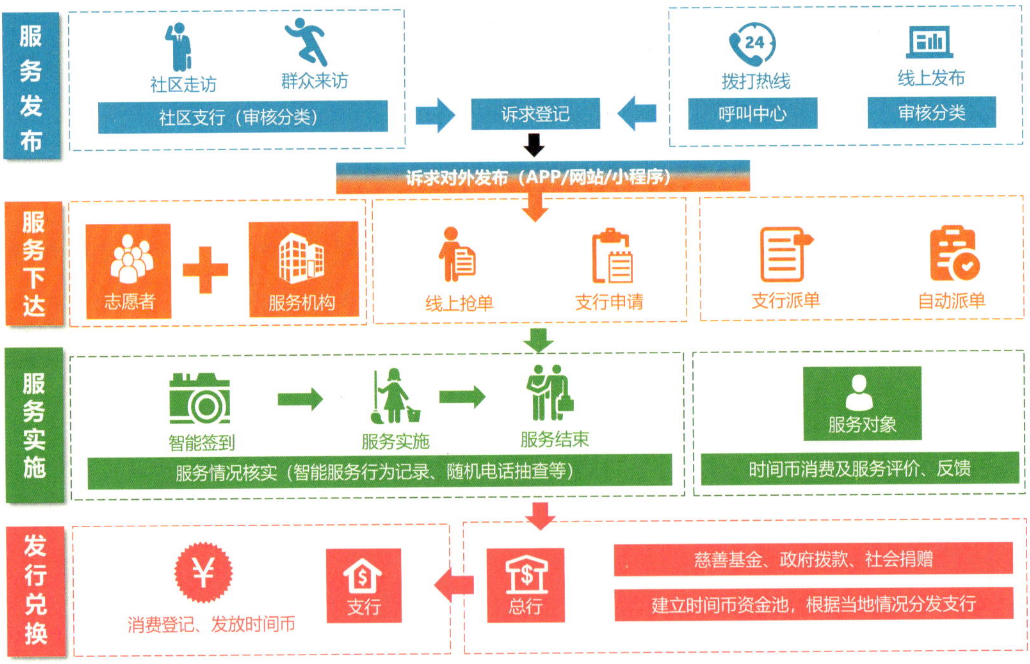

图7–4 “时间银行”服务流程

（3）提供专业化的机构养老服务。引入专业化养老机构，与社区卫生服务中心或卫生服务站有机结合，形成医养结合的服务模式，建立预防、诊断、治疗、康复的医养服务闭环。建设高素质人才队伍，配置助养型、护理型等医护人员。保障多功能硬件配套，提供老年人居室、餐厅、厨房、医务室、康复室、图书阅览、健身等全面综合的空间场地。推广适老化智能终端应用并开展“互联网 +”养老服务，积极应用健康管理类可穿戴设备、便携式健康检测设备、自助式健康检测设备、智能养老监护设备及家庭服务机器人等智能终端，提供紧急呼叫服务，实现个人、家庭、社区、机构与健康养老资源的有效对接和优化配置，提升健康养老服务质量效率水平。

四、“大众创新”的创业解决方案

顺应“大众创业、万众创新”新趋势，针对初始创业成本高、创业服务体系不健全、创业扶持政策不完善等问题，在未来社区中引入创业功能，培育新就业形态，将未来社区打造成为双创体系建设中的“基层单位”。

（一）总体思路和目标愿景

聚焦“创社区所需、创生活所望”创业主题，激发共享经济新潜能，探索职住平衡新模式，从创业空间、创业服务和创业机制保障三方面，构建“大众创新”的未来创业场景。

（1）高性价比的创业空间。建立一批低成本、泛在化、开放式的社区众创空间，为人才提供优质的创新创业环境，营造社区创新创业良好生态。

（2）开放共享的创业服务。依托社区智慧平台，激发共享经济潜能，促进社区资源、技能、知识等全面共享，实现创业需求与共享服务供给“零距离”对接。

（3）暖心贴心的创业机制。健全特色人才落户机制，采用定对象、限价格等方式，建立利于招才引智的出售出租政策机制，吸引更多特色人才安家落户。

（二）场景技术方案

1. 创业 · 生活无界

（1）“产城融合、要素集聚”的空间布局。在创业空间布局区位选择上，牢牢把握“创造更多就近就业的空间和机会”的原则，重点考虑各类创新要素集聚等因素，提出三种可行的路径模式（见图 7–5）：① 邻近公共交通中心布局。鼓励在社区 TOD 中心周边 200 ~ 300 米半径范围内布局创业空间，基于交通的高效性和与外部资源接触的便捷性，实现社区创业空间与城市创新资源的高效链接共享。② 邻近公共服务中心布局。鼓励创业空间结合邻里中心等社区主要公共服务中心布局，基于公共中心服务集中、信息丰富的优势，实现创业与其他公共空间共享服务，为创业者提供更为优质的创业环境。③ 邻近智力中心布局。鼓励创业空间结合周边高校、科研院所、产业平台、人才公寓等创新人才集聚的区域布局，享受智力中心的知识溢出效应，同时也为智力资源提供良好的展示与实践平台。

图7-5　创业空间布局

（2）“因地制宜、适应发展”的创业空间组织。根据各类创业空间的不同诉求，提出独立型和共享型两类创业空间组织形式（见图 7-6），鼓励各地结合项目实际情况，根据地区创业发展需求特点和社区自身优势，构建专业化、差异化、多元化的众创空间。① 独立型创业空间组织形式指独立占地的创业场所，面积一般在 2 万平方米以上，规模相对较大，如综合创新中心、创业基地等。适合相对成熟且需要相对独立私密办公空间的大型创业企业或团队。② 共享型创业空间组织形式指与公共服务空间、居住空间等其他社区空间共享设置的创业场所，面积一般在 300 平方米以上，规模相对较小且有一定弹性，适合注重交流活力的社群或中小型创业团队。

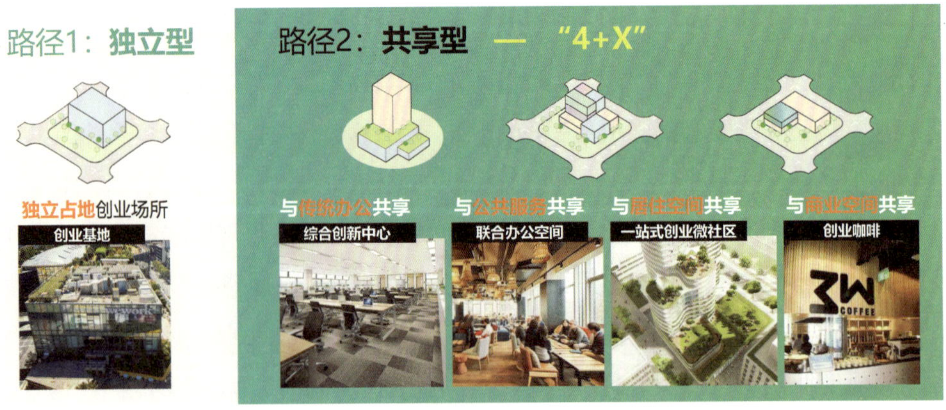

图7-6　创业空间组织分类

（3）“弹性复合、开放共享”的创业功能模块。按照两大模块配置未来社区创业空间，分别是弹性的联合办公模块和活力的创业交往模块（见图 7–7），为社区创业者提供低成本使用和创业因子高效流通的创业场所。①弹性的联合办公模块。设置开放的共享办公区域，提供基础办公、会议、接待、展示等复合弹性使用的功能空间，创业者既可以在开放式空间中选择灵活的移动工位，也可以在共享办公室中选择固定的专属工位（见图 7–8）。同时，共享 3D 打印机、VR 会议室等专业办公设备，降低办公成本。②活力的创业交往模块。包括路演大厅、创客学院等相对正式的创业交往空间，促进创业者和投资者、媒体等外部组织更加便捷有效地开展社会交往；也包括创业咖啡、共享书吧、共享健身房等“第三空间”，促进非正式交流与社会交往，激发创业的活力氛围。

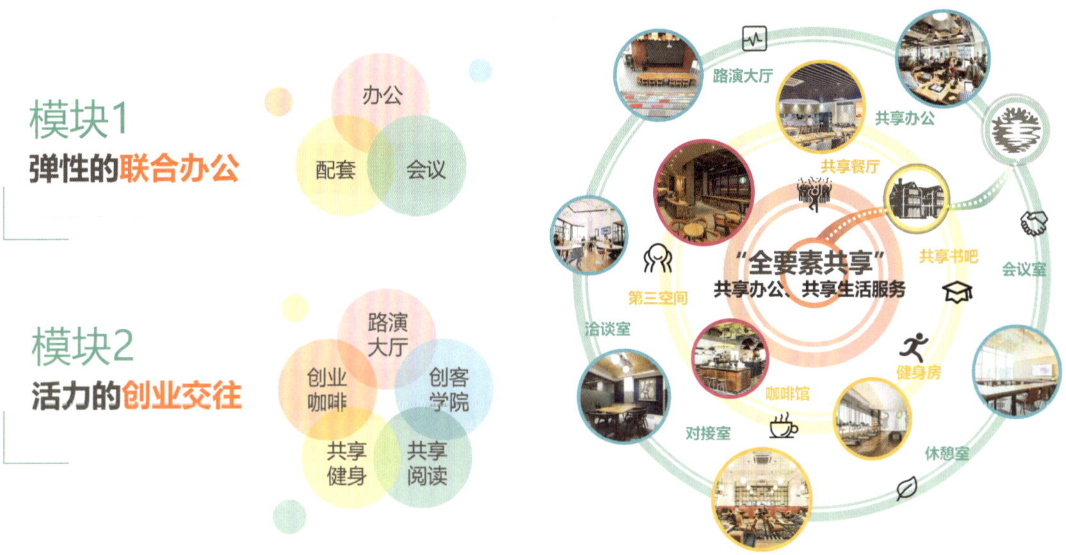

图7–7 创业功能模块

图7–8 弹性的联合办公模块

专栏7-3　案例借鉴：连锁众创空间——WeWork

WeWork作为连锁众创空间代表品牌，通过创造“连锁、共享、自由”的创业空间，致力帮助创业者高效工作，联结彼此，让交流与协作自然发生。

从工作模式看，WeWork类似区域性的远程办公中心，兼具孵化器功能，通过共享工作空间、基础设备、办公服务等方面来支持初创企业，为初创企业提供了灵活的办公场所租赁方式、良好的环境体验并丰富了其团队活动空间。

从空间内涵看，“共享”是WeWork连锁众创空间的核心内涵和外部表现，不仅共享办公会议场所、公共办公设施等物质资源，还充分共享知识、技术、服务及人脉等非物质资源。

从商业模式看，WeWork品牌化、连锁化、会员制、规模化的商业模式，可以使创业者随时随地无忧创业，这让WeWork的连锁众创空间更具影响力与竞争力。

（4）“多元模式、协同合作”的创业空间运营。根据主体不同，创业空间的运营模式可以分为社区自持运营和引入专业运营商运营等模式。①社区自持运营。指由社区治理委员会自持运营，根据需要引入专业服务商。这种方式有利于总体统筹，更易于实现创业空间与其他社区空间的弹性共享，以及租金优惠等创业扶持政策的落地。②引入专业运营商。指以出租形式为主，由专业空间运营商整体负责运维管理。这种方式有利于营造多元活力的创业空间，有相对资源丰富的创业服务生态系统，且具有一定的品牌与连锁影响力。

2. 创业 · 服务无距

（1）“关注前期、链接后期”的创业全链服务。未来社区创业场景主要服务于初创企业、草创团队、创客、居家创业者等，重点满足苗圃阶段、孵化阶段等创业前期需求，对于创业后期更重要的是做好和双创园区、专业孵化器、加速器、高校、龙头企业等创新资源的对接，理顺创业从零起步到创业成功的完整路径，发挥社区在其中的积极助跑作用。打造“天使在身边”社区众筹平台，提供“迷你投”“众筹plus”等多样化的投融资服务。设置“创业进社区”创客学院，组织开展“双创大赛”、社区创业教育课堂、职业培训课程、各类创业成果展、创业脑洞交流分享会等，向创业者推送最新的国家政策、区域政策、人才政策、创业优惠政策等信息。打造“互联互惠”创业者服务中心，形成一个由创业者发布需求，第三方提供服务，双方互评、互联、互惠的良性创业服务生态，提供“线下＋线上”的全方位创业服务（见图7-9）。

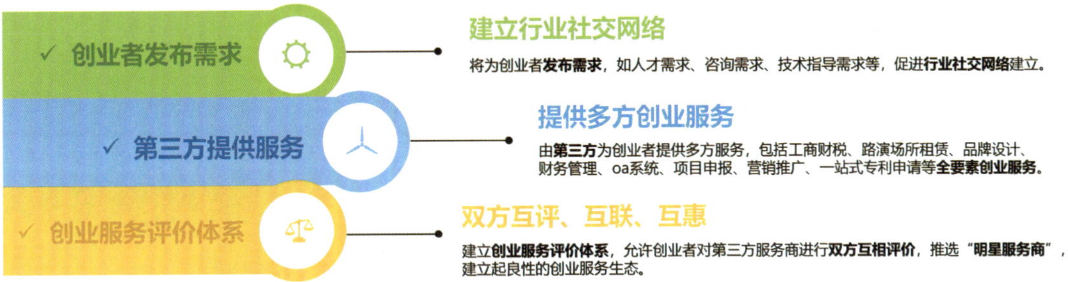

图7–9　创业者服务中心

（2）"高效智慧、舒适便利"的创业智慧办公。针对办公空间运营，建立空间运营管理中心，采用物联网技术，将双创空间内的共享会议室、共享餐厅、共享书吧等物理空间与线上平台互联，创业者只需在线上"一键预约"，通过 IoT 门禁识别身份后进入空间，通过能耗管理系统将休眠的设备启动，随即可享受服务。为提升办公效率，鼓励采用扫码开门、人脸识别等智能考勤系统，云打印、AI 会议、云共享文件等智能会议系统，以及通过智能安防、云控电表、手机支付租金等方式实现办公服务高效化。针对办公环境配套设施，提供无人便利店、自助咖啡机、自助充电宝、免费露台健身房、淋浴间、中央厨房等众多办公服务设施，让社区创业者享受舒适便利的办公环境。

（3）"企有所需、均有所供"的创业云。依托社区智慧服务平台，打造"企有所需、均有所供"的创业云，将社区创业服务功能线上化，构建双创空间运营管理模块、创业者服务中心模块和社区人才公寓管理模块等三大主要模块（见图 7–10）。双创空间运营管理模块主要提供空间智慧管理、空间预约使用、动态分析等功能，记录分析空间运营数据，动态了解经营服务情况，为决策分析提供数据支撑。创业者服务中心模块主要为创业者提供政务服务、金融服务、人力资源、市场营销等服务，并打造创业者服务评价体系。社区人才公寓管理模块通过接入社区的人才公寓、共享公寓，提供人才公寓的申请管理、生活服务等功能。

3. 创业 · 机制无忧

（1）建立特色的人才认定机制。鼓励未来社区项目所在设区市政府，打破唯学历的人才定义，结合当地对特色人才的实际需求，鼓励对当地有实绩贡献的创新创业人才落户。落户方式上，可探索学历落户、技能落户、职称落户、投资落户、纳税落户、积分落户等多种途径。

（2）提供贴心的人才安居政策。鼓励各地因地制宜探索"以房引才"政策创新，按照分层分类原则，对未来社区项目新引进的人才根据其专业水平、业绩贡献等，分别给予

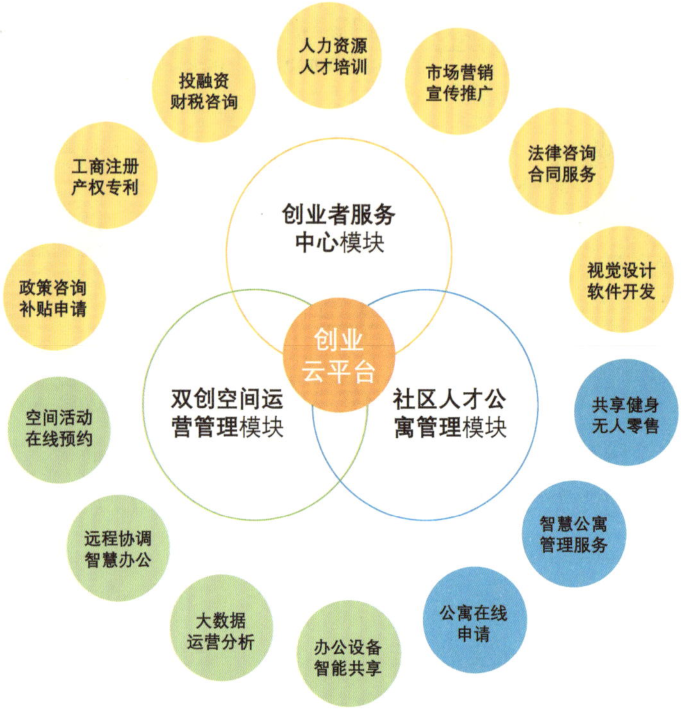

图7-10　创业云平台功能构成

住房奖励、购房优惠、房租减免等奖励政策。支持未来社区项目的人才公寓实施租购同权，根据不同的人才类型和层次，鼓励实施分层分类的租购同权政策。

（3）提供暖心的创业扶持奖励。探索出台基于创业主题、补贴资助的创业鼓励政策，如建立专项资金并积极调动社会资源筹集资金，用于增加对社区创业的投入；对于入住并在社区自主创业的创业者，可以给予一定的补助和税费减免等；对在社区内进行创业创新的居民提供“低租金”甚至“零租金”场所，如可以探索鼓励社区创业者为居民提供免费或优惠服务，相应地由社区为创业者提供适当降低租金等奖励，以及一次性创业补贴、水电补贴等优惠政策。

五、“艺术与风貌交融”的建筑空间创新方案

针对当前社区存在的公共场所与开放空间不足、土地集约利用效率低、建筑风貌缺乏特色等问题，以响应新需求、推广新技术、应用新模式、集成新空间为主线，通过在社区空间营造全过程中开展“科技赋能推动、人文传承凝聚、集约高效利用”的创新实践，优化社区整体空间形态、完善社区生活圈功能，塑造建筑空间场所个性、推广建筑创新技术应用，构建“艺术与风貌交融”的未来建筑场景。

（一）总体思路和目标愿景

未来社区建筑场景的系统建设，遵循五个基本思路：一是响应“人本化”新需求，配置空间模块。以人的需求为出发点，梳理形成邻里、健康、教育、服务、治理等“软场景”的空间需求清单。二是推广“生态化”新技术，梳理建造技术。以绿色可持续为前提，梳理低碳、交通、建筑等“硬场景”的技术应用清单。三是应用“数字化”新手段，链接场景功能。以数字孪生社区的技术手段为依托，实现各场景“线上线下”功能模块的串联。四是实施“运营导向”新模式，优化开发容量。以建设期和运营期基本实现资金平衡为前提，合理设定容积率等规划指标。五是建设“共享复合”新空间，集成场景实体。以场地条件与地域特色为基础，充分考虑“社区共享经济”的特点，集约化组织与集成社区的各类空间。

（二）场景技术方案

1. 社区空间形态优化

（1）实施 TOD 导向的混合立体开发。围绕 TOD 站点（公交或者轨道交通），采用“混合开发”和“垂直城市”理念，实施地上地下空间的高效利用、集约开发。打通社区与城市的便捷高效换乘与接驳系统，将社区无缝融入城市整体，实现短途通勤范围内职住的相对平衡，联动生活与创业功能，保持社群活力。实行“疏密有致”的混合开发，保障居住、商业服务、公共服务的最优配置。推动地上地下空间无缝衔接，统筹综合管廊等地下基础设施建设，形成多功能、多业态“垂直立体”布局的有机组织。

（2）营造人本尺度的社区空间格局。围绕人的尺度与人的体验感，创造以“小街区、密路网”为基底的社区空间形态。在此基础上，重点做好四个子系统建设：① 构建步行优先的慢行系统，引导社区居民走出家门“动起来”，让面对面的邻里交往成为可能；② 创建对人友好、有趣的街巷系统，引导人流有序集聚，创造社区日常生活氛围；③ 建立融入周边、深入庭院的游憩系统，提供多样化的户外活动选择；④ 建立“多层地表”畅行的无障碍系统，针对跨交通主干道等原因造成的局部地块割裂问题，以天街、地廊、道路上盖花园等形式，减少出行阻碍。

（3）打造共享融合的社区公共空间。突出社区共享特性，建立由社区公共中心、街坊共享空间、庭院交往空间构成的三级社区公共空间体系（见图 7–11）。社区公共中心，根据场地条件，可设置集中式的综合性邻里中心，或分散式小型邻里中心群；街坊共享空间，突出便民惠民性，就近分散布置在街区地块；庭院交往空间，利用风雨连廊、建筑低层加块、庭院、小游园等，强调多样性，促进随时随地的邻里交往。另外，从使用方式上看，社区公共空间应强调弹性化利用，通过功能跨界联办、预约错时利用等方式，实现空间利用效率的最大化。

图7-11 未来社区公共空间体系

2. 构建社区 5 ~ 10 分钟步行生活圈

按照社区人群的使用频率特点，以 5 ~ 10 分钟步行距离为度量，构建 24 小时全时段响应并满足全年龄段多元化需求的社区生活圈，革新未来生活方式。具体可以通过以下四条路径来实现。

（1）采用“标准 + 订制”的模块配置方式。邻里、教育、健康、创业、服务、治理等 6 个“软场景”，涵盖了社区居民日常生活的方方面面，通过“模块化”方式进行场景功能配置，形成一定的配建标准。同时，为防止“千城一面”，未来社区生活圈的打造，应做好“共性”基本面与“个性”特色化之间的平衡，在保证品质基础上实现“百花齐放”。一方面，从省级层面，出台场景功能的标准化“模块清单”（见图 7-12），限定选择范围与基本要求；另一方面，从具体项目层面，可在标准清单范围内，根据自身优势特点，自由组合模块与量身配置规模，形成个性化订制方案，塑造优势场景。

（2）采用“公益 + 商业”的功能组织方式。社区生活圈各类设施的模块组成，从主体运作角度看，均存在公益性和商业性两种途径。其中，公益性模块，作为基础性配置，承担民生保障职能，应由政府制定详细名录并主导建设与管理，可通过争取省、市、县三级相应专项资金扶持，予以保障；建议根据整个社区总人口规模，按每百户不低于 80 平方米的标准进行配置，适度提高配置标准。商业性模块，作为增值性配置，大部分由市场主导，政府方积极参与引导，可由社区运营主体自行选择相关业态导入，但需保障“基本物业居民零付费”的成本覆盖；其中，应预留如农贸市场、便民商业等具有惠民性质的经营性项目。

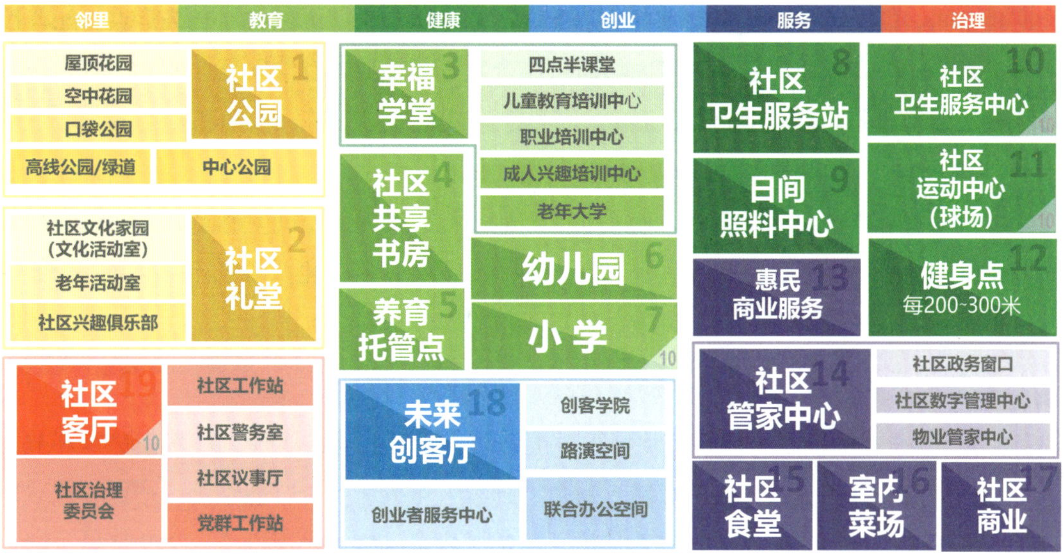

图7-12　“18+N”生活圈标准模块清单

（3）采用“集中＋分散”的空间布局方式。综合考虑设施利用率与社区本身场地条件，因地制宜地开展生活圈设施的空间布局，灵活利用独立建筑、街巷沿线、建筑架空层、开放空间等多种空间形式。具备条件的，鼓励建设“一站式”的综合型邻里中心，打造满足社区居民“家门口、日常型、高品质”的生活服务中心和社区活动中心，创造社区文化与商业地标。对于便民型设施，可考虑就近原则，分散化地布置在社区商业街巷。街巷系统应注重人性化整体设计，配置充足的游憩设施，建设完善的步行系统，并积极引入文化艺术空间，创造对人友好的街道生活氛围。高品质地利用建筑庭院空间、建筑架空层及风雨连廊等场所，引导无人售贩机、智能快递柜等场景终端设施进驻，创造楼宇间邻里交往新载体。

（4）采用“融合＋弹性”的共享利用方式。倡导建筑（场所）空间资源的高效、集约、弹性利用，积极引导社区生活圈各类设施共享使用，促进未来社区共享经济及互助共享事业的蓬勃发展。鼓励兼容性设施模块的共建共享，打造一批如“人才公寓＋共享办公＋创业服务”的“场景混合体”，并积极探索如养老与幼儿教育机构联办等功能“跨界融合”的建筑（场所）新形式，提升设施混合利用效能。强化公益性设施与相关商业化活动空间相融，引发相互间“触媒”效应，提升设施经营能力。倡导社区O2O模式的广泛应用，采用“网上预约、错时使用”方式，开辟“多时段”共享活动空间，提升设施弹性利用水平。

3. 构建社区韧性生命线

（1）构建平战结合的避灾场所。考虑将社区绿地广场等公共空间转化为应急避难绿地、将既有公共建筑改为临时应急处置场所等可能性，提供受灾防疫等特殊情况下的应急疏散和避难空间。鼓励增设公共卫生事件应急配套设施，非常时期可成为临时医疗点。配置社区防灾救灾的教育场所或空间，室内场所可结合教育场景的既有空间复合使用，室外场所可结合社区开放公共活动空间，开展应急演练、防灾教育、训练、活动和游戏等。

（2）构建冗余多样的社区基础设施。鼓励采用分布式、去中心化、小型化、并联布置等方式配置社区市政基础设施，使得功能相似的社区资源、空间复制重叠，在时间与空间双重维度上分散风险，强化社区资源和空间的冗余性、多样性，增强社区的基础设施韧性。针对各应急功能类型空间与设施设置指示和警告标志。

4. 塑造建筑与场所个性风貌

（1）塑造有辨识度的社区风貌标志。围绕地方元素、城市肌理、社区记忆等环节，立足未来社区选址的场地条件与环境，通过“延续、传承、保留”的手段，塑造有地域特色、有辨识度的社区风貌。重点聚焦标志性建筑、建筑风格、景观设施、街巷格局、植被绿化等要素，建立整体风貌控制体系，引导设计与建造。

专栏7-4　案例借鉴：瓜沥七彩社区市井文化老街

杭州市萧山区瓜沥七彩社区在具有未来感建筑风格的居住区三层以下空间，真实复原一条面积为1.8万平方米的20世纪80年代瓜沥老街的场景，在业态规划和空间营造上让居民产生对地方文化和精神的认同感，从设计端开始坚持居民参与社区共建理念，用“文化客厅＋文化市井＋文化宴请＋文化养老”四大在地文化模块营造升级和传承社区邻里文化场景，将传统市井和未来建筑在形态上相互融合，构建一个集市井老街、文化医养为一体的未来社区系统（见图7-13）。

图7-13　瓜沥七彩社区市井文化老街

（2）构建复合多样的立体绿化体系。以“地面、屋顶、空中、立面”全方位绿化为重点，建立包括社区中央公园、口袋公园、天街（High Line）公园、屋顶花园、空中花园、垂直绿化等多元化的立体绿化体系。可因地制宜地选择立体绿化构成形式，强调与其他场景的共享使用。

（3）创造富有活力的公共环境艺术。强调空间陈设与环境景观的当代艺术化，传递未来感的时代感特征。塑造景观环境构成要素的在地化，突显城市记忆的文化环境。

5. 推广建筑创新技术应用

（1）推进预制装配结构体系。基于 SI（Skeleton Infill，骨架内部填充）体系的模块化构筑装置，以模块为建筑基本构成，并以装配式建造方式完成，模块间形成的空间有利于立体绿化和独特生态群打造，可有效降低建造成本，同时模块化的构筑装置也提供了灵活的使用空间。依托新型装配式结构体系以及建筑装修一体化、预制部品部件的标准化模数化，实现工期缩短、质量提升、节能减排降耗等诸多效益。

（2）开展智慧化生活系统集成。植入智能家居集成系统，利用物联网技术融合个性需求，将与家居生活有关的各个子系统有机结合，通过网络化综合智能控制和管理，实现“以人为本”的全新家居生活体验。依托物联网和社区信息模型平台设置智慧能源管理系统，对机电设备能耗、工作状态实时进行监测和管理。

（3）推广医用绿色建筑材料。应用可再生材料，制定居住建筑、公共建筑的可循环材料用料比例。回收利用建筑垃圾，采取适宜的建筑材料回收利用措施，提高建筑材料回收利用率。制定水土保持方案，最大限度减小土方外运对生态产生的破坏。

六、“5、10、30 分钟出行圈”的交通解决方案

针对停车难、公共交通出行不便、物流配送服务不完善等焦点问题，聚焦社区“人”的出行、“车”的通行和“物”的配送三大层面需求，着力打造未来社区“5、10、30 分钟出行圈”交通场景。

（一）总体思路和目标愿景

围绕社区人、车、物的畅通出行、便捷流通要求，对照社区交通“公共共享、安全高效、智慧互联、立体综合、绿色低碳”发展目标，从“物理空间”“组织管理”“技术平台”等三个逻辑视角提出交通场景解决方案。

第一，提升车辆组织管理集约智慧水平，实现社区“5 分钟”取停车。统筹优化社区

外售车位和公共车位资源，创新建立车位共享停车管理体系，大幅提高社区停车位利用率，实现5分钟取停车服务。智能全感知道路、5G自动驾驶等新一代智慧交通科技在未来社区得到探索应用。

第二，有效满足居民出行便捷高效需求，推动实现社区“10分钟”公交站点全覆盖。创新实施街道分级、慢行交通便利化设计，实现个体出行信息一键导航、慢行交通设施无缝衔接公交站点，打造社区居民10分钟到达对外交通站点出行圈。

第三，着力保障物流服务即时响应，推动实现社区物流“30分钟”由社区配送到户。智慧数据技术广泛应用于社区物流服务，社区快递、零售及餐饮配送等物流需求统一集成，形成“社区—家庭”30分钟智慧物流服务集体系统平台，社区物流“最后100米”问题得到系统性解决。

（二）场景技术方案

1. 改善交通组织方式

（1）强化围绕公共交通站点的社区对外交通组织。按照TOD理念，在有条件的地方，推动公共交通站点与社区空间的紧密结合和功能综合一体化开发。为社区到公共交通站点间提供直达、便利、舒适的衔接设施服务，争取社区出入口与公共交通站点无缝对接，同时优化公共交通出入口与街道、建筑、城市开放空间的衔接设计。

（2）完善“人车分流、分层立体”的社区交通组织管理。系统优化提升社区交通流线空间组织体系，设置路口信号成片联控体系，协同处理好社区内部机动车和非机动车交通流线之间、社区内部和外部干道交通流线之间的交叉干扰，实现交通冲突点最小化。对整合提升类项目采取交通导流标线、物理设施隔离等措施，实现社区内部机非交通流线无冲突；对规划新建或拆除重建类项目，通过构建地面—地下多维立体分层交通空间形态，统筹均匀布设地下车库出入口，保证社区主出入口与机动车停车出入口的顺贯连接，避免与社区地面慢行交通流线的交叉干扰。充分利用社区内部支路网体系，推动单向交通、转向限制等交通微循环组织模式。

（3）创新智慧共享停车模式。统筹社区租售及公共车位资源，创新车位共享管理机制，盘活存量，充分挖掘停车供给潜力。探索引入社区第三方共享停车运营平台，运用智慧交通技术，实现信息共享、停车诱导、无感停车、自动结算、在线支付等功能。推广应用AGV等智慧辅助停车技术，提升社区取停车效率。利用立体车库等技术，推广最大化利用城市空间的新型停车布局模式，提高车位机械化率、自动化率。

（4）强化非机动车管理。结合社区交通微循环组织和交通流线设计优化，对机动车通行的重点路口、路段限制非机动车进入，实现机非交通流线封闭隔离，配合完善非机动车绕行、导向标志标线。强化社区非机动车停车有序化管理，规划配建社区非机动车停车泊位，统筹划定网约车、共享汽车、共享电单车、共享单车上下客点与停放点，满足社区整体规划要求，保证社区公共资源的有效利用。引入电动车智能充电第三方运营服务商，向社区投放设置电动自行车智能充电桩、充电柜等终端设施，强化社区电动车充电安全管理。

（5）保障新能源汽车供能。完善社区停车充电配套设计，配建停车位充电桩设施，打造未来社区智能化便民共享充电服务平台，提供充电预约、控制操作、在线支付、汽车电池全生命周期管理等模块功能，优化社区新能源汽车使用环境。完善社区新能源汽车综合功能服务体系，配套建设社区集成供能（加油、加气、充电）服务站，适当投放社区移动充电车。探索应用太阳能供电站、太阳能道路铺装等汽车能源供给先进技术，拓展社区新能源汽车供能渠道。

2. 健全慢行交通网络

（1）采用“小街区、密路网、开放街区” 布局形态。设计“小街区、密路网”街道空间形态，充分发挥高密度支路网络的多向集散和均衡交通能力，增强社区内部交通流通性和承载力。街道物理设施建设充分考虑未来智慧交通发展需要，结合物联网管控、交通流感应检测等需要布设路侧传感器，预留智慧交通设施标准化接口，满足未来车路协同、自动驾驶技术实现需要。

（2）优化设计无障碍慢行交通系统。统一规划非机动车道及人行道，并接入外部交通干道中，构建内外畅通的非机动车及人行交通系统。道路横断面设计充分保障非机动车及行人路权，与机动车道进行有效隔离。以公共交通站点、商场公园等人流密集场所、社区居住楼栋为重要节点，重点设计行人停留休憩空间。社区内非归属于街道的慢行空间考虑结合社区建筑布置，社区重要建筑功能区之间、社区到对外公交站点之间统筹考虑风雨连廊等人性化设计。

（3）创新智慧出行服务运营。完善社区居民交通出行信息服务，社区公共场所设置居民生活服务信息显示牌，接入交通路况信息、停车泊位信息、天气预报信息、物业通知信息等功能模块，实时播报社区周边干道交通运行状况；社区对外公交站点设置交通信息显示牌，实时提示公交到站时刻信息。运用大数据分析，实时响应社区公共交通出行需求，探索运营开通动态排班、线路灵活的社区微公交，重点满足行动不便老人、小孩和残疾人等特殊群体，提供轨道交通、快速公交等核心公交运输的补给接驳服务。引入一站集成出行服务运营商，定制起讫点间的出行方案，提供“一键、一码”的全过程、全方式的出行信息服务（见图 7–14）；统筹网约车、共享汽车、共享电单车、共享单车等交通出行资源，探索以社区为单位打造“邻里共享出行平台”，提供社区居民优先拼车出行、“社交 + 出行”等特色服务。

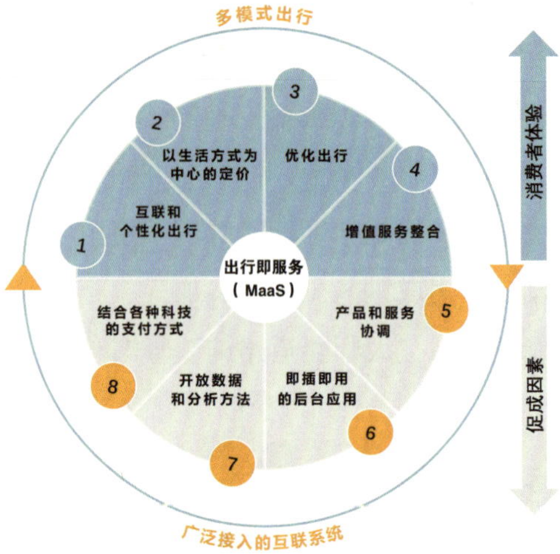

图7–14　一站集成出行服务功能

3. 优化物流配送服务

（1）完善社区物流技术设施配套。将物流用房与社区公共用房、物业用房统一规划建设，划定预留社区物流快件中转存储场地和作业人员休憩整备场所。提升智能快递箱、智能快递柜、智能快递塔等社区智能配送终端覆盖率（见图 7–15），以楼层或单元为基本单位配置，保证智能终端数量、覆盖半径满足社区居民需求。

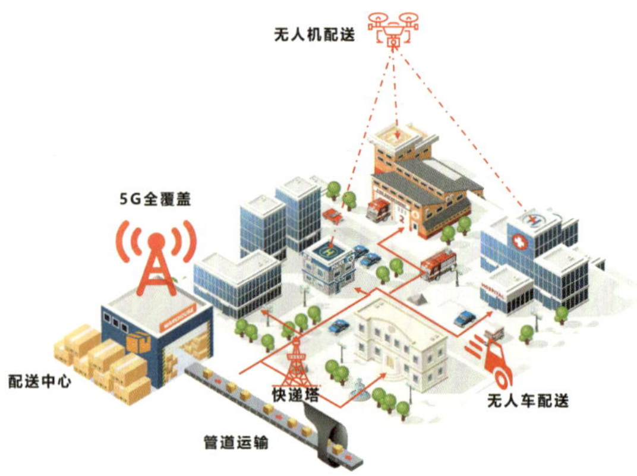

图7–15　社区新型物流配送系统

（2）强化社区物流配送系统建设。运用智慧数据技术，集成社区快递、零售及餐饮配送等物流需求，打造“社区—家庭”30分钟智慧物流服务集成系统。联合各物流企业及社区零售、餐饮配送企业接入，对社区物流进行整合和分类，实现物联网末端追踪。加快社区“零接触”快递末端配送体系建设，加快探索应用无人机、自动配送机器人、地下管道物流等新型快递物流模式和技术，探索利用区块链追溯等技术，强化物流配送安全智慧化管理。

七、“近零”的能源解决方案

针对能源供给方式单一、能源综合利用效率不高、资源利用方式粗放等问题，在未来社区建设中聚焦多能集成、节约高效、供需协同、互利共赢，围绕“电热冷气水”等能源资源全品种“近零”目标，探索“4+X”低碳场景建设路径，重点落实光伏发电、供热供冷、智慧水务、垃圾分类等四大方案，同时预留氢能汽车加氢等X个未来新能源资源利用接口，构建“近零”的未来低碳场景。

（一）总体思路

未来社区低碳场景的打造是促进城市低碳高质量发展的基础载体，是描绘城市绿色生态底色的关键所在，也是促进居民形成健康低碳生活方式的有效措施。要将未来社区作为一个相对独立的单元，从能源资源的输入、输出和效率三个角度，实现全过程的清洁、无废目标。

1. 输入端：聚焦结构优化，保障低碳能源供应

从输入端改变社区单一的以传统电力为主的能源供给方式，充分利用社区的资源条件，提高可再生能源和清洁能源比例，实现横向“电热冷气水”多类能源资源互补、纵向“源网荷储”多种供应环节的生产协同、需求协同，构建社区低碳能源供应系统。

2. 系统内：聚焦智慧节约，提高能源利用效率

通过互联网、大数据、人工智能等先进信息技术与能源、资源、建筑等领域新技术的深度融合，一方面形成智慧互动节能的终端消费模式，另一方面同步统一建设以多能融合、开放共享、双向通信和智能调控为特征的社区能源资源智慧管理平台，构建智慧节约的能源资源系统。

3. 输出端：聚焦循环无废，加大资源综合利用

强化节约用水和水资源循环利用，配套建设中水回用管网和地下综合管廊。充分利用

海绵技术，开展海绵社区建设。提高生活垃圾回收利用率，建立分类分级资源循环系统，尽最大可能实现废物的资源综合利用，打造循环无废社区。

（二）场景技术方案

1.“光伏建筑一体化＋储能”的智慧光电方案

未来社区的太阳能利用方案应探求“光伏＋”在不同场景下的新应用（见表7-3）。一是注重光伏建筑一体化应用。充分利用屋顶和受阳面较好的立面作为光伏发电的敷设场地，将光伏产品集成到建筑上，兼顾功能性和美观度双重标准。启动阶段应实现公用设施所需动力100%来自光伏发电所供应的清洁电力。二是注重“光伏发电＋储能”捆绑式应用。合理配置分布式储能系统，建立社区级储能网，加强微电网技术应用，提高供电灵活性、安全性和可靠性，同步建立健全城市级储能网。三是注重光伏发电数字化应用。利用智慧终端和网络，建立光伏发电智能诊断运维系统，通过集中监控、故障诊断、运行分析、智能巡检、运维管理、指标评估等环节，实现光伏发电智慧化应用和精细化管理。

表7-3　光伏建筑一体化应用不同类型

类型	应用形式	效益	布局场地	适用组件
光伏组件与建筑结合（BAPV）	屋顶倾角	—	社区内屋顶闲置区域	普通型光伏构件
	屋面平铺	保温隔热、通风	社区内屋顶闲置区域	
	墙体贴附安装	降低墙体温度，减少空调冷负荷	社区内受光时间较长的墙体	
光伏组件与建筑集成（BIPV）	光伏屋顶	节材、保温	社区内屋顶闲置区域	建材型光伏构件
	光伏幕墙	遮阳、节材、保温	社区内受光时间较长的东西立面	
	光伏遮阳板	遮阳	社区内有休息、休闲功能的屋顶	
	采光顶	采光、照明、节材	社区公共空间	
	阳台护栏	节材	社区内受光时间较长的南阳台	

2. 统一解决供热供冷方案

浙江属夏热冬冷地区，随着生活条件的改善，居民供热供冷的需求日益增长。对未来社区的供热供冷方案进行比选时，要突出“两个导向”：既要突出群众满意导向，满足健康舒适的环境体验、节能节本的经济要求、多样便捷的使用需求；又要突出集成适用导向，提供技术集成创新、方案模块化组合和可持续市场化运作模式。具体选择技术方案时，应综合考虑项目的资金承受能力、居民习惯与接受度、场址资源条件等因素，针对安置房、人才房、公共建筑、商品房等不同类型进行充分比选，可以采用区域能源站、“超低能耗建筑＋补充供热供冷”等不同组合，实现可再生能源利用率15%以上的要求。

方案一：区域能源站建设。区域分布式能源是未来的发展趋势，未来社区建设应因地制宜采用区域能源站的方案，并充分落实低碳化、柔性化及综合性的要求。一是通过多源互补组合式选择，落实“低碳化”的要求，根据条件选择污水源、浅表水源、浅表地热、空气源等作为冷热源，充分提高供热供冷的综合集成效率，取得最佳的节能效益。同时改变传统社区的冷热负荷也是电负荷的状况。二是通过热泵技术与蓄能的综合利用，落实“柔性化”的要求，应基于负荷弹性的能源柔性高效就地化消纳，通过储冷储热和储电的智能联动，实现社区用能效率和经济性的最大化。三是通过“能源供应＋环境治理”模式，落实“综合性”的要求，应充分利用属地低品位能源，突出“能源供应＋环境治理”模式，整合能源生产、污水处理、废弃物回收处理等设施功能，建设综合性的能源资源系统。

方案二：超低能耗建筑＋补充供热供冷。根据浙江夏热冬冷的气候特征，研究提出超低能耗建筑＋补充供热供冷方案，主要是降低建筑的供暖年耗热量和供冷年耗冷量，提高能源设备与系统效率，以最少的能源消耗提供最舒适的室内环境。一是因地制宜合理确定参数。结合项目所在区域气候特征及项目基础造价控制等要求，根据最新国家标准，合理确定屋面、外墙等围护结构的平均传热系数、气密性等指标。二是提供“标准＋增值”的多样选择。结合群众需求提供标配和增配不同方案。标配方案是满足基本需求，包括建筑保温隔热、新风、空调、生活热水等。增配方案是满足部分群众的特殊需求，配置地热、毛细管棚等设施提高舒适性。三是采用“装配式＋一体化”手段。统筹考虑装配式建筑和装修一体化的要求，采用预制化手段降低成本。

3. 分质循环＋海绵技术的智慧水务方案

分析社区内的水资源循环系统，未来社区应统筹社区内外水资源，建设供水、排放和非传统水源利用一体化设施，强化节约用水和水资源循环利用，同步建设海绵社区，以低影响开发的理念实现雨洪管理。结合未来社区的新特点，应达到以下五个要求。一是与开放街区的建设相结合。应根据开放街区的建设方案布局雨洪基础设施，对雨水进行收集、运输、储存和再利用。通过渗透铺装、下凹式绿地、雨水花园、调蓄池等绿色基础设施，搭建“组团＋街道＋街区”的低影响开发系统。二是与立体绿化建设相结合。通过垂直绿化、屋顶花园、阳台花园等立体绿化设计方式，增加透水面，实现分散的、小尺度的源头分散措施控制径流和污染。三是与非传统水源利用相结合。通过废水处理一体化设备，开展雨水和再生水等各类非常规水资源利用，逐步实现景观园林等公共用水对市政供水零需求。四是与居民的生活方式改变相结合。在装修一体化方案实施中，全部配置节水卫具。通过适当优惠中水利用费等方式，鼓励社区居民使用中水。通过社区综合积分鼓励等方式，引导社区居民形成节水好习惯。五是与社区智慧管理平台建设相结合。海绵社区应结合社区智慧管理平台的建设，通过智慧化的雨水基础设施，达到径流总量控制、径流峰值控制、径流污染控制、雨水资源化利用和排水防涝等多重目标。

4. 以精细管理与精准分类为特色的垃圾分类方案

未来社区内的垃圾分类工作将更加精细与精准，按照“全民减量化、回收高效化、分类资源化、全程智慧化”的要求，逐步实现“无废社区”的建设。一是实现“软引导 + 硬约束”的全民源头减量化。未来社区积极推进垃圾源头减量，可以通过智慧管理平台和垃圾投放实名制的机制，控制人均垃圾产生量。社区餐饮服务引导消费者理性、适量点餐，集贸市场的果蔬菜皮就地处理，整治一次性消费用品和过度包装。二是实现“集中定点 + 智能化”的高效回收。结合未来社区的住宅、公建等实际，合理选择集中定点、管道式等垃圾投放回收方式，高效地将可回收垃圾纳入回收利用体系。集中定点投放根据垃圾投放点设置，分地上垃圾房、地埋式垃圾收集站等。以多分仓智能分类垃圾桶为例，垃圾桶可与手机 APP 互联，居民通过正确投放垃圾获得积分，同时实现分类溯源、精准计量、分类管理等，实现高科技、新模式和专业化分工。部分区域可以探索地埋式垃圾收集系统建设，通过控制手柄操作升降系统，根据周围地面的情况灵活设置不同的表面，还可附加刷卡开盖识别、垃圾称重、颜色识别、太阳能发电、Wi-Fi 热点等功能。三是实现“集中处置 + 就地分散处置”的分类资源化。按照专业化处置的要求，有害垃圾由专业机构统一处理，其他垃圾纳入城市垃圾处理体系，易腐垃圾纳入大型餐厨垃圾处理厂处理。在未来社区中，结合人流量密集的社区餐饮服务、配套学校等集中就餐场所，可以就地化处理部分易腐垃圾。四是实现“全过程监管 + 应急零延时”的全程智慧化精细监管。对垃圾分类的每个环节都实现智能化精细监管，实现分类管理、智能巡检、再生资源回收、末端处置等垃圾分类全链条的智能管理，实现垃圾分类居民参与率、垃圾分类准确率、垃圾回收利用率等指标全国领先，以及对公共卫生等重要事件达到应急响应零延时的目标。

5. 社区能源资源智慧管理平台

未来社区的能源资源智慧管理应落实终端消费智慧互动和平台管理智慧互动两大要

求。一是形成智慧互动节能的终端消费模式。设置适用于社区、楼宇、家庭应用的节能监测和能源计量设备、智能给排水、智能热力和空调、智能电气、智能储能、智能家居和家庭能源管理系统等。二是建立以多能融合、开放共享、双向通信和智能调控为特征的社区能源资源智慧管理平台。通过网络监控和管理户用与公共区域的电气设备，利用用户各类用能负荷曲线，进行用户端负荷大数据分析，开展需求侧管理，增强各类负荷响应能力，引导用户错峰用能，打造“数字化＋综合能源”系统。

6. 运营模式创新

未来社区鼓励开展社区能源供给模式改革创新，采用能源资源服务运营商的创新商业模式，由运营商提供社区范围内水、电、冷热、气等能源资源的投资建设和运营服务。鼓励通过设立特许经营权引进社区能源资源服务运营商。一是合理明确建设内容。根据未来社区项目条件，服务运营商负责投资建设社区内光伏、热泵、储能、中水回用、垃圾分类资源化等能源资源供给消费设施，综合智慧管网和智慧管理平台，协同生产供应热量、冷量、热水，提供冷热电气水“一站式”服务。二是择优选择服务运营商。服务运营商应具备为社区各类用户提供供给保障、工程服务、结算服务、能效服务等综合服务的能力，优先考虑已有成熟项目运作的服务商。三是合理开展服务收费。服务运营商可针对社区内居民、公建、商业等不同用户，综合考虑建设成本、运营成本和合理收益，以降低用户能源资源使用成本为目标，核定水、电、冷热、气等阶梯利用价格方案，经主管部门批准后进行收费。

专栏7–5　案例借鉴：贵阳未来方舟可再生能源集中供能项目

案例情况：该项目规划供能面积约为 808 万平方米，划分为 7 个供能区，每个供能区设置 1 座能源站。住宅仅冬季供暖，公共建筑冬夏暖冷兼供。能源服务商承担冷热源取退水、能源站工艺、一次管网、换热站及附属的设计、投资、建设和运行。房地产开发商承担供能系统所属能源站用房、换热站用房、高压配电、二次管网及户内末端的建设及配套。能源服务商主要通过后期的运行收益实现投资回报，项目采用两步法收费：“建设期向地产开发商一次性收取配套费，运行期向居民用户按年收取能源使用费。”其中，配套费按建筑面积收取，收取标准根据用户性质按 80 ～ 150 元／米^{2}计；能源使用费居民侧基本按建筑面积进行收费（一个供暖季 26 元／米^2），公建侧基本按流量进行收费。

可借鉴经验：技术路线方面，优先考虑水源热泵。项目充分利用区域内河水、污水等低品位能源，符合浙江未来社区遵循的生态化价值理念以及统一解决供热供冷、提高可再生能源利用等指标要求。空间规划方面，充分利用地下空间。项目采用“带方案”出让土地方式，将能源站尽可能布置在公建、绿地等地下空间，在不占用项目地块容积率的前提下最大限度提高土地利用程度，满足未来社区强调的充分利用地下空间的要求。项目建设方面，统筹考虑资金平衡。项目由开发商和能源服务商共同参与集中供能系统建设的经验值得借鉴。规范标准方面，制定统一管理办法。能源服务商配合当地政府制定相应的区域性集中供能用能管理办法，为未来社区创新开展的综合能源服务商模式提供借鉴。

八、“优质生活零距离”的服务解决方案

针对物业收费与服务品质不匹配、部分老旧小区物业服务不足、便民惠民服务设施覆盖不全等问题，围绕居民24小时生活服务需求，创新服务模式和供给，打造“优质生活零距离”的未来服务场景。

（一）总体思路

未来社区服务场景重点聚焦物业可持续运营、社区商业服务供给、社区应急与安全防护三方面内容，提升未来社区作为开放型社区的运营服务能力。

第一，推广“平台+管家”服务模式。依托社区智慧平台，创新“平台+管家”物业服务模式，提出全生命周期物业运营资金平衡方案，实现基本物业居民“零付费”。

第二，建立便民惠民社区服务体系。引入优质生活服务供应商，发展社区商业O2O模式，建立社区商业服务供应商遴选培育机制，注重创新型生活服务，引入专业化物业服务供应商，提供定制化、高性价比生活服务。

第三，建设无盲区安全防护网。建立完善的社区消防、安保等预警预防体系及应急机制，构建无盲区安全防护网，应用人脸识别等技术，推广数字身份识别管理。通过社区智慧服务平台预警救援、地图定位、一键式求助、联动报警等功能，实现突发事件零延时预警和应急救援。

（二）场景技术方案

1. 物业可持续运营

创新“平台 + 管家”模式，以线上未来社区智慧服务平台与线下社区管家联动的方式，高速响应并解决社区生活中遇到的各种问题，为未来社区居民提供24小时全时段的物业服务。

（1）以“平台”精准匹配供需两端。基于社区智慧服务平台，搭建“平台 + 管家”应用模块，建立居民端和管理端两个端口。居民端主要功能是对接居民需求，可通过社区数据的积累和分析，精准匹配供需资源。通过社区智慧服务平台的线上办理、查询和服务预约等功能，串联九大场景提供邻里积分、社群活动、居民自治等综合服务。管理端面向社区工作委员会、社区管家及其他社区管理相关人员，提供智能设备管理、基础信息查询、物业考核管理、志愿者管理等功能。

（2）培育全能型社区管家。社区管家对实现未来社区运营降本增效起到至关重要的作用。未来社区的管家应是“精服务、懂管理、擅经营”的全能型管家，服务管理范围包括基本物业服务①和增值物业服务②两个方面。社区管家不是各类生活服务的供应者，而是站在居民立场的资源链接者、多方协调者。通过协调社区常驻的保安、保洁、社工以及招商、维修、平台维护等协助人员来实现居民诉求。由于通常居民和商家（包括零售类商家和服务供应商家）在表达诉求时有主观性和偏差性，社区管家需要获得、分析居民和商家的真实需求，统筹协调后输出服务运营的解决方案，再将订单反馈给商家，将产品和服务提供给居民。

（3）建立运营资金平衡机制。未来社区创新提出基本物业居民“零付费”机制，鼓励整合社区资源产生的收益，如公共用房租赁、增值物业服务收益、运营广告收入以及建设期盈余和社会捐助等多方面的社区收益，贴补“四保”物业服务支出，使得未来社区居民尤其是回迁安置居民能够“搬得进、住得起、过得好”（见图7–16）。鼓励因地制宜、百花齐放探索“零付费”实现路径，如采用积分返还、成立社区基金会、统筹打包运营等形式。在实际操作中，通过测算社区经营的收支金额，反推公共服务用房面积，在规划阶段充分考虑运营测算，做好建设与运营的衔接，实现社区运营资金平衡。

其中，公共用房租赁收入是补贴基本物业费的主要资金来源。未来社区中公共用房主

---

① 基本物业服务：以社区资产保值为目的的保修、保洁、保安、保绿“四保”服务。

② 增值物业服务：基于居民日常生活需求的一种特约性服务，包括家居生活、社文活动、社区购物、房屋经纪、资产运营、健康养老、文化教育、社区理财、咨询信息等类型。

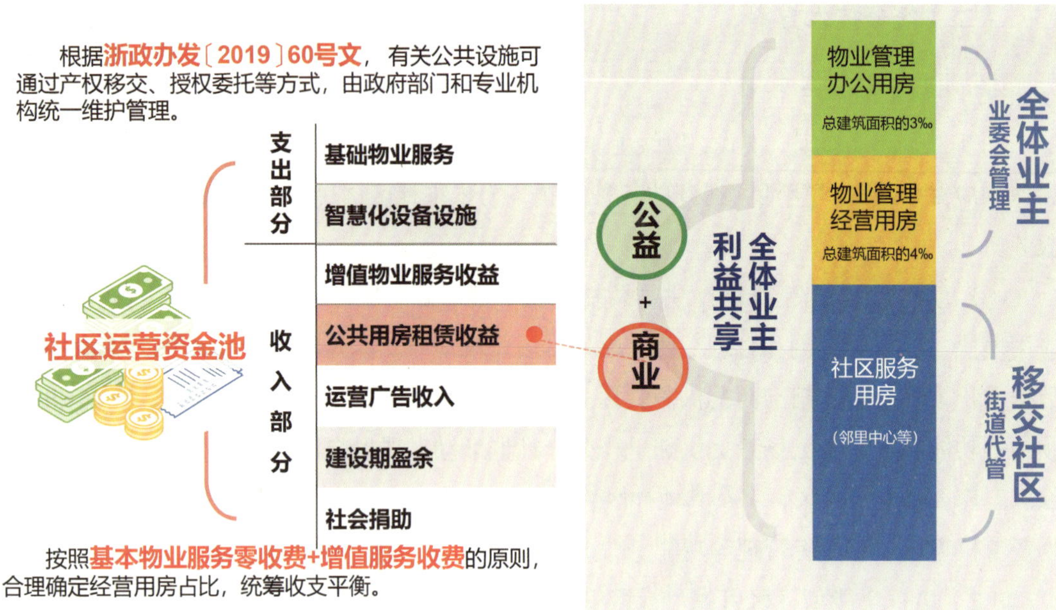

图7-16 社区运营资金平衡机制

要包括三类，分别是规划规定的占建筑面积3‰的物业管理用房、占建筑面积4‰的物业经营用房，以及以邻里中心为主的社区服务用房。公共用房除去服务各大场景功能配置的部分外，剩下的公共用房租赁收益通过特殊经营、利益共享等方式进入社区运营资金池，补贴基本物业费。

建议在实际操作中，做好运营资金账目细则公开，建立统一的信息查询公示平台、标准化的公示表，建立未来社区经营性收益的专门收支账户，授权银行直接向信息平台推送信息数据。

2. 社区商业服务供给

基于社区商业发展的巨大发展潜力，在未来社区中，提出引入优质生活服务供应商，通过建立“线上＋下线”联动的社区商业服务圈，优化“线上”O2O综合服务体验，完善“线下”商业布局，鼓励应用创新型、多样化的社区商业模式，为社区供给高性价比的社区服务。

（1）完善线下社区商业。线下商铺分为集中式、底商式、货柜式、创新式四种形式（见图7-17）。集中式以邻里中心为主，产权一般在社区或街道，其租赁收益划入社区运营资金池补贴基本物业费；底商式以1～2层沿街商铺为主，一般由开发商自行出售，也存在部分移交社区的情况；货柜式主要依托架空层或广场空地配置自助售货机，提供零食、蔬果等丰富货品，收益权归全体业主，获得的点位费或收益分成划入运营资金池；创新式是鼓励各未来社区项目根据具体情况积极探索，如可以综合利用屋顶空间，给予特殊经营权，统一打包屋顶空间管理权，以屋顶空间经营收益补贴立体绿化维护成本。

图7-17　未来社区四类线下商业特征要件

社区商业以频繁消费和常客消费为主，更容易锁定目标消费群体，提供更属地化的消费资源。未来社区不是一个封闭的社区，需要融入周边营造一个开放包容的氛围。因此社区商业针对的客户不仅仅是社区居民，还有约四分之一的随机人流和远距离客户，在业态上还需要考虑周边整体环境，建立便民惠民商业服务圈。

（2）创新社区商业 O2O 模式。依托社区智慧服务平台，整合线上线下资源，发展社区商业 O2O 模式，提供围绕家庭生活所需的各种服务。社区 O2O 是指消费者在线上选择相应服务，社区智慧服务平台注册的供应商提供商品配送或上门服务。与传统电商相比，更强调通过构建服务以及支付闭环，处理“最后一公里”的服务、配送等线下落地问题。

（3）建立供应商遴选机制。通过建立供应商遴选机制，保障高性价比的社区商业服务。根据不同地区商业氛围和社区消费力的不同，提出两点基础要求和两点建议。

基础要求：① 品质“有保障”。产业联盟是促进未来社区高质量建设的重要市场后盾，因此，未来社区商业服务供应商可采取邀请入驻制，优先从产业联盟中择选，严格遴选符合社区消费者属性的优质品牌，严格把控商家的资质与运营能力。② 服务“接地气”。

未来社区的商业不是城市的大型商业综合体，应基于居民日常需求，吸纳最适合特定社区的电商类、生活服务类的供应商进入。

在此基础上，为更契合未来社区的内涵，提出两点建议：①业态“多样化”。未来社区的商铺布局不仅是为了满足居民多元生活需求，在一定程度上还承担了社区风貌展示、运营收支平衡的重要角色。因此建议将品牌店铺作为主力业态，口碑店铺作为惠民业态，相互补充。同时做好线上线下服务商之间的错位发展，建议线上商城以服务预订为主，并配置部分生鲜团购、居家产品。②资源“定制化”。建议未来社区项目依托大数据分析和评价反馈机制，了解社区居民特征和比例，形成社区用户画像，实现服务的精准定位和社区资源的有效利用，并建立动态的供应商库。

3. 安全防护与应急机制

通过线下布控无盲区的安全防护网，线上提供全时段监控值守，以及线上线下联动的零延时应急救援，为开放型社区安全保驾护航。

（1）强化智慧化安防设备应用。基于打造安全的开放型社区的目标，未来社区的安全防护主要突出“智慧化”。一方面，配置电子周界防护、高清智能监控、智能车辆管理、基于人脸识别的人员管理等方面的安全防护设施设备，构建设界、控格、守点、联户多层防护网。另一方面，应用各类智能传感器实现数字预警，通过联通智能安防设备与社区智慧服务平台，结合 24 小时的监控值守，构建无盲区的安全防护网，打造智慧物联社区。

（2）建立线上线下联动的应急救援机制。通过设备告警、视频监控、居民呼救、潜在风险预判等方式快速获得突发事件信息，平台和管家收到信息后通过调监控、查数据或现场核查等方式进行预判。一级告警如设备故障等问题通知社区保安核查并处理，并通过社区智慧服务平台和短信等方式通知对应住户；二级告警则需要联动社区应急管理中心，启动社区应急预案，同时报案，联动寻求相关职能部门的力量支援。

依托社区智慧服务平台实现设备设施与社区居民、社区管家、街道、政府部门等多级多端的互联互通，及时链接数字家庭与社会服务资源，提供一个基于数字化、智能化的社区安防管理新模式，实现无延时应急救援，提升对社区突发事件的应急响应能力。在此基础上，鼓励社区管家、安保人员、社区志愿者和社区医生等人员积极参与应急安防团队建设，组成日常安防组、应急救援组、应急保障组、宣传教育组（见图 7–18），做好防疫防灾的物资储备，常态化开展人员培训与预防演练，确保在紧急状态下团队成员能够做好配合、快速响应。

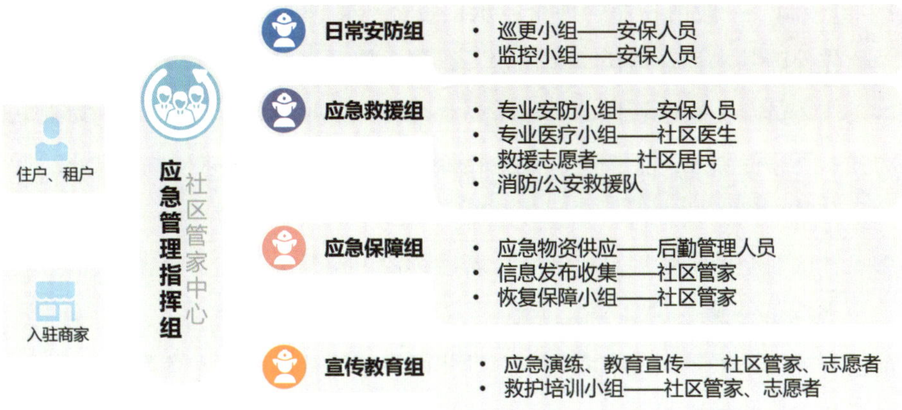

图7-18 应急安防团队配置建议

4. 运营模式

未来社区的独特服务模式与以往的传统物业管理有以下几点区别：要求提供精细化增值服务，要求配置智能化设备设施，要求完善与智慧化、精细化服务相匹配的管理模式。相较于传统的物业管理，运营主体需要在“服务、管理、运营”三个方面实现职能提升：服务方面指除了基本物业服务，还需要提供增值物业服务；管理层面需要提供更精细化智慧化的维护管理；运营这方面由于要实现基本物业居民“零付费”的目标，需要更专业的资产、租赁以及社区商业供应商管理，可考虑包干制[①]和酬金制[②]两种模式（见图7-19）。

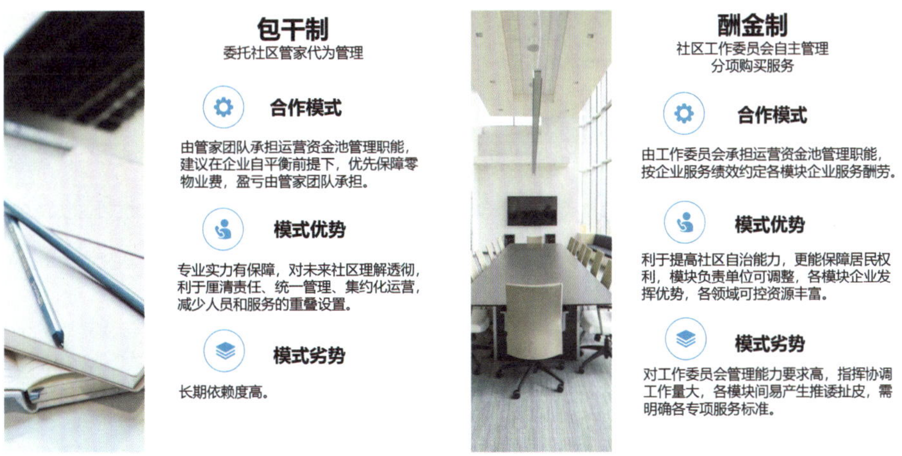

图7-19 包干制和酬金制运营模式对比

① 包干制：由社区工作委员会委托产业联盟中的物业管理公司代为管理。
② 酬金制：由社区工作委员会负责统筹协调，将各模块分包给各类专业公司。

（1）包干制。一般由物业管理企业承担资金池管理职能，建议在运营收支自平衡的基础上，优先保障基本物业居民“零付费”，剩余部分由社区与企业分成。优点在于，一方面社区工作委员会在软性管理方面只需要对接一家企业，而这个企业作为产业联盟成员，本身实力强、服务资源多，能够较好满足未来社区所需的服务要求。此模式下，职责清晰、集约化的运营管理能够减少人员和服务重叠设置带来的资源浪费。另一方面也存在可选择企业不多、社区对企业依赖度高等问题，若后续要更换服务企业，会带来社区运营管理断档期。

目前已开展的未来社区试点实践中，湖州南浔頔塘社区、丽水莲都灵山社区、杭州钱塘云帆社区均采用此种模式，通过引入社区运营头部企业，统筹负责谋划物业管理、商业运营等相关服务，并由该主体牵头谋划协商适合当地的“零付费”方案。

（2）酬金制。由工作委员会承担资金池管理职能，按企业服务绩效约定各企业酬劳。优点在于提高居民在社区经营中的参与度，有利于社区居民提升自治能力和凝聚力。各个模块的负责单位可按需灵活调整，发挥各自的资源优势。缺点在于对工作委员会的管理协调能力要求高。

总体而言，包干制顺应市场物业企业转型升级方向，可行性较高，适合快速推进，符合多数项目的情况。酬金制模式是符合未来社区自治发展导向的，适合社区自治意识较强的项目。

专栏7-6 案例借鉴：“轻资产、重运营”的香港领展模式

2005年11月25日，香港房屋委员会分拆名下180个商场和停车场成立领汇房地产投资信托基金（2015年更名为领展房地产投资信托基金）。截至2019年中，领展在香港管理126个物业，约800万平方英尺（合约243.84万平方米），在内地管理5个物业，约500万平方英尺（合约152.4万平方米）。领展旗下的商业物业多位于普通居民社区周边，多为餐饮、鲜活市场、超市、理发店、医疗和儿童游乐场等与居民生活息息相关的业态。

资源整合和资产优化运作。领展在香港投资的商用物业多为社区商铺，原本业态多数集中在餐饮及日常用品等大众基础型消费。领展通过专业化的资源整合和管理，对整体项目设施进行改造升级，重新定位招商，调整商户组合，积极引入承租能力较高的连锁店和高档店铺，成功引入万宁、7-11等品牌商铺，有力推动整体租金上涨，激活了整个零售资产。

协助商户与社区共同发展。在追求自身发展之余，领展也积极协助商户及社区同步发展。领展商户学堂自2008年成立以来一直广受商户称许，通过举办免费讲座及工作坊，为商户传授有关最新市场趋势的分析、客户服务及销售产品的技巧，以及业务经营和最新的管理知识。截至目前，领展商户学堂共举办讲座及工作坊近百次，商户参与人数超过18000人，满意率高达84%。

房地产投资信托基金（REITs）投融资模式。领展通过把优质的社区商业物业资源注入资产包上市，将集合了中小投资人的资金投资于成熟的商用物业，聘用专业机构作为物业运营管理人，以租金支持来实现投资的安全性，以上市交易来实现投资的流动性，实现将资产从重资产变为轻资产运营。此外，领展房产基金是没有大股东的，其 90% 的利润用于派息分红，因此团队的利益和投资者的利益没有冲突，能够保障稳健持续的分红派息。领展房产基金 2018 年年报显示，领展每基金单位的账面总回报率达 11%。

九、“整体智治”的治理解决方案

针对社区中存在的居委会、业委会和物业公司“三张皮”矛盾，街道—社区管理体制不顺，各政府部门信息条块分割导致效率低下和社会组织发育滞后等问题，为进一步发挥社区作为基层治理平台的重要作用，构建党委统领、政府导治、居民自治、平台智治的未来社区治理体系，提高社区治理效率。

（一）总体思路

未来社区治理场景要明确“党建统领”的总基调，加强党在社区治理中的统筹领导，同时充分激励广大居民、社会组织等力量积极参与到社区共治中，并发挥数字赋能作用，实现社区治理流程再造、规则重构、功能塑造、生态构建，推动社区治理现代化。

第一，聚焦治理结构转变，政府赋能社区管理。未来社区需以“高效政府”为原则，引导社区管理主体合一，理顺社区管理关系和流程机制，明确权力边界和责任范围，充实社区专业化管理队伍，赋能社区提升管理效率。

第二，聚焦治理渠道畅通，居民参与社区服务。构建多元化的自治载体、自治空间和自治模式，完善常态化、可持续的居民参与和决策机制，加快公益资源整合、人才结构优化，推动实现志愿参与、互助共享的多元共治格局。

第三，聚焦治理手段融合，数字助力社区运营。未来社区需借助社区精益化管理平台，推进部门数据融合、事项精益梳理、流程优化再造、人员岗位赋能，创新社区智慧化运营机制和集成化服务模式，通过“一站式”社区管理和服务平台推进社区治理高效、便民。

（二）场景技术方案

1. 构建党委统领的社区治理体系

（1）明确社区党委的核心领导地位。健全社区党委领导体系，将社区党委作为基层治理的第一责任主体和领导主体。充分调动社区党委的政治引领力、思想动员力、群众组织力和社会号召力，统筹解决社区发展重难点问题。

（2）探索推行兼职委员制度。兼职委员定期参与社区党组织重大决策和重要活动，并通过现场调研、电话咨询、信函建议等方式参与社区重大问题研究、商讨、决策。社区党委不定期将一些工作难度大或需要辖区单位协助解决的事项向兼职委员反馈，引导其发挥自身优势，参与或发动相关单位或其他社区资源协作解决社区发展难题。

（3）有效发挥党员先锋模范作用。把有一定影响力、关心支持社区工作的党员先锋推选为社区党员代表，参与区域内各项党建工作。党员代表对社区群众及辖区单位干部职工关心的重大事项享有知情权、话语权和监督权，具体负责联系党员和职工、居民，广泛搜集社情民意，及时向所在党组织提出意见和建议，在社区党员代表大会上，听取、审议社区党组织工作报告，决定区域范围内党建工作的主要任务，讨论和决定有关社区党建重大事项，年终对社区党组织工作进行民主评议。

2. 推进以社区综合治理体系为核心的政府导治

（1）组建未来社区工作委员会。成立由原居委会、社区代表和社区管家等组成的未来社区工作委员会（见图7-20），其中社区代表由原业委会及社区中的热心贤能人士组成，社区管家由社区运营管理公司聘任。居委会和社区代表组成议事决策机构，居委会下设行政岗位和社区工作服务站。社区管家负责提供基本和增值物业服务，作为工作委员会成员可提交提案供议事决策机构讨论。

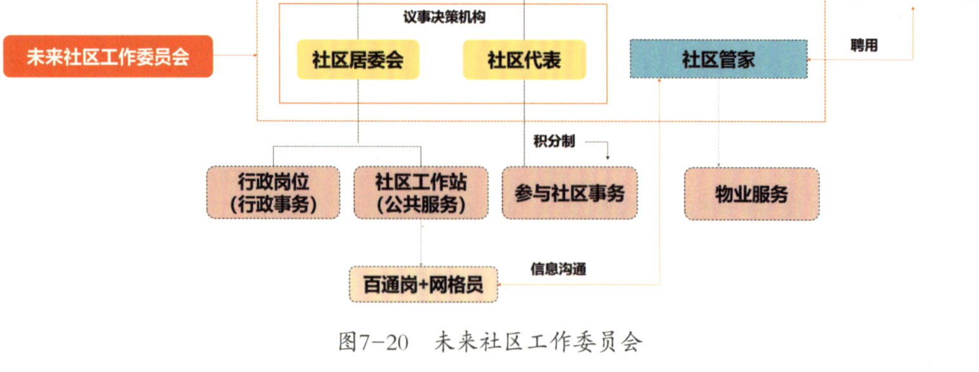

图7-20 未来社区工作委员会

（2）推进社区工作减负增效。进一步规范梳理社区工作事项，建立社区工作准入机制，明确社区协助行政事务清单和公章使用范围清单，破解“万能社区”。通过群众满意度调查和居民归属感调查，探索建立未来社区自下而上的考评机制，通过问卷调查、实地访谈掌握社区工作情况并适时调整工作方向和方式。

（3）充实社区专业化社工队伍。设定名额配置标准，确定与社区事务相匹配的专业化社区工作人员总量。加强社工培育，提高社工待遇和保障，建立薪酬动态调整和适度增长机制。

3. 推进以志愿参与、互助服务为重点的居民自治

未来社区通过制定社区公约，搭建社区议事会、社区客厅等自治载体和公共空间，构建社区基金会、社区志愿者协会、社区时间银行等公益服务机制，引导社区居民自我管理、自我服务，实现共建、共治、共享的社区治理格局。

（1）构建居民自治载体。构建由社区党委成员和工作委员会成员组成的社区民主议事会，并针对特殊问题吸收临时成员，定期开展议事讨论并同步吸纳居民意见。建立由社区代表组成的10人左右督察团，在社区工作委员会备案后开展社区服务督查工作。由居民自发成立社区公益基金会，支持社区开展公益项目。

（2）推进自治空间落地。构建标准化的室内办事空间，设立社区客厅，布置百通岗、办公等功能。依托社区客厅设立社区议事厅，承载参事议事、公益活动、展示展会等功能，与其他场景活动错峰共享。建立分散型室外共享空间，利用底层架空层和空中花园等室外空间，植入志愿者活动、社会组织活动、经验交流分享等居民自治活动。

（3）加快专业化社会组织培育。通过稳定的鼓励政策推进社会组织深耕社区某一领域，提供专业化服务和治理，加快培育社区邻里互助等运营领域的社会组织和社区治理创新咨询机构等为社区赋能的社会组织。与高校合作建立社会工作者人才培养基地。

4. 推进以服务集成、精细管理为特色的平台数治

（1）打造可视化的“数字孪生社区”。建设未来社区可视化管理平台，联动云端城市大脑、社区平台中脑和居民终端小脑，构建以社区人口等信息为基础的未来社区虚拟平台，实现基础设施、物联监控和社区各类服务数据库的互联互通，推动实现社区全生命周期可视化管理。

（2）构建“一表集成办公、一窗全科受理”模式。基于“最多跑一次”改革，通过平台融合各部门业务数据，对社区工作任务进行精益梳理，通过一张报表智能生成多部门填报清单，使社区工作实现“一表集成办公”。理顺社区与各部门业务流程和反馈机制，

通过社区百通岗实现社区政务“一窗全科受理”。

（3）联动社区智慧服务平台实现“一端集成应用”。联通社区智慧服务平台开发居民端 APP，覆盖社区政务服务、公共服务、治安管理、居家养老、物业管理、生活服务等各个方面，推进数字化治理服务系统功能创新集成，通过 APP 联结居民，实现“互动式治理”。

5. 建立未来社区治理模式的支撑运行机制

（1）构建与积分制联动的社区代表聘任制。明确社区巡查督导等社区公共事务作为声望值累计范围，结合积分排名和居民意愿聘任 5 ~ 10 名“社区代表”。社区代表行使参事议事职能，定期搜集社区民意形成提案提交审议，并监督提案执行落实情况。带领民间督察团通过多元化方式对社区服务开展督查，并制定量化考核制度。

（2）构建可持续的社区公益基金会运作机制。以“经营公益”理念策划推进公益事业，聘任专业人员创新社区基金会资源运作模式（见图 7-21），借助慈善金融工具推动资产保值增值。鼓励社会组织与企事业单位共同参与社区服务项目竞争，落实非营利组织免税制度和公益捐赠税前抵扣制度。

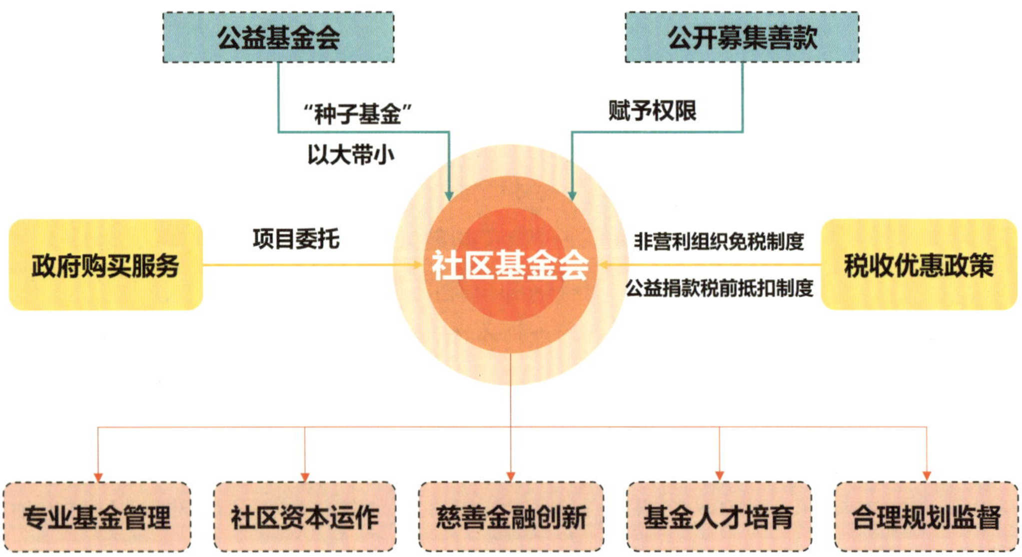

图7-21 公益基金会生态链体系

（3）构建梯度成长型的社工人才发展机制。培育专业社工队伍，加强与区域内大专院校合作，通过合作办学等模式培养实操性、专业化社工。加大对骨干社工的奖励和培育，提供更多对外交流和培训讲座机会，针对具有突出成果贡献、在业内产生较大影响力的领军型社工出台奖励政策。

（4）构建基于精益平台的社区管理运行机制。精细化梳理社区任务，百通岗（1～2名）负责在办事大厅处理居民政务需求和日常工作，网格员（10名左右）负责现场走访及信息记录、宣传整治等。构建统一的闭环管理系统，借助智能算法自动为社区工作者派发任务，实现社区工作人员任务清单化、业务流程标准化。推进智能高效网格管理，提高工作效率。

第八章　浙江未来社区的建设标准

目前城市居住区规划所依据的设计规范标准，以定量的技术经济指标，对物质空间环境及其服务设施配置进行了标准化规定，忽略了物质指标与居民日常活动规律和生活需求的实际关系，已滞后于社区未来发展要求。围绕人民美好生活向往这一中心，未来社区将人民满意度作为最终评判标准。将居民主观感受与未来社区供给侧的客观品质相结合是指标体系设置的主要切入点。

一、国内外先进标准借鉴

（一）雄安新区建设标准体系

2018 年 4 月，河北省正式发布《河北雄安新区规划纲要》，规划从绿色生态、幸福宜居和创新智能三个维度，描绘了未来城市的愿景，构建了雄安新区的建设标准体系，形成 38 项建设指标（见表 8–1）。

表8–1　《河北雄安新区规划纲要》建设指标

分项	序号	指标	2035 年目标
绿色生态	1	蓝绿空间占比 / %	≥ 70
	2	森林覆盖率 / %	40
	3	耕地保护面积占新区总面积比例 / %	18
	4	永久基本农田保护面积占新区总面积比例 / %	≥ 10
	5	起步区城市绿化覆盖率 / %	≥ 50
	6	起步区人均城市公园面积 /米^2	≥ 20
	7	起步区公园300米服务半径覆盖率 / %	100
	8	起步区骨干绿道总长度 /千米	300
	9	重要水功能区水质达标率 / %	≥ 95

续表

分项	序号	指标	2035 年目标
绿色生态	10	雨水年径流总量控制率 / %	≥ 85
	11	供水保障率 / %	≥ 97
	12	污水收集处理率 / %	≥ 99
	13	污水资源化再生利用率 / %	≥ 99
	14	新建民用建筑的绿色建筑达标率 / %	100
	15	细颗粒物（PM2.5）年均浓度 /（微克 · 米$^{-3}$）	大气环境质量得到根本改善
	16	生活垃圾无害化处理率 / %	100
	17	城市生活垃圾回收资源利用率 / %	＞ 45
幸福宜居	18	15分钟社区生活圈覆盖率 / %	100
	19	人均公共文化服务设施建筑面积 /米^2	0.8
	20	人均公共体育用地面积 /米^2	0.8
	21	平均受教育年限 /年	13.5
	22	千人医疗卫生机构床位数 /张	7.0
	23	规划建设区人口密度 /（人 · 千米$^{-2}$）	≤ 10000
	24	起步区路网密度 /（千米 · 千米$^{-2}$）	10 ~ 15
	25	起步区绿色交通出行比例 / %	≥ 90
	26	起步区公共交通占机动化出行比例 / %	≥ 80
	27	起步区公共交通站点服务半径 /米	≤ 300
	28	起步区市政道路公共服务覆盖率 / %	100
	29	人均应急避难场所面积 /米^2	2 ~ 3
创新智能	30	社会研究与试验发展经费支出占地区生产总值比重 / %	6
	31	基础研究经费占研究与试验发展经费比重 / %	18
	32	万人发明专利拥有量 /件	100
	33	科技进步贡献率 / %	80
	34	公共教育投入占地区生产总值比重 / %	≥ 5
	35	数字经济占城市地区生产总值比重 / %	≥ 80
	36	大数据在城市精细化治理和应急管理中的贡献率 / %	≥ 90
	37	基础设施智慧化水平 / %	≥ 90
	38	高速宽带标准	高速宽带、无线通信全覆盖；千兆入户、万兆入企

（二）Sidewalk Toronto 项目建设标准

围绕生态、人本、宜居、智慧四大理念，Sidewalk Toronto 项目结合地方政府诉求，提出了一系列规划指标，形成了一套完整的建设标准（见表 8-2）。

表8-2 Sidewalk Toronto项目规划指标

<table>
<tr><td colspan="2" rowspan="8">人本指标</td><td rowspan="4">具体指标</td><td>2.7公顷的艺术和文化空间</td></tr>
<tr><td>土地混合利用比例70/30</td></tr>
<tr><td>居民和游客的室外活动参与度增加20%</td></tr>
<tr><td>树冠覆盖率≥50%</td></tr>
<tr><td rowspan="4">策略</td><td>具有季节性变化的景观和环境设计</td></tr>
<tr><td>在公共空间设置临时设施、餐饮店、微空间、表演和公共艺术品</td></tr>
<tr><td>24小时/7天（全天候）的活动</td></tr>
<tr><td>信息互动和游戏化的虚拟增强现实APP</td></tr>
<tr><td colspan="2" rowspan="5">宜居指标</td><td rowspan="2">具体指标</td><td>可负担住宅≥30%</td></tr>
<tr><td>单个建筑物/项目开发混合至少三种不同的功能</td></tr>
<tr><td rowspan="3">策略</td><td>根据市场趋势制定合理的目标价格</td></tr>
<tr><td>创新的可负担住房所有权</td></tr>
<tr><td>灵活的土地使用、分区许可、建筑形式/建筑类型，允许在建筑/社区的全生命周期内进行多种用途</td></tr>
<tr><td rowspan="12">生态指标</td><td rowspan="6">绿色建筑</td><td>具体指标</td><td>正向水利用（净化产生的水资源多于消耗的水资源）</td></tr>
<tr><td rowspan="5">策略</td><td>构建建筑非饮用水处理和循环系统</td></tr>
<tr><td>收集雨水和处理饮用水，供过于求出口到外地</td></tr>
<tr><td>市政配水系统增加了非饮用水供应</td></tr>
<tr><td>家庭智能水装置［厕所和冷热水龙头向建筑设备管理系统（BMS）提供信息］</td></tr>
<tr><td>与可视化指示板的连接</td></tr>
<tr><td rowspan="6">海绵城市</td><td>具体指标</td><td>绿色屋顶覆盖80%的可用屋顶空间</td></tr>
<tr><td rowspan="5">策略</td><td>被动式住宅设计</td></tr>
<tr><td>全电动建筑</td></tr>
<tr><td>建筑物层面废水热回收</td></tr>
<tr><td>开发建筑能源数据共享数据库和平台</td></tr>
<tr><td>智能电网实验室与公寓连通</td></tr>
</table>

续表

科技指标	具体指标	区域人均公交二氧化碳排放减少80%
		公交通勤人数占比最少为80%
		LEED（能源与环境设计先锋）评级系统下运输变量的铂金级标准达90%
		步行、自行车和公共交通占比≥95%
		引导多伦多的自动驾驶汽车（AV）和电动汽车（EV）的发展，包括所有停车位有充电桩
	策略	自动穿梭列车计划，以补充过境通道
		自动驾驶实验区
		安装多用途的基础设施，包括自亮材料、光伏Sidewalk和自行车路面
		"下一代"实时交通显示，包括可用的容量和旅行时间估计
		传感器用于测量交通、排放和行人流量，并生成实时数据，以测量和测试各种举措的影响

二、指标体系构建的理论模型

（一）必备型—期望型—魅力型的分层次评价体系

质量管理学家狩野纪昭（Noriaki Kano）提出了产品品质评价的KANO模型①，将使用者主观感受与产品客观表现相结合，将品质属性划分为三个层次：必备型品质②、期望型品质③和魅力型品质④。

KANO模型下的品质生命周期呈现出一定的规律（见图8-1）：狩野纪昭教授通过分析顾客对产品或服务满意度的转变情况，发现当企业通过市场调研等方式挖掘顾客的潜在需求并生产出新颖的产品或服务时，顾客可能会对它很满意（魅力型品质），从而不断扩大产品的受众和影响范围；如果人们重复使用这些产品和服务，到了一定的时间节点，一旦供需不匹配就会表现出强烈不满，由此，魅力型品质转变为期望型品质；这些产品和服

① 狩野纪昭，樊桦．在全球化中创造魅力质量［J］．中国质量，2002（9）：39-41.

② 必备型品质（must-be quality）：顾客认为产品"必须有"的属性。当其特性充足时，无所谓满意不满意；但一旦特性不充足，则会造成顾客不满，因这种要素已被顾客事先视为该产品或服务的基本特性。

③ 期望型品质（one-dimensional quality）：顾客要求并期望提供的品质特性。要素提供越充足，顾客越满意；要素提供越不充足，顾客越不满意。即顾客满意度与要素供应之间呈线性关系。

④ 魅力型品质（attractive quality）：这一层次品质特性是通过满足顾客潜在需求，使新产品或服务达到超越顾客期望的新品质。其特征为当要素存在时，顾客会相当满意；即使要素不存在，也不会导致不满意。一旦掌握魅力品质要素，即使只提供少量，也能获致顾客满意度大幅提升，因此，在其他条件相同情形下，具有充分魅力品质的产品或服务更容易提升顾客忠诚度。

务进一步推广使用直至被认为是成熟的产品，则被视为必备型品质。总体而言，呈现“不受关注的潜力要素→魅力型品质→期望型品质→必备型品质”的生命周期特征。

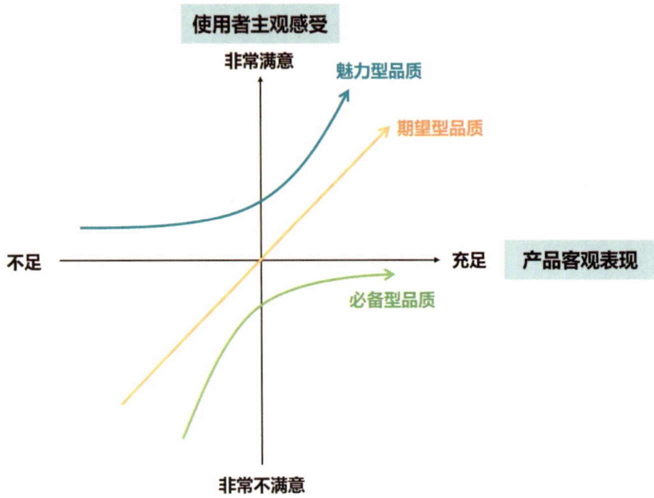

图8-1　KANO模型及品质生命周期规律

（二）KANO 模型对未来社区指标体系制定的启示

从 KANO 模型的原理出发，可以将未来社区评价中人民满意度理解为社区中各类人群的各种需求能够得到满足的程度。在 KANO 模型启发下，可以按照以下总体思路制定未来社区建设标准：居民的基本型需求应得到充分满足并提高品质，避免不满意；与经济社会发展水平相适应的期望型需求应尽力满足，提升居民喜闻乐见的相关功能和服务质量，使其满意；最后通过数字赋能、特色挖掘等方式，探求高水平、魅力型的潜在需求并提供满足的可能，不断增强居民幸福感、获得感、安全感。

三、浙江未来社区创建指标体系

从满足居民不同层次需求的视角出发，以居民满意度为最终评判因素，把握“有底线、无上限”指标内涵，由约束性、引导性指标共同组成包容、灵活且兼具门槛限制的未来社区指标体系。

（一）综合指标

即直接受益居民数（主要指回迁安置人数、改造受惠人数）和引进各类人才数的总量，用于指导合理确定“三化九场景”需求，并作为检验未来社区建设服务人群成效的重要标准。同时也是未来社区及周边区域科学整体规划、提前预判风险的重要依据，特别是拆除重建和规划新建类项目应结合社区预计总人口对社区周边的配套设施建设进行承载力预估和动态监测，及时与国土空间规划、专项规划等做好衔接。

（二）九大场景33项约束性和引导性指标

围绕未来社区九大场景方案内容，设置33项指标，每项指标分约束性和引导性两类内容（见表8–3）。

1. 约束性指标

强调“有底线”，作为未来社区的标配场景指标和基本门槛，是群众从未来社区场景中应该享有的33项基本获得感。

2. 引导性指标

追求“无上限”，以不断提升的“领跑者”标准为动态上限引领，可以在现有设定的33项基础上，因地制宜创新。

在具体执行过程中，坚持“约束性指标是基本门槛，开放性指标上不封顶”的领跑要求，遵循因地制宜、大胆探索、创新设计、迭代优化、适度留白的总体思路，鼓励探索个性化指标，形成各具特色、不断提升的地方“领跑者”实践案例。把握未来社区的普惠属性，在指标体系基础上，完善分类分层评估标准。拆除重建类、规划新建类，以及拆改结合类中新建部分需参照33项指标内容，充分响应约束性指标要求、因地制宜落实引导性要求；整合提升类和拆改结合类中保留部分，积极响应33项指标内容，全面满足数字化场景应用要求，因地制宜响应邻里、教育、健康、创业、治理、服务等功能与业态要求，可根据实际情况灵活开展建筑、低碳、交通等硬件环境提升。

表8–3　未来社区指标体系

序号	一级指标	二级指标	指标性质	指标内容
1	未来邻里指标	邻里特色文化	约束性	打造社区特色文化公园；明确社区特色文化主题；丰富社区文化设施，配置不小于600平方米的社区礼堂；构建社区文化标志
			引导性	改造更新类注重历史记忆的活态保留传承；规划新建类发掘、传承优秀传统文化价值，引入社区新文化等
2		邻里开放共享	约束性	优化设置“平台+管家”管理单元；打造宜人尺度的邻里共享空间
			引导性	提升“5分钟生活圈”服务配套；建立多形式邻里服务与交往空间，鼓励多主体参与建设共享生活体系

续表

序号	一级指标	二级指标	指标性质	指标内容
3	未来邻里指标	邻里互助生活	约束性	构建贡献、声望等积分体系，明确以积分换服务、参与社区治理等机制；制定社区邻里公约
			引导性	引导建立邻里社群社团组织；鼓励居民积极参与邻里活动；促进居民互助资源共享等
4	未来教育指标	托育全覆盖	约束性	配置3岁以下养育托管点，设施完备，安防监控设备全覆盖；专业托育员持证上岗
			引导性	通过公建民营、幼托一体等方式，引入公益性、高端性等多层次托育机构，探索家庭式共享托育等新模式；对社会托育机构给予租金减免等政策支持
5		幼小扩容提质	约束性	做好与社区外义务教育资源衔接；扩大优质幼小资源覆盖面
			引导性	推行小班化教学；打通社区与中小学近远程交互学习渠道
6		幸福学堂全龄覆盖	约束性	配置不小于1000平方米的功能复合型社区幸福学堂，满足多龄段需求；建立分时段课程制度，提升活跃度、参与度的运营机制
			引导性	社区与兴趣培训机构建立合作；依托智慧平台建立项目制跨龄互动机制，组织艺术创作、公益帮扶等活动
7		知识在身边	约束性	打造数字化学习平台，设置专业技能等各类社区达人资源库；构建学习积分、授课积分等共享学习机制；配建不小于200平方米的社区共享书房；制定城市公共文化资源下沉政策
			引导性	引进大型连锁书店、城市图书馆等资源，合建社区共享书房；依托智慧平台对接社区周边博物馆、美术馆等场馆资源，拓宽社区学习地图
8	未来健康指标	活力运动健身	约束性	15分钟步行圈内配置健身场馆、球类场地等场所设施；5分钟步行圈内配置室内、室外健身点
			引导性	慢跑绿道成网成环；配置智能健身绿道、全息互动系统等智能设施；建立运动社群组织、运动积分机制
9		智慧健康管理	约束性	15分钟步行圈内配置社区卫生服务中心“升级版”，5分钟步行圈内打造社区卫生服务站“升级版”；建立居民电子健康档案，完善家庭医生服务
			引导性	推广社区健康管理O2O模式，个人或家庭终端与区域智慧健康平台数据互联；提供定制化健康膳食服务
10		优质医疗服务	约束性	社区卫生服务中心与三级医院合作合营建立医联体，提供远程诊疗、双向转诊等服务；引入中医保健服务
			引导性	鼓励发展社会办全科诊所、智能医务室、医疗商场等；应用人工智能等先进技术
11		社区养老助残	约束性	充分考虑回迁居民意愿，按需配建适老化住宅；15分钟步行圈内集约配置街道级、社区级居家养老服务设施；对社会养老机构给予租金减免等政策支持
			引导性	养老机构对标五星级标准；配置护理型床位；推广适老化智能终端应用；培育乐龄老人自组织；跨代合租、时间银行等新模式落地

续表

序号	一级指标	二级指标	指标性质	指标内容
12	未来创业指标	创新创业空间	约束性	配建300平方米以上社区双创空间，提供弹性共享的办公空间、复合优质的生活服务空间等功能空间
			引导性	因地制宜建设社区双创空间，根据社区布局、业态等条件灵活设计空间产品，打造高性价比办公场所
13		创业孵化服务及平台	约束性	依托智慧服务平台搭建创业者服务中心功能模块，提供全方位的创业指导、咨询服务等；完善创业服务机制
			引导性	搭建社区众筹融资服务平台；建立社区创客学院；促进社区资源、技能、知识等全面共享
14		落户机制	约束性	可售住宅销售价格不高于周边均价；建立住房租售“定对象、限价格”的特色人才落户机制；按需配建人才公寓；制定人才公寓租售同权支持政策
			引导性	建立创新人才落户绿色通道；引进青年高层次人才落户；打造各类特色人才社区
15	未来建筑场景	CIM数字化建设平台应用	约束性	应用统一的社区数字化信息平台，实现社区规划设计、建设施工、运营管理、应急防灾全生命周期智慧管理
			引导性	CIM平台功能向城区拓展，运用到城区的联片开发建设
16		空间集约开发	约束性	TOD导向开发强度梯级分布，“高低错落、疏密有致”空间布局，功能复合、地上地下综合利用；与地下管廊集约规划布局建设相衔接；拆除重建类基本实现资金平衡
			引导性	公共服务设施与交通站点无缝衔接；充分开展地下空间开发建设；开展综合管廊建设
17		建筑特色风貌	约束性	建筑风貌体现地域文化特色；采用地面、平台、阳台与屋顶相结合的方式，打造立体多层次复合绿化系统；按均好性要求配置空中花园阳台
			引导性	基于地方风貌基底与城市肌理，建立完整风貌控制体系；打造社区文化标志建筑物（含构筑物）
18		绿色建筑与建筑工业化	约束性	应用绿色建筑，新建建筑不低于绿色建筑二星级；应用建筑工业化（含内装），装配率达到地方先进水平；采用标准化设计、工厂化生产、机械化施工、一体化装修、信息化管理，提供模块化户型组合和菜单式个性装修等定制服务
			引导性	单体新建建筑绿色建材应用比例争取不低于70%；新建建筑应用光催化技术等建筑新材料新技术；鼓励对标健康建筑标准
19		公共空间与建筑	约束性	建设综合型社区邻里中心；利用新建建筑底层架空、保留建筑功能改造、各类户外场所复合利用等方式，合理配置社区共享空间
			引导性	采用套内建筑面积计算方法；推广建筑弹性可变房屋空间模式

续表

序号	一级指标	二级指标	指标性质	指标内容
20	未来交通场景	交通出行	约束性	步行10分钟到达公交站点；做到“小街区、密路网”；打通社区内外道路，提高出行便捷性
			引导性	社区路网空间全支路可达；社区对外公交站点慢行交通换乘设施全覆盖；建立交通信息发布系统和平台；提供定制公交等个性化出行服务
21		智能共享停车	约束性	建立智能停车系统，提供车位管理、停车引导等功能；通过共享停车提高车位利用率，实现5分钟取停车
			引导性	应用自动导引设备（AGV）智能停车技术等
22		供能保障与接口预留	约束性	新建车位预留充电设施安装条件
			引导性	鼓励开展停车位充电设施改造；预留车路协同建设条件，如无人驾驶、智能交通运行等
23		社区慢行交通	约束性	社区内部实现人车分流
			引导性	提高社区慢行交通网络密度；配置社区风雨连廊等
24		物流配送服务	约束性	设立智能快递柜、物流服务集成平台等智能物流设施；实现30分钟包裹由社区配送到户；配置物流收配分拣和休憩空间
			引导性	采用智能配送模式，如末端配送机器人等
25	未来低碳场景	多元能源协同供应	约束性	建设“光伏建筑一体化+储能”的供电系统；新建建筑实现超低能耗建筑要求或集中供热（暖）供冷
			引导性	改造建筑进行集中供热（暖）供冷改造；采用“热泵+蓄冷储热”技术；提高可再生能源利用比重；预留氢能和燃料电池技术应用接口；构建近零碳能源利用体系
26		社区综合节能	约束性	进行互利共赢能源供给模式改革，引入综合能源资源服务商；搭建智慧集成的管理及服务平台；提高社区综合节能率
			引导性	创新能源互联网、微电网技术利用；布局智慧互动能源网；推广应用近零能耗建筑
27		资源循环利用	约束性	生活垃圾源头减量；生活垃圾分类全覆盖；绿化用水等公共用水采用非传统水源；采用节水型洁具
			引导性	促进垃圾分类和资源回收体系“两网融合”；提高垃圾资源化利用率；促进分质供水；提高雨水和中水资源化利用
28	未来服务场景	物业可持续运营	约束性	依托智慧平台构建“平台+管家”物业服务模式；合理配置经营用房，用于保障全生命周期物业运营资金平衡，实现回迁住宅基本物业服务居民零付费模式；综合提升模式需灵活利用空间资源增加公共服务经营拓展，提出物业服务降本增效方案
			引导性	除基本物业服务外，提供房屋增值服务、O2O服务等增值物业服务

续表

序号	一级指标	二级指标	指标性质	指标内容
29	未来服务场景	社区商业服务供给	约束性	引入优质生活服务供应商，发展社区商业O2O模式，建立社区商业服务供应商遴选培育机制；配置与居民日常生活密切相关的基本服务功能
			引导性	注重创新型生活服务，引入专业化物业服务供应商，提供定制化、高性价比生活服务
30		社区应急与安全防护	约束性	建立完善的社区消防、安保等预警预防体系及应急机制；构建无盲区安全防护网，应用人脸识别等技术，推广数字身份识别管理，建设智安社区
			引导性	通过智慧平台预警救援、地图定位、一键式求助、联动报警等功能，实现突发事件零延时预警和应急救援
31	未来治理场景	社区治理体制机制	约束性	建立社区党建引领的治理机制；深化社区治理体制改革，构建社区综合运营体系；居委会、社区边界统一
			引导性	社区各单位权责明晰、服务优良、管理优化，群众满意度高；吸引社会力量参与社区事务，社区事务多元化参与治理体系健全
32		社区居民参与	约束性	建立有效可行的社区居民自治机制；配置社区议事会、社区客厅等空间载体，建设服务性、公益性、互助性社区社会组织和志愿者队伍；建立联合调解机制
			引导性	社会组织活跃，居民参与踊跃，居民社区认同感、归属感强；因地制宜创新社区参事议事模式，建设线上线下结合的参事议事模式
33		精益化数字管理平台	约束性	依托智慧平台，促进“基层治理四平台”整合优化提升，配置一定规模的社区服务大厅，设置无差别受理窗口
			引导性	推进精益化政务流程，实现社工任务清单化

注：该指标体系表由浙江省发展和改革委员会统筹指导，浙江省发展规划研究院课题组研究制定。已被吸纳到浙发改基综〔2019〕138号、浙发改基综〔2019〕183号、浙发改基综函〔2021〕228号等文件中，指导全省第一批、第二批试点以及2021年度创建项目。

第九章 未来社区建设的政策保障和推进机制

一、政策保障

针对未来社区模式创新中面临的规划统筹协调机制缺失，资金平衡约束下场景高标准落地的激励保障措施缺位，土地、资金、人才等要素保障乏力等现实挑战，提出相关政策建议。

（一）突出群众满意导向的根本宗旨

始终坚持以人民为中心的发展思想，强化人文关怀和高质量服务供给，将居民满意度作为最终评判标准。一是充分保障群众利益。妥善协调平衡拆迁安置、人才落户、房地产管理等相关政策，确保群众“住得进、住得起、住得好”，人才“引得进、留得住”。二是畅通公众参与机制。在未来社区建设中要广泛征求群众意愿，充分吸纳群众诉求，搭建公众参与规划、设计、运营、治理等渠道，开展共性技术攻关和重大科技成果示范应用，着力提升群众获得感、幸福感、安全感。

（二）坚持科学规划引领的统筹机制

坚持规划先行，从城市发展的总体目标和地区协调发展需要出发，统筹推进未来社区建设。一是强化规划衔接。在国土空间总体规划、专项规划、详细规划编制或修编过程中，突出自然资源禀赋、城市特色风貌和历史文化传承，综合考虑交通及环境容量、公共服务配套水平、建设资金平衡、城市文脉传承等因素，推动系统融合和多部门协同，做好城市级增存空间开发统筹规划。二是协同提升区域品质。与城市有机更新要求充分融合，统筹推进规划单元、实施单元及周边区域一体化规划建设运营，推动未来社区建设与片区基础设施、公共服务、产业转型等有机结合、联动开发、资源共享。三是完善规划调整程序。科学优化详细规划调整程序，按照“最多跑一次”改革要求，加强前后流程衔接整合，开辟“绿色通道”，加快审批进程。四是创新项目管理。鼓励采取全过程工程咨询服务、工程总承包等项目管理模式，支持工程咨询、招标代理、勘察、设计、监理、造价、项目管理等环节的企业，采取联合经营、并购重组等方式转型发展全过程工程咨询服务。鼓励探索央地合作等模式创新，保障未来社区建设、运营全周期一体化设计实施。

（三）强调集约高效的空间利用创新

以提升资源配置效率为导向，以弹性化管控为手段，创新未来社区空间利用模式。一是倡导公共交通导向开发（TOD）模式。鼓励将未来社区建设与TOD综合开发相结合，积极探索“地铁＋社区”模式，创新推广疏密有致、功能复合、地上地下空间综合立体开发模式，提升土地利用集约度和综合效益。二是科学确定规划技术指标。以提升土地利用集约度和综合效益为导向，推动规划技术指标从“一刀切”向“精细合理”转变，鼓励形成开发强度围绕公共交通站点圈层式递减的格局。参照深圳划分TOD重点发展区、一般影响区和其他区域引导城市开发思路，探索创新围绕TOD的未来社区开发强度管理模式，将TOD社区划分为综合枢纽型TOD社区、换乘枢纽型TOD社区、一般枢纽型TOD社区三大类型，作为确定开发强度的主要依据。三是创新“公共导向”的计容规则。推动计容规则由“商业导向”向“公共导向”转变，支持未来社区项目非营利性公共开放空间不计费容积率[①]。四是建立立体绿化激励机制。鼓励和扶持建立社区农业等立体绿化综合利用机制，探索公共屋顶绿化可按覆土厚度折算绿地面积，折算的绿地面积应控制在总绿地面积的20%以内，部分公共空中花园所占楼面积可豁免归入建筑总面积等立体绿化激励措施。五是完善土地“带方案”出让的相关支撑保障。践行“房住不炒”要求，根据项目实施方案（达到初步设计深度）与运营方案要求，进行“带方案”“限地价、竞品质、竞运营”土地公开出让。

（四）加大多源支持的资金保障力度

浙江未来社区建设以“资金平衡”为追求，同时积极争取相关资金支持。一是争取各级财政支持。以未来社区理念推动老旧小区改造标准提升，按照《国务院办公厅关于全面推进城镇老旧小区改造工作的指导意见》（国办发〔2020〕23号）文件精神，积极争取中央财政资金和省级资金支持整合提升、拆改结合等改造更新类未来社区项目建设。争取将未来社区纳入中央预算内投资和地方政府专项债券支持项目。科学引导省市各类专项资金补助等优惠政策优先向未来社区项目倾斜。二是积极引入社会资本。由省级财政出资，联合其他主体共同组建未来社区建设基金，通过市场化运作，撬动更多的社会资本共同参

① 不计费容积率：未来社区项目中，防灾安全通道、架空空间及公益类、民生类、基础设施类等非营利性的公共开放空间虽按相应规定计算容积率，但其投影占地面积不需要缴纳土地出让金。

与和支持未来社区建设，同时对进展成效突出的县（市、区）予以奖励并适当向加快发展地区倾斜。三是规范土地出让收益管理。严格执行现行土地出让收入“收支两条线”管理制度，除国家和省另有规定外，改造更新类项目对应土地出让收益，剔除上缴国家部分，其余全部用于支持未来社区项目建设，其中，按国家和省规定计提留存市县部分，按规定用途申请用于未来社区建设，保障资金总体平衡。四是拓展整合提升类项目资金来源渠道。完善政府、居民与社会力量改造成本合理共担机制，推广以政府性资金、政府债券落实改造资金的筹资方式。鼓励引导居民通过直接出资、使用住宅专项维修资金、让渡社区公共收益等方式参与社区公共用房、公共空间改造。通过政府采购、新增设施有偿使用、落实资产权益等方式，吸引社会资本、专业机构参与整合提升类项目的设计、建设和运营。

（五）畅通市场化参与金融支持渠道

在严控政府债务的背景下，未来社区项目融资应以不增加政府债务为前提，探索鼓励社会力量以市场化方式参与，金融机构以可持续方式支持。一是加大银行信贷支持力度。鼓励金融机构积极探索，通过专项授信、银团贷款、债贷结合等多种方式为未来社区建设全过程提供融资支持。在坚持“房住不炒”前提下，鼓励金融机构在国家有关信贷政策总体框架内，对未来社区相关项目实施差异化授信管理，落实专项信贷额度。二是精准授信加强还贷保障。加强融资需求和信贷投放精准对接，支持银行金融机构在未来社区项目实施方案编制期间即开展信贷计划评估指导。建立“未来社区”贷款还款保障制度，支持将土地、在建工程或现房作为抵押资产，增强试点项目还贷保障，当抵押资产无法覆盖贷款时由第三方担保补充增信。给予未来社区项目建设单位房屋预售政策支持。三是创新投贷结合、债贷结合金融支持机制。以股权受让和合作开发等形式联合未来社区市场化建设、运营主体，通过债权、股权和信托计划等融资方式对项目予以支持，形成投资—建设—运营共同体，共担风险、共享收益。探索发行未来社区 REITs 产品，推进未来社区项目融资证券化、抵押贷款证券化。引导保险机构、各类产业基金、上市公司资金以及其他社会资金参与未来社区项目建设与运营。

（六）创新优质服务的集成供给机制

按照共同富裕现代化基本单元建设要求，坚持公益优先、普惠共享，在保障公益性、普惠性设施前提下，鼓励提供多层次社区服务。一是扩大优质服务供给。创新未来社区项目社区业态和生活服务供给，推动民政、卫健、教育、文广旅等民生领域政策数字化，支撑优质公共服务资源精准下沉，通过预留规划布点、推动模式革新、线上线下融合等方式，扩大文化教育等优质资源覆盖面。二是创新服务集成供给方式。倡导以最集约优化的方式提供高品质的社区服务，鼓励创新邻里中心等“一站式”布局模式，依托数字化平台、建立合作机制等方式，打通社区内外联动“接口”，强化各场景在空间、内容、机制等方面的融通，鼓励分时复合共享利用等机制创新。三是建立可持续运营机制。完善未来社区运营多方参与机制，厘清政府、市场、社会组织职责边界，系统解决建设运营模式问题。支持成立或引进连锁机构进行社区相关服务标准化管理，优化运营机制，有关公共设施可通过产权移交、授权委托等方式，由政府部门和专业机构统一维护管理。充分发挥未来社区产业联盟作用，为社区居民定制相关服务标准和模块，通过社区智慧服务平台整合服务、管理数据、精准服务。四是畅通社会力量参与社区运营渠道。通过免费提供场地、设备等措施，鼓励专业机构、社会组织、个人等社会力量，以捐赠、设立基金、冠名资助、承办活动、志愿行动等多种方式，参与未来社区场景建设运营。鼓励各试点和创建项目探索优质品牌机构入驻的“连锁运营”模式、专家智库入驻的“智力引进”模式、非营利组织入驻的“公益推广”模式等创新，并鼓励多种模式融合，形成义利相生的良性生态循环。对社会力量提供的公益性、普惠性、居民满意度高的社区服务，可考虑由项目所在县（市、区）政府或未来社区工作委员会给予补助、推广等奖励。五是创新存量资产盘活运营机制。鼓励以“平台＋创业单元”创新模式，结合夜间经济、宅经济、户外经济等新需求，依法依规统筹利用社区及周边存量房屋、存量用地、闲置场馆等空间设施，发展养老、托育、家政、物流、便民服务、商旅文创等场景功能和新业态。

（七）优化多方参与的社区治理模式

构建党委统领的科学高效社区治理架构，建立多方主体共同参与的治理模式。一是积极培育发展社会组织。以社区有场地、公益出服务模式，动员专业化公益组织等社会力量参与社区治理，提供登记注册、业务申请和项目推进等服务便利，鼓励建立“一平台、一窗、一人”的全科社区工作者服务模式。二是推行居民互助自治。建立积分换服务、服务换积分机制，鼓励通过社区基金会等公益性组织，对社区居民自治和公益性活动予以支持。由居民自发成立社区公益基金会，鼓励各类公益基金以“种子基金”形式支持社区基金。

（八）完善促进数字转型的支撑体系

作为数字社会城市基本功能单元，未来社区建设要率先开展数字化设施植入、平台搭建和多跨场景应用。一是落实实体社区和数字社区孪生理念。优先推动第五代移动通信技术（5G）应用，加快推广应用社区信息模型（CIM）平台，集成数字化规划、设计、征迁、施工管理，提升未来社区项目建设质量和效率。二是加快迭代应用社区智慧服务平台。加快建设应用社区智慧服务平台，探索社区居民依托平台集体选择有关配套服务，探索“时间银行”养老模式，推广“平台 + 管家”物业服务模式，鼓励共享停车模式，推进社区智慧安防建设。三是推进数字标准化。在保证数据安全、做好风险管控前提下，大力推进未来社区数字标准化工作，所有场景应用的数据基于省公共数据平台通过社区数字化操作系统共享。

（九）深化聚焦流程优化的改革探索

未来社区建设是一项集理念创新、模式创新、技术创新、机制创新等多维度创新于一体的实践工作，在常态化的创新迭代过程中，需要持续开展改革探索。一是加快项目审批。深入落实“最多跑一次”改革要求，建立未来社区项目绿色通道，集成土地收储、控制性详细规划调整、土地出让、审批许可等工作，进一步减流程、减环节、减事项。二是建立完善项目管理办法。落实项目化管理要求，明晰未来社区项目相关各方职责，对项目全过程进行科学把控。三是建立项目动态评价监测体系。充分发挥未来社区发展研究中心参谋支撑作用，依托数字化平台，建立未来社区项目动态评价监测体系，落实工程建设审计监督制度，强化支持政策期权激励。

二、推进机制

确立“一专班两平台”工作体系，即 24 个省级部门联合组成浙江省未来社区建设工作专班，成立未来社区发展研究中心和产业联盟两大支撑平台，推进“创新链、产业链、供应链”三链整合。

（一）建立省、市、县三级联动的政府引导机制

为有效推进未来社区建设实施，需充分发挥政府侧的引导作用，建立“省级统筹、市级协调、县（市、区）级主抓”的工作体系。一是省级层面发挥综合统筹作用。成立由浙江省发展改革委、省建设厅、省自然资源厅、省财政厅等 24 个部门组成的浙江省未来社区建设工作专班，出台“一揽子”政策体系，强化督促指导纠偏，指导推进全省未来社区建设。二是地市级层面发挥桥梁纽带作用。结合当地实际出台政策实施细则。按照“先易后难、滚动建设”要求，有计划、分阶段推进未来社区建设。结合“最多跑一次”改革打通项目审批绿色通道。三是县（市、区）层面发挥推动落实作用。各试点所在县（市、区）政府建立由主要领导负责的专班制工作体系，围绕项目前期、建设审批、竣工验收、试运

行等关键节点，有效推进项目审批、政策落实、资金到位，确保未来社区项目高标准高质量落地。

（二）构建需求导向、创新驱动的产业联盟协同机制

未来社区“三化九场景”的落地，离不开“有为政府”和“有效市场”协同发力。为强化市场主体参与活力，创新建立未来社区产业联盟，按市场方式集聚各方力量，力争打造未来社区建设的咨询服务参谋团、建设运营引领者和美好生活服务商。一是组建产业联盟九大场景企业备选库。倡导开放式合作，吸纳省内外优质企业参与未来社区建设。产业联盟通过线下交流合作、线上智慧服务平台端口开放，串联九大场景生态合作伙伴。二是构建未来社区产品服务供应备选库。构建对标未来社区需求的高性价比技术、产品和服务供应备选库，提供可选择、可量身定制的产品服务解决方案，打造未来社区高质量技术产品供给体系，力争在九大场景各个领域形成全国行业标杆，在5G、人工智能、新能源、绿色建造等前沿领域强化研发创新及应用能力。三是创新联盟企业动态优选机制。依托社区智慧服务平台建立市场反馈机制，通过居民、物业、政府等不同主体的评价，用数据说话、评定星级，创新企业优选与品牌塑造机制。

（三）确立集智集策、协作高效的研究中心运行机制

为强化未来社区建设的先进理念引领和创新智力支撑，建立未来社区发展研究中心，汇聚省内外高端智库与知名设计咨询机构，聚焦未来社区建设相关战略谋划、政策咨询、实践研究、国际交流等工作，为未来社区建设发展提供全过程咨询和决策服务。一是搭建协同创新平台。提供大数据、城市规划、建筑设计、社会治理、运营策划、工程总承包（EPC）等领域协同创新解决方案，定期发布学术研究成果。二是搭建政策研究平台。参与全省未来社区创建项目建设谋划、设计、跟踪、评价等全过程工作，牵头组织和制定行业管理和相关标准等，研究制定省级层面相关政策。三是搭建培训外联平台。组织开展未来社区论坛及培训活动，建立与新加坡国立大学、南洋理工大学、新加坡宜居发展中心等机构的常态化交流机制。四是搭建产研对接平台。进一步发挥“政产学研用”联动作用，形成未来社区发展研究中心与产业联盟紧密协作、共同赋能未来社区建设的制度化、常态化工作机制。建立九大场景“研究中心＋联盟企业”协同工作组，以研究中心专业力量为联盟工作重心把舵定向，以联盟企业市场化运作助研究中心成果落地。

第十章　未来社区建设深化研究展望

本研究首创性提出了浙江未来社区建设的顶层设计、内涵特征、实施路径、关键问题、场景方案、建设标准、政策保障、推进机制等系统成果，为浙江省政府、省发展改革委相关文件出台提供了有效支撑，为第一批、第二批60个省级未来社区试点以及2021年度90个省级未来社区创建项目提供了理念指导、落地方向和技术指引。围绕未来社区作为共同富裕现代化基本单元定位要求，展望后续阶段未来社区创建实践，仍然需要对若干领域开展深化研究。

一、研究扩大未来社区“三化九场景”理念适用性和覆盖面

本研究提出了未来社区三维价值坐标以及“9+X”场景集成创新系统，并详细阐述了与百姓日常生活密切相关的九大场景总体思路、实现路径和技术方案。下一步，立足以人民美好生活向往为中心这一根本遵循和人本化、生态化、数字化三维价值坐标，可考虑进一步丰富未来社区理念的层次性、多样性，提升未来社区理念覆盖面，使未来社区成果能够为更多群众所享有。一是及时总结凝练实践经验。对全省现有150个未来社区试点和创建项目进行跟踪评估，及时总结提炼“最佳实践”案例，围绕场景建设、政策创新、工作机制、建设运营、技术集成等方面形成若干较为成熟的经验模式，适时吸纳至相关标准文件中进行推广。二是开展未来社区场景扩容研究。进一步挖掘文化特色、群众潜在需求，因地制宜丰富“X场景”内容，打造群众欢迎、主题鲜明、辨识度高、文化意涵丰富的场景成果。例如，结合“一老一幼”的高频需求，开展儿童友好场景、老年友好场景等专题研究实践；结合新冠肺炎疫情对社区治理的新考验，探索防疫场景、韧性场景等新场景，在如何更灵活配置社区医疗资源、无接触社区服务、数字化防灾防疫响应机制等方面开展深入研究。三是以未来社区理念统筹旧改新建。在现有整合提升类、拆除重建类、拆改结合类、规划新建类和全域类基础上，进一步细分老旧小区改造、拆迁安置房提升、标准物业运营商品房提升、融合TOD综合开发的规划新建项目等类型。推进未来社区技术方案

和标准迭代创新，探索建立分层分级、灵活适用的标准体系和评价体系，使未来社区理念可以全面指导未来全省所有存量和增量社区建设或改造。四是开展未来乡村研究。按照共同富裕示范区建设要求，探索将未来社区理念与乡村振兴深度结合，围绕乡村社区的田园风情、文旅产业等特色，开展针对性的未来乡村场景和改造模式研究，让未来社区成果惠及城乡居民。五是开展全域统筹推进未来社区创建的规划方法创新研究。按照国家部署实施城市更新的相关要求，结合浙江省委十四届九次全体（扩大）会议关于“全省域推进城镇未来社区建设”的指示精神，针对未来社区理念全面应用于城市有机更新和新区开发、实施单元与规划单元的统筹协调、以生活圈理念创新城市规划方法、以共享理念配置未来场景等问题开展进一步研究。

二、开展未来社区与数字社会一体化推进研究

以多跨场景应用为抓手，把未来社区作为消除“数字鸿沟”的重要空间，集约高效一体化推进未来社区和数字社会建设，彰显以高水平整体智治为主要特征的共同富裕现代化基本单元治理体系，让数字化改革红利更好惠及社区居民。一是进一步推动一批高质量多跨场景应用。聚焦事关群众切身利益的高频、高权重事项，研究通过流程再造、制度重塑、技术创新等手段，进一步推动社会事业领域 12 个“有”落地未来社区，加快开发“教育大脑 + 未来学校”等多跨场景。二是开展数字社会撬动社会事业领域改革研究。人人享有均等化的基本公共服务，是建设共同富裕示范区和数字社会的应有之义。对数字社会如何有力撬动以公共服务为重点的社会领域改革，并落地到未来社区，需要开展系统有力的研究和谋划。三是开展数字社会建设数据安全保障研究。未来社区作为数字社会城市基本功能单元，社区智慧服务平台、社区信息模型平台涉及大量个人数据、三维地籍数据，涵盖众多社会第三方机构开发的应用，需要聚焦数据安全和个人隐私方面的问题，研究数据存储、数据共享、数据开放、数据应用等安全保障问题。

三、深入开展未来社区可持续运营机制研究

可持续运营和精细化治理是未来社区创建的重中之重，是实现“造房子”向“造社区、造生活”转变，切实提升群众获得感的关键一环。一是积极探索“运营前置”路径创新。开展“投建运一体化”模式的专门研究，探索实施方案招标与运营方案同步招标等流程创新，总结提炼“带运营方案”出让应把握的关键指标、核心内容，确保“运营前置”理念实质性落地。二是探索富有“人情味”和“烟火气”的可持续运营模式。未来社区的可持

续运营应充分关注对人情烟火和需求规律的把握，以服务群众美好生活向往为基石，以机制和模式创新为灵魂，以数字化为手段，以公益性和商业性功能合理配置为持续运营保障，打造百姓参与度高、有“人情味”和“烟火气”的运营生态。下一步可围绕数字化运营、良序化运营、持续化运营等方面，进一步开展“平台 + 管家”模式、邻里贡献积分机制、未来社区工作委员会的组建和运作方案等落地应用的细化研究，深化九大场景系统集成运营模式、群众持续参与机制的探索实践。

四、进一步开展配套政策机制研究

为保障未来社区试点和创建项目高质量落地，浙江在省级层面带动各地各部门，形成了“1+1+N”政策保障体系，在空间、土地、资金等方面形成了若干创新举措。下一步，围绕实现共同富裕现代化基本单元优质公共服务普惠共享的目标，需要深入挖潜政策红利，进一步推动优质公共服务下沉未来社区。一是开展民生领域政策数字化研究。推动民政、卫健等民生领域政策数字化，支撑优质公共服务资源精准下沉未来社区。二是开展未来社区物业资产化研究。探索建立未来社区公共空间和商业空间等政府持有物业资产化等政策机制，实现统筹高效运营。三是开展未来社区多方参与机制研究。厘清政府、市场、社会组织的职责边界，建立公众参与机制，系统性解决建设运营模式问题。研究建立后评价机制，对创建项目的完成情况、立项决策、建设实施、综合效益和持续性进行全面后评价，吸纳社区参与评估和监督。四是开展精神共同富裕的保障机制研究。围绕培育未来素养、实现精神共同富裕的目标，研究推动居民就业与未来社区创建相联动，建立居民知识技能和素养提升渠道，丰富群众精神生活和文化素养。五是开展开放式创新体系研究。进一步发挥未来社区发展研究中心、产业联盟两个平台支撑赋能作用，充分调动群众、市场主体积极性，强化“政产学研用”创新合作模式。考虑依托社区智慧服务平台，加载民意调查、需求分析、创意征集等模块，完善“揭榜挂帅”机制。

五、开展先进理念和前沿技术研究

把握未来社区的“现代化”属性，结合科技变量、先进理念，聚焦新模式、新技术、新产品、新治理，实现未来社区数字赋能、文化建设、公共服务的交融聚合。一是融合新技术。探索碳中和目标下城市有机更新的技术体系、数字化身份互认、新型建筑工业化等新技术研发和应用。二是探索新模式。优化组织方式，探索 F+EPC+O（投资 + 工程总承包 + 运营服务）一体化等路径创新，形成成熟的未来社区全过程工程咨询服务流程和行业规范。三是研发新产品。探索采取奖励、资助、贷款贴息、购买服务等方式，支持一批拥有核心技术、用户流量、商业模式的高成长性创新企业、独角兽企业等开发应用于未来社区的相关前沿产品和服务。四是推广新治理。以数字化改革撬动各领域改革，探索建立社区整体智治路径，构建业务协同、数据共享模型，推动基层事务高效协同、流程再造、智能服务。

技术指引篇

为实现把未来社区高质量打造成为共同富裕现代化基本单元、数字社会城市基本功能单元、城市现代化基本功能单元的目标，指导、规范和保障未来社区创建项目建设，加快浙江未来社区全面创建工作的有序开展，根据《浙江省人民政府关于印发浙江省未来社区建设试点工作方案的通知》（浙政发〔2019〕8 号）、《浙江省人民政府办公厅关于高质量加快推进未来社区试点建设工作的意见》（浙政办发〔2019〕60 号）等文件要求，结合前期试点实践经验，凝练形成未来社区建设技术指引。

第一章 总体要求

一、编制原则

1. 九大场景联动

坚持“系统集成”创新，构建耦合联动的场景有机体。强化九大场景整体设计观、一体运营观，运用系统化思维统筹考量邻里、教育、健康、创业、建筑、交通、低碳、服务、治理九大场景建设运营工作，形成相互关联、互促共荣的有机整体。

2. 建设运营协同

树立“运营前置”思维，打造建设运营协同工作体系。未来社区项目前期就应明确规划设计、投融资、建设施工、运营服务的一体化、系统化整合链路，将运营需求落实到物理空间规划设计中。

3. 刚性弹性结合

突出“刚柔并济”准则，搭建分级引导的标准体系。技术指引总体内容架构维持与33项约束性和引导性指标的一致性，强调约束性指标“底线”门槛和引导性指标的“无上限”领跑，强化对指标内容的标准化落地指导。

4. 动态迭代更新

秉持“开放创新”精神，建立群策群力的迭代机制。本技术指引应随着未来社区建设工作的推进，不断吸收群众智慧、专家意见、实践经验，持续改进优化、更新迭代。

二、基本概念

1. 未来社区

未来社区是以满足人民美好生活向往为中心，聚焦人本化、生态化、数字化三维价值，突出高品质生活主轴，有归属感、舒适感、未来感的新型城市功能单元，是让老百姓幸福的新平台，是对以人为核心的现代化居住理念的先行探索。

2.“平台 + 管家”

“平台 + 管家”管理单元以社区智慧服务平台为数字底座，以管家支持线下服务，整合“线上”和“线下”两端资源，从而实现即时服务、精准服务。

3. 邻里贡献积分机制

该机制将居民参与的邻里互助、社区志愿活动等社区公益性行为和社区居民学习的累计次数或时长折算成相应的积分，居民可使用积分兑换服务、物品等。该机制有利于促进公众积极参与社区治理，打造居民邻里互助的社区风貌。

4. 幸福学堂

幸福学堂是未来社区居民终身学习的中心，配有公共阅读空间、“人人为师”技能交换站、四点半课堂、优质教育机构、休憩休闲空间、儿童玩乐空间、线上直播空间、排练厅、音乐室、特色文创空间等教育场景载体空间。

5. 升级版社区卫生服务中心

通过医联体、智慧诊疗等平台、技术的赋能，在医联体内建立双向转诊机制，配套建设数字化模块，实现包括患者电子病例信息、检查数据和影像数据等在内的临床信息共享，实现传统社区卫生服务中心功能的提升。

6. 时间银行

以服务时长为标准，将公益性的助老服务转化为一定积分后储存，供“时间储户”随时取用，促进“公益时间”流通，实现爱心循环互动。

7. 综合能源资源服务商

综合能源资源服务商是指涵盖能源规划设计、工程投资建设、多能源运营服务以及投融资服务等方面，满足终端客户多元化能源生产与消费需求的综合能源服务主体。

8. 基本物业居民零付费

未来社区倡导“基本物业居民零付费”，是指因公共区域的保修、保洁、保绿、保安等基本物业服务而发生的费用，由社区公共设施经营收入和社区公益基金等集中支付，社区居民不承担基本物业费用。

三、价值坐标

（一）人本化

1. 需求调研

在未来社区创建的试点申报、方案编制、建设实施、社区运营等各阶段，需开展社区居民需求的调查、评估（见图 1–1），并形成决策、评估、反馈、修正的工作流程闭环，重点围绕居住条件、配套服务、公共空间、通勤交通与治理管理等五方面展开。

图1–1　未来社区分阶段人本化调研评估工作流程

2. 生活圈营造

原则上，未来社区实施单元范围内应按 5 ～ 10 分钟生活圈要求开展场景建设，规划单元内应按“5、10、15”分钟生活圈要求开展场景建设。

（二）生态化

1. 场地选址生态化

社区的场地选址应符合良好的生态环境条件，不应在污染严重的区域选址建设。

2. 建筑营造生态化

社区应以绿色发展为导向，关注社区从规划、建设到运营的全生命周期管理流程，通过建立环境友好型生产生活方式，鼓励绿色节能和资源循环利用，实现社区资源的集约及共享配置，打造绿色、低碳、智慧的美好家园。

（三）数字化

1. 基于数字社会的未来社区数字化应用场景

以满足社区居民数字社会美好生活需求为牵引，集成幼有所育、学有所教、业有所创、住有所居、文有所化、游有所乐、体有所健、病有所医、老有所养、弱有所扶、行有所畅、事有所便等12个领域的社区服务数字化场景，持续迭代提升未来社区智慧服务应用，拓展社区公共服务、社区生活服务、社区志愿服务跨业务协同应用。

2. 建设管理数字化

伴随社区建设全过程，同步整合社区基底模型、规划方案数字化模型、设计BIM模型、施工BIM模型以及竣工BIM模型，助力数字化规划、数字化设计、数字化征迁安置、数字化施工管理等。

3. 运营管理数字化

依托社区智慧服务平台，对接云端城市大脑、社区平台中脑和居民终端小脑，实现九大场景集成落地，为政府管理、社区治理、居民生活提供开放式数字化应用服务。

4. 设施资源数字化

数字化设施资源主要包括终端设施和网络设施两类：终端设施包括公共安全数字设施、建筑智能设施、智能信息设施；网络设施包括5G设施和Wi-Fi 6设施。

第二章　九大场景建设指引

一、邻里场景

（一）邻里特色文化

1. 特色文化公园

作为虚拟的公园风貌型文化空间，未来社区建设应因地制宜布置集中式或分散式社区特色文化展示与表达空间。包括社区历史展示、社群文化艺术展览，以及休闲娱乐、康体健身、聚会交流、特色节庆与跨社区邻里活动等文化活动复合空间。

2. 特色文化主题

拆除重建类、拆改结合类、整合提升类社区应注重传统邻里文化、组织文化等活态文化的传承。规划新建类社区应发掘、弘扬优秀传统文化，构建新型的社区文化主题。

社区特色文化主题宜从社区所在地域文化中提取要素导入，包括建筑遗产、纪念物、历史地名、历史故事、特色技艺等。

3. 社区文化设施

（1）设施类型。社区文化设施包括社区礼堂、社区文化站、文化展廊、社区图书馆、书画室、文化活动室、当地特色文化空间等。

（2）布点与规模。社区文化设施布点应坚持集中与分散相结合的方式。集中建设的应设置在 5 ~ 10 分钟生活圈中相对中心的区域，形成复合功能的社区文化空间；分散建设的应充分研究居民行为模式，充分利用地上、地下的零星空间，形成合理、实用、便捷、小型的文化设施服务网格。

（3）社区礼堂。社区礼堂宜根据未来社区 5 ~ 10 分钟生活圈服务半径覆盖的人口规模进行配置，并符合表 2-1 的规定。

表2-1　社区礼堂的建设标准

设施名称	单项规模		备注	布点
	建议最低指标/米^2	建议人均面积/（米^2·百人$^{-1}$）		
社区礼堂	600	12.0	宜结合或靠近绿地、广场设置； 宜和社区服务站、社区卫生服务站、住宅区商业网点等服务设施集中布局、联合建设并形成社区综合服务中心； 应考虑室内采光、通风、净高等；	可联建

4. 社区文化标志

社区文化主题应通过各类文化标志物进行实体展现，文化标志物的设计应坚持以下原则：

（1）地标需特色鲜明，应采用当地居民喜闻乐见的类型；

（2）以地区文脉为导向，以“历史可持续性”为价值理念，代际传承集体记忆；

（3）凝练地区无形文化遗产，包括历史故事、神话传说，借助公共艺术雕塑、装置等艺术手法进行有形表达；

（4）对建筑遗产开展博物馆化实践，妥善保存历史建筑、历史建筑群或“文物古迹区”的“历史本真性”，满足当地居民对过往历史的情感需求；

（5）动态聚集社区居民进行社交活动的公共空间，可通过打造具有身份认同感的集体性活动建构场所精神。

（二）邻里开放共享

1.“平台 + 管家”管理单元

未来社区管家是社区居民服务职权的代表者、协调者，负责配置各类服务资源，是传统物业管理方式的组织创新，包括社区专职管家、社区志愿管家及负责社区场景运营的外包团队等。

社区管家管理范畴包括：基于社区智慧服务平台的基础服务管控，建立线上、线下双结合监督督导机制，确保基本物业全要素、全覆盖、全周期的服务品质；基于信任建立的生活服务链接，对社区居民共性需求、个性需求进行大数据分析，制定供应商遴选机制，精准链接社区优质供应商；基于互助共建的社区治理体系，配合未来社区工作委员会开展社区工作，为社区居民搭建互助共建桥梁。

2. 邻里共享空间

邻里共享空间可作为邻里互助服务与邻里交往的场所。应统筹考虑居民生活的核心痛点和对生活品质的美好诉求，打造不同特色的邻里交往空间。按照规模、可达距离及服务主体，可将邻里交往空间大致分为两种类型：大型邻里共享空间，即社区邻里中心、文化中心等，通常规模较大，10分钟以内可到达；小型邻里共享空间，即在居住区内利用架空层、连廊等公共空间开发的小型居民活动场所，包括且不限于如图2–1所示的五种类型。

图2–1　常见的邻里共享空间类型及建设要求建议

注：项目建造最低标准——硬装约2200元/米²，软装约1000元/米²，户均系数指平均每户拥有的泛在空间面积。

（三）邻里互助生活

1. 邻里积分机制

（1）需求发布。需求发布宜分为居民发布、互助发布、组织发布三种情况：①居民发布：由居民个人发布相关需求，填写时间、服务内容后直接发布；②互助发布：为他人发布相关需求，填写时间、服务内容、服务地址、选择被服务人群信息后发布；③组织发布：由社区公益组织发布的群体志愿活动，填写时间、服务地址、选择指定人群、填写要求人数和每人服务时长。按图2–2所示步骤进行需求接受与执行。

图2–2　需求接受与执行流程

（2）积分获取。社区邻里积分获取途径主要包括社区居民在日常生活中的文明行为、志愿者服务行为、居民学习积累等，居民通过完成社区组织及个人发布的任务和活动来获取积分。

社区邻里积分具体获取方式包括：社区作为组织发布的志愿者邻里互助任务、社区智慧服务平台发布的“时间银行”爱心援助任务、社区号召志愿者参与的环境治理与绿化养护任务、社区号召公众参与的社区公共设施维护任务、社区居民学习和社区文娱活动等。

2. 邻里公约订立

邻里公约宜在业主委员会成立后，在社区党委的指导下由业委会具体组织开展起草并签订。

社区邻里公约应与社会主义核心价值观、当地人文历史、社区特色文化主题相契合，涵盖社区生活的各个场景，如邻里相亲、邻里守望、邻里互尊、邻里同心、邻里同乐、邻里相容等。

3. 邻里社群组织

邻里社团组织的类型秉持符合需求、丰富多样的原则。宜针对核心业主群体的年龄、职业、家庭组成等结构特征进行创建，包括但不限于兴趣爱好、公益服务、生活技能、运动健身等（见表 2–2）。

邻里社团组织宜由运营团队发起，由社区达人等有能力的热心业主牵头，原则上初始成员须不少于 5 名。社团组织须设立明确的社团活动章程，包括但不限于日常管理制度、财务制度、纪律制度等。

社团组织须确保有特定但不独占的活动设施和场地。鼓励社区资源共享，不同社团共用活动场地和活动设施。

表2-2　社区文化活动与空间匹配

服务类型	服务功能	空间匹配	服务对象		
			儿童	青壮年	长者
日常休闲类	休闲娱乐	按需设定娱乐型项目，如游艺室、亲子活动室、棋牌室、视听室	●	●	●
	体育健身	贯穿社区各区域的健身步道和健身设施，以及可满足社区大众健身运动需求的室内外健身空间		●	●
	影剧演艺	针对居民曲艺、舞蹈等兴趣需要，设置能够综合承载此类功能的曲艺舞蹈室		●	●
交流互动类	团队活动	针对一定规模的群体活动，包括聚餐、舞会等，设置集体活动空间		●	●
	慈善互助	针对社区互助共享资源，安排邻里中心或者文化中心等空间进行承载	●	●	●
	多功能活动	举行报告讲座、小型集会、联谊活动、数码电影放映、文化表演的多功能活动厅/文化中心	●	●	●
公共服务类	展示展览	进行作品展示、科普展览、藏品陈列的展示陈列室/博物馆	●	●	●
	节庆仪式	针对居民红白喜事、各类仪式，设置社区礼堂		●	●
	活动广场	针对居民户外聚集、展示、互动交流等需求，设置户外文化广场，以及可供公共活动的休闲绿地	●	●	●
	党群活动	根据社区规模和具体管辖情况，结合治理场景设置党群活动室或者活动中心		●	●
	信息服务	针对社区居民实际需要提供各类信息化支持，包括自助式信息化设备及空间场地，可设置专用信息服务室，也可根据社区实际情况布置在其他空间内	●	●	●

二、教育场景

（一）婴幼托育服务

1. 托育服务场所

（1）配置要求。结合社区人口规模和人口结构开展托育服务场所的规划建设。规划新建和拆除重建类社区宜按不少于 4.5 个托位 / 千人的指标要求，科学配置社区托育点，满足 0 ~ 3 岁婴幼儿托育需求。宜通过幼托一体化形式，在新建、改扩建的幼儿园中按一定比例设置托班，也可采取独立型托育点、嵌入式托育点、社区驿站、家庭托育点等配置方式，服务半径宜为 300 ~ 500 米。

（2）选址要求。社区托育点宜选择地质条件较好、环境适宜、日照充足的宜建地带，可独立设置，也可结合邻里中心及社区创业、教育、文化、体育、养老等设施场地综合设置，但应有独立分区，不应与集贸市场、娱乐场所、医院传染病房等不利于幼儿身心健康的场所毗邻。

（3）建筑规模。规划新建和拆除重建类社区的独立型社区托育点建筑面积原则上不小于300米^2/处；拆改结合类社区的独立型养育托管点建筑面积原则上不低于200米^2/处，幼儿人均建筑面积不低于4米^2。社区托育点的其他要求可参照《托儿所、幼儿园建筑设计规范》［JGJ 39-2016（2019年修订版）］、《浙江省托育机构设置标准（试行）》等相关技术规范执行。

（4）班级设置。每个独立设置的托育服务场所收托的婴幼儿不宜超过150人。一般设置乳儿班（0～12个月，10人以下）、小托班（12～24个月，15人以下）、大托班（24～36个月，20人以下）、混合班（18～36个月，18人以下）四种班型。采取幼托一体方式的，幼儿园与托儿所班数比例宜为3∶1。

（5）安防监控设备。托育场所全面覆盖视频安防监控系统、入侵报警系统、紧急报警等装置，24小时设防，并接入社区智慧服务平台。将电子巡查系统与社区智慧服务平台、社区报警中心联网。

2. 托育服务人员

合理配备保育人员，保育人员与婴幼儿的比例应不低于：乳儿班1∶3，小托班1∶5，大托班1∶7，混合班1∶6。保育人员必须实名认证，持证上岗。收托50人以下的社区托育点，应至少配备1名兼职保健人员；收托50～100人的，应至少配备1名专职保健人员；收托100人以上的，应至少配备1名专职保健人员和1名兼职保健人员。有条件的可配备医务人员。

3. 托育服务内容

（1）服务清单。结合社区人群需求，制定具有针对性的托育服务清单，内容涵盖营养膳食、健康管理、科学照护、潜能开发、安全保障、家长养育等照护服务。托育服务的其他要求可参照《浙江省托育机构3岁以下婴幼儿照护指南（试行）》等相关技术规范执行。

（2）精准服务。优先满足普惠性托育服务需求，可通过公建民营等方式，引入公益性、高端性等多层次托育机构，提供全日制、半日制、临时计时托管、喘息服务、夜间保育、家庭“邻托”、特殊儿童康复保育等精准服务，满足不同类别需求。

（3）服务机制。托育机构根据社区家庭需求，组织开展适合3岁以下婴幼儿身心发展特点的活动。通过入户指导、亲子活动、家长课堂、智慧平台推送等方式，为家庭提供科学育儿指导服务。

4. 智慧托育设施

（1）配置要求。智慧托育是指利用先进的信息技术手段，开发面向家庭、社区、机构的物联网系统平台，提供实时、快捷、高效、物联化、智能化的托育服务，服务内容如表 2-3 所示。

表2-3 智慧托育服务内容建议

序号	系统类型	系统功能
1	母子健康管理系统	用计算机网络，协助妇儿保健人员了解辖区常住母婴健康状况
2	智慧婴育应用系统	集成妇幼保健政策宣传、网上课堂、托育机构信息查询、托育机构分布、托育机构招生情况、出生等服务模块，提供涵盖生育全程、一体化的“互联网+”母子健康服务；实现出生“一件事”联办申请、预防接种证明联办、出生医学证明电子证照查询等需求
3	托育服务资源管理系统	依托托育信息化平台，可以对入托婴幼儿一日生活情况、入托婴幼儿膳食情况、机构的卫生保健管理、安全保障、入园建档等情况实现手机端实时查看
4	养育照护服务资源查询系统	依托养育照护服务系统，可以查询养育照护服务场所分布、养育照护服务指导中心信息、养育照护服务公益活动、育儿科学知识等
5	托育机构视频监管信息	通过手机端或者电脑（PC）端，可以随时查看托育点儿童的日常生活

（2）智慧托育信息化平台。结合社区智慧服务平台，社区内应部署支持全民健康托育服务场景的母子健康管理系统、智慧婴育应用系统、托育服务资源管理系统、养育照护服务资源查询系统、托育机构视频监管信息查询系统等。

（二）幼小教育服务

1. 教育资源衔接

按照标准设置各类学龄儿童的义务教育设施，优先做好与社区周边已有义务教育资源的衔接，在存量资源无法满足需求的情况下，考虑新建或改扩建幼小设施。

由试点或创建项目所在县（市、区）成立学位保障小组，协调联动相关部门，落实未来社区学位资源保障。以跨区合作办学、名校集团化办学、联盟式发展等方式，进一步扩大优质教育资源覆盖面。

2. 教育设施配置

基础教育设施布局应满足“幼小就近入学”原则，幼儿园服务半径宜不大于300米，不得跨越城市主干道。小学服务半径宜不大于500米。基础教育设施的其他配置要求应参照《托儿所、幼儿园建筑设计规范》［JGJ 39-2016（2019年修订版）］、《浙江省义务教育标准化学校基准标准》（浙教办〔2011〕63号）等相关标准执行。

3. 小班化教学

幼儿园班级人数应在充分参照《幼儿园工作规程》的基础上，积极推行小班化教学。

4. 近远程交互学习

应预留高速且稳定的学校教育端口，满足疫情等特殊时期学校网上授课需求。宜设置智慧教室，促进探索式教学以及远程互动教学。

（三）全龄幸福学堂

1. 幸福学堂建设

（1）选址要求。幸福学堂宜布局在社区较为中心的位置，可独立配置，也可依托邻里中心配置，与邻里、创业、健康、服务、治理等其他场景空间设施功能复合、分时共享，方便成年人、老人与儿童跨代际互动。

（2）建筑规模。规划新建和拆除重建类社区的幸福学堂建筑规模宜不少于1000平方米，拆改结合类、整合提升类未来社区的幸福学堂应充分利用各类社区闲置用房、其他场景空间等进行共享设置，规模宜不少于500平方米。

（3）配置要求。应结合社区人口结构特征及居民需求，灵活设置公共阅读空间、“人人为师”技能交换站、四点半课堂、优质教育机构、休憩休闲空间、儿童玩乐空间、线上直播空间、排练厅、音乐室、特色文创空间、开放共享式文化客厅（分时段机动开展道德教育、文化教育、读书交流、艺术展览、创业指导等）等空间模块，满足全龄段需求。幸福学堂宜实现5G网络覆盖，并按需配置LED展示屏或其他多媒体互动设备、多功能教学设备、远程教学设备、图书借阅及电子书设备、课桌椅设备、儿童玩乐设备、休息休闲设施等。

2. 教育内容组织

建立分时段课程制度，结合社区人群特征和需求，制定每周课程活动表，依托社区智慧服务平台呈现。宜设置与社区生活相关的通识教育，联动邻里、健康、低碳、服务、治理等其他场景内容，开展社区公约普及、老年人生活技能指导、智慧平台应用指导、英语实用口语辅导、生活垃圾分类、社区仪式宣贯等教育活动。宜设置丰富多元的休闲文化教育，围绕老中青不同人群学习教育需求，与居民共同策划每年、每月、每天的文化活动项目，涵盖文艺表演、读书讲座、国学教育、仪式教育、生活技能等内容。

（四）知识共享服务

1. 共享学习平台

依托社区智慧服务平台打造“知识在身边”板块，宜设置知识技能共享、优质资源集成、居民学习管理、学习地图可视化管理等教育场景数字化模块。

2. 共享学习机制

依托居民学习管理模块，对学习数据进行学习积分管理，以学习积分、授课积分激发居民参与教育活动的积极性。

3. 社区共享书房

（1）选址要求。共享书房宜设置于方便辐射整个社区的中心位置，可与其他场所设施综合设置，也可独立设置。宜与生活服务和商业空间融合或邻近，以解决复合型功能集成需要。

（2）配置要求。规划新建和拆除重建类社区的共享书房建筑面积原则上不小于200米^2/处，集全民阅读、文化交流、科普教育、议事协商、社会组织孵化培育等多功能于一体。拆改结合类社区的共享书房建筑面积原则上不小于150米^2/处，可与幸福学堂综合设置。内部空间可按需设置阅读学习空间、读书交流及小型会议空间、少儿阅读及玩乐区域、地方文化及非遗展示区域、精神文明建设展示区域等。

教育场景相关设施场所配置建议如表2-4所示。

表2-4　教育场景相关设施场所配置建议

设施名称	规划新建类、拆除重建类		拆改结合类、整合提升类		配置要求和建议
	建筑面积规模下限/米^2	建议服务半径/米	建筑面积下限/米^2	建议服务半径/米	
幼儿园托儿班	参照《托儿所、幼儿园建筑设计规范》[JGJ 39-2016（2019年修订版）]等				宜独立分区，有独立活动场和出入口
幼儿园	参照《托儿所、幼儿园建筑设计规范》[JGJ 39-2016（2019年修订版）]等				应专设户外活动场地（人均面积不应小于2平方米）
小学	参照《浙江省义务教育标准化学校基准标准》（浙教办〔2011〕63号）等				独立占地
幸福学堂	1000	500	500	500	可独立设置；宜合建、混合使用
共享书房	200	500	150	500	可独立设置；宜合建、独立分区

三、健康场景

（一）运动健身服务

1. 室内健身空间

室内健身空间包括健身场馆、球类场地、室内健身点等场所设施。15 分钟生活圈内应配置健身场馆、球类场地，5 分钟生活圈内应配置室内健身点。

鼓励有条件的未来社区，每 20 公顷社区占地面积，室内健身场地建筑面积不小于 1000 平方米，考虑场地的多功能性使用，为后续功能开发保留余地和灵活性。

2. 室外健身场地

（1）选址要求。室外的健身场地和设施，宜设于社区公园、绿地、广场、道路旁边等公共区域，便于公众使用。

（2）配建标准。室外健身运动空间靠近居住建筑设置，5 分钟生活圈内宜有不少于 100 平方米的室外健身区，每一处健身场地的面积不宜小于 20 平方米。宜设置乔木、隔墙、构筑物等有声屏障，绿化隔离带等隔声措施，避免噪声扰民。社区宜利用底层架空空间、屋顶空间等建筑的公共空间设置健身区。

3. 慢跑健身绿道

（1）配置要求。社区应配建供居民行走、跑步等的专门道路，根据社区自身条件和特点，单独设置流畅、连贯且循环的健身步道。健身步道宜优化沿途人工景观，合理布置配套设施，不得兼作或挤占人行道和其他健身场地。如果建筑室内设置有健身步道，宜结合商业步行街或共享交通空间设置。鼓励有条件的社区建设智慧健身步道系统。

（2）配建标准。社区内健身步道的设置宽度应不小于 1.5 米，每 10 公顷社区的健身步道长度不小于 800 米。

（3）设施建设。健身步道应采用弹性减振、防滑和环保的地面材料，应设置距离标识牌等健身引导标识。宜在步道两侧设置健康知识提示牌，针对不同人群设置相应的步行时间、心率等自我监测方法和健身指引，传播健康知识。

4. 游乐活动场地

（1）配置要求。应设置儿童游乐场地和老年人活动场地，且不少于 50% 面积的场地的日照条件满足现行国家标准《城市居住区规划设计标准》（GB 50180–2018）的有关规定。场地宜设有一定的遮风、避雨、遮阳设施，如乔木、花架、雨棚等，以提高活动场地的舒适度和利用率。老年人活动场地和儿童游乐场地之间宜相邻设置，既相互独立使用，又可以方便老人兼顾照看孩子。

（2）儿童游乐场地。儿童游乐场地的人均用地面积应不小于 0.02 平方米。每公顷社区的儿童游乐场地应设置不少于 3 件儿童娱乐设施，所有设施的显著位置都应设置功能使用说明和年龄限制告示牌，且设置休息座椅。

（3）老年人活动场地。老年人活动场地的人均用地面积应不小于 0.02 平方米。居住建筑的 500 米范围内应设置不少于 1 个 50 平方米的老年人活动场地。每公顷老年人活动场地内应设置不少于 5 台适合老年人的健身设施。

5. 健康场景运营

（1）邻里积分运动模块。社区智慧服务平台应设置邻里积分运动模块。日常运动健身活动计入个人积分，制定健身项目清单，与健身中心、健身社群组织等建立合作关系，将累计运动量、累计参与活动次数等与个人机构挂钩。

（2）运动社群。社区宜依托社区智慧服务平台建立活力运动社群。组织开展各类体育休闲活动。支持居民在线报名、签到、参与活动、分享活动图片和视频，并将运动社群参与度纳入居民积分体系建设，创建社区运动文化知识产权（IP）。

（3）智能化运营管理。社区健身运动空间和设施应依托社区智慧服务平台实现智能化运营管理，以实现设备维护检修管理、场地分时管理、运营主体可视化监管等功能。社区应依托社区智慧服务平台，为居民提供健身预约、付费、获取健身报告、积分认证等线上健身运动相关服务。社区健身运动设施宜配置智能化功能，如虚拟现实沉浸式体验、危险动作预警、运动习惯分析、运动全周期等数据追踪和采集、积分认证、体征监测等。并联通社区智慧服务平台，实现数据共享，为用户匹配健身课程与计划。

（二）健康医疗服务

1.“升级版”卫生服务中心

构建由市级三级医院牵头、社区卫生服务中心等为成员的城市医联体。空间布局满足15分钟步行圈要求，并明确城市医联体的组织管理模式。包括医联体内的责任界定、医生执业及考核机制等；建立医联体内的双向转诊机制，建立医联体内部双向转诊绿色通道；建立双向转诊数字化模块，实现包括患者电子病例信息、检查数据和影像数据等在内的临床信息共享。

2.“升级版”卫生服务站

“升级版”社区卫生服务站建筑面积宜为200 ~ 300米^2/处，满足5分钟步行圈要求。配备综合智能医务室、社区药店及AED紧急救援点等，除基础医疗服务外，可增配心理健康咨询、家庭医生指导、康复训练指导、中医保健等功能。智能医务室及药店宜明确设施配置、人员配备等。

3. 电子健康档案

居民电子健康档案包括个人基本信息、健康体检、重点人群健康管理记录和其他医疗卫生服务记录，鼓励扩展覆盖运动、就医支付记录、家庭物联网设备等数据。

完善数据管理及应用链条，连接各类健康服务资源，为居民提供健康教育科普、家庭医生指导、智能提醒、过程管理、结果监测等数字化健康服务。

4. 健康管理平台

建设健康管理平台，居民端、医生端应分别实现以下功能：

（1）居民端：具备健康数据线上查询、预约诊疗、线上咨询、线上诊疗、药品配送、家庭医生数字签约、健康评估报告和建议、疾病风险预测和建议等线上服务。

（2）医生端：应通过医疗物联网设备，采集、监测健康数据，开展远程医疗、智慧随访服务。鼓励利用AI诊疗辅助决策系统开展辅助诊断；鼓励家庭医生服务全过程留痕上云。

（三）养老助残服务

1. 适老化住宅

安置房区块应重点考虑适老化住宅配置问题。在充分调研回迁安置居民的年龄结构、建设意愿的基础上，按需建设适老化住宅。适老化住宅规划设计、建设施工等按照现有最新技术规范执行。

2. 社区养老设施

社区级居家养老服务设施建设面积不少于 300 平方米，应具有相对独立、固定、专用的场所，符合社区老年人日间照料中心设施设备配备要求。社区级居家养老服务设施应为区域内自理老年人、半自理老年人提供膳食供应、个人照顾、午间休息、保健康复、精神文化、休闲娱乐、教育咨询等日间服务。专业的社会力量承接运营，需签订合作协议并建立监督退出机制。

3. 智慧养老服务

（1）配置要求。智慧养老是指利用先进的信息技术手段，开发面向居家老年人、社区、机构的物联网系统平台，提供实时、快捷、高效、物联化、智能化的养老服务。社区内应配置智慧养老所需的设施与服务。具体内容参见表 2–5。

表2–5　智慧养老服务内容建议

序号	系统类型	系统功能	配置要求
1	居家护理管理系统	线上线下下单，自动匹配服务人员，服务完毕后自动记录，同时居民通过服务评价实现监督	□选配　☑标配
2	健康档案管理系统	利用计算机网络，协助医生、健康管理师、护理员了解辖区内常住居民的健康状况	□选配　☑标配
3	智慧安防管理系统	通过居家安防设备的数据采集，实时监护居民日常生活环境的安全	□选配　☑标配
4	智慧健康管理系统	通过居家物联网健康检测设备，随时检测自身健康状况，健康数据实时上传。依托评估系统，对数据的趋势进行评估	□选配　☑标配
5	分级护理评估管理系统	对老年人日常活动、精神状态、感知觉与沟通、社会参与的四项能力指标进行检测评估，对实际照护工作给出指导	□选配　☑标配
6	智能设备监测系统	多参数生命体征检测仪能将测得数据通过物联网技术发送到系统，通过长期的数据观察，对老年人的健康状况进行分析和预测	□选配　☑标配

续表

序号	系统类型	系统功能	配置要求
7	定位防走失智能穿戴设备	采用物联网、认知计算等高新技术，打造实时定位的智能穿戴设备。可构成未来社区老年人防走失数字地图，实现社区老年人出行安全监测	☑选配 □标配
8	老年人夜间智能看护系统	老年人夜间智能看护系统整合了物联网、人工智能、大数据等技术，可有效降低老年人夜间发生意外事件的风险	☑选配 □标配
9	慢病用药管理系统	智能药盒可扫描医嘱条码获取医嘱用药信息，以此制定用药计划，按照计划定时定量自动发药	☑选配 □标配
10	步态健康管理智能穿戴设备	通过对运动能力、认知能力、跌倒风险的评估，可发现老年人潜在健康风险，及时通过健康指导建议来进行干预防治，并每日生成步态健康行走报告	☑选配 □标配

（2）智慧康养信息化平台。智慧康养信息化平台应综合居家护理管理系统、健康档案管理系统、智慧安防管理系统、智慧健康管理系统、分级护理评估管理系统、智能设备监测系统、定位防走失智能穿戴设备等，集成搭建。

4. 时间银行

（1）开展原则。坚持公益性、互助性、激励性、持续性原则，围绕政府、公益组织、数字化公益平台、居民四方主体（GBPC 合作模式），构建政府主导、通存通兑、社会参与的时间银行运行机制，确保充分发挥专业化社会组织力量，持续提升基层治理体系与治理能力。坚持“时间兑换时间、服务兑换服务”的基础原则，不鼓励以任何形式兑换有价物品或货币。时间银行志愿者以及志愿服务活动需符合《志愿服务条例》的相关规定。鼓励省内相关企业基金会大力支持社区“时间银行”活动的开展。

（2）服务内容。因地制宜开展生活服务（代探访、清洁卫生、看护、订餐送餐、代采购）、健康管理（体检、医疗咨询、辅助治疗、专业看护、养生调理、保健理疗）、文化教育（家教补习、老年大学、兴趣课程、成人教育、专业援助）、公益集结（公益活动、发起组队活动）等服务。

（3）服务流程。服务对象（社区有需求的居民）发起申请，社区管家通过社区智慧服务平台对需求汇总后安排志愿者上岗服务，志愿者在平台完成签到签退后可获得“时间币”，后续可自己使用，也可赠予他人。“时间币”获取、兑换机制与社区邻里贡献积分机制统筹安排，鼓励“家政换房租”、跨代合租、生活照料、精神关怀、交流分享等服务模式，明确“时间币”兑换规则。

四、创业场景

（一）创业空间配套

1. 规模选择

社区双创空间不小于300平方米。规划新建类要突出人才集聚导向，做大双创空间规模。创业空间的选址宜邻近交通TOD枢纽、社区公共服务中心或高校、科研机构等智力中心，根据周边资源条件的差异因地制宜、合理安排。

2. 组织模式

根据社区用地条件及创业规模等，采用共享型或独立型组织模式。共享型组织模式指非独立占地，与人才住房、邻里中心等其他空间共享的创业场所，适合小型初创团队、居家办公创业者等，宜在社区广泛采用。独立型组织模式，指独立占地的创业场所，适合大型规模企业或多企业联盟，宜在有条件的社区适当采用。

3. 场景运营

社区创新创业空间总体采取“专业机构主导+政府支持、专业化运营+市场化机制”的运营管理思路。遴选引入优质的专业运营商，通过专业机构运营，整合政府、人才、资金、产业等各类创新产业要素，建立完善的双创空间运营服务制度与平台（见表2-6）。

表2-6　社区双创空间功能板块运营模式建议

序号	功能配置	功能属性
1	办公空间	□公益型　☑商业型
2	会议室	□公益型　☑商业型
3	头脑风暴室	□公益型　☑商业型
4	路演场所	☑公益型　□商业型
5	创客学院	☑公益型　□商业型
6	会客会谈空间	□公益型　☑商业型
7	咖啡吧台空间	□公益型　☑商业型
8	办公配套空间	☑公益型　□商业型
9	休闲配套空间	□公益型　☑商业型
10	生活配套空间	☑公益型　□商业型
11	其他配套空间	☑公益型　☑商业型

注：鼓励有条件的多个社区引入同一运营商实现规模化管理，促进资源共享，提升运营效率。

（二）创业平台服务

1. 服务平台

社区应搭建未来社区创业服务中心数字平台，提供创业公共服务、产业联盟、创新对接等业务板块。应搭建产业圈层联动平台板块，包括产业联盟、产学研高校联盟、双创企业联盟，实现资源聚合交换、信息共享等。

2. 服务内容

社区应提供共享办公租赁、物业管理、保安保洁、会议服务等解决企业运转的基础服务。宜提供人才招募、资源链接、创业指导、企业培训、政务支持、异地协同、专业中介、检测检验、大数据中心、知识产权、投融资服务等特色服务。

（三）创业人才安居

1. 人才引进机制

面向片区特色人才，制定专类人才引才政策，构建“创业 + 教育 + 落户”三大绿色通道，重点设立“青年创业绿色通道”，首要引入人才子女“就学绿色通道”，形成“靶向引才”。对于专类人才的专项双创活动，达到相关标准要求的，给予相应的奖励。

2. 人才认定机制

（1）人才界定。社区“引进各类人才数”是指依托未来社区建设，所建人才住房（含人才公寓、定向销售的商品住房）拟安排入住的符合地方人才认定标准的各类人才数量。

（2）“人才引进”依据地方人才政策。鼓励地方根据实际需求制定差异化的人才认定政策，强调“重实绩”导向，打破“唯学历”认定标准。

（3）人才统计与认定。规范社区“引进各类人才数”统计细则，应与人才住房户型关联对应，试点（创建）申报、实施方案评审阶段，人才房按 1 人 / 套计。

3. 人才住房建设

人才公寓建筑套型面积设计应确保基本的居住性能水准，独立公寓套型面积不宜小于 22 平方米，半独立公寓套型面积不宜小于 13 平方米。独立公寓套型应设卧室、起居室（厅）、厨房、卫生间、储藏空间等基本功能空间和相应的设施设备，宜设置晾晒空间。半独立公寓套型应有兼起居的卧室、卫生间、储藏空间等基本功能空间和相应的设施设备，宜设置开放式厨房、晾晒（烘干）空间。

人才公寓建筑卧室、起居室的室内净高不宜低于 2.7 米，厨房、卫生间室内净高不应低于 2.4 米。建筑公共管道应设置在公共空间内。套内宜采用轻质墙体，满足套内空间灵活可变的要求。

4. 人才安居机制

通过增加人才住房供给、制定购（租）房政策、建立“租购同权”制度来实现人才安居。

（1）增加人才住房供给。社区实施单元内应配建人才住房，有条件的社区宜建设产权式及租赁式两类人才住房，以吸引不同层次的人才，满足差异化的住房需求。

（2）购（租）房优惠政策。合理划定产权式、租赁式人才住房比例，落实住房租售“定对象、限价格”的机制。对于符合条件的核心创业团队成员，提供一定的购（租）房优惠；出售的人才住房在一定年限内封闭，不得上市流转；达到规定年限后，因另购市场商品住房等原因需要转让的，应当向当地政府缴纳增值收益。将人才住房纳入住房保障体系，居住人享受相关优惠政策，相关政府主管部门按保障性租赁住房或共有产权住房有关规定进行管理。

（3）租购同权。赋予符合条件、入住人才住房的承租人子女享有就近入学等公共服务权益，保障租购同权。

五、建筑场景

（一）建筑空间开发

1. 空间集约开发

社区选址应靠近现有或规划的公交系统，并具备与轨道交通站点或公交枢纽场站接驳的条件。

以 TOD 为导向的社区开发交通空间布局应呈现梯级分布的特点。场地出入口到达公共交通站点的步行距离不超过 300 米，或到达轨道交通站点的步行距离不超过 500 米。

2. 公共空间建设

社区应基于社区生活圈，合理规划社区公共服务设施，实现社区公共服务的精准化、精细化发展。根据社区居民活动特征、出行规律和生活需求等，综合规划邻里中心、街道、广场、绿地、公园等社区公共空间系统。

公共服务功能设施向社会开放共享的，可以全时开放，也可根据自身使用情况错时开放。设置架空层、共享层、风雨连廊等，建立街坊间互相联系的步行通廊。设置社区文化广场、露天小剧场等居民活动空间，丰富社区居民文化生活。

3. 地上地下综合开发

社区的公共服务设施宜与交通站点无缝衔接。围绕公交或者轨道交通站点，采用“混合开发”和“垂直城市”理念，实现空间的高效利用和集约开发。开展垂直城市建设，保障地上地下空间实现无缝衔接；打造“垂直向上”的多功能、多业态的有机组织。

地上地下空间应进行复合开发，鼓励相邻地块间地下层设置连接通道互为补充。建筑设计应充分考虑地下空间高度的通用性，可利用地下空间设置物流收发中心，服务于社区实施单元或周边更大的区域。城市新区宜结合上位规划优先建设综合管廊，满足空间开发强度要求，促进地下空间的科学合理利用。

4. 应急空间与设施

社区应考虑将社区绿地广场等公共空间转化为应急避难绿地和将既有公共建筑改为临时应急处置场所的可能性，提供受灾防疫等特殊情况下的应急疏散和避难空间。

鼓励增设公共卫生事件应急配套设施，以便非常时期可将其改造成为临时医疗点。配置社区防灾救灾的教育场所或空间，室内场所可结合教育场景的既有空间复合使用；室外场所可结合社区开敞公共活动空间，开展应急演练、防灾教育、训练、活动和游戏等。

（二）建筑风貌营建

1. 风貌控制

注重读人、读地、读景、读文等调研工作，深度挖掘各创建项目历史文脉、肌理特征，积极利用场地历史建筑、工业遗存、古木古井等特色元素，打造根植在地、辨识度高、文化内涵丰富的特色风貌体系。

2. 围合式布局

建筑宜采用围合式布局，以形成小街区、密路网，疏密有致、高低错落的城市空间形态。鼓励以多朝向住宅形成围合式街区，通过不同高度、体量建筑的组合，形成错落有致、尺度宜人的城市景观。

3. 立体式绿化

（1）绿化率引导。规划新建类社区绿地率不低于35%，鼓励立体绿化合理计入绿地率。

（2）绿化层次。立体绿化是由地面绿化、屋顶绿化和平台绿化（裙房屋顶、建筑中间的开放公共空间及私有阳台）构成的多层次复合绿化系统。① 地面绿化：作为绿化的主体部分，应强调地域文化特色与公共开放特征，同时注重海绵社区的营造。选择地面绿植时，在适宜性的基础上可强化文化性、独特性。② 屋顶绿化：作为绿化的辅助部分，应倡导因地制宜设置花园式屋顶绿化。增加高层建筑空中交往空间，促进高层住户的邻里交往，使住户能便捷地享受阳光花园。③ 平台绿化：立体绿化的重要组成部分，重点鼓励公共空中平台绿化建设，住户阳台绿化应注重因地制宜、多样探索。公共平台绿化，在空间布局上可倡导多首层理念，结合建筑的复合功能进行创新，让更多居民和用户享受到公共花园环境。在空间布局上可以结合都市农业、休闲运动、儿童教育等多种功能，加强居民参与。在运维管理上可引进新技术，探索新模式，强化开源节流，保障可持续发展。住户阳台绿化作为私家绿化，要强调其公共形象属性，在设置中应充分考虑运维过程的维护与管理机制保障。

（3）植物配置。屋顶及空中花园阳台绿化应满足屋面蓄排水、隔音降噪、屋面隔热等基本建筑功能。屋顶及空中花园阳台绿化种植应选择：① 耐旱、抗寒性强的矮灌木或草本类植物。② 阳性、耐贫瘠的浅根性植物。③ 抗风、不易倒伏、耐积水的植物种类。④ 四季常绿、冬季能够越冬的植物。宜多选择乡土植物，可适当引种新植物品类。⑤ 空中花园阳台方位朝东或朝南、光照充足、通风较好、植物生长环境较为理想的，可选择观花、观叶、观果类植物作为绿化植物。

（4）空中花园阳台。空中花园阳台是指在建筑 2 层以上，利用建筑外挑的未封闭的露台、阳台等场地进行绿化种植所形成的立体花园景观。应满足一级防水等级设防要求，且必须至少设置一道具有耐根穿刺性能的防水材料。应结合种植土厚度考虑结构降板，种植土厚度不宜小于 300 毫米。如存在应用新型种植技术的，结构降板高度、种植土厚度可依技术要求酌情放宽。

空中花园阳台植被宜采用种植土绿化、容器种植、盆栽绿化相结合，宜采用环保型固化种植基质，由物业进行专业的统一维护及管理。

（5）绿化维护。合理进行绿化灌溉，应根据植物习性和选用的灌溉设施及气候环境等条件，适时适量进行灌溉。灌溉设施应性能良好，保证排水管道通畅。

定期进行病虫害防治，宜采用无害、无污染或低污染的防治措施。病虫害防治以预防为主，及时处理枯枝落叶。定期进行屋顶绿化设施维护与保养，应定期检查排水口、排水沟、雨落口，及时疏通排水管道。宜采用智慧管理系统，实现对绿化的远程控制、语音交互、智能托管、定时计划、天气预判、生态预警、环境恒定等管理功能。

（三）建造技术创新

1. 装配式建筑

社区建设应综合应用装配式建筑、工业化装配式装修等新型建造技术，依据浙江省住房和城乡建设厅《装配式建筑评价标准》（DB33/T 1165–2019）相关规定进行评价。

装配式建筑装配率和评价等级不应低于以下要求：新建建筑应采用装配式，公共建筑、居住建筑装配率应达到地方先进水平。

2. 绿色建筑

（1）建设要求。社区新建居住建筑按照国家现行标准规定力争达到二星级及以上绿色建筑要求。新建公共建筑按照国家现行标准规定，力争达到三星级及以上绿色建筑要求。参照国家现行既有建筑绿色改造有关标准，对既有建筑应开展绿色化改造，提升既有建筑能效水平。鼓励单体新建建筑绿色建材应用比例不低于 70%。

（2）建筑防护。社区绿色建筑应采取保障人员安全的防护措施。建筑物出入口均设外墙饰面、门窗玻璃意外脱落的防护措施，并与人员通行区域的遮阳、遮风或挡雨措施结合；利用场地或景观形成可降低坠物风险的缓冲区、隔离带。

（3）建筑环境。社区绿色建筑应采取措施优化主要功能房间的声环境、光环境和室内热湿环境。主要功能房间的室内噪声级和隔声性能应高于国家现行相关标准低限标准限值；优化建筑结构，充分利用天然光满足室内主要功能房间的采光照度需求；优化建筑空间、平面布局，改善自然通风效果，主要功能房间均应有开窗通风或机械通风条件。社区绿色建筑人员较多的重要公共空间应设置机械排风装置，形成室内负压，并保证有效新风供应。杜绝病毒和污染物通过排水管道、排风井，防止形成交叉污染。

3. 装配式装修

装配式装修设计应与建筑、结构、设备等并行设计，应采用建筑信息模型技术，结合智能化系统技术，制定智能化场景解决方案，并应用于项目全寿命周期。

积极应用装配式装修，加大装配式装修在商品房项目中的应用力度。应用管线分离、一体化装修技术，应用整体厨房、整体卫浴等集成化、模块化建筑部品，提倡传统非遗技术在装修领域的应用。

4. 设计标准化

社区应遵循模数协调和标准化设计原则，对建筑模数和部品模数进行协调，实现部品及功能模块在建筑空间内的精确装配；建筑结构体设计宜采用扩大模数 2nM、3nM 模数数列；建筑内装体宜采用基本模数或分模数，分模数宜为 M/2、M/5；层高和门窗洞口高度宜采用竖向基本模数和竖向扩大模数数列，竖向扩大模数数列宜采用 nM；厨房和卫生间空间尺寸宜符合国家现行标准《住宅厨房模数协调标准》（JGJ/T 262–2012）和《住宅卫生间模数协调标准》（JGJ/T 263–2012），兼顾装配式内装各系统的安装尺寸。社区建设项目应符合标准化设计、工业化制作、装配化施工、装配式装修、信息化管理和智能化应用等基本特征。

5. 超低能耗建筑

（1）建设要求。社区的公共建筑和居住建筑优先采用超低能耗建筑技术，鼓励采用高性能门窗、活动外遮阳等超低能耗建筑技术。超低能耗建筑或集中供暖供冷，应实现实施单元全覆盖。超低能耗建筑的室内环境、能效指标及相应的计算和测试方法应满足国家《近零能耗建筑技术标准》（GB/T 51350–2019）的技术要求。

（2）建筑气候适宜性。浙江属亚热带季风性气候，春秋较短，冬夏较长，气候湿润，且夏季炎热，冬季寒冷。超低能耗建筑设计应基于浙江的气候特征和项目所在区域的微气候环境，从自然通风、自然采光、形体遮阳、保温隔热等方面开展适应气候的特征设计，营造优良的建筑本体条件。

（3）外墙保温。超低能耗建筑的外墙、屋面的传热系数以及外窗（或透光幕墙）的传热技术和太阳得热系数，应根据性能化设计原则，通过建筑能耗计算确定；外墙保温应采用燃烧性能为 B1 级以上的保温材料，优先选用高性能保温材料，以减少保温层厚度。

（4）建筑遮阳。东向、西向、南向外窗（透光幕墙）以及屋顶透光部分应设置外遮阳措施，优先采用活动外遮阳形式。

六、交通场景

（一）交通组织方式

1. 小街区密路网

应将街区内部的道路、广场、绿地等空间开放，推动形成支路网密度较高、土地功能复合开发、公共服务设施配套集成的街区布局模式。推动社区街道向临近片区商业文化、生态景观、休闲娱乐等功能空间延伸和渗透，社区布设“窄马路、密路网”的街道空间形态，社区人行出入口间距不超过 200 米。

2. 开放式街区及安全防护

按照开放式街区理念规划建设社区，至少应达到部分开放模式要求，将社区组团路和宅间路开放，供慢行系统通行。鼓励有条件的社区按完全开放模式进行规划建设，同时将宅间路对慢行及车行开放。

协同解决街区开放与城市干道交通安全问题，在条件允许的情况下，实现社区内部及周边临近片区路口信号联控体系全覆盖。对社区内部次干路及以下等级街道，吸纳采用减小交叉口转弯半径、收窄过街口、设置缓冲带等稳静化设计手段。

针对防疫、防灾等特殊情形，预留布置社区出入口移动式路障卡口，并在规划设计阶段做好空间接口预留。宜加强人脸识别、入侵监测等视频监控设施应用，实现社区人流、物流“整体智控”。社区宜推行“无接触配送”的物流、快递服务，规范“无接触配送”流程标准，适应特殊时期社区安全防护需要。

3. 人车分流

优化社区支路平面布局设计，社区内部应无断头路。充分利用社区内部支路密路网体系，推动组织单向交通、转向限制等交通微循环组织模式，优化社区交通流线，形成社区内部交通微循环体系。

统一规划社区出入口道闸、岗亭、围栏等设施，实行社区机动车和非机动车交通物流硬隔离，配合社区内部交通循环流线，完善交通导向标志标线，确保实现社区内部封闭式管理空间实现“人车分流”。

4. 交通设施衔接

加强社区出入口与周边公共交通站点的衔接设计。对规划新建或拆除重建类社区，宜围绕轨道交通或地面公交站点选址。对拆改结合类社区，应优化慢行主出入口与就近轨道交通或公交站点间的衔接。

5. 立体联通网络设计

加强社区立体化空间资源开发，条件允许时推动 TOD 综合体与社区紧密结合，构建社区与综合交通之间的地上、地面和地下多维分层联通体系。推动社区邻里活动中心、创业办公中心、商业综合体等核心建筑体与居民住宅建筑之间空中步行连廊设计，增强竖向梯井等立体交通设施优化组合，提升社区功能单元组团之间通达连接效率。

（二）交通智慧共享

1. 车位资源共享

统筹社区租售及公共车位资源，创新车位共享管理机制。实行分时共享、错峰共享停车模式，结合社区邻里不同停车时间需求，开发社区邻里车位共享管理平台功能，以“自愿参与、统筹管理”为原则，激励社区住户在平台上进行车位资源信息发布和分时段共享。鼓励社区与周边写字楼、商场等共享停车位，引导社区内部停车场和外部停车场错时停车，加强外来社会车辆进出社区的安全监管。

2. 智慧共享停车平台开发

引入社区第三方共享停车运营企业，开放应用社区智慧共享停车服务平台，提供信息共享、停车诱导、无感停车、自动结算、在线支付、反向寻车等在线服务功能，社区集中停车场 5 分钟完成取停车次数比例宜达到 50% 以上。

3. 智慧停车技术设施应用

推广应用 AGV 等自动辅助停车技术，提升社区取停车效率。利用立体车库等技术，推广最大化利用城市空间的新型停车布局模式，提高车位机械化率、自动化率。

4. 智慧设施配建空间接口预留

结合自动驾驶、无人配送机器人、无人机等社区智慧化交通物流技术应用趋势，配置预留社区连廊、平台、地下管道、净空等提升改造空间。社区街道物理设施应结合物联网管控、交通流感应监测等需要，布设路侧传感器的平台进行设计，预留自动驾驶、智慧交通设施标准化接口。

（三）交通供能设施

1. 充电设施安装标准

社区停车场宜设置充电桩。规划新建类或者拆除重建类社区须按停车位数量的 30% 配建充电桩，剩余停车位应全部预留充电设施建设安装条件；拆改结合类社区推进设施基础改造，停车位应全部预留充电设施建设安装条件。

2. 充电设施分类建设

居住建筑停车位以慢充、自用充电设备为主，并根据实际情况设置较低比例的快充设备；公共建筑停车位实行快、慢充设备结合，并根据需求设置专用或公用充电设备。

3. 智慧共享充电管理

依托社区智慧服务平台，支持开发社区智能化共享充电服务功能模块，提供充电预约、在线支付、汽车电池全生命周期管理等集成服务功能。加强停车充电安全防灾设计，充电设施应具备两层主动防护功能。鼓励提供充电智能营维服务，以智能感知为核心，简化充电设施日常运维管理，打造社区桩联网管理、智能视频监控、环境质量监测、语音互动、故障告警、远程控制、预约充电、充电计量计费、扫码支付等功能。

4. 多元功能服务设施设备

鼓励社区引入移动充电服务运营商，投放经济、安全的社区移动充电装置作为社区停车位充电补充方式。结合社区车辆集中供能需要，配套建设综合供能（加油、加气、充电）服务站。支持社区应用太阳能供电、太阳能道路铺装等先进技术提供充电服务。

（四）交通慢行友好

1. 慢行街道空间营造

鼓励开放公共建筑退界空间，根据不同街道类型和空间特点，统筹慢行交通通行区、设施带和建筑前区，营造功能复合的慢行街道空间。街道断面形式应满足适宜步行及非机动车骑行要求，非机动车道宽度不应小于 2.5 米，人行道宽度不应小于 2 米。优化慢行交通过街设施，保障骑行及人行交通安全。系统考虑社区在应对灾害防护、居民自我隔离等方面的特殊需要，强化步行、骑行环道以及应急物流通道与功能空间的衔接，确保基本生活的可达性与应急物资供应的连通性。

2. 连续无障碍功能设计

社区街道充分考虑老人、残疾人，以及携带婴儿推车、大件行李的行人的需求，设置无障碍辅助设施、电梯等，道路纵向坡道坡度原则上不应大于 2.5%。以公共交通站点、商场公园等人流密集场所、社区居住楼栋为重要节点，重点设计非机动车停放设施与行人停留休憩空间。社区内非归属于街道的慢行空间考虑结合社区建筑布置，社区重要建筑功能区之间、社区到对外公交站点之间统筹考虑设置风雨连廊等人性化设施。

3. 步行环境友好化

根据街道性质、建筑特点和空间规模，将人行空间分类，整合用地，优先安排通行空间，利用设施布置和前区设计提升步行空间品质。

（1）对于建筑退界较少或封闭、周边行人通行需求较低、空间相对紧张的道路，如等级较低的交通性道路，可采用 2.5 米人行空间布置，减少或去除其他区域，以确保足够的通行空间尺寸。

（2）对于空间相对宽松的道路，如较窄的生活性道路、工业性道路，可采用 3.5 米人行空间，在确保足够的人行空间尺寸前提下，进行少量的设施布置，如紧凑的非机动车停放位、绿化等。

（3）对于空间宽松的道路，如有一定退界的生活性道路、景观性道路，可采用 4.5 米人行空间，确保足够的人行空间尺寸，通过不同的街道家具的设计实现功能提升，如休憩椅、特色绿化等，展现街道人文自然风貌特色。

（4）对于空间较为宽松的道路，如商业性道路或较宽的生活性道路、景观性道路等，可采用5米人行空间，结合建筑前区设计增设舒适或有一定集聚力的街道家具和景观，如艺术小品、休憩节点、信息导引栏、生活服务岗亭等，确保人行空间的舒适性，提升街道活力。

（5）对于宽松的道路，特别是建筑退界开放、前区较大的商业性道路，可采用大于5米的人行空间，协调商业服务设施，增加建筑前区空间设计，利用商业活动融合特色街道布局，营造有活力的街道特色氛围。

4. 步行空间立体化

整合地面、空中与地下空间，形成立体步行系统网络，实现建筑之间、建筑与轨道车站之间，以及与街道空间内部的便捷联系。

（1）提高便捷性。利用立体步行廊道连接区域内重要的行人集散点，根据行人习惯设置最短步行路径；在人车冲突严重、较为复杂的位置设置立体过街设施，并将其设置在距离行人较近的位置。

（2）提高复合性。鼓励人行天桥的楼梯、人行地道和轨道交通站点的出入口，结合沿街建筑或退界空间集约设置；立体步行通道应根据周边建筑的特性，统筹考虑与商业娱乐、观光休憩、共享平台、人防停车等需求的结合进行设置。

（五）交通物流服务

1. 服务用房

在社区内配置面积合适的物流公共服务用房，纳入社区公共服务用房配套建设标准，实现同步规划、同步设计和同步建设施工，优先利用社区地下空间建设物流功能用房设施。

2. 功能配置

合理划定物流用房面积，确保满足快件收发、物品存储、智能终端布置、人员休憩等基本功能要求。条件允许的社区可以扩展配置智能冷库、智能分拣等增值服务功能空间。强化物流用房与社区应急通道、地下通道、风雨连廊等空间的衔接，满足社区应急安全物流、无风雨收投件等功能要求。

3. 智能快递柜

将智能快递柜纳入社区物流用房、社区公共服务空间等建设要求，进行统一规划和设计，其格口数宜按楼宇内每日平均投递量的1~1.3倍数量配置。条件允许的社区可在建筑设计阶段规划收投件入户管道、无人设备配送通道等功能空间，智能入户管道（通道）不影响社区人员正常通行和安全疏散。智能快递柜具体的设置位置、方式、场地与空间要求、配套设施等方面参照《智能快件箱设置规范》（YZ/T 0150–2016）执行。

4. 物流服务平台

支持快递物流、第三方物流、电商、商超、社区物业等进行多方合作，协同社区智慧物流综合服务，扩展社区智慧服务平台。整合快递、应急物流、外卖配送、冷链宅配、包装回收等多种服务资源，提供社区“一站式”物流共享集成服务。鼓励投放社区共享快递盒、智能共享快递柜、共享冷柜等共享物流服务产品。

5. “无人化”“零接触”物流配送

加快社区“零接触”快递末端配送体系建设，鼓励应用无人机、自动配送机器人、地下管道物流等新型快递物流模式和技术。强化区块链、大数据、物联网、信息传感等技术应用，构建社区物流配送全过程智能安全管控系统，加强对配送车辆定位、物品监控、过程追溯等功能的开发。

七、低碳场景

（一）多元协同供能

1. 总体要求

因地制宜构建社区多元协同低碳能源系统，应建设“光伏建筑一体化 + 储能”的供电系统。因地制宜建设“热泵 + 蓄冷储热”的集中供热（冷）系统。优化社区能源网络布局，实现横向“电热冷气水”多类能源互补，纵向“源网荷储调”多种供应环节的协同互动，大幅提高可再生能源比重和能源利用效率。

根据社区可再生能源资源分布情况，合理采用太阳能、水源热泵、地源热泵及空气源热泵等可再生能源开发利用技术。

2. 光伏建筑一体化

（1）光伏建筑一体化。社区太阳能利用设施优先应用光伏发电技术，探求“光伏 +”在不同场景下的新应用。重点采用光伏建筑一体化产品，同时结合储能技术，兼顾太阳能热水、光热发电等应用形式。

太阳能利用设施建设与建筑“同步设计、同步施工、同步验收”，从踏勘、设计、集成到运维进行全生命周期智能管控。充分利用屋顶和受阳面较好的立面作为光伏发电的敷设场地，将光伏产品集成到建筑上，兼顾功能性和美观度双重标准。光伏发电系统的建设参照相关行业规范执行。

（2）储能。合理配置分布式储能系统，建立社区级储能网。分布式储能设施建设运营应满足《低压配电设计规范》（GB 50054–2011）、《电化学储能电站设计规范》（GB 51048–2014）、《分布式电源并网运行控制规范》（GB/T 33592–2017）等相应的设计规范和施工验收的规定。加强微电网技术应用，提高供电灵活性、安全性和可靠性，有条件的可以将社区级储能网与城市级储能网连接。

（3）光伏发电智能诊断运维。利用智慧终端和网络，建立光伏发电智能诊断运维系统，通过集中监控、故障诊断、运行分析、智能巡检、运维管理、指标评估等环节，实现光伏发电智慧化应用与精细化管理。

3. 供热供冷

（1）配置原则。社区的供热供冷方案比选时，应突出“两个导向”：既要突出“群众满意”导向，满足健康舒适的环境体验、节能节本的经济要求、多样便捷的使用场景的要求；又要突出“集成适用”导向，提供技术集成创新、方案模块化组合和可持续市场化运作模式。

具体选择技术方案时，应综合考虑社区的资金承受能力、居民习惯与接受度、场址资源条件等因素，针对安置房、人才房、公共建筑、商品房等不同类型的建筑进行充分比选，可以采用区域能源站、超低能耗建筑 + 补充供热供冷等不同组合。探索解决浙江地区冬季供暖问题，建议采用高效、环保、低碳的制冷供热设备。

（2）区域能源站。区域能源站选址宜靠近冷热负荷中心，单个能源站供能半径宜不超过 1.5 千米。区域能源站设置宜根据建设时序做到远近结合，以近期为主，并适度预留扩建余地。区域能源站设计应根据供能范围、供能形式、冷热负荷、建设条件等因素综合确定，保证设备大部分时间处于高效工作区。地表水水源热泵系统和地埋管地源热泵系统设计应满足《地源热泵系统工程技术规范》（GB 50366–2005）相关规定；蓄冷蓄热系统设计应满足《蓄能空调工程技术标准》（JGJ 158–2018）相关规定；分布式燃气冷热电三联供系统设计应满足《燃气冷热电联供工程技术规范》（GB 51131–2016）相关规定。

（3）资源利用要求。供热方面应优先采用工业余热废热、可再生能源进行供热；有适宜的城市污水及江河等天然地表水资源可供利用时，宜采用地表水源热泵系统；有适宜的浅层地热能资源可供利用时，宜采用地源或地下水源热泵系统；在执行分时电价、峰谷电价差较大的地区，可采用蓄能系统；具有多种能源的区域，宜采用复合式供冷供热系统；

天然气供应充足的社区，当建筑的电力负荷、热负荷和冷负荷能较好匹配，能充分发挥冷热电联产系统的能源综合利用效率并相对其他技术形式具有经济优势，且夏季有充分热负荷能够消纳余热时，可采用分布式燃气冷热电三联供系统；应合理进行电力、供冷、供热设备的配置，做到按需供给、适时匹配，达到冷热负荷的相对平衡。

（4）建设要求。区域能源站的建设应充分落实低碳化、柔性化及综合性的要求。冷热源宜选择多源互补组合式方案。根据条件选择污水源、浅表水源、浅表地热、空气源等作为冷热源，充分提高供热供冷的综合集成效率，取得最佳的节能效益。宜选择热泵技术与蓄能结合的方案。基于负荷弹性的能源柔性高效就地化消纳，通过储冷储热和储电的智能联动，实现社区用能效率和经济性的最大化。宜采用能源供应与环境治理相结合的模式。充分利用属地低品位能源，整合能源生产、污水处理、废弃物回收处理等设施功能，建设综合性的能源资源系统。

4. 智慧能源网络

智慧能源网络应与社区整体规划相协调，连接社区各种分布式电源、供冷供热系统和用户多种类型负荷的需求。配置智慧电网管理系统，对社区电网内的光伏发电、充电设施等分布式发电、配电及用电进行数据采集、智能分析、智能调控等，实现分布式微网管理。

智慧电网管理系统可纳入能源资源智慧管理平台，鼓励配置分布式发电功率预测和负荷预测及运营结算等功能。鼓励建筑和家庭采用水、电、气、暖一体化采集系统，应配备适用于低碳社区场景下的多种能源类型感知传输智能网关设备，数据采集应满足一定的技术规范，实现网关终端边缘管理、终端搭载的软件程序远程升级以及智能控制，并满足一定的技术规范。打造“四表”公共事业数据一体化远程抄收模式，通过能耗监测接口，将数据上传至管理平台。

（二）综合集成节能

1. 社区碳排放量下降率

通过构建气候友好的自然环境、房屋建筑、基础设施、生活方式和管理模式，降低能源资源消耗，实现社区低碳排放。社区应结合实际情况，建立社区碳排放统计核算和碳排放信息管理台账，综合采用统计数据、动态监测、抽样调查等手段，组织开展统计核算工作，实时监控社区碳排放量，智能分析和预测碳排放量趋势，制定合理能耗管理方案，改善能源消耗方式，促进节能降耗、废物减排。

2. 综合能源资源服务商

综合能源资源服务商是社区低碳场景建设主体。社区低碳场景建设要与主体工程同步设计、同步规划建设、同步投入运营，由开发商、地方政府、服务商协调，共同消化增量部分的建设成本。

综合能源资源服务商应当向社区用户供应持续、稳定的能源资源，指导社区用户安全用能、节约用能，并对设施定期进行安全检查；对其供能范围内的设备设施、社区内业主专有部分以外的供能设施，承担运行、维护、抢修和更新改造的责任；按照供能合同的约定，对社区用能用户的供能设施承担相应的管理责任。

3. 综合能源资源智慧管理平台

社区建设以多能融合、开放共享、双向通信和智能调控为特征的社区综合能源资源智慧管理平台，向上对接城市大脑和社区智慧服务平台，向下对接社区智慧能源网络，提供社区能源资源的综合监测、智慧调控、智能运维以及缴费、节能指导等相关用户类服务。

综合能源资源智慧管理平台是社区智慧服务平台的重要组成部分，平台应利用能源大数据采集技术，实现对社区典型高能耗场景、公建场景的数据采集计算应用。

平台建设按系统层级分为基础设施层、网络通信层、支撑平台层和应用平台层；按内容分为供电管理系统、供冷供热管理系统、供气管理系统、供水管理系统、可再生能源管理系统等。

（三）资源循环利用

1. 水资源循环利用

（1）海绵社区。规划新建类、拆除重建类社区应进行海绵社区规划，局部改造类社区应开展社区海绵化改造。经处理后的雨水回用于绿化，水质应满足《城市污水再生利用 城市杂用水水质》（GB/T 18920–2020）和《建筑与小区雨水控制及利用工程技术规范》（GB 50400–2016）中相关规定，相同指标执行最高标准。

（2）中水回用。从单体建筑、小区、社区三个层面统筹建设中水回用系统。新建社区应设立中水回用系统，设置独立的中水管道和存储设施，中水回用倡导一水多用，分质使用，提高水的重复利用率。中水一般用于冲厕、社区道路清扫、消防、城市绿化、车辆冲洗、建筑施工以及景观环境用水等。其中，杂用水应满足《城市污水再生利用 城市杂用水水质》（GB/T 18920–2020）相关规定，景观环境用水应满足《城市污水再生利用 景观环境用水水质》（GB/T 18921–2019）相关规定。

2. 生活垃圾分类

生活垃圾分类管理体系覆盖全社区，鼓励社区居民将生活垃圾分类投放到对应的生活垃圾分类收集容器或投放点。集中定点投放设施围绕垃圾投放点布置，有条件的社区可以探索地埋式垃圾收集系统建设以及其他附加功能。鼓励社区设立旧物交换站，商场、超市等设立以旧换新服务点。生活垃圾处理按照减量化、资源化和无害化的原则，采用先进成熟的处理技术，提高资源化利用率。

八、服务场景

（一）物业可持续运营

1.“平台 + 管家”服务

（1）“1+N”社区管家团队。“1”是指以“1 个管家”为服务轴心和服务桥梁；“N”是指围绕社区居民的全方位生活需求，由管家作为基础型社区服务资源供需对接的中转站，提供“N 项服务”。

社区运营主体需搭建管家培训体系、管家成长机制，管家在入职初期通过“理论学习 + 业务实操”的方式尽快熟悉未来社区管家服务业务，熟练应用社区智慧服务平台。

（2）社区智慧服务平台。依托浙江省标准统一的开放式社区智慧服务平台，实现与城市大脑、物联感知网等平台的对接，融合打通内外数据。充分运用社区信息模型平台在空间治理方面的技术沉淀与数据资源，实现未来社区九大场景的数字化应用。

2. 基本物业居民零付费

（1）基本物业服务。基本物业服务包括未来社区公共区域的保修、保洁、保安、保绿四项服务内容。

（2）增值物业服务。在满足社区基本物业服务需求后，基于居民日常生活需求，提供全方位、多层次的增值物业服务内容。增值物业服务可按市场价格收取相应费用。具体包括但不限于以下增值服务内容：① 商务服务，包括代收、发传真、代收发快递、复印、装订、票务等服务。② 健康服务，包括代设家庭健康档案、基础身体监测服务（身高、体重、血压等）、健康讲座等服务。③ 教育服务，包括开设四点半课堂、提供各类培训、举办健康养身知识讲座等服务。④ 餐饮服务，包括电话订餐、代订座位等服务。⑤ 居家服务，包括代订报刊、水、餐，代购办公用品等服务，物品寄存转交、公共场所预订（未来社区范围）等服务。⑥ 清洁服务，包括家居清洁服务、地板打蜡、家具保养、玻璃清洗、地毯清洗、抽油烟机清洗、空调清洗、家政保洁等服务。⑦ 装修美居，包括二次装修服务、适老化改造服务、拎包入住服务、软硬装设计服务、房屋维修等服务。⑧ 生活服务，包括保姆服务、钟点工服务、搬家等服务。⑨ 物业租售，包括物业出租、二手房买卖、物业估价等服务。

（3）基本物业服务机制。通过合理明确社区经营用房占比，让渡社区具有商业价值的部分物业的经营权，以“取之社区，用之社区”的方式转移物业服务成本。倡导“基本物业居民零付费”与邻里贡献积分机制挂钩，将居民的日常行为与贡献，例如，参加志愿者活动、公益活动、垃圾分类等，和物业服务收费挂钩，采用先收后返的激励模式。

3.“信托制”物业管理模式

鼓励“信托制”物业管理模式在“未来社区”创建中优先实行。“信托制”物业管理模式根据《中华人民共和国物权法》《中华人民共和国信托法》等法律要求，设立业主大会为委托人、物业企业为受托人、业主为受益人，将物业费、公共收益等设立为信托基金，归全体业主所有，物业企业则从中提取一定比例作为保障款，主要用于一线员工的补贴及小区维修基金，以此构成业主信任物业企业、物业企业忠诚业主的新型信任体系。

“信托制”物业管理模式要求物业企业按照以收定支原则，编制年度财务预算和物业服务标准，对小区管理设立双密码账户。同时，每个业主随时可以查询物业企业的收支明细、服务流程和服务记录，做到物业服务资金透明、过程可见、资料可证，从而增强双方互信。此外，物业服务的公开透明，为律所、会计机构、社会服务机构介入提供窗口，提升多元主体参与小区管理的可能性。

（二）商业高品质供给

1. 社区商业 O2O

依托社区智慧服务平台，进行商品自营或者引进商户入驻，为居民提供特色产品或本地化营利性服务，同时配合物流末端配送体系实现服务或商品快捷送货上门。服务内容包括家政保洁、房产租赁、衣物清洗、生鲜上门、快递服务、旧物回收、生活品配送等。鼓励依托数据分析，制定匹配社区居民需求的商业服务，实现服务的精准定位和社区资源的有效利用。

2. 社区商业配比

社区商业服务设施宜分级设置，按“一站式”社区商业综合体—“街巷式”社区商业零售体—“布点式”社区商业集合小站的层级构建社区商业服务设施体系，具体配置要求如表 2-7 所示。

表2-7 社区商业配比一览

主要类型	产品形态	辐射范围	业态特征	科学业态配比建议
“一站式”社区商业综合体	集中型邻里中心 集中式商业街区	15分钟步行生活圈辐射周边3千米消费圈	主力店（大型社区超市、生活百货等），辅助餐饮、服务配套、教育培训类业态。	零售：餐饮：便民：娱乐＝5：2：2：1
“街巷式”社区商业零售体	BLOCK 式组合街区 单双侧商业街	10分钟步行生活圈辐射周边1千米消费圈	生活服务类业态、便捷性餐饮。	零售：餐饮：便民：娱乐＝4：3：2：1
“布点式”社区商业集合小站	功能性门店 无人布点类机器	5分钟步行生活圈辐射本社区	服务为主，各类新零售便利服务、上门服务。	零售：餐饮：便民：娱乐＝3：3：3：1

3. 供应商遴选培育

针对与居民日常生活密切相关的基本服务功能，统筹谋划社区商业的市场定位、业态比例、产品组合等，有序开展招商，引入优质生活服务供应商。规范未来社区商业类运营供应商的管理，推动体系化建设，确保组织高效有序运作，有效搭建更为公平、公开、透明、高效的社区商业供应商服务平台，使之高度切合商业的运营节奏，高度适配各项目节点工作开展，形成长期稳定的合作关系。推进社区超市、农贸市场、便利店等服务商数字化转型，鼓励发展“无现金支付”“24 小时无人值守”等新型服务方式，开设无人店、快闪店、智慧店等新业态，丰富线上线下相融合的消费体验。

（三）安防智慧化服务

1. 无盲区安全防护网

通过五重安防体系，构建全方位统一安全防护措施，实时感知人、车、公共设施，提升治理能力，营造安全生活。

（1）周界安全防护。使用 AI 周界防护技术，守护社区公共安全。在社区周界安装 AI 摄像头，防止非法入侵和各种破坏活动。当不法分子翻越围墙入侵时，立即向物业安保人员发出警报。

（2）公共区域防护。在社区重点区域安装 AI 摄像头，应用人脸识别技术，推广数字身份识别管理。当智慧运营管理平台监测到业主误入危险区域或有人员异常聚集、入侵时，物业人员可根据危险等级，适时采取有效处理措施。

（3）建筑安全防护。安装消防液位监测系统，物业人员可以通过智慧运营中心实时查看水压水位状态。安装智能烟感设备，当监测到火灾隐患时，智慧运营中心发出预警，物业人员通过运营管理平台确认警情，系统自动启动应急预案。

（4）家庭安全防护。使用全屋安全传感技术，打造安心智慧家。通过户内安装入侵报警、紧急报警等设备，当业主或家人在家中遇到紧急情况（摔倒、抢劫等）时，可以就近按下报警按钮，报警求助信息会直接发送到智慧运营中心及业主家人处，智慧运营中心会第一时间进行响应处理及线下查看，保护业主及家人的生命财产安全。

（5）特殊人群安全防护。关注老人、儿童安全，及时预警，提供特殊人群关爱服务。当社区出入口 AI 摄像头监测到老人、儿童独自靠近社区大门时，将通过 APP 弹出预警信息，提醒业主处理。智慧运营中心同步收到预警信息，紧急情况下业主可联系安保人员协助查看。

2. 预警预防及应急机制

（1）告警安防联动。依托社区智慧服务平台，建立应急预案执行闭环管理，实现突发事件零延时预警，打造社区应急救援体系。全面配置基于人脸识别的人员管理、电子周界防护、高清智能监控、智能车辆管理等智慧安防设施设备，搭建地图定位、一键式求助、联动报警等功能，对接联动至公安、消防等部门，实现安防事件联动、消防事件联动、故障事件联动。

（2）统一安全运维。通过线上线下的业务及系统的融合，建立平台安全运维保障体系，全面保障系统稳定运行。实现对社区安全威胁的统一监控，对社区安全事件的统一响应，对社区安全策略的统一制定，并在管理过程中提供必要的决策支持，提高软硬件可用性，降低故障率。针对软件和硬件使用场景，采取不同的运维手段，保障服务的可用性和通达性。

九、治理场景

（一）党建引领

1. 社区党委组成

社区党委可根据社区规模、党员数量和工作需要综合考虑确定委员职数。社区党委委员重点从三类群体中推选产生：一是优先考虑有一定社会影响力的党政机关党组织负责人；二是重点考虑与社区建设关联度较高的政府机构派出部门的党组织负责人；三是从辖区“两代表一委员”、“两新”组织党员代表中推选。

2. 社区党委工作机制

社区党委定期召开居民议事会，完善社区党委议事制度，形成党组织领导下民事民议、民事民办、民事民管的多层次基层协商格局，健全党组织领导下的基层民主协商机制。

（二）政府导治

1. 社区工作委员会组建

鼓励未来社区组建工作委员会，工作委员会由居委会、业委会、社区代表和专业社工等人员组成。社区代表由社区精神领袖（有声望、邻里积分贡献高的居民）担任。引入专业社工队伍入驻社区工作委员会，承担社区公共服务职责。除个别社区书记等公务员岗位及社工编制外，其他成员采取兼职形式，不占用人员编制。

2. 社区工作委员会工作目标

未来社区工作委员会负责未来社区治理和运营管理，统筹社区居委会、社区工作站、业主委员会、社区社会组织以及社区精神领袖等力量，充分调动和发挥辖区单位积极性，广泛集聚民意，培育社区自治力量，构建自上而下与自下而上相结合的社区治理体系。

3. 社区工作委员会工作职责

一是宣传、贯彻党的路线、方针、政策和国家的法律法规，执行上级人民政府的决定、命令。二是统筹社区居委会、社区工作站、业委会、社区社会组织等单位，充分调动和发挥辖区单位的积极性，形成共建、共治、共享的社区治理格局。三是加强对社区居民的思想政治、法治和科普教育，引导社区居民树立科学、文明、进步的思想观念和生活方式。四是以社区服务为龙头，协调开展辖区内社会服务、社会福利、社会救助、拥军优属、优抚救济、最低生活保障、扶贫助残、殡葬改革、民族宗教及老年人服务等工作。五是协调开展群众性文化体育活动，营造健康向上的社区文化氛围，为居民参与社区文化体育活动创造条件。六是协调开展社会治安综合治理工作，防范灾害事故发生，重视民事调解工作，防止激化矛盾，维护社会稳定。七是配合有关部门开展消防安全、市政管理、绿化美化、爱国卫生、初级卫生保健、统计、食品药品监督、安全生产、环境保护等工作。八是配合辖区内居民的人力资源和社会保障等工作。协调开展辖区内党代表、人大代表的选举及政协委员推举、联络工作。九是协调开展国防动员和兵役工作。在街道、社区党委的指导下，协助完成居委会换届选举及自治工作中的其他事项。承办区政府和业务主管部门交办的其他事项。十是协助建立社区工作准入机制，逐步明确社区事务清单，针对清单以外的事项，社区有权拒绝。以群众满意为根本遵循，建立自下而上、动态更新的考评机制，通过问卷调查、实地访谈掌握社区工作情况并适时调整工作方向和方式。

（三）居民自治

1. 社区自治机制

（1）自治规则制度体系。推动居民自治体系的制度化、规范化，打造以社区自治章程为核心，以社区公约为重点，各类决策议事规则相配套的自治规则制度体系。弘扬社会主义核心价值观，加大对社区文明事迹、道德模范、好人好事的宣传力度，引导形成崇德向善的道德风尚和积极向上的社区文化。

（2）社区协商机制。提高社区居民议事协商能力，凡涉及社区公共利益的重大决策事项，关乎居民切身利益的实际困难和矛盾纠纷，原则上由社区党组织、基层群众性自治组织牵头，组织居民群众协商解决。支持和帮助居民养成协商意识、掌握协商方法、提高协商能力，形成既有民主又有集中、既尊重多数人意愿又保护少数人合法权益的社区协商机制。

（3）社区代表聘任制。构建与邻里积分贡献制联动的社区代表聘任制。明确社区巡查督导、公益活动组织、纠纷调解等社区公共事务作为声望值累计范围，结合积分排名和居民意愿，正式聘任5～10名社区代表。社区代表作为工作委员会成员行使议事决策职能，定期搜集社区民意形成提案提交审议，并监督提案执行落实情况。居委会定期对社区代表积分进行核查和排序，对达不到基础积分的社区代表将解除聘任。

（4）联合调解机制。建立由党员、社区代表、志愿者、专业社工组成的社区联合调解队伍。组建调解工作室，调解居民矛盾邻里纠纷，实现矛盾不出社区就地化解；探索建立线上调解室，引入居民自身力量，并整合到社区综合APP，打造线上线下融合的调解模式。

2. 社区自治载体

应打造体现浙江特色的未来社区“居民会客厅”，推进居民参与空间落地，建设一批具有参事议事、公益活动等功能的居民会客厅。布局室内多功能空间，在社区客厅内设立社区议事厅，承载包括参事议事、公益活动、展示展会等功能，与其他场景活动交替共享。建立分散型室外共享空间，在底层架空和空中花园中植入志愿者活动、社会组织活动、经验交流分享等居民自治活动。

3. 社区公益组织

持续开展公益创投和政府购买公共服务项目，从社区需求着手，通过骨干人才培养和项目化运作，链接社区内外资源、整合各方力量，化解社区问题。培育孵化服务性、公益性、互助性社区社会组织，建立社区志愿者协会，激发广大居民参与志愿服务行动的热情，投身于社区共治、居民自治工作。

4. 社区公益基金会

应建立未来社区公益基金会，开展慈善救助、资助社区公益项目、资助公益人才的培育和公益组织发展，为社区社会治理和社会组织发展提供资金、资源、服务保障。未来社区基金会的慈善财产来源于社会捐赠、承接政府购买服务项目的业务收入、基金保值增值收益等。未来社区基金会应配备多元、专业的理事会团队和全职、专业的秘书处团队，保证基金会的正常运营。未来社区基金会按照《中华人民共和国慈善法》和《中华人民共和国信托法》等相关法律法规的规定开展慈善信托业务和慈善活动。

（四）平台数治

1. 社区智慧服务平台

整合“四个平台”建设，基于 AI 技术，对社区工作任务进行精益梳理，通过业务去重和流程再造，开发面向社区居民客户端的 APP。覆盖社区政务服务、公共服务、商业服务等内容集成九大场景应用，推进居民享受便捷、高效的社区服务。通过 APP 联结居民，实现“互动式治理”，居民可通过 APP 主动上传问题及抢单参与问题处理，并通过社区积分制保障居民自主参与积极性。

优化“互联网 + 政务服务”的政务模式，依托政府公共服务信息系统，统筹政府公共服务网络和信息资源，为社区居民提供基本便民服务。在社区公共空间、小区楼宇、社区综合体、社区服务网点等布设一体化信息服务站、自助公共服务终端，实现 500 米服务半径全覆盖。

2. 社区数字信息库

运用大数据思维，构建“数据共享、协调联动”的社区综合信息数据库，实现对人口、房屋、企业、社区部件、事件、社情民意、矛盾纠纷、治安事件等信息的实时采集，为社区管理服务平台提供数据支撑。

3. 社区政务集成服务

基于“最多跑一次”改革，通过平台融合各部门业务数据，对社区工作任务进行精益梳理，借助信息化手段改变传统多表填报工作方式，通过一张报表智能生成多部门填报清单，使社区工作实现“一表集成办公”。理顺社区与各部门业务流程和反馈机制，标准化设置业务处理程序，实现社区政务服务“一网通办”。

4. 社区全科社工队伍

推行“全科社工 + 网格行走”服务模式，制定统一的标准体系，形成统一的服务规范，逐步建立一支素质过硬、业务精通的复合型专业化全科社工队伍。

整合社区综合服务窗口，每天由 2 名全科社工轮流值班，负责接待群众、办理各项社区事务，其余社工负责在社区内根据实际业务情况，定期寻访各类帮扶人群，搜集社区动态信息和突发问题，上传至综合管理平台处理。

第三章　重点专项工作指引

一、数字平台

（一）CIM 平台

社区应基于 BIM、GIS、IoT 等数字化技术打造 CIM 平台。基于“1+N”总体架构，使“1”个 CIM 平台与“N”个数字化征迁、BIM 协同设计、数字化建设管理等子业务系统紧密配合，发挥技术优势。

1. CIM 平台架构

（1）基础设施层：社区 CIM 数据中心宜采用云平台的方式，包括专有云、公有云及统一运营平台，提供上送数据采集、分析、储存等核心数据服务，支撑 CIM 平台的数据与应用。

（2）核心平台层：基于各项目上报数据，应开展深度数据挖掘分析，并集中呈现关键信息，辅助全局的项目管理和决策。应汇聚包括 GIS 信息、BIM 模型和 IoT 数据等，具备汇聚展示、决策分析、数据上送、数据分发等功能，提供全省一览、试点一览、数据看板等服务。

（3）配套服务 & 子系统：为全面实现规划、设计、建设和运维全过程数字化，根据地方政策、工程特点的差别，应选择性开展数字化设计、数字化征拆安置、数字化工程建设管理、智慧化运维等业务系统的建设。同时各业务系统必须与核心 CIM 平台之间进行数据的双向打通。

2. CIM 平台数据来源

未来社区 CIM 平台线上汇聚的数据应依托实际规划、设计、建设过程汇聚，并与实际进展保持同步。

（1）过程及阶段性成果数据。主要包括现状既有流程下（初步设计、深化设计、施工图设计等）的规划及建设工作提交的过程及阶段性成果，如社区基底模型（实景、地质等）、原始地块风貌肌理、各阶段的方案、设计图纸、图纸对应的三维BIM模型及相关数据、电子文档及表格等内容。

（2）征迁、建设期间的关键过程信息，如原社区地块的静态基本信息、经济社会现状、征迁进度、施工进度、质量、安全、投资、隐患排查等信息。

3. CIM 平台数据汇聚

未来社区 CIM 数字化的数据格式要求应兼顾各方现有的工作习惯和技术能力，保证各类常见格式均可使用。

数据提供方式应采用线上提供形式：应通过 CIM 平台的孪生社区维护系统及实际建设中使用的建设管理等子系统同步数据。

4. CIM 数据对接与应用

为将 CIM 成果向运维期延伸，建设单位应基于竣工模型提交专用于后期运维的模型成果。应确保运维模型中的空间、设施数据可从模型传递到社区智慧服务平台，并进行定期的更新和维护。

未来社区 CIM 平台汇集的各类数据应充分用于建设期，实现方案审查、协同设计、精益建管等应用；同时实现向运营期的数据传递，保障空间数据及时更新，服务智慧化运营场景。

（二）社区智慧服务平台

1. 社区智慧服务平台架构

社区智慧服务平台宜以人工智能物联网（AIoT）平台为基座，通过数据中台及业务中台，结合未来社区场景需求，提供满足运营服务公司、商家、居民等对象的管理和服务。并通过标准 API 接口，供上层应用进行开发、继承、兼容。

2. 社区智慧服务平台能力

社区智慧服务平台宜包含物的管理、开放平台等基础能力，并提供 ISV 开发管理、运营中心和SI集成管理等能力，以平台能力和行业能力赋能开发者，构建智能空间场景应用，提供整体系统的运行管理和分析平台，提供整体的设备运维、空间运维、运维工作流和固件升级。

3. 社区智慧服务平台交互端

社区智慧服务平台应包含社区居民服务 C 端、运营和服务企业的应用 B 端以及社区管理 G 端。① 社区居民服务端（C 端）应为广大业主提供综合服务，打通商业能力、城市服务能力，提供电子业主卡，简单实用。通过家庭终端入口，既可以控制室内智能化设备，也可以打通线上线下的各种服务，如外卖服务、物业服务、便民服务等。② 运营和服务企业的应用端（B 端）应给街道办、社区居委会、小区业委会、物业公司、商家等提供管理服务，平台应用功能全部部署在客户端，方便高效。③ 社区管理端（G 端）应基于协同办公平台提供统一权限的组织架构，人员角色管理便捷、灵活、安全；提供领导驾驶舱，展示各社区的数据看板，便于掌握未来社区的整体情况。

4. 社区智慧服务平台运营

社区智慧服务平台的运营应面向的用户群体包括：服务商（硬件设备厂商 / 应用服务商）、居民、物业、商家、社区、街道、政府部门。

（1）小区居民。应通过平台能力为小区居民提供一个智能、便捷、和谐、便捷的社区生活方式，应具备未来社区九大场景功能融合，通过物业服务、家政服务、医疗服务、健康服务、电商服务等资源的整合，在降低社区管理成本的同时引领社区服务创新。

（2）小区物业。应通过平台能力帮助物业公司实现物业管理信息化、智能化并提高服务质量，通过物业智能软硬件一体化运营系统，帮助物业公司有效提升内部管理能力、服务能力和经营能力、业主满意度，并使物业公司持续增加收益。

（3）社区（街道）。通过平台能力，针对街道办事处、社区居委会、业主委员会等社会共同体，整合社区（街道）内的人、地、物、情、事等信息，覆盖社区（街道）管理工作，实现街道的信息化和数字化管理，为居民提供便捷、高效、智能的街道服务体系。

（4）区县级公安及派出所。应围绕情报、指挥、行动重构警务运作模式，推动社区警务工作由被动向主动、粗放向精细、盲目向精准、离线向在线进行转换，使各项警务部署更加科学、警力投放更加精准，治安掌控更加有力。

（5）其他政府部门。应建立居民、物业、社区、街道、市、省多级多端互联互通，及时响应，实行统筹、联调，对社区内各类服务和事件动态实行监控、调度、管理等工作。

（6）硬件设备厂端。应通过开放平台入驻，提高提供设备品类、设备模型、场景引擎等能力。

（7）应用服务商。应通过社区智慧服务平台上传小程序、H5 应用，通过审核后，服务商发布的小程序、H5 应用可以链接到未来社区的应用市场，供物业、社区、街道及企业在线开通，购买使用。

5. 社区智慧服务平台服务、商业对接

（1）服务商引进。未来社区各场景服务商应通过社区智慧服务平台申请入驻，入驻成功后提供应用服务。所有服务接入和上架应满足开放平台应用服务标准及规范，统一对接公共接口，如用户、空间、小区、积分体系等。

（2）服务引进。服务的引进应满足未来社区智慧服务标准及流程要求，满足相关约束性指标需要，符合法律法规政策要求，软硬件服务应满足社区智慧服务平台和 CIM 平台入驻与上架规范、命名规范和服务规范。

（3）实体商业引进。实体商业入驻流程应满足账号授权、入驻资料审查、商业运营监管等要求。

二、资金平衡

（一）建设期政府方资金平衡

1. 政府方平衡范围

政府方（明确相应政府单位）作为阶段（土地“带方案”出让前）实际操作的主体，完成建设期政府需要负责的前置工作。前置工作主要包括土地收储、投资建设的内容（若含有政府自持物业等）、后期保障的内容和方法等。

2. 测算基础

（1）场景规模、业态及产权。明确建设期政府方场景建设的内容、功能、产权情况，包括初步确定未来社区的建设内容及占比、初步确定九大场景的功能表格及占比、初步确定业态用途、初步确定建设期政府方投资业态的租售（销售和自持）比例（见表 3–1）。

表3–1　建设期政府方所占不同场景的规模区间、业态及产权

序号	场景	建筑类型	面积 / 米^2	数量 / 户	功能	产权类型（租售比例）/%	备注
1							
2							
…							

（2）土地出让。明确土地出让方式、土地供应方式，便于明确建设资金平衡计算模式。

3. 政府方支出测算

建设期政府方资金支出主要包括：征地费用，拆迁费用，临时过渡费用，政府回购费用，安置房回购费用，人才房、公建配套等政府自持部分回购费用，配套基础设施回购费用等。

若包含政府自持土地，则另需增加政府方建设费用［安置房、人才房、公建配套、整治费用（若涉及插花式改建）、配套基础设施、建设工程其他费用、预备费、可能产生的建设期利息等］。

此外，还需初步确定政府方需补助或分摊的物业管理费用的内容和比例，如表 3-2 所示。

表3-2　政府方建设期资金支出

<table>
<tr><th>序号</th><th colspan="2">政府建设期支出主要内容</th><th>项目</th><th>面积/米²</th><th>单位（相应政府单位）</th><th>产权比例（租售比例）/%</th><th>预计支出/万元</th><th>总计/万元</th><th>备注</th></tr>
<tr><td rowspan="2">1</td><td rowspan="2">前置工作</td><td>土地收储</td><td></td><td></td><td></td><td></td><td></td><td rowspan="4"></td><td rowspan="4"></td></tr>
<tr><td>政府方需要投资建设的内容</td><td></td><td></td><td></td><td></td><td></td></tr>
<tr><td rowspan="2">2</td><td rowspan="2">保障资金</td><td>物业保障金</td><td></td><td rowspan="2"></td><td rowspan="2"></td><td rowspan="2"></td><td rowspan="2"></td></tr>
<tr><td>其他</td><td></td></tr>
</table>

4. 政府方收入测算

建设期政府方资金收入主要包括回迁缴纳收入、土地出让收益、土地划拨收益。土地出让收益包括土地出让金，如表 3-3 所示。

表3-3 政府方建设期资金收入

政府建设期收入主要内容	项目	面积 / 米^2	单位（相应政府单位）	产权比例（租售比例）/%	预计支出 / 万元	总计 / 万元	备注
回迁缴纳							
土地出让							
政府方需要投资建设的内容							
其他							

5. 政府方盈亏分析

根据建设期政府方资金收入和资金支出的详细数据进行系统的统计，根据统计结果对风险及不确定项目进行统计和评估。

（二）建设期受让方资金平衡

1. 受让主体资金平衡范围

精准测算开发成本与开发收益，开发成本方面综合考虑出让地块红线内建设成本及红线外代征代建成本，明确无偿配建的范围与标准，明确自持要求；开发收益方面，精准研判项目预期收益，结合市场调研明确住宅、公寓、商业、办公、车位等物业售价，明确回购范围与标准。

2. 测算基础

（1）土地出让方式。明确土地出让方式，明确是否全部公开出让由市场主体实施，或部分公开出让由市场主体实施结合部分划拨国资企业实施方式，便于确立资金平衡计算模式。

（2）场景规模区、业态及产权。明确土地性质：土地“带方案”出让和土地划拨。明确九大场景的功能表格及占比。明确业态：建设期受让方投资建设的工程内容，主要包括明确不同场景的规划单元面积、实施单元面积、总建筑面积、配套基础设施面积、实施单元容积率、绿地率、车位数等。明确产权：建设期受让方投资业态的租售比例。建设期受让方资金支出如表 3-4 所示。

表3-4 建设期受让方资金支出

项目名称		数量/（套·个$^{-1}$）	面积/米^2	单位（相应实施单位）	功能	产权比例/%	预计支出/万元	备注
规划单元								
实施单元								
总建筑								
其中	商品房							
	人才房							
	安置房							
	商业办公							
	公建配套							
	地上不计容面积							
	整治提升部分							
地上建筑								
地下建筑								
配套基础设施								
容积率								
绿地率								
车位数								

注：土地补偿费、青苗和附着物补偿费、安置补助费等费用对土地原所有者和土地原使用者的投入和收益造成的损失进行补偿，其费用计入政府方土地出让前费用核算。

划拨土地需补充的资金支出如表 3–5 所示。

表3–5　划拨土地需补充的资金支出

补偿费用	征用土地性质①	面积/米 2	预计支出/万元	备注
土地补偿费				（一）征用耕地的，按照其被征用前3年平均年产值的8～10倍补偿; （二）征用耕地以外的其他农用地的，按照其被征用前3年平均年产值的4～7倍补偿; （三）征用未利用地的，按照当地耕地补偿费的50%补偿; （四）征用建设用地的，参照当地耕地的补偿标准补偿。
青苗和附着物补偿费				被征用土地上的青苗补偿费按照当季作物的产值计算;被征用土地上的树上和建筑物、构筑物、农田水利设施等的补偿费，按照其实际价值计算;征用土地方案公告后种植的树木、农作物或者建造的设施不予补偿。
安置补助费				按照需要安置的农业人口数计算。需要安置的农业人口数，按照被征用的耕地数量除以征用前被征用单位平均每人占有耕地的数量计算。每一个需要安置的农业人口的安置补助费标准，按该耕地被征用前3年平均年产值的4～6倍补助。但每公顷被征用耕地的安置补助费最高不得超过被征用前3年平均年产值的15倍。
其他				征用耕地以外的其他土地的安置补助费，参照前款规定办理。
总计				

① 征用土地性质包括：建设用地、耕地、未利用地。

（3）主体权益结构。受让方及运营商在社区产业发展中的运营比例和产业结构。

3. 受让方资金支出测算

建设期受让方的现金流出主要包括城市市政配套费用、公共设施配套费用、建安费用、工程建设其他费用、融资成本、税费、不可预见费用等。

4. 受让方资金收入测算

建设期受让方的现金流入主要包括回迁缴纳收入、房屋出售收入、停车位出售收入等。

5. 受让方盈利能力评估

对未来社区项目中受让方的资本金现金流量进行分析，预估项目的可行性和盈利状况，并根据数据对相应内容进行优化调整，如表 3–6 所示。

表3–6　建设期受让方资金盈亏评估

<table>
<tr><th>序号</th><th colspan="2">项目</th><th>金额/亿元</th><th>面积/米²</th><th>单价/(元·米⁻²)</th><th>备注</th></tr>
<tr><td>一</td><td colspan="2">收入</td><td></td><td></td><td></td><td></td></tr>
<tr><td>1</td><td colspan="2">住宅销售收入</td><td></td><td></td><td></td><td>出售率按××%计算</td></tr>
<tr><td>2</td><td colspan="2">人才房销售收入</td><td></td><td></td><td></td><td>出售率按××%计算</td></tr>
<tr><td>3</td><td colspan="2">商业办公销售等其他收入</td><td></td><td></td><td></td><td>出售率按××%计算</td></tr>
<tr><td>4</td><td colspan="2">停车位销售收入（按个计算）</td><td></td><td></td><td></td><td>出售率按××%计算</td></tr>
<tr><td>5</td><td colspan="2">政府回购收入</td><td></td><td></td><td></td><td></td></tr>
<tr><td>6</td><td colspan="2">回迁缴纳收入</td><td></td><td></td><td></td><td></td></tr>
<tr><td>二</td><td colspan="2">支出</td><td></td><td></td><td></td><td></td></tr>
<tr><td rowspan="3">1</td><td colspan="2">土地出让金支出</td><td></td><td></td><td></td><td></td></tr>
<tr><td rowspan="2">其中</td><td>住宅地块土地出让金</td><td></td><td></td><td></td><td></td></tr>
<tr><td>商业办公等地块土地出让金</td><td></td><td></td><td></td><td></td></tr>
<tr><td>2</td><td colspan="2">土地划拨费用支出</td><td></td><td></td><td></td><td></td></tr>
<tr><td rowspan="2">3</td><td colspan="2">建设工程支出</td><td></td><td></td><td></td><td></td></tr>
<tr><td>其中</td><td>商品房</td><td></td><td></td><td></td><td>其中，立体绿化××亿元，超低能耗/集中供能××亿元，智能化××亿元，地下工程××亿元</td></tr>
</table>

续表

<table>
<tr><th>序号</th><th colspan="2">项目</th><th>金额/亿元</th><th>面积/米^2</th><th>单价/(元·米$^{-2}$)</th><th>备注</th></tr>
<tr><td rowspan="6">3</td><td rowspan="6">其中</td><td>人才房</td><td></td><td></td><td></td><td>其中，立体绿化××亿元，超低能耗/集中供能××亿元，智能化××亿元，地下工程××亿元</td></tr>
<tr><td>安置房</td><td></td><td></td><td></td><td>其中，立体绿化××亿元，超低能耗/集中供能××亿元，智能化××亿元，地下工程××亿元</td></tr>
<tr><td>商业办公</td><td></td><td></td><td></td><td>其中，立体绿化××亿元，超低能耗/集中供能××亿元，智能化××亿元，地下工程××亿元</td></tr>
<tr><td>公建配套</td><td></td><td></td><td></td><td>其中，立体绿化××亿元，超低能耗/集中供能××亿元，智能化××亿元，地下工程××亿元</td></tr>
<tr><td>整治费用（若涉及插花式改建）</td><td></td><td></td><td></td><td>按照整治内容列项</td></tr>
<tr><td>配套基础设施</td><td></td><td></td><td></td><td></td></tr>
<tr><td>4</td><td colspan="2">建设工程其他费用</td><td></td><td></td><td></td><td></td></tr>
<tr><td>5</td><td colspan="2">财务成本、税费等</td><td></td><td></td><td></td><td></td></tr>
<tr><td>三</td><td colspan="2">资金盈余</td><td></td><td></td><td></td><td></td></tr>
</table>

6. 受让方不确定性评估

根据未来社区涉及的内容，应构建一套针对受让方不确定性和风险的评估体系。在项目前期阶段对潜在的不确定因素和风险因素进行排查和改善。

（1）建设期受让方不确定性评估。建设期受让方不确定性分析是对影响运营期收支的不确定因素进行分析，测算它们的增减变化对项目效益的影响，估计项目效益对它们的敏感程度，粗略预测项目可能承担的风险，并找出最主要的敏感因素及临界点的过程。

（2）建设期受让方资金平衡风险评估。对建设期受让方的收入和支出进行合理的统计，并根据实际情况进行风险评估，判断未来社区建设的可行性。

（三）运营期资金平衡

1. 平衡范围

运营单位作为本阶段实际操作的主体，完成运营期所需要负责的社区运营，做到基本物业居民“零付费”，主要明确范围为原住民回迁住户，应明确安置房的户数、面积，回迁区块的基本物业收费标准内容等。

2. 测算基础

通过对当地的基本物业费、租金的调研，测算运营期间的支出、收入。明确社区场景中可用于运营收入的建筑面积及区位，测算一定周期内的收入；明确原住民回迁房户数、面积、基本物业标准，测算基本物业支出。

3. 运营主体资金支出测算

运营期资金支出主要包括物业费补贴、智慧运营费用、社区活力基金等，如表 3–7 所示。

表3–7　运营期运营主体资金支出

主要内容	人群	户数 / 户	单价 / 元	支出比例 /%	预计支出 / 万元	总计 / 万元	备注
物业费补贴							开发商与政府按照约定比例贴补物业等差额费用
智慧运营费用							
社区活力基金							
其他							

4. 运营主体资金收入测算

运营期资金收入主要包括房屋租金、车位租金、广告等经营性收入、智慧运营收入等，如表 3–8 所示。

表3-8 运营期运营主体资金收入

主要内容		人群	户数/户	单价/(元·米$^{-2}$)	面积/米^2	预计收入/万元	总计/万元	备注
房屋租金	人才房							
	商业办公							
停车位出租收入								
广告等经营性收入								
智慧运营收入								
增值物业收入								
其他								

5. 运营不确定性评估

根据未来社区涉及的内容，应构建一套针对运营期的不确定性和风险评估体系。

运营期运营效率（出租率和单价等）不确定性分析是对影响运营期收支的不确定因素进行分析，测算它们的增减变化对项目效益的影响，估计项目效益对它们的敏感程度，粗略预测项目可能承担的风险，并找出最主要的敏感因素及临界点的过程，主要步骤为：① 选取可能对项目效益影响较大的重要的不确定性因素，如人才房出租率和单价、商业办公出租率和单价、停车位出租率和单价、智慧运营收入、广告等经营性收入等。② 选择不确定因素的变化率。③ 在选定的变化率下，计算运营期净现值的变化率，然后计算敏感度系数，并确定临界点，编制敏感性分析表并绘制敏感性分析图。将不同不确定因素不同变化率下的净现值、敏感度系数、临界点汇总于敏感性分析表。

三、履约监管

（一）建设要求

履约监管协议中至少应明确土地受让人和社区关系、运营要求、进度和质量要求、施工图设计及审核、可销售住宅预售申请要求、履约保函、股权限制、绿色建筑建设标准八大内容。

1. 土地受让人和社区关系

协议应建议明确土地受让人负责的工作，比如立体绿化、超低能耗技术运用、数字化运营、集中供能等。若是未来社区建设中包含配建与代建工程，则需要根据出让地块要求明确需要配建和代建的工程。

2. 运营要求

协议宜建议对未来社区的运营单位主体资质、运营要求进行约定。

3. 进度和质量要求

对于进度要求，建议明确开工时间、竣工验收时间、交付时间、违约补偿细则等，若有配建项目，则要明确配建项目竣工验收时间。对于质量要求，建议详细说明未来社区工程质量的建设品质要求、违约补偿细则等。

4. 施工图设计及审核

协议应明确：施工图设计必须按照规划设计条件、建筑设计方案等各类规范进行设计，以及施工图设计范围及施工图设计标准。

5. 可销售住宅预售申请要求

可销售住宅预售申请前，宜明确土地受让方完成以下全部工作：完成未来社区运营方案（“三化九场景”落实方案）编制工作；报有关单位审核并批准未来社区运营方案；完成可销售住宅精装修“交付样板房”。

6. 履约保函

协议宜加入履约保函相关内容，确定履约保函期限、保证金金额、提交时间、具体扣款方式、履约保函的要求、履约保函退还条件等其他内容，确保未来社区建设按照土地出让时的方案进行。

7. 股权限制

协议应明确项目公司股权限制期限、条件、期满后的股权变更等细则，确保未来社区建设与运营顺利进行。

8. 绿色建筑

协议应规定住宅建筑建设品质要求，鼓励建造绿色住宅建筑，尽可能高标准完成建设。

（二）配建要求

若未来社区建设工程中包含配建、回购或代建内容，建议明确配建工程范围、配建工程建设要求、代建方式、回购范围及主体、回购费用等内容。

协议应明确配建工程范围、要求：明确回迁安置住宅、人才公寓、商业中心、医养综合体以及景观绿化、基础设施、公共服务设施等配套设施的建设和施工要求；明确回迁安置住宅、幼儿园、商业中心、医养综合体等配建工程的装修要求和交付要求；明确未来低碳场景中的集中供能或超低能耗建筑的建设标准和验收要求。

（三）回购要求

1. 回购范围及主体

协议应详细说明回购范围及主体。可以针对相关配建工程的回购方权利、回购流程等相关内容进行明确。

2. 回购费用及支付节点要求

一是明确回购费用：对于回购费用计算方式，建议分场景计算需要回购部分的费用。二是明确支付节点要求：建议详细说明回购费用的支付节点、支付方式、回购费用计算公式、违约赔偿细则等。

（四）运营要求

宜明确运营期限、要求规范、范围。针对九大场景的落地方案进行详细说明，并保证在未来社区建设过程中不断优化细化，确保约束性指标落地。可以对九大场景中各个具体场景的运营实施方案和运营措施进行约定，明确商业中心、医养综合体、托育所等机构的运营规范、违约细则等。

宜明确运营工作要保障衔接验收时间和标准。宜对运营场所使用年限、租金计算方式、租金使用规范进行约定。

（五）风险提示

协议应重点提示配建工程风险和经营风险。

配建工程风险包括：配建工程费用超预期风险、市场波动风险、进度违约风险、政策风险。

经营风险包括：运营收入达不到预期的风险，未能通过运营验收、协议被停止的风险。以上未明确的风险可在“其他风险”处提示。

（六）移交要求

项目移交工作中建议明确未来社区项目移交日期，移交建筑物主体、附属物、配套设施及相关竣工验收资料等；项目移交前后的责任单位、责任工作等内容。

（七）其他要求

协议应针对以上监管协议中未尽事宜进行约定。可以包括：① 未来社区建设期间因政策调整需要对原本制定的方案进行调整；② 协议的转让、变更和解除；③ 不可抗力因素造成未来社区建设提前终止后的赔偿及处理措施；④ 除协议约定的违约责任以外，其他情形的违约与赔偿依据；⑤ 在协议约定期限内，造成第三方损害后的赔偿事宜；⑥ 实施主体对于建筑设计方案的了解深度和研究深度，按照建筑设计方案和运营方案实施建设和运营，确保未来社区建设和运营的高水平化；⑦ 未来社区项目收入来源；⑧ 协议过程中的争议解决办法、生效时间等细则。

实践探索篇

围绕未来社区“139”顶层设计架构，按照理论指导实践、实践检验理论的“螺旋式”迭代发展理念，浙江省加快部署推进未来社区创建工作。截至 2021 年 5 月底，全省已形成首批省级试点 24 个、第二批省级试点 36 个，以及 2021 年省级创建项目 90 个的创建格局。

本篇选取了浙江省第一批、第二批未来社区试点中的 10 个典型案例，系统阐述各试点建设的目标定位以及“三化九场景”系统方案设计、实施路径及相关政策举措、创新亮点等内容，展现浙江省未来社区建设的“最佳实践”，为全省域推进城镇未来社区建设提供案例借鉴。

第一章　先行探路　迭代生成

——杭州萧山七彩社区发展之路

七彩社区是全省未来社区建设系统性理论指导下“先行探路”的首个样板，是首批唯一的城镇级未来社区试点项目，坚持“边建设、边运营、边总结、边迭代”的螺旋式发展理念，围绕发展路径、建设机制和运营模式进行创新，突出“服务共享、社区创业、数字运营”三大特色，在社区邻里中心土地复合高效利用、TOD 立体公交开发模式、职住平衡的数字创业、“文化 + 数智”深度运营等方面率先进行探索实践，已形成政企共建、场景共生、居民共建的未来社区创建典型经验。

一、基本概况和目标定位

七彩社区位于杭州市萧山区瓜沥镇，属于改造更新类试点，规划单元 79.21 公顷，实施单元面积 40.34 公顷，直接受益居民 9261 人，引进各类人才 3806 人，总投资约 47 亿元。紧抓国家级临空经济区核心区域的临空机遇、2022 年亚运赛事举办地的亚运机遇、杭州与萧山数字经济推动瓜沥传统产业转型升级的产业机遇，针对瓜沥镇正面临从传统乡镇到国际化卫星镇转型，亟待推进优质公共资源和公共服务扩面提质、均衡布局的现实需求，七彩社区以都市圈 TOD 卫星镇未来社区可持续样本为总体定位，以创建人民数字社区为建设目标，协同社区基层政府、企业、居民、社团、志愿者五方参与主体，共同构建美好社会，着力打造非都市圈核心中小城镇可复制、可参照的高质量发展破题样板。图 1–1 展示了七彩社区整体规划。表 1–1 为七彩社区总体经济技术指标。

图1-1 七彩社区整体规划

表1-1　七彩社区总体经济技术指标

<table>
<tr><th>序号</th><th colspan="4">名称</th><th>单位</th><th>数量</th><th>备注</th></tr>
<tr><td rowspan="3">1</td><td colspan="4">总用地面积</td><td>公顷</td><td>40.34</td><td></td></tr>
<tr><td rowspan="2">其中</td><td colspan="3">市政道路</td><td>公顷</td><td>7.55</td><td></td></tr>
<tr><td colspan="3">绿化带</td><td>公顷</td><td>1.05</td><td></td></tr>
<tr><td rowspan="19">2</td><td colspan="4">总建筑面积</td><td>米^2</td><td>989525</td><td>其中新建建筑面积 483531 平方米</td></tr>
<tr><td rowspan="18">其中</td><td colspan="3">地上建筑面积</td><td>米^2</td><td>745296</td><td>其中新建建筑面积 341077 平方米</td></tr>
<tr><td rowspan="14">其中</td><td colspan="2">居住建筑</td><td>米^2</td><td>424164</td><td></td></tr>
<tr><td rowspan="4">其中</td><td>安置房</td><td>米^2</td><td>149355</td><td></td></tr>
<tr><td>商品房</td><td>米^2</td><td>267457</td><td>其中新建 139134 平方米</td></tr>
<tr><td>公租房</td><td>米^2</td><td>7352</td><td>全部为新建</td></tr>
<tr><td>服务型公寓</td><td>米^2</td><td>34834</td><td>全部为新建</td></tr>
<tr><td colspan="2">公共配套</td><td>米^2</td><td>108552</td><td></td></tr>
<tr><td rowspan="4">其中</td><td>幼托</td><td>米^2</td><td>10762</td><td></td></tr>
<tr><td>社区用房</td><td>米^2</td><td>4775</td><td></td></tr>
<tr><td>物业用房</td><td>米^2</td><td>2626</td><td></td></tr>
<tr><td>其他配套设施</td><td>米^2</td><td>90389</td><td></td></tr>
<tr><td colspan="2">车间</td><td>米^2</td><td>52115</td><td></td></tr>
<tr><td colspan="2">商业建筑</td><td>米^2</td><td>79506</td><td></td></tr>
<tr><td colspan="2">办公建筑</td><td>米^2</td><td>23811</td><td></td></tr>
<tr><td colspan="2">公交站场建筑</td><td>米^2</td><td>57148</td><td></td></tr>
<tr><td colspan="3">地下建筑面积</td><td>米^2</td><td>244229</td><td>其中新建建筑面积 136958 平方米</td></tr>
<tr><td rowspan="2">其中</td><td colspan="2">机动车库面积</td><td>米^2</td><td>185683</td><td></td></tr>
<tr><td colspan="2">其他用房</td><td>米^2</td><td>58546</td><td></td></tr>
</table>

续表

序号	名称		单位	数量	备注
3	地上不计容面积		米²	6370	不计入容积率
	其中	架空层、风雨廊、架空连廊	米²	6370	
4	建筑基底总面积		公顷	10.14	
5	广场面积		公顷	1.13	
6	绿地总面积		公顷	9.47	
	其中	地面绿化面积	米²	7.58	
		立体绿化面积	米²	1.89	
7	容积率		—	1.85	
8	建筑密度		%	25	
9	建筑限高		米	42	
10	绿地率		%	23	
11	总户数		户	4610	
	其中	回迁安置住宅户数	户	1337	
		服务型公寓户数	户	800	全部为新建
		商品住宅户数	户	2402	其中新建 1350 户
		公租房户数	户	71	全部为新建
12	机动车停车泊位数		辆	7286	
	其中	地上车位	辆	1657	包含停车楼
		地下车位	辆	5629	
13	非机动车停放数量		辆	14964	
	其中	地上车位	辆	8259	
		地下车位	辆	6705	
14	人防建筑面积		米²	43718	

二、三维价值

七彩社区紧紧围绕未来社区人本化、生态化、数字化三维价值坐标，灵活运用集成创新理念，重点解决好社区系统链接的“三个多跨”，构建属于七彩居民自己的“人民数字社区”模型（见图 1–2）。

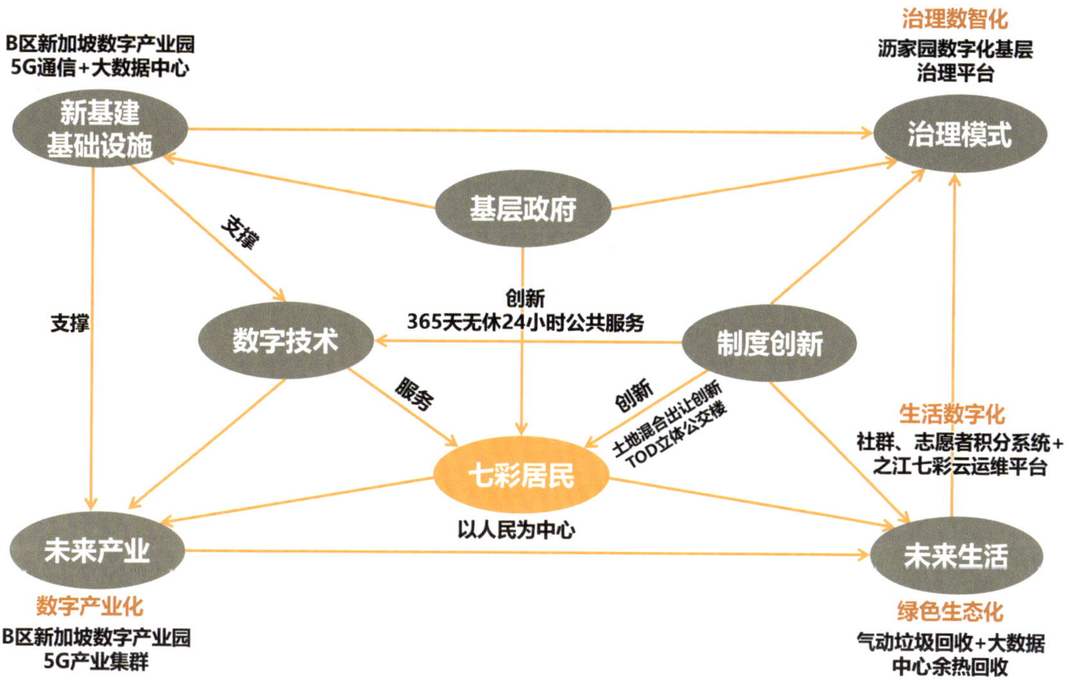

图1–2　七彩“人民数字社区”建设模型

（一）多跨人群：精细化问需于民，多维设计人本化复合场景

七彩社区邀请同济大学课题组和科技团队，持续一年对社区和周边镇区的全龄居民、社区运营者、社区商家、物业管理人员、居委会人员、社团成员、社区志愿者等多跨人群进行定制化调研，通过社区行走地图、驻场调研人群活动轨迹、线上问卷抢答等方式，保证调研数据的颗粒度和鲜活度，准确勾勒出居民画像，同时集合多专业进行场景剧本的编写，形成系统性的《七彩未来社区实施蓝皮书》（见图 1–3），切实保证设计师能全景式把控社区多维人群的空间设计要求和故事线，真正把“空间服务于人”的理念贯彻到设计方案中（见图 1–4）。

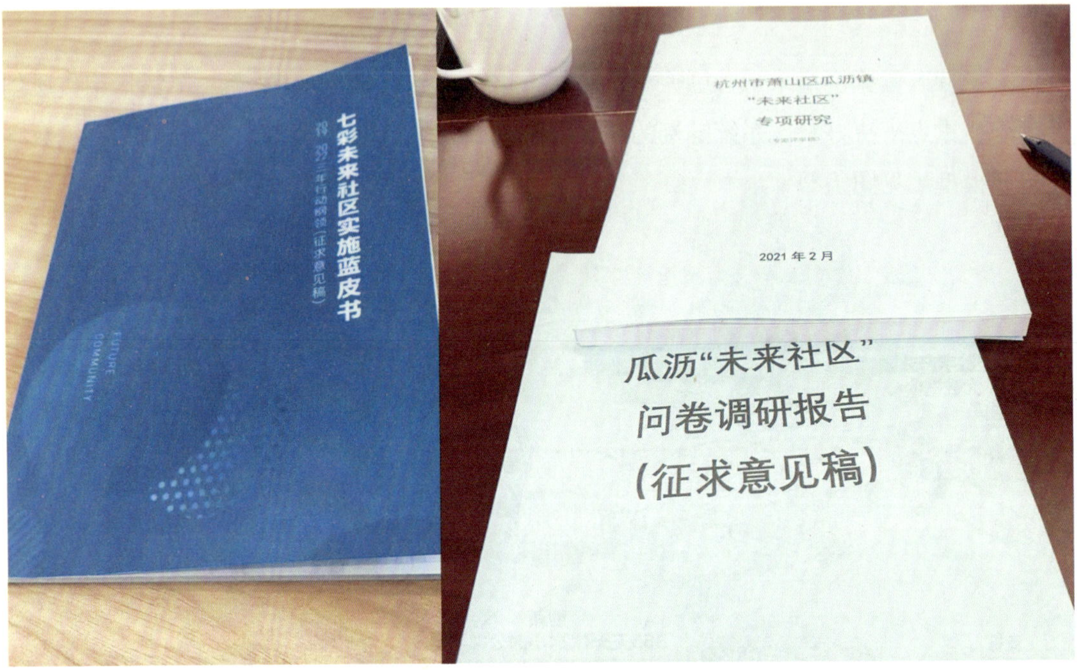

图1-3　七彩社区“未来社区”相关研究报告

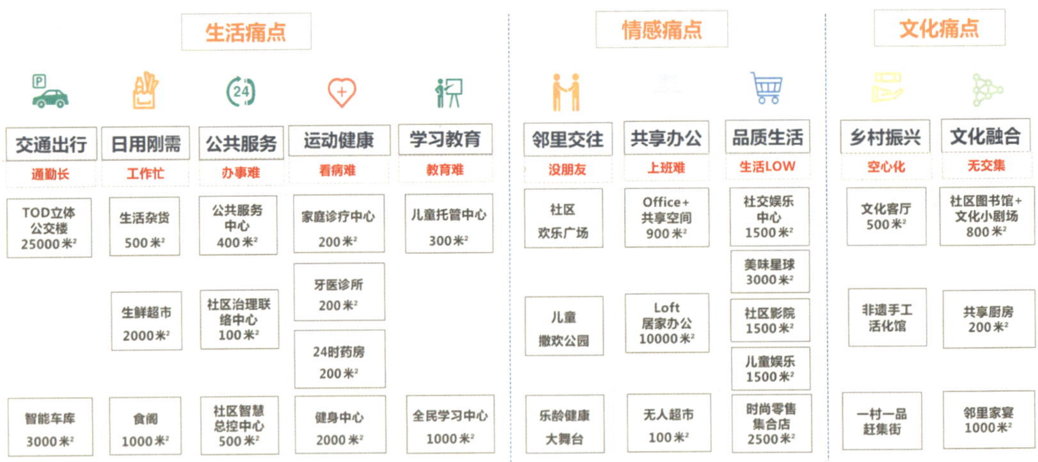

图1-4　七彩社区居民的需求痛点分析

（二）多跨技术：选择性量体裁衣，创新实践生态化技术生活化应用

七彩社区在立体绿化专项设计方案中，从人的视野舒适性和建造成本合理性出发，引入“绿视率 >25%”概念，注重远近、上下组合搭配的多维度立体绿化系统，同时向跨地块空中廊道和空中公园要绿量，打造“小尺度、多样性、多形态”的绿色系统。

在能源综合利用创新方案上突出2个“回收亮点”：一是余热回收。利用B区产业园大数据中心产生的余热，用生态化技术有效回收，应用于园区的集中供暖供冷和24小时热水，真正做到“变废为宝”。二是气动垃圾回收。C区学习借鉴新加坡组屋成熟的气动垃圾回收系统经验，通过“分类投放口＋管道系统”真空抽取垃圾，集中密封外运，杜绝二次污染，为居民从源头上提供健康生态的居住环境。

（三）多跨部门：突破性打通壁垒，协同搭建数字化多场景集成平台

七彩社区依托杭州城市大脑、之江实验室等顶级技术资源，打通部门和部门、部门和企业、企业和企业的数据壁垒，综合应用数字孪生、AI视觉算法、IoT物联边缘计算、5G通信等前沿技术，构建社区数字治理“沥家园”和在线居民服务“之江七彩云”双平台，依托社区数字驾驶舱和微信端，在社区的数字治理、数字教育、数字康养、数字邻里等多场景实践方面有了很多应用新亮点和数据沉淀（见图1–5）。

三、场景探索

七彩社区秉承“一张蓝图干到底”，在统筹推进九大场景过程中（见图1–6），突出“服务共享、社区创业、数字运营”三大特色，形成社区IP。

（一）以社区邻里中心为引领，推动公共服务共建共享

七彩社区在原有老旧城中村和公交场站原址上，按照综合利用、立体开发、功能复合等理念，确定以公共交通为导向，打造土地复合高效利用、公共功能“七合一”的TOD邻里中心，将满足社区居民美好生活的7个场景内容（公共服务、智慧治理、交通出行、创新创业、邻里共享、文化教育、运动健康）高度融合在10万平方米的“一站式”社区邻里中心里，以步行15分钟的距离覆盖全社区，系统性解决社区全龄段居民生活需求。重点在教育、健康和服务等场景创新上进行了有益探索。

1. 全民学习的社区教育场景

七彩社区通过全民终身学习体系的推进，让教育与社区居民实现全生命周期关联。在已建成运营的A区邻里中心，以文化中心的社区图书馆为阵地，提供“四点半学校”等功能，使之成为社区少年课外托管学习的场所；以创业孵化中心为基地，与浙江树人大学合作创办未来社区运营管理学院，以“学历＋证书”的方式，输出社区运营管理人才，打通“社区创业＋社区就业”的通路；在建设中的B、C区，将落地社区运营学院和社区学校，成为社区居民终身学习的场所。

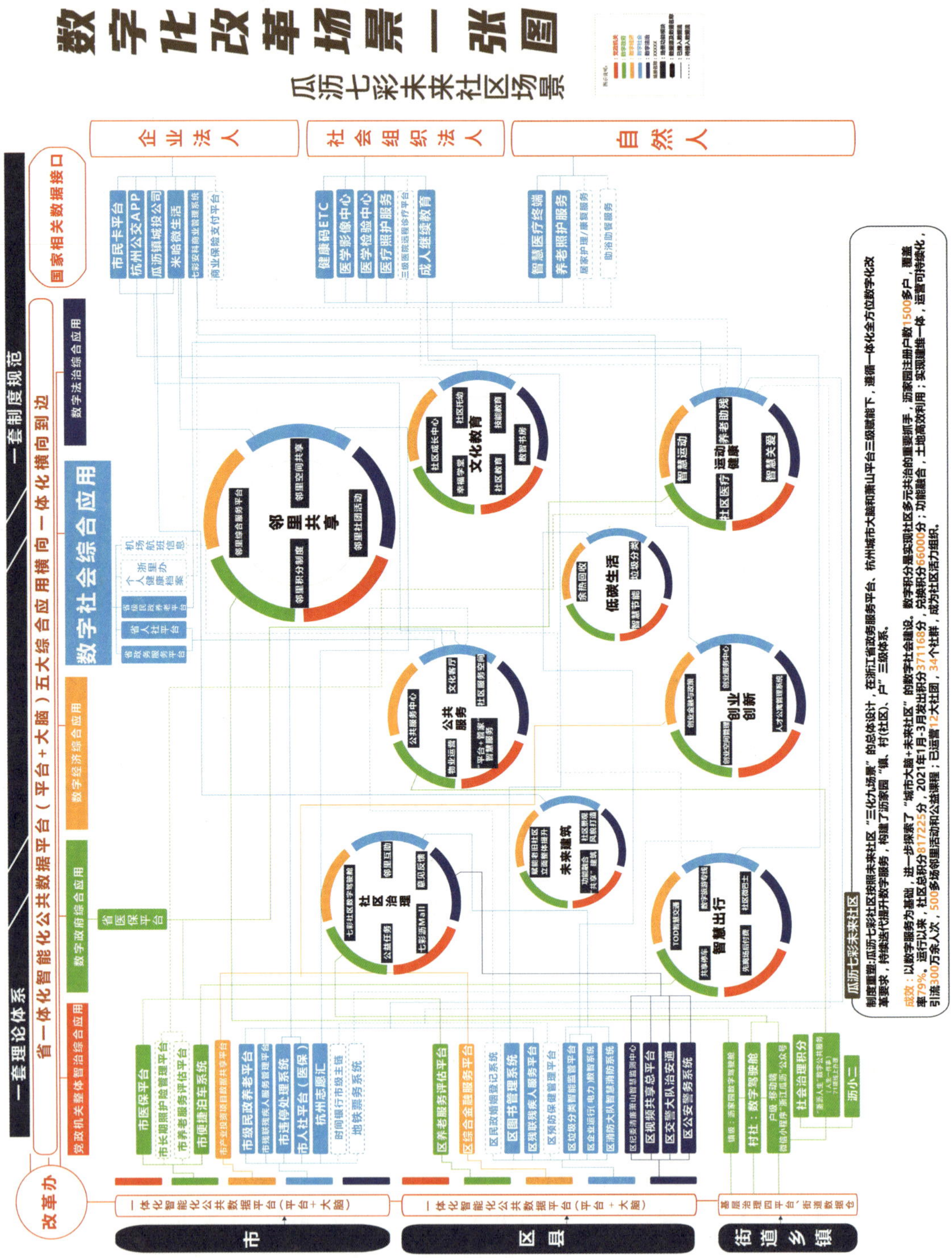

图1-5　数字化改革场景一张图

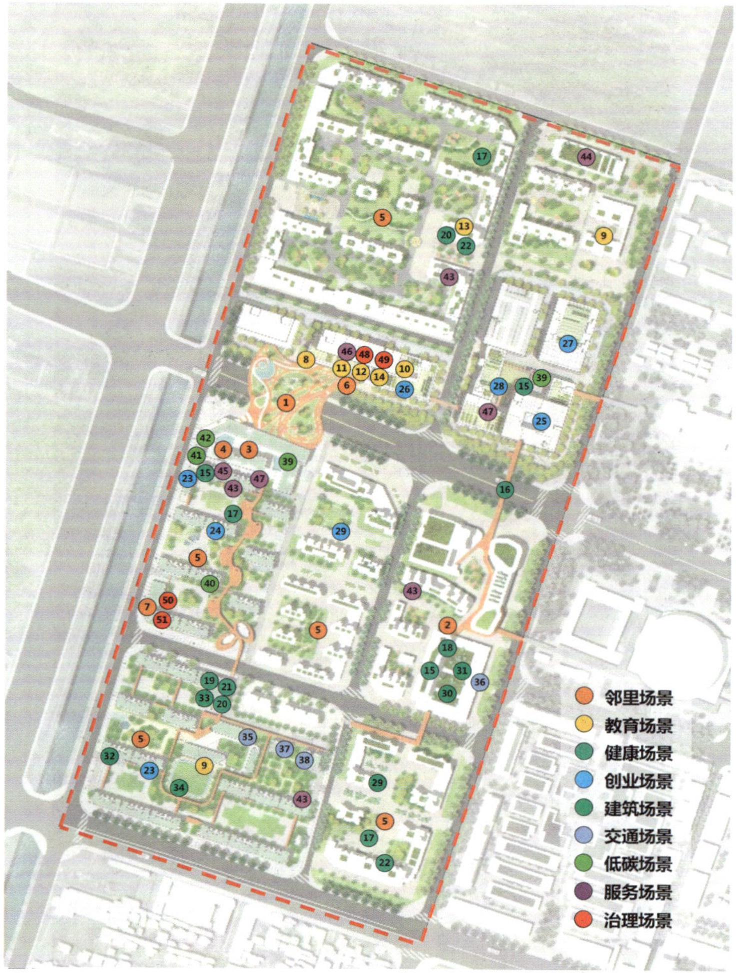

场景主题	编号	实施单元建设内容	指标控制
邻里场景	1	七彩未来公园	8500米²
	2	七彩社区中心	40000米²
	3	市井文化老街	15850米²
	4	开放有顶广场	3000米²
	5	组团共享空间	C区两处口袋公园，D区3处共享空间
	6	社区文化客厅	未来城市展厅内
	7	社区礼堂	800米²
教育场景	8	幼托	B区幼托中心378米²
	9	幼儿园	C区12班幼儿园5495米²，D区12班幼儿园5267米²
	10	社区全民培训中心	10000米²，社区运营管理学院和旅悦大学
	11	幸福学堂（全民学习中心）	1000米²，城市展厅内
	12	全民图书馆	500米²，全民学习中心内
	13	共享书房	200米²，D区
	14	城市展厅	2181米²
健康场景	15	运动健康中心	A区1500米²，B区共享健身房1000米²，C区950米²（结合书店）
	16	空中跑道	串联各区
	17	组团健身点	C区1处，D区2处
	18	七彩健康服务中心	1200米²
	19	社区基层诊疗医院	2500米²
	20	养老服务设施（2处）	七彩人生馆300米²，日间照料中心500米²；D区养老服务中心300米²
	21	养老公寓	9000米²
	22	健康小屋	50米²，2处
创业场景	23	筑梦栖居人才公寓	24443米²
	24	人才社区	146486米²
	25	数字创新办公	53264米²
	26	双创中心	1434米²，创业服务中心350米²，创客学院650米²
	27	大数据中心	21228米²
	28	路演广场	2200米²，下沉广场
建筑场景	29	老旧小区立面整治	D区
	30	建筑立体绿化	C区和A区立体停车楼和商业空间
	31	TOD综合体（公交）	公交立体停车楼
	32	底层架空空间	C区底层架空，A、D区底层架空改造
	33	装配式建筑	C区养老公寓
	34	绿色建筑	B区LEED社区金级
交通场景	35	风雨连廊	C区
	36	公交首末站	公交首末站
	37	物流驿站	3个物流驿站
	38	自助快递柜	10个自助快递柜
低碳场景	39	集中供热（暖）供冷	B区大数据中心（办公采用设备节能），C区商业及公共建筑
	40	超低能耗建筑	C区人才住宅、人才公寓、养老公寓超低能耗建筑技术运用
	41	光伏建筑一体化储能	B区停车楼顶1700米²，人才公寓楼顶1300米²
	42	气动垃圾收集系统	人才公寓部分，气动垃圾中央收集站400米²
服务场景	43	管家服务点	4处管家服务点
	44	农贸市场	1893米²
	45	邻里超市	6038米²
	46	智慧总控中心	600米²，社区服务大厅内
	47	社区活力商业	ABCD区社区商业服务配套
治理场景	48	党建服务中心（1处）	200米²，社区服务大厅内
	49	社区服务大厅	2181米²
	50	志愿者联络中心	50米²，社区礼堂内
	51	居民自治俱乐部	50米²，社区礼堂内

图1-6　七彩社区场景配置

2. 三色管理的社区健康场景

在健康场景的搭建中，借助萧山“健康大脑”打通多跨部门数据，实现对七彩社区健康、亚健康、重点监护人群的“红、黄、绿”三色分类管理。同时以“公办卫生服务站 + 民营社区全科医院”为载体，围绕社区全龄化家庭搭建“数字康养全时化”的在线服务平台，通过智能手表（手环）、AI 睡眠监测带、感应摄像头等医用级智能设备数据传输，为社区独居老人提供 24 小时实时动态的血压、心率监控等社区级 IoT 监测服务，同时打通与三级甲等医院浙江大学医学院附属邵逸夫医院绿色转诊通道，让优质医疗资源下沉到社区，实现公共卫生均等化。

3. 错时办事的社区服务场景

从发现和解决居民的痛点做起，让居民从“要我来”转为“我要来”。七彩社区针对居民上班时间和行政服务中心工作时间重叠的办事痛点，创新提出“八小时之外就近办”概念，依托邻里中心设置 24 小时服务、365 天办公的社区智慧公共服务中心——“沥未来·七彩公共服务中心”，通过 24 小时自助办事区、便民服务区和智慧治理展示区的“三合一”功能，实现居民利用下班时间就近办事。目前可办事项基本涵盖便民的创业创新、社保医保、市民卡、镇级事项综合服务、城管违章等 261 项，真正实现“家门口”的公共服务。图 1–7 展示了承载居民场所记忆和情感寄托的七彩社区邻里中心。

图1–7　承载居民场所记忆和情感寄托的七彩社区邻里中心

（二）以工作生活生态为系统，推动社区创业职住平衡

聚焦瓜沥传统产业数字化转型，为引入的创业就业人口重构社区创业场景。针对钟摆式职住分离和主城区房价高企的通勤难题，在B+C新建地块上（可容纳3800名创新人才），规划建设新基建设施完善、职住功能高度复合、绿色低碳全覆盖的产城融合示范样板，为引进社区的创业型企业和员工配建租住型人才公寓、定向限价销售人才住房，为都市圈年轻人才提供一个低房价、无通勤、全设施的理想创业环境。图1–8展示了七彩社区创业的重要载体——新加坡数字创新产业园。

图1–8　七彩社区创业的重要载体——新加坡数字创新产业园

（三）以数字化改革为撬动点，推动数字社区整体运营

在全省数字化改革“152”体系下，坚持“继承＋拓展＋多跨”理念，搭建七彩数字社区治理、服务双运营平台，推动场景集成、应用融合。

1. 政府治理端运营平台——“沥家园”

在城市大脑·萧山平台的赋能下，遵循数字平台一体化理念，瓜沥镇构建了“镇、村、户”三级管理架构的“沥家园”数字驾驶舱（见图1–9）。以“沥家园”积分体系为纽带，结合线下“沥MALL”小店，实现服务信息“一键通”、管理沟通“一键达”、社区公益

活动“一键抢”。特别是“沥家园”率先实践积分制，通过平台发布任务、居民在线抢单方式，让社区居民共同参与到社区公益性活动和公益性设施运营中。“沥家园”用户服务端已在全镇包括七彩社区在内的75个村社实现全覆盖，共5.4万户村社居民完成实名注册，成为全镇居民融合互动的“通行证”。

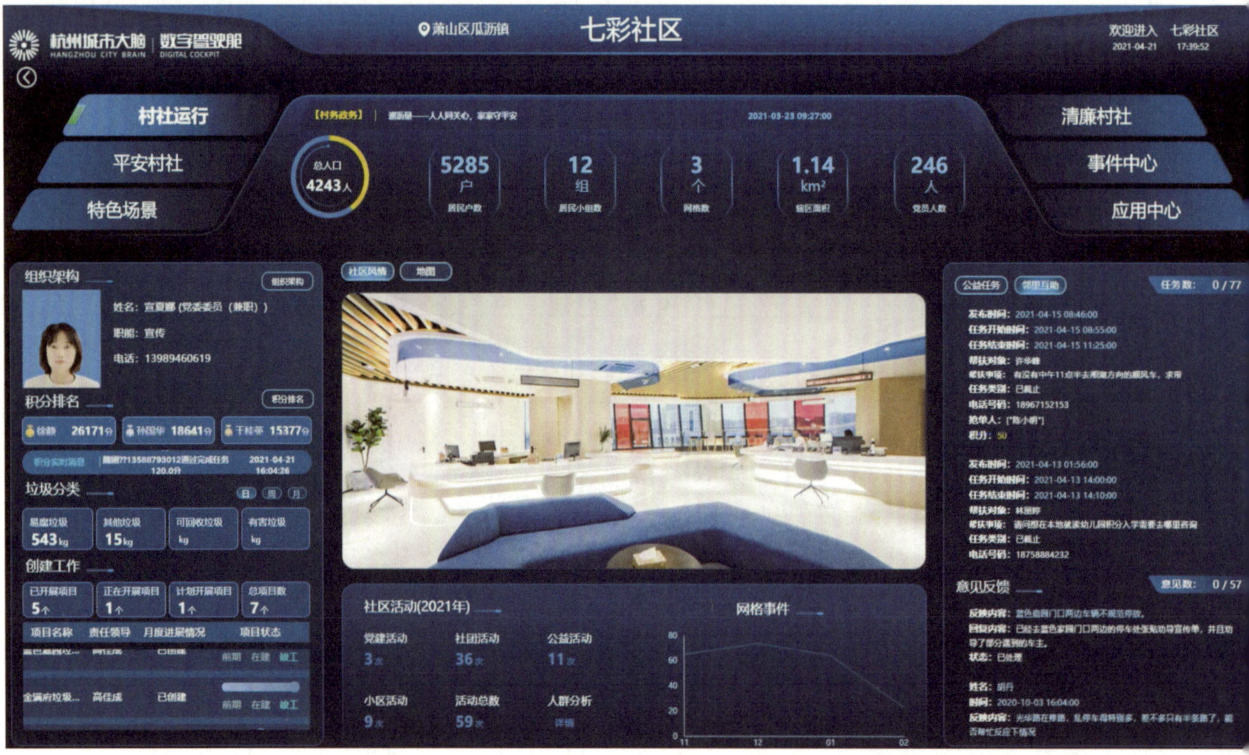

图1–9　政府治理端运营平台：沥家园

2. 社区管理端运营平台——“之江七彩云”

协同之江实验室搭建七彩社区数字化运维平台（见图1–10），实现社区数字“三管”：管服务，通过AI赋能社区物业服务；管空间，通过数字孪生可视化系统对社区空间进行精细化管理；管社群，通过“支付＋积分＋信用”的数字化手段实现社群活力运营。七彩社区的运营服务商可通过社区经营性空间资产的3D可视化管理，全景式分析社区的公益性、惠民性和商业性空间，并用经营数据曲线预测和修正空间租售的合理性，让空间真正服务于社区居民。面对C端用户，使用基于SaaS平台的社群流量管理系统，推动线上活动和线下经营融合，促进社区全面繁荣。

图1-10　社区管理端运营平台：之江七彩云

四、创新亮点

（一）发展路径的创新：生成式渐进迭代的社区发展之路

与未来社区其他试点全新构建“三化九场景”的既定模式不同，七彩社区的生成模式具有非常明显的数字化特征，即在各大场景彼此相辅互融中，确保了整个生态的系统性，同时又保证了较快的迭代生成。一方面，实现了数字相融。在 A 区邻里中心复合型空间形成以后，持续叠加场景内容和植入数字化运营，实现空间与数字化功能双集成，同时向周边区块扩展，构建出快速、灵活、可延展的弹性结构体系，逐步提升整个社区的生活标准和土地价值，符合先易后难、渐进式、不断迭代的发展演进规律。另一方面，实现了场景相融。总体按照“一心样板引领、两线同步推进、三体全面构建”的实施路径，分步快速推进。其中，“一心样板引领”即率先建设和运营“七合一”社区邻里中心，形成经验示范；“两线同步推进”即规划新建 B 区新加坡数字创新产业园与 C 区创新人才住区，改造更新 D 区安置与次新住宅提升区，完成社区“拼图”；“三体全面构建”即确保了社区居民、空间、数据之间的互联互通，最终打造全区 5G 数字孪生技术场景运用和可持续运营平台。

（二）建设机制的创新：全链条全生命周期的社区创新之路

七彩社区打破传统政府、企业两条线平行推进的社区建设模式，率先在资金、土地、“投建运维”一体机制上实现“三混合”的创新突破，有效保障试点建设的顺利推进。

1. 混合所有制机制创新

七彩社区先行探索“政企合作 + 混合所有制”在社区建设模式的实践创新，由浙江省文化产业投资集团、杭州萧山国有资产经营集团有限公司和七彩文化科技集团三方合资组建基金进行投资，同时充分发挥社会企业的专业优势负责项目全过程实施，在投资端和实施端找到最优组合，保证社区资产运营的可持续性。

2. 土地混合出让机制创新

在规划前期，七彩社区保留区块内原有老旧公交首末站地块不外迁，按照“企业出资金、政府出政策、群众得实惠”思路，创新提出“原址提升 + 功能混合”公交站场 TOD 综合开发模式，探索土地混合出让方式。地块原为交通划拨用地，重新出让时确定主体建筑属性为“公交站场 + 服务设施”，不同土地权属面积按整幢建筑物的占比分割确定，解决了存量土地不能复合开发的土地出让机制难题。一楼是公交首末站，按容积率折合后以划拨方式供地，建成后无偿移交区交投集团用作公交首末站；二楼以上则用于社区公益服务、文化康养及商业运营等“一站式”邻里服务。通过对低效用地的高效开发，在提升群众活动出行便捷性的同时，破解了政府对公共服务设施长期贴补的困局，实现多方共赢。

3. “投建运维”混合一体化机制创新

七彩社区坚持以终为始的“投建运维”一体化理念，政府和企业相互赋能、共同成就。其中，在 A 区邻里中心，由企业按新加坡先进理念规划，政府在供地机制上予以创新；在 B 区产业园，政企合作共同持有产业物业，共同招商，合力共建创业园区；在 C 区人才住区，由企业“带方案、带运营”摘牌，政府和企业在人才引进核心指标上紧密合作；在 D 区改造提升区，由政府和企业共同策划场景，实现政府投资、企业运营。

（三）运营模式的创新：流量“吸聚变现”的社区运营之路

七彩社区走的是长期持有物业的运营之路，在 A 区运营探索中坚持问需于民，率先搭建全民社群平台，注重从服务中带入流量，通过导流（吸引人流）、生流（产生人流）、助流（相互导流）、化流（人流转化为消费），最终完成流量变现，进而反哺社区。

1. 以居民日常生活需求定制复合型服务空间清单

从居民的工作、生活和情感三个维度进行深入调研，总结出了十大痛点问题，提出了多元空间交融的解决方案，主要体现为：在空间形态方面，以 TOD 模式实现空间与业态高度混合开发，满足老百姓多样化生活需求；在功能复合方面，将公益性、惠民性、营利性业态功能融合于一体；在社会治理方面，充分发挥社区民间力量，形成以社团组织和社群文化认同为主体的公共生活，形成七彩未来社区的鲜明特色。

2. 以培育居民文化团体开启社区文化自生长模式

组建武术社、茶艺社、话剧社等社团，开展常态化主题活动，通过非遗文化培训、文化讲座等活动，进一步营造社区文化氛围。挖掘热衷于公益事业且活跃度高的社群达人和意见领袖担任社长，作为社区活动的策划者、组织者和领头羊，利用七彩社区的邻里广场提供线下日常的公益性活动，同步开展线上社群活动，以社区节庆活动构建社区文化主脉络，激发社区文化活力。目前七彩社区长期运营16大社团、34个社群、60多种公益课程，累计接待参观交流300万余人次，承办文艺表演和参观交流活动1000余次，开办邻里文化与公益课1000余场次，举办邻里活动100余次，初步实现了从“造房子”向“造社区、造生活”的转变。同时，激励更多社会组织参与社区治理，降低社区运营成本，增强了群众对社区建设的认同感和归属感。

第二章　产城融合　旧城复兴

——杭州上城始版桥社区探索“三生融合”发展之路

始版桥社区是浙江省首批未来社区试点中唯一的“高密度旧城中心区”改造项目。自试点启动以来，始板桥社区构建“政学企居”工作模式，组建6大工作组推进挂图作战，以“立体市井、立体花园、立体联通”三大核心特色为抓手，探索生活、生态、生产“三生融合”的发展新路径。

一、基本概况和目标定位

始版桥社区位于杭州市上城区，拥江而生、临湖而立，毗连杭港高端服务业示范区。项目属于改造更新类试点，规划单元面积150公顷、实施单元面积23.6公顷，东至新开河，南至映霞街，西至始版桥直街，北至婺江路，直接受益居民5500人，引进各类人才3600人。规划建设有9大地块，总建筑面积约110万平方米（其中，地上建筑面积70万平方米，地下建筑面积40万平方米），政府总投资约93亿元。上城区始版桥社区作为典型的老旧小区，曾面临安全隐患多样、矛盾纠纷多发、群体诉求多变的“三多”严峻态势，自2019年被列入浙江省首批未来社区试点以来，坚持“共建、共治、共享”理念，深挖潜力、凝心聚力，构建居民群众“建言献策”的全链条闭环式参与机制，各方合力推动未来社区规划、设计、建设、运营全生命周期的高标准落地，探索出一条旧城中心区再生的上城新路径。图2-1和图2-2展示了始版桥社区的区位及鸟瞰图。

二、三维价值

（一）集思广益，未来生活更民主

成立未来社区试点项目专班、专项课题组及设计执行团队，联动专业智库，以及居民代表、小区牵头人等群众力量，搭建民生议事厅、征迁圆桌会等民生沟通平台，广泛听取

图2-1 始版桥社区区位

图2-2 始版桥社区鸟瞰

群众关于“安置房建设”的原始设想。针对居民群众普遍反映的“社区锻炼空间要够大”“最好离学校、菜场比较近”“老年活动中心最好要有”等生活需求，在方案编制中着重打造贴沙河运动广场、菜食场、屋顶农场等“一站式”颐乐生活社交空间。

（二）绿色循环，未来生活更低碳

聚焦绿化率、绿色建筑、低碳生活等专题篇章，强化生态综合利用，实现能源源头端减量、供给端增量的良性循环。探索近零能耗建筑，综合应用高效集中供冷供热系统、高效户式空调、高效用能设备等耗能末端，打造被动优先、主动优化的一体化社区低碳节能示范体系。

（三）数智赋能，未来生活更智慧

依托城市大脑·上城平台，探索构建未来社区数字驾驶舱，实现技术、服务等关键指标的多跨融合，培育数智服务生态（见图 2–3、图 2–4）。以未来社区小程序服务端口为依托，全域化集成社区信息模型、能源管理、物业管理等智慧系统，融合九大场景海量数据，建立全覆盖、全过程、全方位的数字监管体系，通过全平台分析、全数据匹配，精准刻画用户画像，实现全流程监管停车位、图书借阅室、卫生医疗站等公共空间、公共资源的使用运行情况，有效调度社区资源。

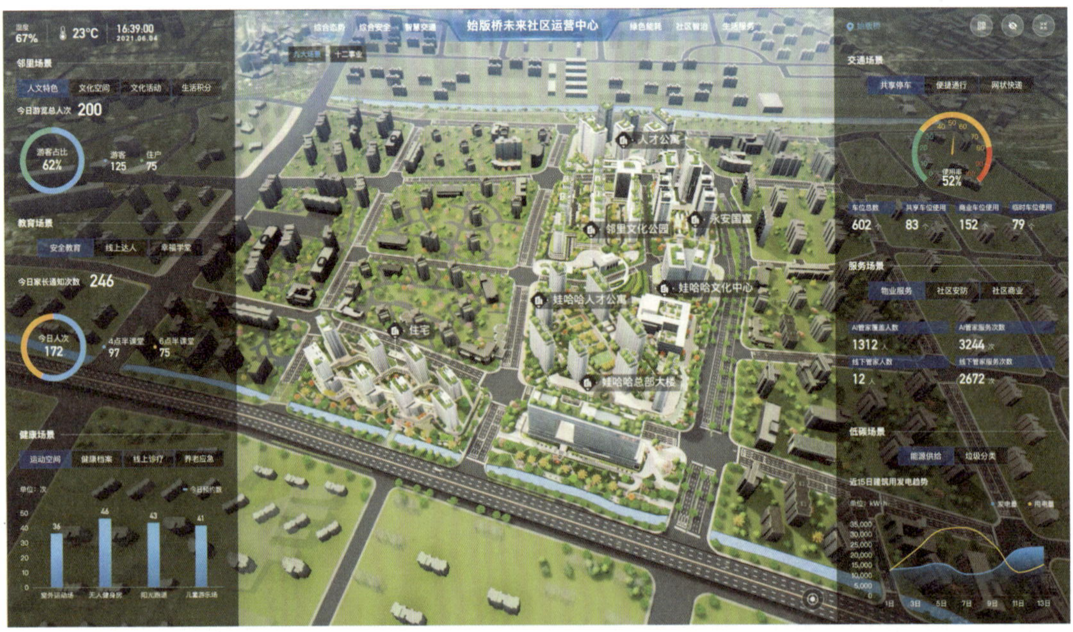

图2–3　始版桥社区数字驾驶舱

图2-4 始版桥社区数字场景架构

三、场景探索

以三维价值为导向，聚焦未来邻里、低碳、交通、治理四大主场景设计，统筹创业、交通、健康、建筑、服务等其他场景，确保将始版桥社区建设成一个群众“住得进、住得起、住得好”的美丽家园（见表 2–1、图 2–5）。

表2–1　始版桥社区场景配置

场景	空间规模 / 米 ^{2}	产权属性	功能业态	运营主体
未来邻里场景	13890	杭州望海潮建设有限公司	屋顶花园、社区礼堂、工艺坊市、活字印刷小品、主题展馆、锅炉厂旧址、剧场、屋顶农场、互动工坊、社区食堂、南站记忆、共享戏园	杭州望海潮建设有限公司
未来教育场景	12659		美学空间、奇妙空间、红叶空间、共享书房、城市书房、党建文化室、儿童托育、儿童游乐、才艺培训	
未来健康场景	9810		室外运动空间、儿童游乐空间　、老年健身空间　、健身馆、健身塑胶跑道、广场舞空间、轮滑天地、无人健身房、一分钟诊所、老年活动中心、运动活力公园、空中健身步道、全科诊所、健康小屋、中医理疗、日间照料中心	
未来创业场景	223894		智慧办公、智能门禁、智慧食堂、智慧楼宇、智慧公寓、U–young、共享厨房、无人超市、共享洗衣房、智能门禁、共享会议室、共享办公资产、共享办公位、创业咖啡吧、智慧楼宇、智慧环境、科技展厅、共享配套	
未来建筑场景	631459.83		装配式建筑、建筑装修一体化、绿色建材、模块化户型组合和菜单式个性装修服务、绿色建筑、健康建筑	

续表

<table>
<tr><th>场景</th><th>空间规模 / 米 ^{2}</th><th>产权属性</th><th>功能业态</th><th>运营主体</th></tr>
<tr><td>未来交通场景</td><td>1575</td><td rowspan="2">杭州望海潮建设有限公司</td><td>无人快递柜、菜鸟驿站、物流分拣中心、智慧停车、智能充电、末端机器人、人车分流</td><td rowspan="4">杭州望海潮建设有限公司</td></tr>
<tr><td>未来低碳场景</td><td>677235</td><td>常规高能效设备集中供冷供热、空气源热泵热水、地源热泵集中供冷供热及生活热水、太阳能光电幕墙、高能效分散式空调+新风、太阳能光伏板、高能效分散式空调+新风、引入综合能源服务商、能源管理平台、准被动房、超低能耗建筑、智能垃圾回收设备+垃圾分类回收制度、雨水收集回用系统、节水器具二级水效、厨余垃圾处理系统、直饮水系统、分质供水系统（生活用水与直饮水分质）</td></tr>
<tr><td rowspan="2">未来服务场景</td><td rowspan="2">82437.27</td><td>业主</td><td>物业服务用房、物业经营用房</td></tr>
<tr><td>杭州望海潮建设有限公司</td><td>餐饮休闲、基础生活配套、主题茶饮</td></tr>
<tr><td>未来治理场景</td><td>1900</td><td>杭州望海潮建设有限公司</td><td>社区议事厅、社区会客厅、社区百通岗、社区休闲室、管理室、社区办公室</td><td>—</td></tr>
</table>

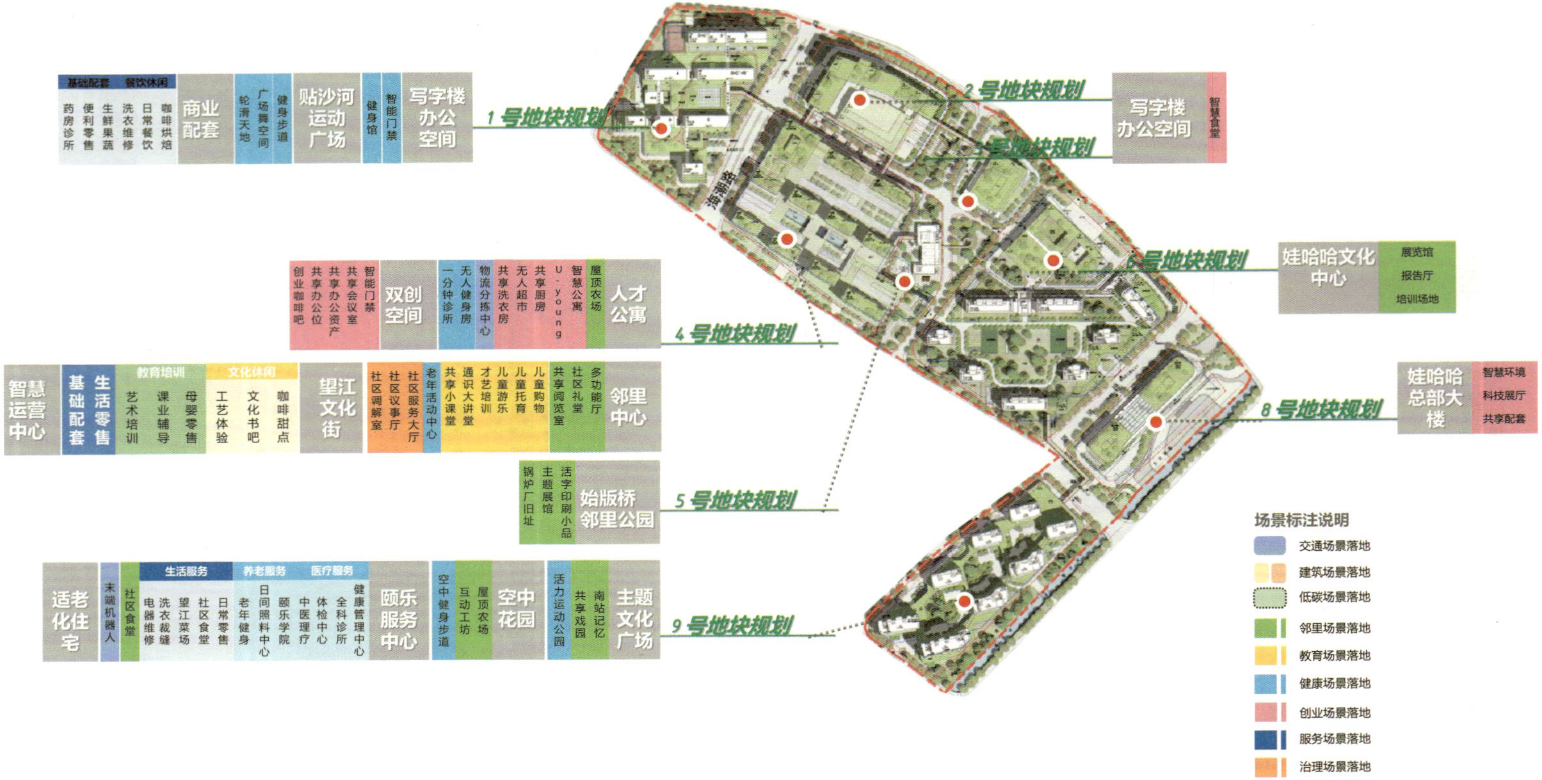

图2-5　始版桥社区场景配置集成

注：通用内容未在整体落位图中体现。

（一）聚焦“立体市井”，构建新墙门生活

打造高复合度的邻里场景，建设集活力运动、医疗健康、颐乐养老等于一体的多层级、立体化邻里共享空间体系，为居民提供“老幼乐”无缝衔接邻里生活。配套 7 万平方米的社区配套、4 万平方米的娃哈哈文化中心、1200 平方米的体育中心，以及环贴沙河慢跑绿道等设施，科学排布社区商业、文化、公益、创业等功能区块，嵌入健康小屋、养老、红叶学堂等微机构，提升公共服务可及性。利用架空层拓宽社交空间，对地块内娃哈哈锅炉房等标志性工业遗存进行活态开发，将其改建成文化公园和邻里中心（见图 2–6），打造“记得住过去、看得见未来”的历史文化新地标，预计将增加 1.5 万平方米绿地空间，有效提升居住舒适度。

图2–6　始版桥社区内娃哈哈锅炉房

（二）聚焦“立体花园”，构建低碳共同体

打造自循环低碳场景，打造地面绿化、裙房绿化、屋顶绿化（见图 2–7）、阳台绿化四级绿化体系，整体绿化享有率达 60%；在屋顶农场让居民体验动手劳作的乐趣，自产蔬菜供给无人菜场和小贩市集，以新一代“菜食场”演绎昔日城南“菜担儿”记忆，通过对居民厨余垃圾进行资源化处理，“反哺”社区二楼空中农场，实现垃圾源头减量和资源循

图2-7　始版桥社区屋顶花园

环利用。打造生态化建筑场景，引入光伏发电、智能滴灌、光催化涂料等新技术，4 号地块安置房项目采用绿色建筑三星标准，运用超低能耗、空气能热泵、装配式装修等技术，节约能耗较国标、省标提升 20% 以上。联合综合能源服务商——国网（杭州）综合能源服务公司，打造综合能源智能管理系统。

（三）聚焦“立体联通”，构建产城融合体

打造多通道、超时空交通场景，推动规划单元和实施单元同步规划、同步改造、同步建设，构建高度复合、高度舒适、高度体验的“产城融合体”。一方面，实现地下空间的高强度开发，地铁 1 号线、5 号线、7 号线、南北快线（17 号线）4 条地铁线串联，形成区域交通贯穿主轴，建设沿婺江路地下通道，保障市政通道和地块红线范围内土地的有效联通；构建互联互通的“TOD+”多功能复合城市组团开发模式，实现未来社区与杭港高端服务业示范区的有效联通。另一方面，有效引导人车分流，设计“小街区、密路网”道路系统形态，规划单元范围内共设有支小路、社区道路、小区道路 35 条，将居住单元最小分割为 0.85 公顷，增加街巷空间、缩减邻里间距，同时构建“快乘慢行”系统，城市

公交线、出租车、共享单车、人行景观道形成多维度交通集散方式，并实现“人流—地铁—铁路”地下一体化快速换乘。

（四）聚焦“数智联通”，打造智慧共同体

打造分层级治理场景，围绕居民、管理人员、运营人员、商家、全用户群体等5大类人群，构建“1+2+1+N”端口服务模式，即1个数智治理平台、未来生活和智慧管理2个微信小程序、1个AI管家和N个商家服务应用，有效整合活动、社群、教育、办公、健康、商业等生活场景，预计打造约300余项应用功能。打造联动式健康场景，后期将引入浙二互联网医院，构建“医疗资源、新技术入社区，‘一站式’慢病管理”的模式，提供云端复诊、续方、随访等差异化健康服务，如可利用无感无线的体表可穿戴设备和红外监护设备，24小时采集监护高风险独居老人的健康指标和运动状况，并进行AI自动分析、实时预警。

四、路径举措

（一）“政学企居”共建

以政府为核心，引入集成化全过程咨询团队，多方聆听居民心声，如方案编制过程中，针对回迁居民、引进人才、杭州居民、外来观光人群等7大类人群，开展用户需求差异化调研分析，实现九大场景和人群需求滚动匹配、科学布局。

（二）创新指标突破

借势未来社区试点项目的政策红利，实现容积率、绿化指标等政策指标的突破创新。如以增加公共配套的方式适当提升安置房容积率；4号地块安置房项目取消纯商业兼容用途，增加兼容服务设施用途，扩展超5万平方米的配套服务用房；2个安置房项目提高建筑密度后允许裙房屋顶1.5米覆土绿化计入绿地率，解决名义绿地不足问题，同时实际增加绿地面积约1.5万平方米。

（三）快速并联审批

依托并联审批集成系统，借助服务前置、施工图联审、容缺受理等举措，最大程度“做减法”，大幅压缩审批时限，推动项目审批提速增效；疫情防控期间更依托“一站式”服务链，以申请、审批、出证等服务全流程网络化办理，实现网上申请办结全流程闭环。

（四）市场高效运维

在项目贷款、流动资金贷款补充等传统融资方式基础上，探索企业债券发行等市场融资模式，全方位保障资金需求。成功注册并发行注册制“落地”以来浙江首支获批的企业债券，30 亿元已全部成功发售。2021 年成功申报非公开发行公司债券 15 亿元，并完成首批发行 7 亿元，实现“交易所、银行间交易商协会、国家发展改革委”三大直融产品全覆盖。

五、创新亮点

（一）土地模式创新

根据地块类型，针对性调整容积率、绿化率等关键指标，达到高效集约利用空间资源、降低开发成本的目的。以增加公共配套的方式适当提升安置房容积率，扩展了超过 7 万平方米的配套服务用房。通过土地性质调整创新供地模式，娃哈哈总部地块用地性质从工业用地转为创新性用地，实现“土地能级提升”和“建设成本降低”的目标。

（二）运营模式创新

落实 TOD 开发理念，通过推进创新型产业用地、轨道交通开发、地上地下空间综合开发等措施，构建疏密有致、功能复合的土地开发模式，有效盘活存量用地、优化交通结构，实现产业空间的合理配置。集中优势重点打造高端商务，以杭州新世界为主体，高位布局 145 万平方米商业商务空间，全面招引培育数字经济、会计和律师事务所、研发中心等高端服务业。目前，娃哈哈总部大楼、永安国富总部大楼等一批标杆性项目已成功落户未来社区，后期将形成以永安国富和永安期货为核心、管理资金超 1000 亿元、税收贡献超数十亿元的国际期货中心。

（三）治理模式创新

形成一套基层议事机制，借助社会力量和社会资本同步推进社区服务功能和治理水平整体提升，引导群众参与未来社区规划、建设、管理和监督等各个环节，通过“政协请你来协商”、民情恳谈会等形式，广泛邀请“两代表一委员”、统战人士、新乡贤和居民代表等各界力量，重点围绕各民生议题开展讨论，实现“点对点”民意直通；施工阶段，将邀请居民代表等群众监督力量前往施工现场观摩，由工程技术人员等对房屋户型、建筑材料等内容进行系统解读，实现“程序、选材、进度”三公开。形成一个数智治理平台，以社区邻里公约、社区积分体系等规范居民行为，为群众了解公共事务、参与社会治理提供了更透明化、更具参与性和平等性的新渠道。建立完善社区积分体系，设计成长值—声望—积分系统，鼓励居民积极参与社区治理、文化活动、运动健身、社区公益等活动，通过积分兑换公共资源的使用权益，将睦邻意识内化为社区文化认同和文化自觉。

第三章　打造集成先进技术和优越制度的未来社会

——杭州城西科创大走廊率先探索全域类未来社区

杭州城西科创大走廊是浙江省实施创新驱动发展战略的重大平台，是全面创新改革的试验田，正着力打造面向世界、引领未来、服务全国、带动全省的创新策源地。城西科创大走廊属于跨行政区的科技型郊区新城，具有高能级创新平台集聚、高品质生活需求强劲、高颜值环境本底支撑等鲜明特征，同时也存在城市配套、社区发展滞后于产业进程的现实矛盾。作为全省首个全域类未来社区试点，按照浙江省委书记袁家军“要加快推动全域未来社区建设等重大改革项目在大走廊全面实施”[①]的指示要求，杭州城西科创产业集聚区管委会编制了《杭州城西科创大走廊全域未来社区建设中长期规划》，经过探索实践，首创性形成了全域未来社区创建的规划机制、指标体系、实施路径、工作机制等内容，形成了若干可复制、可推广的经验模式，在全省未来社区全面进入“创建制”的新阶段具有非常重要的先行示范意义。

一、基本概况和目标定位

杭州城西科创大走廊全域未来社区规划总面积398平方公里，涉及西湖区、余杭区、临安区“三区”，紫金港科技城、未来科技城、青山湖科技城、云城“四城”。规划期限为15年（2021—2035年），近期到2025年，中期到2030年，远期到2035年。以集成先进技术和优越制度的未来社会为引领，以满足人民美好生活向往为中心，体现人本价值链、创新产业链、生活供应链“三链集成”价值追求，实现创新居住类和创产类生活圈组织变革。以“9+X”多元个性场景集成创新为载体，彰显社交生动、文化生根、居住生趣、

---

① 余勤.袁家军调研杭州城西科创大走廊建设工作　推进“四个集聚”和体制机制创新　打造面向世界引领未来辐射全省的创新策源地［EB/OL］.（2020-03-11）［2020-10-01］. https://zjnews.zjol.com.cn/gaoceng_developments/yjjbdj/202003/t20200311_11766786.shtml.

知识生长、创业生机、运营生春六大创造性张力，形成“人城创产文”深度融合的全域未来社区建设格局，为建成具有世界影响力的大走廊未来城市夯实功能基底。

二、三维价值

围绕大走廊人群需求和特征，立足数字经济、生命健康等产业特色和创新创业基因优势，尊重生态人文肌理，全域一体、点线面融合、模块化彰显具有大走廊辨识度的三维价值坐标。

（一）人本化：以双千年文化底蕴、创新开放包容精神为基因

响应原权益居民、新居民、创新创业人群等的多元需求，组织开展了大走廊人群需求问卷调研，形成产城融合型、城景交融型、人文康养型等“百花齐放”的全域创建格局。立足良渚文化、吴越文化、创新文化、湿地文化等人文生态优势，赋能科技创新和品质生活，构建以创新趣街、共享客厅为重点的文化场所体系。全域规划建设 1 个门户客厅、6 个湖链客厅、30 个小镇客厅和 100 个左右的邻里客厅，彰显创新开放包容的文化底蕴。

（二）生态化：以湿地湖链、全域花园为底色

以“世界级滨水人居文明典范”为追求，立足大走廊生态优势，充分发挥大走廊西溪湿地、五常湿地、和睦湿地、南湖、青山湖、苕溪等湿地湖链生态景观资源，贯通 100 公里最美湿地湖链风景路，串联沿线未来社区及相关产业平台，打造示范路线。推动建设环未来科技城核心区与环青山湖绿道两大环线，通过苕溪绿道连通青山湖和南湖，并连通沿文一西路与科技大道绿道，实现社区绿环与湿地湖链无缝融合，构建以优势生态为本底、城市功能与生态环境相交融的生态化全城花园城市。

（三）数字化：以数字经济、整体智治为特色

依托“整体智治”示范区建设，建设统一的数字化管理平台，探索应用数据智能技术，打造“数字平行世界”，为基础设施维护、城市安全监测、防灾防疫响应赋能。率先探索智能制造、无人配送、数字赋能城市治理等领域推广示范，打造未来生活试验区。

三、全域规划方案

（一）行动目标

以“五年树标杆、十年成规模、十五年全覆盖”为目标，按照“人人有参与、处处有

任务、年年有提升”实施策略，全域分类分步启动建设。到2025年底，基本建成20个以上重点未来社区，覆盖全类型；在规划阶段全面落实“5、10、15分钟生活圈”配置要求，新增项目全面实施未来社区建设。到2030年底，全域未来社区规划单元建设实现率达到80%以上。到2035年底，全域未来社区基本建成，具有世界影响力的创新策源地未来城市基本成型，成为展现中国特色社会主义制度优越性“重要窗口”的“头雁风采”标志性成果。

（二）组织方式

以10～15分钟规划单元、5～10分钟实施单元落实未来社区建设内容，实现社区生活圈全覆盖。在控制性详细规划等规划编制中，统筹落实规划单元内涉及的社区邻里中心、学校等街道级服务设施配置要求。在出让地块规划指标设定中，明确托育、幼儿园、共享书房、社区食堂等社区级服务设施配建要求。

（三）建设类型

按照拆除重建、拆改结合、整合提升、规划新建四大类别分类实施，以规划单元为统筹单位，通过规划编制、方案设计、工程建设、入住运营等不同阶段，分解落实未来社区建设要求。

（四）建设标准

以优化后的全省未来社区33项约束性和引导性指标为基础，创新大走廊5项个性指标，即“5分钟见蓝绿、5分钟进邻里客厅、5分钟进创新交往空间、5分钟见黑科技互动体验装置、5～10分钟见托育”。按照领先型、示范型、基本型三个层次，构建分层分类建设标准指引。

（五）空间布局

全域按照XOD模式①，推动未来社区、城市服务功能、创产平台、轨道交通站点、生态环境等复合化、一体化规划布局，形成“341”总体布局结构（见图3–1），即南湖畔社区、西湖大学社区、绿汀社区等3个领先型项目，云门社区、杭腾社区、云谷社区、“硬科技”产业社区等4个示范型项目，以及100余个基本型未来社区。

---

① XOD模式，即以城市基础设施为导向的城市空间开发模式，是TOD（公共交通导向）、EOD（教育设施导向）、COD（文化设施导向）、HOD（综合医疗设施导向）、SOD（体育运动设施导向）、POD（生态设施导向）等在内的满足现代城镇发展多种需求的开发模式的统称。

图3-1　大走廊全域未来社区鸟瞰

（六）全域夯实未来城市基底

突出全域未来社区与大走廊“创新策源地”能级提升的“一盘棋”联动效应，系统落实综合交通系统创新、黑科技互动、精细化社会治理、公共服务普惠等综合支撑工程。

第一，全域综合交通创新工程。构建由地面道路、地下隧道、轨道交通组成的立体畅通道路网，有效支撑大走廊未来社区人流快速通勤。构建多层次、多模式、多制式的轨道交通系统。创新“出行即服务”（MaaS）模式，开展定制化绿色共享出行。

第二，全域黑科技互动工程。加快布局新一代信息基础设施等建设，重点开展5G示范应用，规划新增1500处基站集群。布局大容量光通信高速传输系统，在全省率先完成双千兆宽带网络布局。推动智能能源设施、无人图书馆、智能回收站等智慧终端布局及系统互联。

第三，全域空间数字治理工程。依托全省未来社区信息模型（CIM）平台，增设大走廊应用管理模块，实现大走廊全域未来社区项目规划、建设和运行全流程统一管理。在“城市大脑＋未来社区”整体架构思路下，以区为单位，依托试点项目，开展大走廊全域未来社区“平台＋管家”智慧服务功能模块等应用。

第四，全域智慧社会治理工程。落实社区配套用房面积按照每百户不少于100平方米，且总面积不少于500平方米的配置标准。实现基础设施、物联监控和社会服务数据库的互联互通，达到社会服务和社区治理深度融合。

第五，全域创新要素联动工程。探索搭建全域智慧互联的园区、校区、景区、社区协同创新场景，提供科创资源动态发布、需求情报智能分析等功能。在全域未来社区中植入共享办公、科创中介服务超市、创意集市等社区众创空间。

第六，全域公共服务普惠工程。构建全域托育体系，鼓励创产类生活圈依托园区、企业等设立托育点。创新跨区域合作办学、名校集团化办学等方式。引入国际医院以及妇幼、儿童医院等优质专科医院。布局泛在化特色文体休闲设施。

第七，全域绿色低碳韧性工程。推进湿地湖链系统示范工程，开展公园绿道行动，规划新增16处休闲公园。通过提高可再生能源利用比重、开展碳中和行动等途径，构建近零碳能源利用体系，打造生态化的低碳未来城市。

第八，全域社区人才培育工程。大力发展社区社会组织，开展普适性社工培育。通过与杭州师范大学等大专院校合作，开设社区公共事务管理、婴幼儿照护服务等专业大专班。开展“精英管家”“精英社工”“全科社工”等分层培训。

四、路径举措

（一）强化顶层设计

结合大走廊“一廊三区四城”的特点，确立“1+3”的规划方案编制机制，即由大走廊管委会会同市发展改革委编制整体层面的全域未来社区建设中长期规划，明确全域“统思路、统策略、统标准、统布局、统目标、统支撑和保障措施”等顶层设计要求；西湖区、余杭区、临安区分别编制三区层面建设方案，做好与全域中长期规划的衔接落实，明确具体建设行动计划、目标任务、建设时序、投资测算和实施保障等。

（二）强化规划编制引领

在各类规划中全面落实全域未来社区建设要求，做好用地功能、基础设施、公共服务设施和蓝绿空间等整体系统布局，在控规等实施性规划编制和调整中，注重规划传导，落实落细未来社区“5～10分钟生活圈”街道级和社区级服务设施配置要求。

（三）加强规划实施管控

在规划实施全周期中抓全域未来社区落地，未来社区具体建设要求在规划项目选址论证（用地规划条件出具）阶段中就予以明确，并纳入土地出让合同，在建设工程设计方案中做好落实审核把关，在竣工验收阶段强化场景落地验收核实。

（四）大力推进项目实施

结合大走廊“统分结合”的体制机制，夯实属地政府落地实施主体责任，杭州城西科创产业集聚区管委会（以下简称集聚区管委会）充分发挥“抓总抓统”作用，完善工作机制，优化工作流程，加强项目跟踪督导，确保项目实施成效；各区按照先行先试与全域覆盖相结合，做好辖区内未来社区建设 3 ~ 5 年实施总体安排，制定年度项目建设计划，有序组织实施，打造未来社区集群。

（五）完善保障机制

一是强化组织领导。发挥杭州市未来社区建设试点工作领导小组作用，强化对大走廊全域未来社区建设工作的组织领导和统筹协调。具体由集聚区管委会牵头，会同市级相关部门、“三区四城”做好大走廊全域未来社区建设组织实施工作。二是完善项目审查机制。未来社区单个项目实施方案上报至集聚区管委会，由集聚区管委会组织方案审查备案，项目竣工后 6 个月内组织核验。三是建立考核通报机制。未来社区建设任务按年分解落实到“三区四城”，并纳入市级对“三区”未来社区建设考核体系和集聚区管委会对“四城”的考核内容。四是建立服务推进机制。建立推进工作群，适时召开工作会议，及时发现、研究、协调、解决有关重大事项和问题。建立专家咨询库，积极与省未来社区研究中心、产业联盟对接，为未来社区项目建设提供技术服务支撑。

五、创新亮点

（一）推动形成“跨区域、跨层级”的全域未来社区建设工作“一盘棋”

结合大走廊跨行政区域特点和“统分结合”体制机制，统筹制定“1+3”的顶层设计，整体谋划全域未来社区建设的目标任务要求。建立多方协同的统筹实施机制，制定《关于加快推进杭州城西科创大走廊全域未来社区建设的工作方案》，按“统分结合”明确建设实施责任主体，“一廊三区四城”上下联动，属地政府落实主体责任，政府、企业、市场各主体多方协同，规划、建设、运营各阶段统筹联动、落实落位，“一盘棋”推动实施。

（二）构建“全周期传导管控”的全域未来社区规划建设实施体系

规划阶段，在大走廊发展规划、国土空间总体规划、控规等其他规划编制中传导落实未来社区建设标准；项目实施阶段，明确了发改、规划资源、建设等不同职能部门在项目立项、规划选址、土地出让、方案设计、工程施工、竣工验收等不同实施环节的管控职责，建立未来社区从规划到建设再到运营的全周期实施管控体系。

（三）构建“彰显特色、分级分类”的全域未来社区建设标准体系

立足大走廊数字经济产业强、年轻群体多、生态本底优等特点和全域落地要求，在优化细化全省 33 项指标基础上，将大走廊在生态、生活、人文、风貌以及创新创业方面的特色纳入相关指标中，构建“33+5”的特色指标体系，并按照规划、建设、运营各阶段，政府、企业、市场各主体，领先型、示范型、基本型各层级，对“三化九场景”33 项 145 细项的指标体系进行分级分类逐项分解落实，强化指标体系的易落地、可复制、好推广，保障全域建设。

（四）构建“以点促面、整体推进”的全域未来社区建设工作推进方式

按照“全域创建 + 单点突破”相结合原则，在全域层面，将未来社区建设工作与规划新建项目建设、TOD 开发、老旧小区改造、数字化提升等紧密结合，整体有序推进全域覆盖。在单点方面，全力推进中长期规划中确定的一批近期重点未来社区项目建设，先行打造若干示范样板，形成可复制可推广经验。结合新的建设项目，不断叠加未来社区库，形成不断生长、持续蝶变、最终实现全域覆盖的全域未来社区实现路径。

第四章　“投建管运一体化”模式探索

——衢州柯城礼贤社区的思考、探索与实践

礼贤社区是浙江省未来社区试点中率先采用“投建管运一体化”模式的标杆项目，是全省首个按照“联合国可持续社区”标准体系打造的国际未来社区。着眼于“三个有礼”价值追求，以“4+X”场景创新集成体系为载体，围绕“体制、模式、设计、政策、运营、文化”六大方面，实现“投建管运一体化”开发模式探索、“既中国又具有未来感”的建筑风貌设计、“运营总包”保障体系落地、“礼文化”社区样本营造等创新实践，打造浙江省第一个落地的浪漫花园社区标杆、场景系统集成的高效率服务社区标杆、礼贤文化为底板的高品质生活社区标杆。

一、基本概况和目标定位

礼贤社区位于衢州市柯城区，属于改造更新类试点，规划单元面积 100 公顷，实施单元面积 28.8 公顷，建筑面积 64.4 万平方米，直接受益居民 8110 人，引进各类人才 728 人，总投资约 53 亿元。基于衢州大花园核心区和主阵地的建设背景，立足礼贤社区地处衢州新老城区交界处、城市交通大动脉的中心、衢州三江自然交汇地的独特区位，着力探索新老文化交融的改造更新类项目典范。通过对东方文化、江南特色、衢州韵味等特色元素的提炼，礼贤社区着力赋予场地新的文化气质和诗意邻里空间，以建设具有国际影响力的“大花园”版网红未来社区衢州标杆为目标，打造中国城市社区生活获得感领跑者、中国大花园城市高质量领跑者、中国基层治理标杆城市领跑者。图 4–1 展示了礼贤社区规划全貌。

图4-1　礼贤社区规划鸟瞰

二、三维价值

（一）人本化：打造邻里有温度的人文有礼社区

礼贤社区自创建以来，始终坚持开放创新，广邀各类主体以多种形式参与未来社区试点，召开全民大讨论、国际论坛、理论中心组学习会等各层级、各种形式的“诸葛亮会”，与阿里巴巴、中国铁建、浙江金控未来社区管理基金等公司和机构签订战略合作协议。同时，积极走好群众路线，组织召开原住居民座谈会 3 次，收集方案设计调查问卷 823 份，梳理需求清单，聚焦“场景塑造 + 社群营造”，为打造邻里有温度的人文有礼社区找到“接地气”的方向和目标。图 4-2 为礼贤社区人本化交往空间效果。

（二）生态化：打造环境有韧度的自然有礼社区

围绕“活力新衢州，美丽大花园”目标，充分融入项目周边严家淤生态岛等生态景观资源，结合规划结构，在地面车行系统之上营造一个大花园地景，形成一个与地面车行系统平行的慢行景观花园体系，真正实现人、自然、建筑和谐共生、共生共荣。图 4-3 为礼贤社区生态化效果图。

（三）数字化：打造治理有精度的秩序有礼社区

礼贤社区积极落实衢州提出的构建以“四大五加”（大党建统领、大联动治理、大数

图4-2　礼贤社区人本化交往空间效果

图4-3　礼贤社区生态化效果

据应用、大融合推进，“网络 + 网格”“线上 + 线下”“制度 + 技术”“公转 + 自转”“共性 + 个性”）为主要内容的体系架构和“主”字型运行架构，全力打造中国基层治理最优城市的礼贤方案。打通社区信息模型平台与社区智慧服务平台数据，构建“2+2+2+3”的“平台 + 管家”物业服务机制（见图 4-4、图 4-5）。

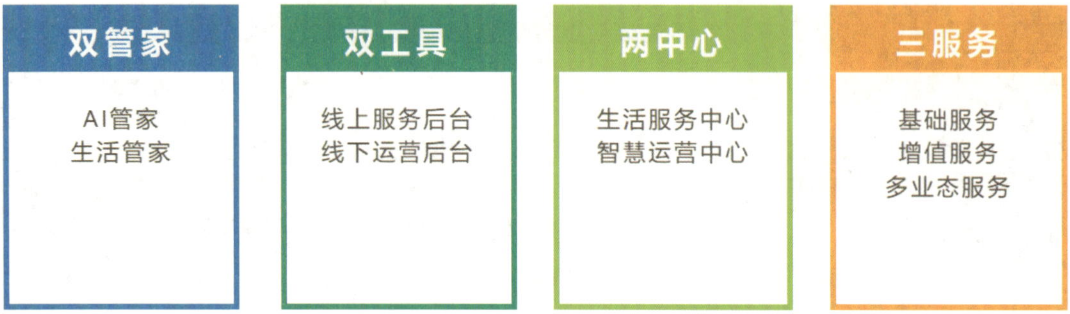

图4-4 礼贤社区“2+2+2+3”物业服务机制

图4-5 礼贤社区运营中心服务界面

三、场景探索

以“礼贤崇德，美好触手可及”作为整体策略，注重场景塑造和社群营造，构建“4+X”的场景集成创新体系，聚焦未来邻里、教育、健康、治理四大主场景设计，统筹创业、交通、低碳、建筑、服务等其他场景，打造一个最有礼的国际花园社区（见表4-1、图4-6）。

表4-1 礼贤社区场景配置

场景	空间规模/米^2	产权属性	功能业态	运营主体
邻里	247	业主	礼贤空间5个	运营公司
	4650	政府	菜市场	运营公司
	600	政府	社区礼堂+社区食堂	运营公司
	—	政府	E地块信安文化公园	政府
	—	政府	G地块游憩口袋公园	政府
健康	600	建设主体	室内健身驿站5个	运营公司
	—	建设主体	一分钟诊所6个	运营公司
	1100	政府	卫生服务站+日照中心	政府
	—	政府	D地块运动公园	政府
	—	政府	空中林荫跑道	政府
教育	113	业主	奇妙空间2个	运营公司
	105	业主	美学空间1个	运营公司
	178.6	业主	红叶空间3个	运营公司
	—	政府	幼儿园	政府
治理	1367	政府	邻礼汇社区治理综合体	政府
	582	政府	智慧运营中心	运营公司
创业	4589	建设主体	创智中心（办公楼）	运营公司
	300	建设主体	双创空间2个	运营公司
	30351	建设主体	人才公寓	运营公司
服务	21571	建设主体	商业综合体	运营公司
	15400	建设主体	商业网点	运营公司
	2000	政府	F-1地块安置商铺	安置商铺业主
	1496	业主	物业经营用房	运营公司
	1043	业主	物业管理用房	运营公司
低碳		建设主体	立体绿化/屋顶花园	运营公司

续表

场景	空间规模 / 米²	产权属性	功能业态	运营主体
建筑	162755	建设主体	商品房	运营公司
	107278	政府	安置房（南北向）	运营公司
	12505	政府	公租房（东西向）	运营公司
交通	4173	政府	TOD 公交场站	公交公司
	—	项目公司	智能充电桩	运营公司
	—	项目公司	无人快递柜	运营公司
	240	业主	物流驿站(位于物业管理用房)	运营公司
	250	政府	物流分拣中心	运营公司
	—	建设主体	地面 / 地下车位	运营公司
治理	1367	政府	邻礼汇社区治理综合体	政府
	582	政府	智慧运营中心	运营公司

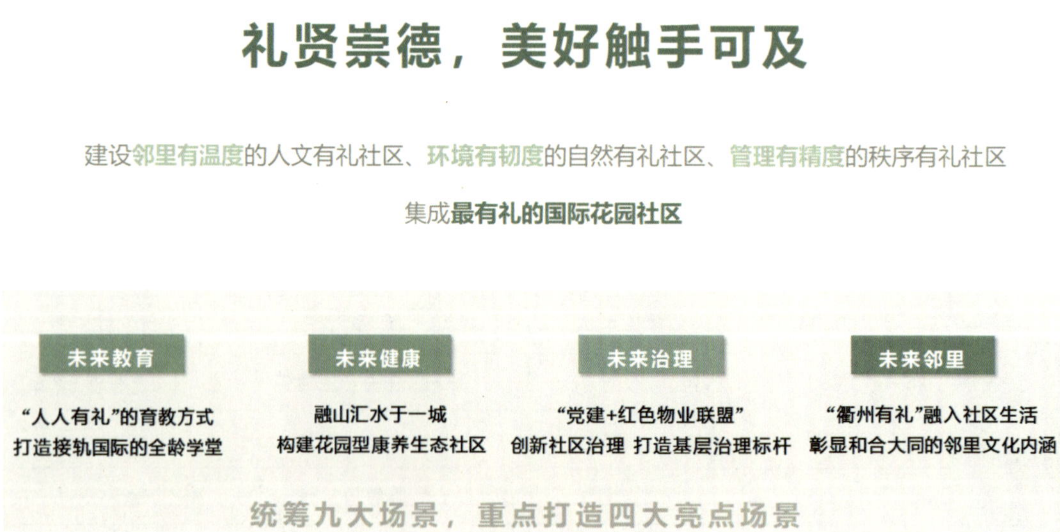

图4-6　礼贤社区四大亮点场景

（一）邻里场景：将“衢州有礼”融入社区生活，彰显贤达大同的文化内涵

将邻里中心布局在最核心的沿江区位，配置“邻礼汇”社区服务中心、TOD公交首末站、商业服务和创业创新等功能，将最优的景观配套资源礼让给教育、医疗及配套服务从业者，通过功能完善的mini（迷你）-TOD系统串联起九大场景，为居民提供便捷的“一站式”生活服务。源于对中国特色邻里关系的思考，结合大花园地景，各社区组团采用低尺度、密路网、小街巷的组合方式，提取融入东方传统建筑“粉墙黛瓦”“前坊”“望楼”等元素，融合形成大花园、小房子，形成具有人情味、地方性的建筑特征，结合市井味、烟火味的邻里生活场景，呈现绿意连绵、屋舍俨然、阡陌交通、怡然自乐的世外桃源生活画卷（见图4-7）。以“和合礼敬、慈孝立德、睦邻友善、修身齐家”为核心完善邻里公约，并建立积分体系。

图4-7　礼贤社区邻里场景效果

（二）教育场景：营造“人人有礼”的育教方式，打造接轨国际的全龄学堂

结合南孔文化、“衢州有礼”品牌，设置南孔书屋、邻礼学堂等特色教育设施（见图4-8）。邻礼学堂围绕衢州历史底蕴与精神内涵，根据衢州未来社区儿童、青年、中年、老年全龄段教育需求差异，开展特色文化学习、美学生活培训、非遗手艺教学，打造衢州生活“体验馆”。南孔书屋收藏文化古籍等，提供图书借阅、读书沙龙、主题讲座、技能分享等活动。开展“先进达人评比”“学习先进个人”等评比活动，激励社区达人和社区居民参与社区教育活动。传承非遗文化，弘扬非物质文化遗产，建设非遗传承人资源库。

图4-8 礼贤社区教育场景效果

（三）健康场景：融山汇水于一城，构建花园型康养生态社区

建设健身驿站、空中跑道、运动公园，打造线上线下运动社群。集成人民医院、卫生服务站、互联网医疗等多层次医疗健康资源，保障社区就医需求。联动康养公寓、日间照料中心等养老资源，构筑优质乐龄社区（见图 4–9）。

图4–9 礼贤社区健康场景效果

（四）治理场景：以“党建 + 红色物业联盟”引导社区治理

以大党建为统领，落地“主”字型运行架构的社会治理模式。突出“有礼”文化基因，发挥红色物业联盟、线下邻里汇、线上邻礼通作用，将全科网格员体系真正落到基层，打造中国礼文化的社区样本，实现高品质场景、高品质社群。建立健全社群管理体系，通过邻里公约、社群议事会、社群活动、社群公益，联动积分系统，激发社群活力，促进社区自治。

四、路径举措

（一）确立“投建管运”一体化模式

推动实施主体从合作、建设到运营一体化运行，让项目各个环节紧密相连（见图4-10）。建设应以实现运营服务功能为目的，并形成全生命周期的质量管理体系和成本控制体系，实现“功能定位在先、开发建设跟进、长效后续管理”的一体化机制。

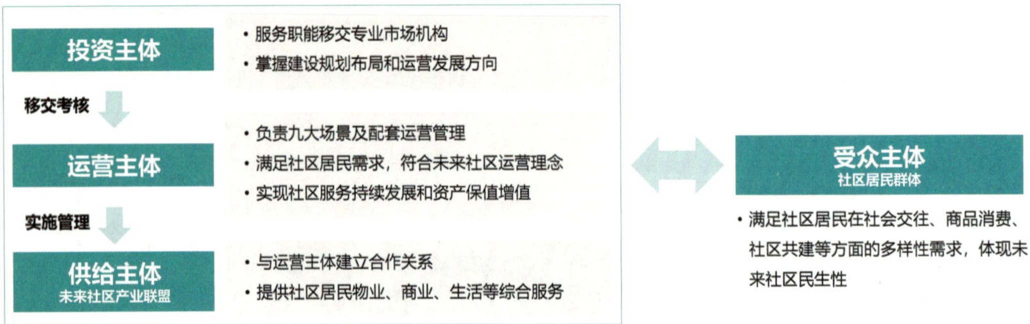

图4-10 礼贤社区“投建管运”一体化模式

（二）联合国有企业推进实施

市场主体竞得土地后，与市城投集团（占股34%）共同组建项目公司，由项目公司负责投资、建设、管理和运营。这种公司治理结构，一方面有利于保证市场主体在“投建管运”工作上不会有大的偏差，另一方面也有利于发挥国有经济和民营经济的双重优势，保障“投建管运”一体化模式成功实施。

（三）落实“带方案”土地出让

在土地出让条件中，明确要求市场主体竞得土地后，根据设计方案、运营方案进行建设运营，并签署建设运营协议。建设运营协议包含建设、运营和监管要求，科学设置对赌协议，提出商品住宅预售和人才公寓租售条件，规定邻里中心和部分人才公寓须自持，并明确建设期和运营期内的行业监管主体以及运营期限、范围、内容等要求。这在很大程度上杜绝了以“快周转”为核心模式的房地产开发商，让真正具备“投建管运”能力的优质服务商有机会参与未来社区的建设落地。

（四）提出“双限”政策，确保未来社区民生属性

坚持“房住不炒”，在衢州首次提出“双限”政策，既限定未来社区最高售价和均价，又限定住房购买者五年内不得销售所购住宅。

五、创新亮点

（一）模式创新："投建管运"一体化

发挥市场主体积极性及市场资源配置优势，礼贤社区的开发建设由一个市场主体统筹推进，引导优质企业以"投建管运"一体化模式参与未来社区建设，保障不偏离未来社区的初衷和推进目标。

（二）设计创新：45 字设计理念

礼贤社区按照"低尺度、密路网、小街巷，地下通、车快捷、人易行，无围墙、无边界、无障碍，生态化、低碳化、智慧化，市井味、烟火味、人情味"的 45 字设计理念，根据社群主题、职住配套、生态、运动休闲、文化交流、营运创收六大空间和九大场景营造要求，凸显绿色、低碳、智慧，开放、包容、创新、文明、有礼、和谐，共建、共治、共享的内涵特色。在设计上，进行了三大创新。

1. 围合式规划布局

为改变"千城一面"的城市面貌，设计采用围合式布局（见图 4–11），改变了以往兵营式的营城模式，实现公共交往空间无处不在，体现新时代城市面貌的和而不同。

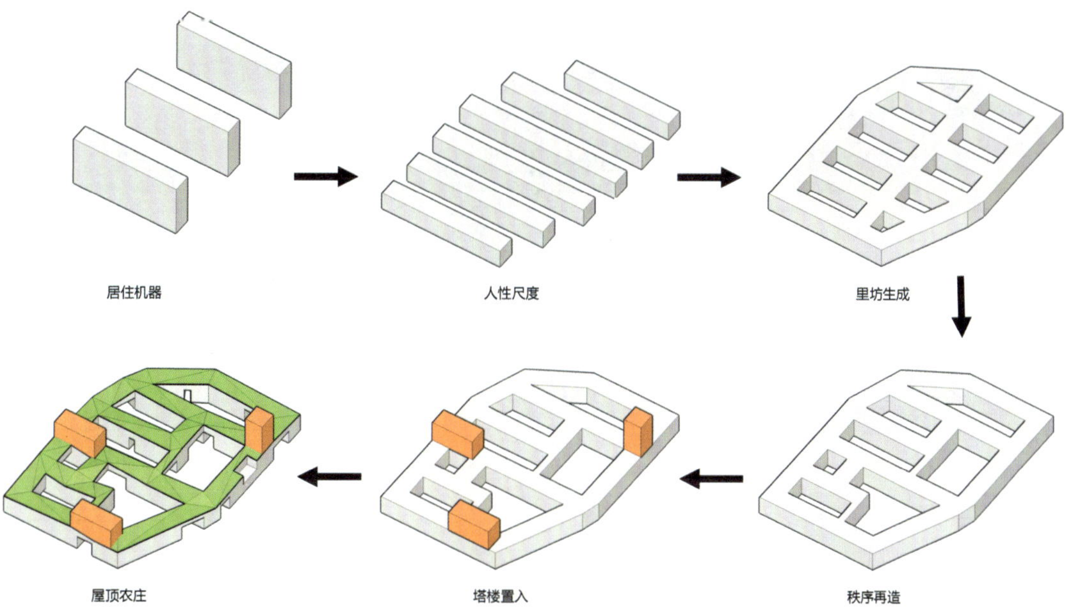

图4–11　礼贤社区围合式布局模式

2. 大盖板空间的复合利用

利用地面架空空间设置大盖板，盖板下方以停车功能为主，周边为沿街商铺，并布置各类场景空间；盖板上方为大花园，各地块之间可通过盖板上的连廊便捷通达，与地面交通形成立体网络，提升通行效率和体验。

3. “既中国又具有未来感”的建筑风貌

从衢州的古城墙、水亭门中汲取灵感，以现代化的设计手法演绎邻里中心，使其成为礼贤社区的形象标志和精神依托。住宅采用“里坊”“望楼”的设计理念，加上月洞门和斜坡檐口，彰显独具中式韵味的建筑风貌（见图 4–12）。

图4–12　礼贤社区建筑风貌效果

（三）运营创新：运营总包模式

在政府主导、居民自治、企业参与、社会共享的社区治理理念支撑下，由运营方统筹运营社区资产，搭建并运营线上服务平台，实现数字赋能，同时引入产业联盟与服务供应商资源提供服务，实现九大场景落地（见图 4–13）。

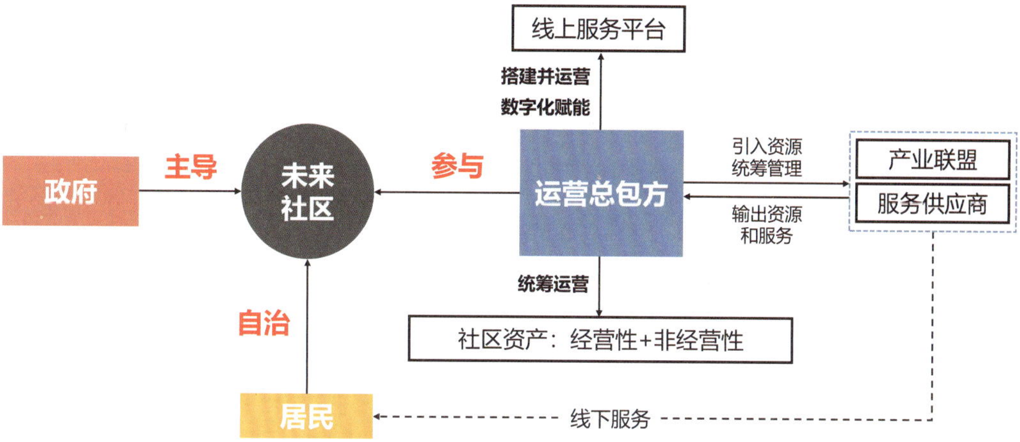

图4-13　礼贤社区运营总包模式

通过“平台＋管家”服务模式，提供基本服务及增值服务，通过合理明确社区经营用房占比，让渡社区具有商业价值的部分物业的经营权，以“取之社区、用之社区”的方式转移物业服务成本，在安置房区域实现基础物业居民“零付费”（见图4-14）。

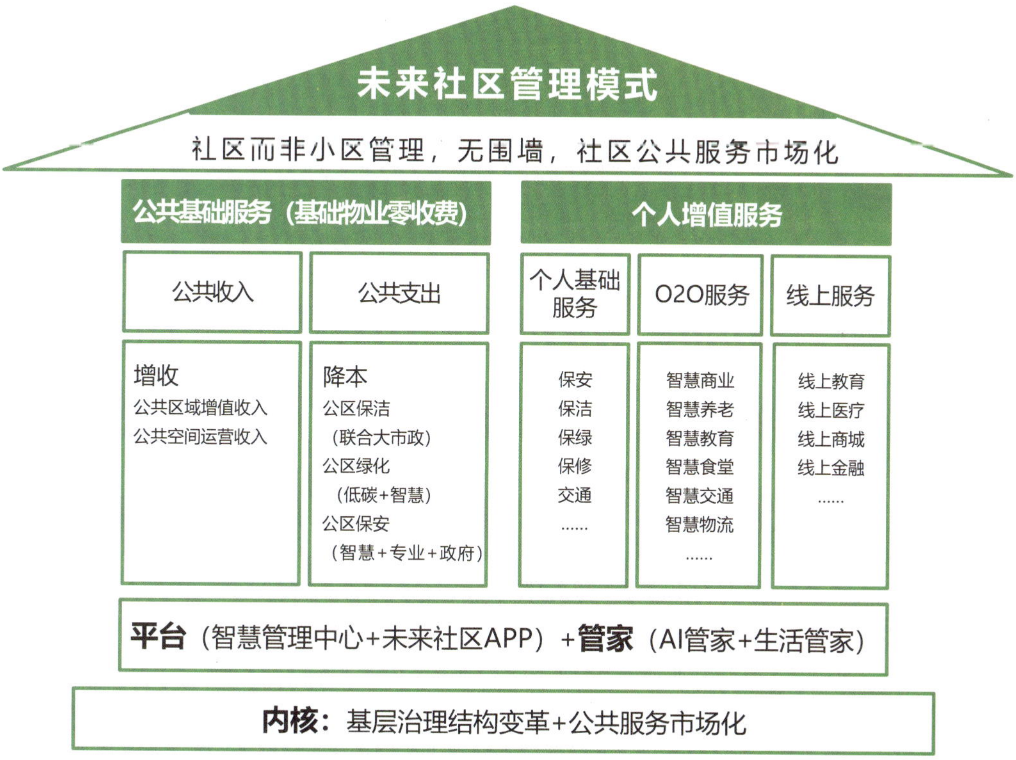

图4-14　礼贤社区管理模式

（四）文化创新："礼"文化社区样本

完成《衢州市礼贤社区历史文化资源调查报告》，将礼贤社区文化与"衢州有礼"城市品牌相结合，为居民提供邻里有温度的人文有礼社区、环境有韧度的自然有礼社区、治理有精度的秩序有礼社区，打造中国"礼"文化的社区样本。

第五章　绿廊上的和合未来生活样板

——台州椒江心海社区探索大运营新模式

心海社区遵循大湾区战略指引，承台州中心城区三区整合之势，传承台州和合文化基因，创建“城聚合、绿共生、人无界”的和合社区样板，旨在高起点推动城市棚改新模式，联动周边区域共同打造湾区引擎，探索共同富裕基本单元的居住样板。

一、基本概况和目标定位

心海社区位于台州市椒江区，属于改造更新类项目，规划单元面积约 190 公顷，实施单元面积约 30 公顷，总建筑面积约 93 万平方米。项目突破棚改效应边界，释放城市化红利，推动 5 个行政村原拆原回，直接受益居民数约 7281 人，联动周边商贸核心区、中央商务区产业需求，吸引精英回归，引进人才数约 2634 人。心海社区依托地处心海绿廊核心景观带和中心大道城市发展轴交汇处、区域交通便捷、生态人文底蕴深厚的基础优势，以“心海和合树”为特色构架，采用“3D”聚力开发建设模式，即 SOD（服务导向）引领和合与共享、TOD 引领复合与立体、EOD（生态导向）引领健康与低碳，通过邻里中心先期引领、轻轨站点综合开发带动、心海绿廊自然禀赋引力，推进社区高站位、高质量、高效率建设，着力打造全国和合文化社区样板、湾区“聚力”开发示范、立体复合开发示范。图 5-1 展示了心海社区实施单元全貌。

二、三维价值

（一）以人为本，实现新时代和乐融居

心海社区是新旧居民衔接融合的新时代社区，在实施推进中，充分演绎和合文化，兼顾不同群体需求，对于原拆原回人群，依托城市记忆，在文化公园拟建一处戏台，再现曾经街坊最热闹的场所，追溯葭沚街道老一辈人娱乐的源泉，延续邻里纽带关系。针对心海

图5-1 心海社区实施单元鸟瞰

社区 60% 以上人口为年轻群体的情况，建设超过 4500 平方米室内运动场、超过 4200 平方米室外运动场，满足年轻人运动需求。对于引进人才，结合周边高层次产业基础，打造一南一北、可租可售的两栋人才公寓，配套 2 万余平方米的双创中心，提供更多元的增值服务选择，解除落户、子女教育、商旅出行等后顾之忧。

（二）以绿为基，体现全要素生态化设计

围绕心海公园打造“和合连廊”慢行网络，引导绿色出行，打造可持续发展未来社区。结合规划单元内心海绿廊、实施单元内立体绿化、空中花园、花园阳台，打造第四代生态社区。建设生态景观廊道，采用多种生态低碳措施，实现空间景观绿色化，并与山体、心海公园形成呼应。利用可再生能源，对 TOD 综合体、邻里中心、TOD 住宅区域、双创中心主楼采用集中供能技术，各地块设空气源热泵热水系统，减小能耗。

（三）以数为带，大物业与数字化高效集成

通过混改合作，引入大物业运营主体，在承接物业服务、保洁服务、保安服务之外，通过道路清扫、垃圾清运等特许经营业务来提高设备设施的使用率。置入户外空间广告经营权，导入空间资产、公寓运营等资源，通过市场化的业务模式产生利润。依托社区数字

基建底座，结合城市空间数据，推动社区事业各领域实现跨业务单元协同，达成未来社区九大场景的互融互通。

三、场景探索

心海社区场景配置集成如图 5-2 所示。

图5-2 心海社区场景配置集成

（一）彰显和合文化内涵的邻里场景

以和合文化为社区文化基础，多方面融入和合特色——和合连廊、和合小品、和合活动等，营造包容、开放的和谐邻里氛围。规划建设乡愁记忆中心，传承“家文化、家故事、家风俗”，设计保留旧时街区生活印记，同步推进新旧交融的文化展示墙，破除新老街区记忆边界。以邻里中心为核心（见图 5-3），集中设置创业孵化、青少年活动、嵌入式养老等复合功能，临近布置文化公园、幼托一体幼儿园，鼓励全龄共享、世代互助，通过和合连廊串联多样化邻里交往和服务空间，实现公共空间最大化、交流无界化。形成《邻里公约》（见图 5-4）及社区公民积分制，增进邻里交往，促进邻里和睦。

图5-3 心海社区邻里中心效果

图5-4 心海社区邻里公约框架

（二）立体复合联通的交通场景

引导轻轨站点周边地块实现立体开发(见图5–5),布局住宅、商业、商务综合体等功能,实现资源有效配置和高效运转。依托和合连廊和建筑全开放的底层空间，推动社区功能向垂直空间延展，联通空中、地面、地下，实现立体复合利用（见图5–6）。

图5–5　心海社区地下轻轨站效果

图5–6　心海社区立体复合空间效果

（三）多能协同供应的低碳场景

以“1个社区能源管理中心+1个集中供能示范片区+社区综合节能和资源回收系统”为场景载体，通过设置海绵设施、光伏节能设施、智慧照明系统、能源管理中心等措施满足低碳场景要求。引入集中供能服务商，通过地源热泵技术与蓄冷技术的结合，旨在提高可再生能源利用占比，打造“循环无废”的未来低碳场景。集中供能初步方案服务范围包括TOD、邻里中心、双创中心（办公及商业），供能面积14.5万平方米，为用户提供恒温恒湿、四季如春的租住体验。

四、路径举措

（一）“领导+专班”统筹推进

成立未来社区建设工作领导小组，开展专班化运作。区委书记每周两次一线攻坚，每月召开1～2次协调会，责任区领导及分管镇（街道）“一把手”每周至少有三分之一的时间到一线督导，有效规避项目前期各类风险。自项目启动以来，已召开协调会30次，研究破解农转用报批、轨道交通S1线地下站点对接等痛点堵点20余个。

（二）“国企+名企”互补运作

借助名企资金雄厚、品牌响亮、实力强劲等优势，引导国企和名企结成战略联盟，积极探索股权转让合作模式，以“代建（代售）+EPC+委托运营”方式，强化叠加效应。心海社区与万科集团、新希望等企业展开合作，并与绿城集团签订心海社区邻里中心代建协议，推动社区提档升级。先后对接阿里巴巴、华为等数字化服务商，对接传化、瑞凌等新材料供应商，并与浙江省能源集团签订战略合作协议，将大范围应用集中供能技术。引入外力保障实施，在全省率先实行全过程工程咨询，引入中国联合工程有限公司，在方案申报、监管协议制定、地块技术说明等方面全程介入，提出咨询意见，保障项目推进。

（三）“清单+考核”狠抓落实

针对项目建设要求，逐一梳理未来社区33项约束性和引导性指标，并将指标体系细化分解为638项具体任务，落实到25个责任部门。落实周亮榜、月督考等监管制度，根据任务“难易度、出汗度”，对各节点进行考核赋分，计入目标责任制年度考核成绩，实行考核与评奖评优“双挂钩”。以建设进度、指标执行、工作绩效三方面为重点，建立动态评价监测机制，分解落实项目责任，对实施方案、施工建设、命名验收等全过程进行任务分解，开展年度考核，确保项目建设不走样。

（四）“政策 + 资金”保障要素

落实“台州人才新政三十条”及配套实施细则，对心海社区新引进的人才，根据人才评定给予人才房票补贴，推行人才公寓“租购同权”，鼓励入住人才利用居所、共享办公空间等开展自主创业，对符合条件的人才给予相应的政策补助和创业服务。心海社区被纳入《2020 年省重点建设及预安排项目计划》（浙发改基综〔2020〕1 号），项目 TOD 地块及双创中心地块采用混合用地性质开发方式，认定命名后可按增存挂钩机制奖励建设用地计划指标。相关保障性安居工程已申请 2020 年度和 2021 年度保障性安居工程专项资金，并成功获批，助力椒江区获得 2021 年中央预算内投资等补助资金、安排省重点建设项目等方面的优先支持。

五、创新亮点

（一）共建共享演绎和合文化精神

和合文化是心海社区灵魂所在，为心海社区注入“贵和尚中、善解能容，厚德载物、和而不同”的精神特质。在心海社区创建中，处处演绎着和合文化内涵。

1 创新分散安置模式，增进社群和合

心海社区打破传统集中安置模式，51% 用于回迁群体安置，49% 用于人才落户，将安置房进行适度分散分局，穿插科研人才、专业技师等群体生活单元，增进两类人群沟通交流；通过设置文化戏台，以“老育幼”方式，增强两代人之和合。

2. 探索和睦积分制度，引导居民共治

在社区治理中探索和睦积分兑换制，将社区内的资源、服务整合成和睦积分，鼓励居民主动加入社区社会组织和志愿者队伍，积极开展公益活动，积极参与社区治理。同时，将社区“义家”综治中心、物业中心、便民服务中心整合为“和商客厅”，协同推进平安巡逻、消防隐患整治、邻里纠纷化解等工作，预计将促进每个居民公益服务时间达 96 小时 / 年。

3. 制定和谐公约，推进居民自治

建立和谐未来社区公约，将参与“多城同创”“小城镇综合整治”等条款纳入其中，并设立履行社区公约红黑榜，开通投票、评论等功能，推动社区居民自觉履行，营造良好的自治环境。如在社区公约内明确垃圾分类、文明养犬、车辆文明停放等内容，引导居民构建良好社区治理生态。

4. 建立管理平台，强化数字智治

以数字赋能治理，建立 CIM 城市信息管理平台，涵盖社区智慧服务功能模块，叠加物联网、5G、BIM 等技术应用，成为社区卫生医疗、应急救援、智能服务、智慧安防等领域的综治大脑，为居民提供系统化解决方案。如依托 CIM 平台研发“和合邻里”APP，搭载交通信息发布系统，为居民提供个性化公交出行服务；联通社区内配备的智能终端设备，实现一键式求助、联动式报警等功能。

（二）创新大社区一体化运营模式

借鉴横琴物业城市模式，探索大社区一体化运营路径，突破传统社区公共服务边界不清晰、空间限制浪费、政府部门横向专业服务整合能力欠缺、数字化应用协同能力不足等运营难题，打造未来社区共建共治共享社会治理台州样板。

1. 一体化运营，解决多头管理难以形成有效合力问题

心海社区针对多个拿地主体难以形成运营合力的现实难题，由实施主体与万物云城签订战略合作协议，成立“心海万物”大运营联合体，合力搭建“数字化治理及城市空间整合服务”平台。基于社区实际，梳理智能应急指挥、智慧商业运营等 43 项涵盖九大场景的数字赋能场景模块，由传统的多头对接方式转变为传统的多头对“N 个建设单位、1 个专业运营平台、N 家专项服务机构”的新型运营格局。

2. 市场化运作，盘活公共空间资源及服务生产力

通过政府与企业合作的形式，充分利用市场化机制的灵活性和主动性，充分盘活生产力，通过多样化的考核和激励机制，刺激市场主体发挥其主观能动性。

3. 专业化管理，弥补专业能力不足提升服务品质

大运营以服务和治理为基底，充分发挥大运营联合体精细化、专业化、智能化优势，以物业管理方式和经验管理公共服务事务。依托“数字化治理及城市空间整合服务”平台，开发特色空间线上预约、社区活动线上报名、邻里线上圈子、邻里积分兑换服务等功能，以居民积极性增加社区新动力。

4. 数字化运营，提升运营管理效率打造示范效应

按照浙江共同富裕示范区和数字社会部署要求，广泛运用大数据、云计算、物联网、人工智能等先进数字化技术手段进行科技赋能，推进公共事业领域多跨场景应用，提升运营服务质量和效率。

第六章　聚焦建筑新格局、供地新机制、治理新模式首创突破

——丽水莲都灵山社区系统践行未来社区初心之路

“城在山水间，人在画中游”，灵山社区是一座被轻放于山水之间的未来社区，不仅重新定义了未来人居生活方式，同时还真实映照了一代丽水人敢试敢闯的精神风貌。灵山社区是浙江省首个“带方案”整体公开出让的未来社区创建试点，也是全省首批试点中第一个整体落地的项目，坚持“一个专班、一宗地出让、一个实施主体建设运营、一份履约监管协议、一张蓝图绘到底”的建设理念，大胆创新、先试先行，在全省首创“附带建设运营协议”样板、首创“住宅空中花园”立体绿化方案、首创未来社区工作委员会，构建美好无忧、活力和谐、康养乐龄、智联共治的新型城市功能单元，为全省未来社区创建提供有益探索。

一、基本概况和目标定位

灵山社区位于丽水市莲都区，属于改造更新类试点，规划单元面积 100 公顷，实施单元面积 22 公顷，总建筑面积约 83 万平方米，直接受益居民 3850 人，引进各类人才 3428 人，项目总投资约 63.72 亿元。立足丽水地域文化和大花园最美核心区绿色生态优势，灵山社区引山入水、融区于林，以“一心一轴两体三组团”为美丽形态，勾画美好未来生活，全力构建园林与水系辉映、城市与森林交融，美丽宜居、绿色集约、智慧共享的美丽花园未来社区（见图 6-1、图 6-2）。

图6-1 灵山社区区位

图6-2 灵山社区鸟瞰

二、三维价值

（一）以人为本，构建全场景集成式生活服务新生态

以构建“5、10、15 分钟生活圈”为目标，配置政务、商务、服务“三位一体”的社区活力中心（见图 6–3），涵盖共享办公、商业、餐饮、影院、运动馆、健身馆、室内球馆、图书馆等“一站式”生活服务。依托中央活力轴（高线公园）串联邻里、健康、生态、建筑多场景，成为贯穿社区，兼具生态与文化的核心轴线。以医养综合体、幼托联合体为载体，置入医疗、养老、托育等功能，实现老有所依、少有所学。打造青创、康居、智享等兼具科技感和生活感的居住组团，增进邻里交往。

图6–3　灵山社区邻里中心效果

（二）以绿色为底色，打造最美花园未来社区

灵山社区积极汲取居民需求意愿，打造立体多层次复合绿化系统，创新打造“住宅平层空中花园阳台”（见图 6–4），使“户户享花园、家家有景观”，建立起“丽水城市大花园—灵山社区中花园—住宅建筑小花园—家家户户微花园”相呼应的都市立体花园体系。

图6–4　灵山社区住宅平层空中花园阳台效果

（三）以数字化为抓手，赋能社区生活新方式

根据浙江省数字化改革总体要求和数字社会系统建设方案，灵山社区开发了数字化服务平台——“花园 E 家”APP（见图 6–5），已于 2021 年 6 月上线试运营，首批注册业主

图6–5　灵山社区“花园E家”APP界面

已突破 500 人。居民通过平台即可实现访客登记、物业保修、活动报名、线上购物、积分兑换等功能。其中，邻里场景中的“时间银行”更是一大创新亮点，居民通过平台注册成为“时间银行”志愿者，即可将参与志愿服务的时间，以积分的方式存进“时间银行”账户，并以此兑换社区服务。

三、场景探索

以建筑、治理、邻里为优势场景，联动其他场景，全力勾勒花园式未来社区美好生活图景（见图 6–6、表 6–1）。

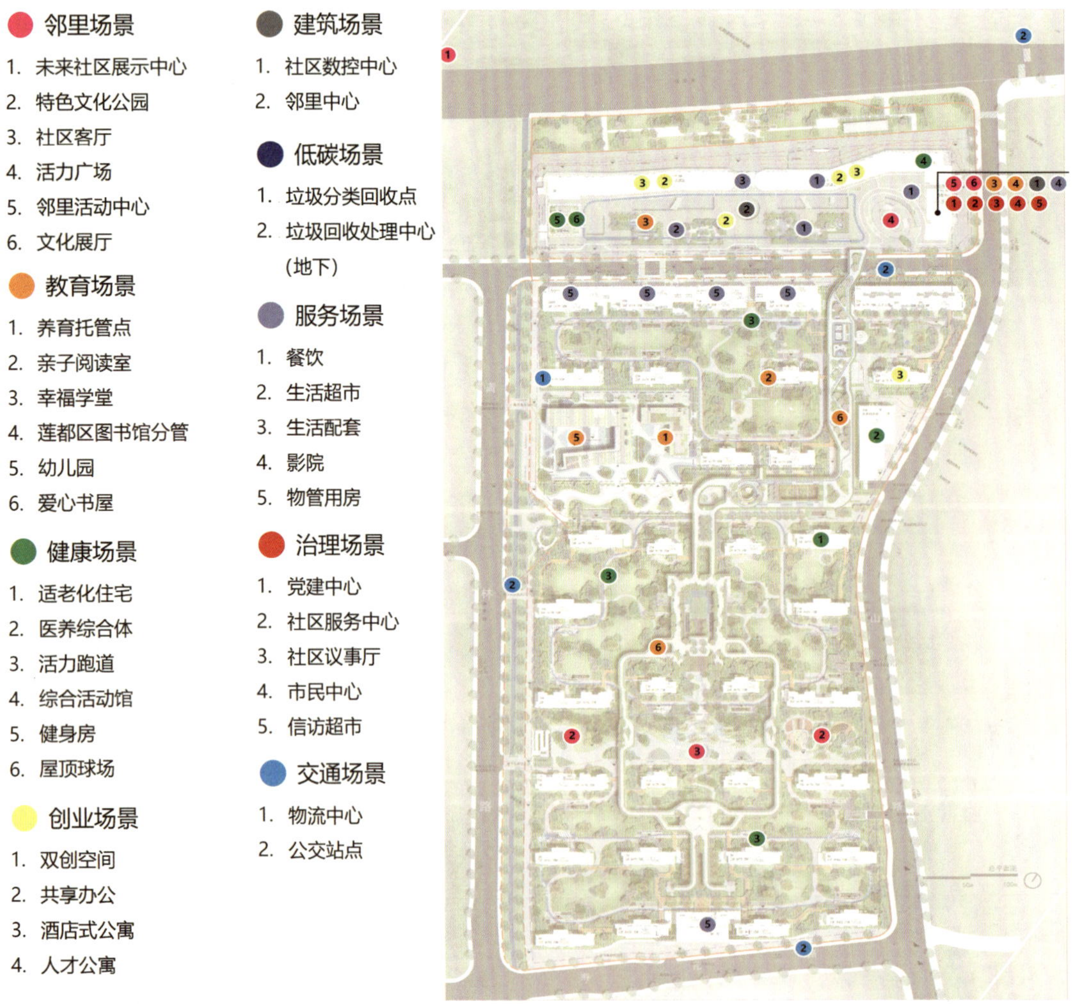

图6–6　灵山社区场景配置

表6-1　灵山社区场景配置

<table>
<tr><th>场景</th><th colspan="2">项目名称</th><th>空间规模 / 米 ^{2}</th><th>产权属性</th><th>功能业态</th><th>运营主体</th></tr>
<tr><td rowspan="5">未来邻里场景</td><td colspan="2">未来社区展示中心</td><td>4009</td><td>政府方</td><td>公益性</td><td>市场方</td></tr>
<tr><td colspan="2">社区文化公园</td><td>5000</td><td>政府方</td><td>公益性</td><td>市场方</td></tr>
<tr><td colspan="2">邻里文化展厅</td><td>52</td><td>政府方</td><td>公益性</td><td>市场方</td></tr>
<tr><td colspan="2">社区活动室</td><td>202</td><td>政府方</td><td>公益性</td><td>市场方</td></tr>
<tr><td colspan="2">共享会客厅</td><td>231</td><td>政府方</td><td>公益性</td><td>市场方</td></tr>
<tr><td rowspan="6">未来教育场景</td><td colspan="2">12 班幼儿园</td><td>4917</td><td>政府方</td><td>经营性</td><td>市场方</td></tr>
<tr><td colspan="2">3 班托幼班</td><td>1400</td><td>政府方</td><td>经营性</td><td>市场方</td></tr>
<tr><td colspan="2">幸福学堂</td><td>846</td><td>政府方</td><td>经营性</td><td>市场方</td></tr>
<tr><td colspan="2">社区共享图书馆</td><td>341</td><td>政府方</td><td>经营性</td><td>市场方</td></tr>
<tr><td colspan="2">教育培训</td><td>1354</td><td>政府方</td><td>公益性</td><td>市场方</td></tr>
<tr><td colspan="2">亲子互动平台（综合活动馆）</td><td>720</td><td>政府方</td><td>公益性</td><td>市场方</td></tr>
<tr><td rowspan="6">未来健康场景</td><td colspan="2">适老住宅</td><td>5575</td><td>政府方</td><td>经营性</td><td>市场方</td></tr>
<tr><td rowspan="3">医养体</td><td>社区卫生服务中心</td><td>2000</td><td>政府方</td><td>经营性</td><td>市场方</td></tr>
<tr><td>中医保健馆</td><td>400</td><td>政府方</td><td>经营性</td><td>市场方</td></tr>
<tr><td>居家养老服务中心</td><td>1500</td><td>政府方</td><td>经营性</td><td>市场方</td></tr>
<tr><td colspan="2">室内健身馆</td><td>1600</td><td>政府方</td><td>经营性</td><td>市场方</td></tr>
<tr><td colspan="2">室外健身点</td><td>560</td><td>政府方</td><td>公益性</td><td>市场方</td></tr>
<tr><td rowspan="4">未来创业场景</td><td colspan="2">双创空间（青创街）</td><td>1570</td><td>政府方</td><td>经营性</td><td>市场方</td></tr>
<tr><td colspan="2">双创空间（共享办公）</td><td>3480</td><td>政府方</td><td>经营性</td><td>市场方</td></tr>
<tr><td colspan="2">人才公寓</td><td>34745</td><td>政府方</td><td>经营性</td><td>市场方</td></tr>
<tr><td colspan="2">公寓式酒店</td><td>68114</td><td>政府方</td><td>经营性</td><td>市场方</td></tr>
<tr><td rowspan="2">未来建筑场景</td><td colspan="2">邻里中心</td><td>21985</td><td>政府方</td><td>经营性</td><td>市场方</td></tr>
<tr><td colspan="2">社区数据中心</td><td>206</td><td>政府方</td><td>经营性</td><td>市场方</td></tr>
</table>

续表

场景	项目名称	空间规模 / 米 ^{2}	产权属性	功能业态	运营主体
未来交通场景	物流中心	94	政府方	经营性	市场方
未来低碳场景	垃圾分类回收点	15	政府方	公益性	市场方
未来服务场景	商业物业管理用房	2073	政府方	经营性	市场方
	综合物业管理用房	3011	政府方	经营性	市场方
	社区服务中心	1590	政府方	经营性	市场方
	公共厕所	120	政府方	公益性	市场方
	生活超市	2390	政府方	经营性	市场方
	影院	2590	政府方	经营性	市场方
	净菜超市	120	政府方	经营性	市场方
	7×24 小时便利店	160	政府方	经营性	市场方
未来治理场景	党建中心	120	政府方	公益性	市场方
	社区服务大厅	435	政府方	公益性	市场方
	社区议事厅	304	政府方	公益性	市场方
	信访接待	161	政府方	公益性	市场方

（一）打造“人与自然零距离”的未来建筑场景

灵山社区实施单元范围内地势南北高差达10米，为方便居民日常生活，特别设计了“高线公园”（见图6-7），形成安全完整的慢行空间。在高线公园沿线，结合社区核心节点，布置“水幕区”“樱花叠瀑”“梯田晨曦”“森林物语”“生命之树”等休憩空间，营造诗意生活氛围。创新设计“住宅空中花园阳台”（见图6-8），创新L形等阳台形式，局部设置降板，有30 ~ 50厘米的覆土可以种植绿植，打造“人与自然零距离”的生态人居环境。

图6-7　灵山社区高线公园效果

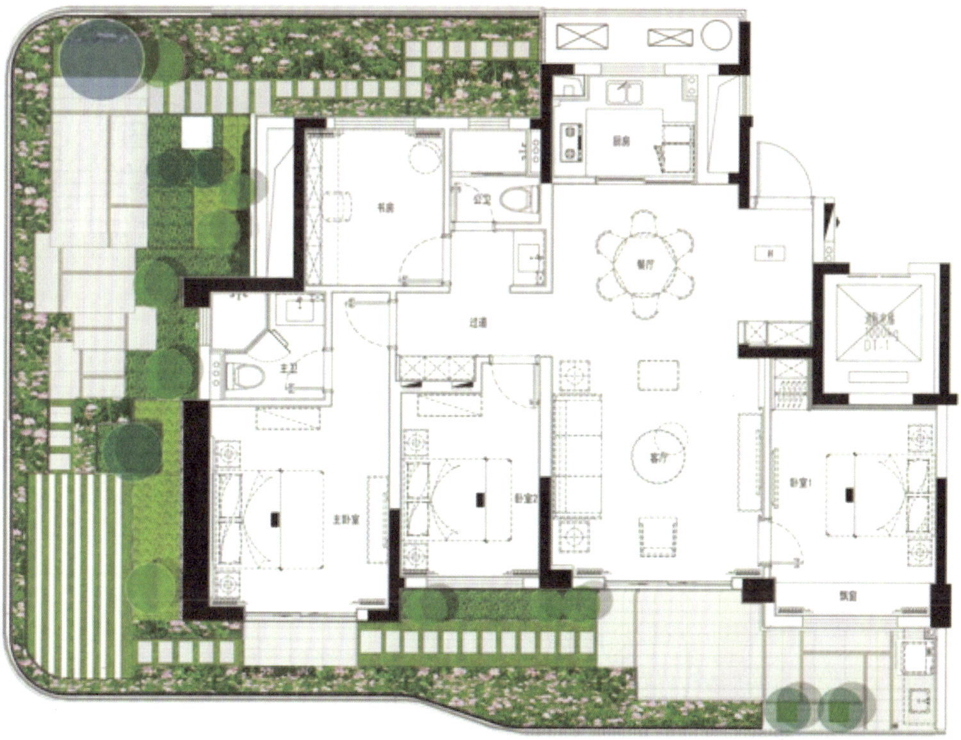

图6-8　灵山社区带空中花园阳台户型示意

（二）打造便捷高效智慧的“一站式”未来治理场景

灵山社区已成立浙江省首个“未来社区工作委员会”——灵山社区工作委员会，依托社区数字精益管理平台，促进“基层治理四平台”整合优化提升，构建“全科网络 + 集成服务”的“一平台、一窗、一人”全能社工服务新局面，开启“互联网 +”治理新模式。在邻里中心设有社区行政服务中心，提供“一站式”市民行政服务，设置社保综合办理，医保综合、交通违停、综合服务、市民卡等服务专区及线上线下办理平台，实现居民办事不出社区。社区还设置“一站式”矛盾纠纷多元化化解中心——“信访超市”，对群众上访做到“一站式接收、一揽子调处、全链条解决”，坚持替上访群众着想，做到“方便群众说理、矛盾不出社区”。图 6–9 为灵山社区工作委员会授牌仪式。

图6–9　灵山社区工作委员会授牌仪式

（三）打造开放共享互助的未来邻里场景

积极构建社区民主议事会等居民自治载体，建设服务性、公益性、互助性社区社会组织和志愿者队伍。开展社区自治，探索创新线上线下结合的参事议事模式，建立邻里贡献积分机制，构建积分换服务、换社区公共资源的激励机制，提高居民自治参与度。以丽水的“绿谷分”为基础，基于居民公约，建立社区居民个人诚信档案，开发“信用码”，助力社区实现全过程信用链精细化管理。

四、路径举措

（一）坚持一个专班

为加强未来社区建设工作的统筹协调，在丽水市政府统一领导下，由丽水市发改委牵头，市自然资源局、市建设局、市民政局、市大数据局、城中村改造指挥部、市城投公司、全过程咨询团队等多单位多部门的骨干组建的未来社区建设试点工作专班组成，切实形成“一个项目、一名领导、一套班子、一抓到底”的工作机制。工作专班聚焦项目全生命周期管理，开展领导领办，进度晾晒，督促督查，周会商、月通报、年考核等推进机制，先后攻克“硬问题”“新课题”近 20 个，协调解决问题 30 余个。

（二）坚持一个实施主体运作

为答好“如何确保规划设计、建设施工、交付运营等工作有机统一”这一问题，工作专班认真分析借鉴国内外成功经验，围绕整体由平台公司投资建设或平台公司牵头相关社会方投资建设、整体向社会资本公开出让、“划拨 + 出让”组合建设方式等模式开展充分讨论，最终确定灵山社区土地“带建筑设计方案和建设运营特别约定协议”整体公开出让，受让方作为一个实施主体一体化运作。

（三）坚持一宗地整体出让

为减少“囤地”等行为，商品住宅用地宗地出让面积设上限，丽水作为中等城市，商品住宅用地宗地出让面积不能超过 14 公顷。未来社区项目实施单元面积一般不少于 20 公顷，虽然是重大民生工程，不存在“囤地”行为，但总有部分商品住宅，要实现灵山社区实施单元一宗地整体出让，需要在政策规定下创新提出合理化路径。为此，工作专班解放思想、多方求索、反复论证，决定灵活定性部分人才公寓为商业用地，以土地混合开发出让方式，首创整体土地“带方案”出让模式。历经 5 个月攻坚，2019 年 12 月，灵山社区实施单元全部 330 亩土地成功“带方案”一次性出让。

（四）坚持一份履约监管协议

灵山社区土地“带方案”出让合约与一般合约相比，最大的区别在于以附件形式增加未来社区履约监管协议。协议明确约束了土地受让方须按照评审通过的《丽水莲都灵山社区建筑设计方案》投资、建设并运营灵山社区的细则，对项目建设进度、质量安全、场景落地、委托配建、运营验收等方面设置了相应要求，明确违约责任并进行风险提示说明，有力确保未来社区“139”理念落地，切实强化土地受让方履约力度。

五、创新亮点

（一）首创“住宅空中花园阳台”立体绿化方案

为破解城市绿化不足问题，专班推进方案创新，破除惯性思维、路径依赖，把“支持试点项目空中花园阳台的绿化部分不计入住宅面积和容积率”写入特别监管协议。创新空间集约利用和功能集成，多形式打造住宅全通花园大阳台，每层每户都营造出“微花园”庭院空间，形成有地域特色、有辨识度的“立体绿化”体系，实现人与自然零距离接触，拓展绿色居住空间。

（二）首创“带方案”整体出让土地

灵山社区按照“一盘棋统筹”理念，通过土地混合开发方式，使实施单元按一宗地整体出让，保障高标准落实未来社区“139”理念，充分调动市场主体积极性。针对项目建设过程中现实图景与规划愿景不相符问题，灵山社区通过附带履约监管协议方式，将未来社区约束性指标及建设运营要求转化为协议条款。同时，约束土地受让人全面落实九大场景，并根据创建相关要求进行运营情况验收，若未能通过验收，受让人存在终止协议无条件退出运营，并作为不良记录列入省、市公共信用平台的风险。由此强化土地出让履约管理约定，保障全流程高品质运行。

（三）成立首个“未来社区工作委员会”

灵山社区积极探索社区居委会、业委会、物业公司三位一体、科学高效的社区治理架构，组建了“社区工作委员会”，以党建引领协调各方关系，形成治理合力，破解“三张皮”相互推诿、效率不高等问题。开创了居民“先培训后入住”模式，制定通俗易懂、简单好记的18条社区公约，并开展居民培训工作。60余位回迁居民、人才居民代表参加了社区居民首期培训，并被授予居民培训证，进一步提高了居民主人翁意识。建立“社区信用积分”，设立个人积分银行，以信用积分兑换共享服务、抵扣物业费，兑换入户保洁、上门维修等增值服务。打通“社区信用积分”与丽水“绿谷分”信用体系，不断拓展“社区信用积分”使用场景，以小积分撬动居民参与治理的大热情。

（四）“一站式”审批跑出项目推进加速度

一是提供管家式服务，通过提前介入服务、专人负责跟踪项目审批等方式，实行项目动态管理。实施窗口前移、服务前移，开通工程建设项目审批“绿色通道”“容缺办理”制度，助力项目高效推进。如灵山社区依托专项审批服务，实现了土地拍卖后5天签订出让合同、合同签订后 3 天进场开工、53 个工作日取得施工许可等多个“不可能”的新纪录，较原计划提前两个多月完成，成为浙江省第一个全面开工建设的未来社区。二是优化审批流程，依托施工图自审备案制，在实现工程规划许可后 1 天内即办理施工许可，并在核发施工许可证后 1 个月内完成项目施工图设计文件审查，真正跑出了项目审批加速度。三是实行线上办理，疫情防控期间，依托投资项目在线审批监管 3.0 平台，开展“不见面”审批，线上办理民用建筑节能审查和超限高层建筑工程抗震设防审批事项。

第七章　智扬云帆　创享钱塘

——杭州钱塘云帆社区打造“产城人文”四位一体复合型社区

云帆社区作为浙江省首批三个规划新建类未来社区试点项目之一，遵循大胆探索、创新设计、迭代优化、适度留白的设计方针，按照建设运营一体化的可持续发展思路，由政府负责顶层设计，市场主体负责开发运营，围绕设计路径、建设机制和运营模式进行创新，突出“交通复合、社区双创、数智服务”三大特色，在 TOD 复合化交通开发模式、多元灵活的双创空间、全生命周期的数智运营等方面率先探索实践，已形成“产城人文”四位一体复合型未来社区创建典型经验。

一、基本概况和目标定位

云帆社区位于杭州市钱塘区产城融合示范区核心功能拓展轴与城市服务带交汇处（塘新线与青六路交叉口），属于规划新建类项目，以 TOD 形式围绕 7 号线塘新线地铁站点进行综合开发（见图 7–1）。规划单元面积 50 公顷，实施单元面积 22.25 公顷，总建筑面积约 85.97 万平方米，总投资约 106.2 亿元。针对钱塘区着力打造“智涌钱塘 · 现代星城”，建设现代化、国际化一流新区的目标，亟须加强商业、办公、居住、公共设施用地的复合开发，完善城市配套，推动“产城人”深度融合的现实需求，云帆社区以“创新开放集聚之核、宜居宜业融合之都、开创前行文化之城”为总体定位，以创建复合型数智社区为建设目标，营造全新的生活方式，构筑具有活力的创新创业生态，让各类人才在钱塘安居乐业，着力打造人本化理念和城市空间深度耦合、产业和人才高度契合、居住和工作深度融合的社区典范。

图7-1　云帆社区鸟瞰

二、三维价值

云帆社区按照“一张白纸绘蓝图”，全过程贯彻人本化、生态化、数字化理念，通过构建特色社群的共同体、低碳宜居的有机体、整体数智的综合体，全方位展现未来社区的新样貌。

（一）立足人本化理念，构建特色社群的共同体

云帆社区从建设到运营共设置7轮调研，目前已完成云帆社区核心客群调研及需求分析，回收500个样本，对强需求场景强化核心运营，对中、弱需求进行覆盖运营，后续结合不同阶段对居民的滚动式调研，不断调整迭代场景运营设计，以满足社区居民真实需求。同时，持续收集社区居民的美好生活愿望，将愿望集合体转化为独一无二的云帆社区邻里公约。组织开展“美好100+”共建计划等丰富的邻里活动（见图7-2），通过开展“拼团”养娃、技能分享、图书捐赠等多种形式活动，促进资源互助共享，塑造真正有温度的云帆邻里生活，实现人人自发参与社区共建。

图7-2　云帆社区居民共建计划

（二）立足生态化理念，构建低碳宜居的有机体

方案设计中打造环形立体连廊，结合绿化景观节点，构建居民慢跑、交往休闲的活动空间，构建多层次立体慢行体验。以口袋公园、绿篱围合的院落绿地、景观步道和人行道等多元系统打造半开放式花园社区。遵循低碳、绿色、可持续发展原则，设置云帆社区未来体验馆，打造近零能耗建筑示范区（见图7-3），实现建筑综合节能率大于60%，建筑本体节能率大于20%，可再生能源利用率大于10%。大力倡导应用装配式建筑技术与绿色建材，居住建筑装配率达50%以上，公共建筑装配率达60%以上。其中，住宅建筑采用

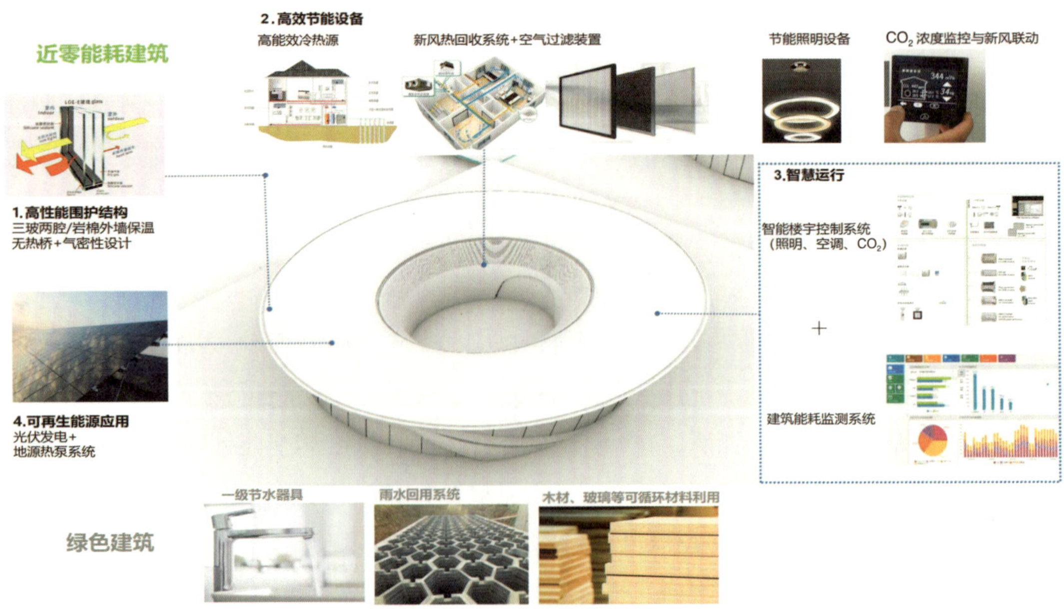

图7-3　云帆社区近零能耗建筑

超低能耗技术，公共建筑屋顶设置光伏板，采用集中供热供冷。通过“互联网＋可追溯”方式，创新生活垃圾分类管理制度，促进垃圾分类和资源回收体系“两网融合”，提高垃圾资源化利用率。

（三）立足数字化理念，构建整体数智的综合体

坚持数字技术和社区深度融合，通过接入社区智慧服务平台，实现数据整合和标准化打通，支持九大场景多类应用“插拔式”扩展，支撑可持续运营的产业联盟生态和政府数字治理。同时构建可迭代发展的社区信息模型平台，实现对现场施工人员、设备、物资实时管理，使九大场景的运营服务搭建数据积累，实现数字孪生。作为云帆社区最重要的开放空间之一，云帆社区示范区通过未来体验馆实景展示（见图 7–4），率先开启数智化体验，以“近零能耗＋数字化”为要求，提供九大场景沉浸式体验、非接触式通行、无感客流统计、智能科技展示区、红色有声读物、VR 交通、悟饭机器人、太阳能座椅、智慧灯杆等先行体验。

图7–4　云帆社区未来体验馆效果

三、场景探索

云帆社区重点突出“交通复合、社区双创、数智服务”三大特点，打造“绿色集约、和睦共治、智慧共享、全龄共乐、产城共荣”的特色未来社区典范（见图 7–5、表 7–1）。

图7-5　云帆社区场景配置

表7-1　云帆社区场景配置

场景	场景规模 / 米 ^{2}	产权属性	功能业态	运营主体
未来创业场景	20000	开发商	双创空间	开发商
未来邻里场景	840	政府	集中邻里中心（市民服务）	开发商
	100	开发商	集中邻里中心（活动室）	开发商
	485	政府	分散邻里中心（市民服务）	开发商
	457	开发商	分散邻里中心（活动室）	开发商
	645	政府	社区文化馆	政府
	607	开发商	社区活动馆	开发商
未来低碳场景	550	开发商	未来社区体验馆	开发商

续表

场景	场景规模 / 米 ^{2}	产权属性	功能业态	运营主体
未来健康场景	2849.4	开发商 / 政府	居家养老服务中心	开发商
	1438.6	开发商	健康管理中心	开发商
	558	开发商	健身房	开发商
未来教育场景	717	开发商	老年大学	开发商
	788	开发商	共享图书馆	开发商
	1197	开发商	幸福学堂	开发商
	700	政府	托育中心	政府
	6800	政府	幼儿园	政府
未来服务场景	610	开发商	“一站式”服务中心	开发商
	1242	开发商	生鲜市场	开发商
	1616	开发商	净菜市场	开发商
未来治理场景	300	政府	党建活动室	政府

（一）立足 TOD4.0，打造站城一体的复合交通场景

云帆社区立足 TOD4.0 体系，以地铁 7 号、8 号线为主轴，打造复合多元城市交通出行场景（见图 7–6），串联轨道站点、公交站点、共享单车停放点、立体连廊等系统，实现空间全支路可达，打造 15 分钟社区交通圈。服务于 TOD 交通核，打造智慧交通模块，实现对社区公共交通信息的实时发布。通过 AI 机器人物流配送，实现自动揽件、定时配送等无人智能功能，联合菜鸟驿站，打造多元智能化的“包裹 +”社区驿站空间，提升“最后一公里”交通物流效率，助力实现 30 分钟包裹由社区配送到户。

（二）激发产业活力，打造灵活多元的创业场景

构筑 2 万平方米超大面积的双创空间（见图 7–7），集合钱塘区的区域产业优势资源，引入核心龙头企业，以全方位高品质的创业配套留住人才。拟联合阿里云创新中心，依托钱塘区丰富的高校资源，为在校创客、全产业创新人才等不同人群，量身打造贴合其创业全链条需求的多元创客服务模式。拟联合优客工场、和达高科、创岩孵化器等创新孵化机

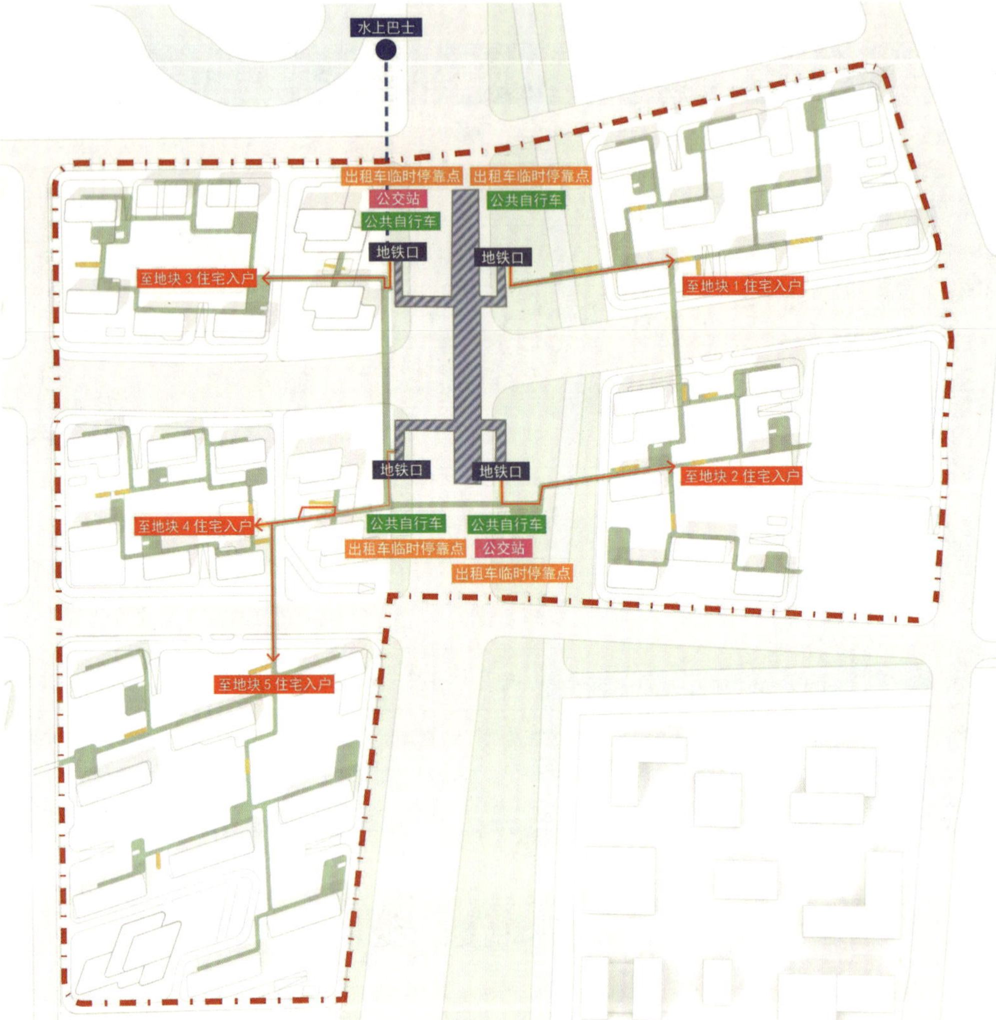

图7-6　云帆社区复合交通出行场景

构，打造满足创业者初创需求的多功能服务中心功能模块。立足居民“全民参与”的创业体验，打造“云帆市集”等多形式社区创新创业活动。提供面向国际化人才的人才公寓服务，提供健身房、行政酒廊等国际化配套，打造特色人才社区。

（三）协同高效，打造全生命周期的数字化场景

云帆社区的数字化系统设计以贯穿全生命周期为底盘，建立以人为核心、孪生并行的数智社区为目标，一方面，利用社区智慧服务平台（见图 7-8），实现人、物、云、服务的智能融合，居民可通过云帆 APP 实现“一站式”沟通、一键下达，随时随地获得生活缴费、物业、政务、社区功能、周边商业商家等九大场景服务。另一方面，建立专门的社区数字

图7-7　云帆社区TOD双创中心效果

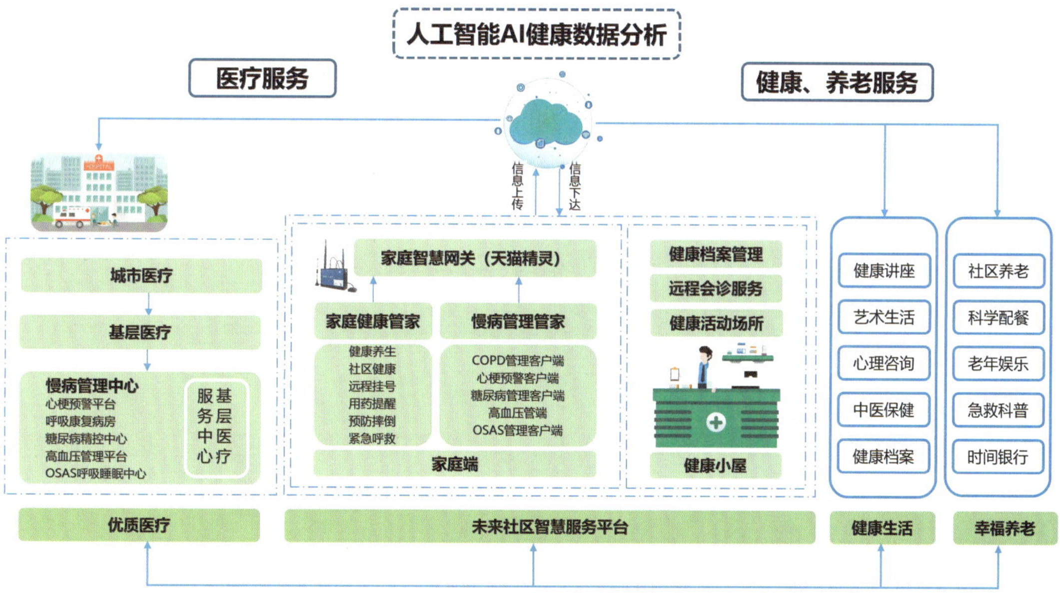

图7-8　云帆社区智慧服务平台

档案，依托社区信息模型（CIM）平台集成地理信息大场景宏观模型、建筑信息小场景、社区动态实时数据等内容，与社区智慧服务平台实现数据互通，构建云帆社区特有的数据中心，赋能社区运营、治理和决策。

四、路径举措

（一）坚持专班推进

成立未来社区试点建设工作领导小组，钱塘区主要领导任组长，举全区之力推进未来社区建设。成立九大场景建设推进工作专班，一场景一专班推进。建立“周例会”机制，每周梳理项目推进问题，专题研究，确保项目按计划推进。

（二）坚持系统攻坚

项目选址确定后，钱塘区第一时间研究分析项目推进存在的困难和问题，制定印发云帆社区推进工作方案，针对做地、征迁、清苗、指标、设计等重点问题，打响“要素保障、方案论证、现场交地、土地挂牌、前期报批”五大攻坚战，多线并行推进，顺利实现土地带方案出让。

（三）坚持设计先行

钱塘区高度重视未来社区方案设计，两轮设计招标确保设计质量。城市设计方案采取国际招标，最终国际知名设计团队扎哈·哈迪德建筑团队入选；方案设计深化工作由浙江省建筑设计研究院开展，实现国际化和本土化的完美结合，为项目高质量落地夯实了基础。

（四）坚持内外兼修

设计是外在表现，管理运营是内在核心。为了确保“三化九场景”高质量落地，钱塘区先后5次召开九大场景运营实施方案研究会，2次邀请专家评审，并委托第三方专业机构进行评估，为后期场景运营打好基础。

（五）强化履约监管

云帆社区按照“带方案”土地出让要求，在挂牌条件中明确了土地受让方须按照评审通过的未来社区实施方案投资、建设、运营，对项目建设进度、质量安全、场景落地、运营验收等方面提出了细化要求，明确违约责任，有力确保未来社区“139”理念落地。

五、创新亮点

（一）国际视野与本地特色相融合

云帆社区从设计蓝图阶段就高起点、高标准进行谋划编制，前后共开展两轮城市设计方案竞赛，由国际知名的扎哈·哈迪德建筑团队提出概念方案，由本地龙头建筑设计团队延续深化，融入国际先进理念和本地特色文化，实现集建筑美学、文化彰显与实用价值于一体。云帆社区的整体设计充满未来气息，张力十足，与钱塘区特有的创新创业文化高度契合。

（二）立体联通与空间共享双连接

以人的需求为导向，依托地铁和完善的地面公共交通网络，结合风雨连廊，进行立体复合交通设计，打造地上地下联动的 TOD 综合体，将社区邻里中心、街坊共享空间、各类功能建筑及广场、公园、绿地有机串联，无风雨连接社区所有场景，实现大规模人群集散和多空间互联共享。云帆社区的 TOD 和杭州其他的 TOD 模式截然不同，5 宗地块恰好沿着塘新线与青六路的十字路口均匀分布。其中，塘新线站 A、B、C、D 四个出口都与社区相连。利用 TOD4.0 理念，通过地下通道、空中连廊等方式，将地铁与住宅、商业、办公等空间相连，实现“站—城—人”无缝衔接。

（三）政府力量与市场力量双驱动

搭建政企互动平台，推动政府方与市场方良性互动、无缝衔接，实现愿景落地、双方共赢。建立常态化沟通机制，实现城市方案设计方、工程方案深化方、全过程咨询方、项目建设方互动衔接、互相支撑，合力推动试点项目如期开工、顺利建设。项目建设单位融创集团利用自身品牌优势，建立“智慧线上服务平台 + 超级归心服务团队”双重运营管理保障机制。同时，联合阿里云、华为等成立浙江第一个未来社区“场景联合体”，为可持续运营保驾护航。

第八章　集约创新“央地共建”

——温州鹿城集新社区建设模式的探索与实践

集新社区是浙江省首个与央企合作开发建设的试点项目，围绕“高起点谋划、高标准建设、高效能支撑”三个环节，从体制机制入手，以“央地共建”模式推动试点突破，建立政策叠加式供给、项目全方位征询、施工精密化管理创新等综合保障体系，保障项目高质量落地。

一、基本概况和目标定位

集新社区位于温州市主城区中西部交界处，毗邻鹿城古城，瓯越文化历史传承悠久，拥有优越的山水资源，远眺瓯江，周边医疗、商业资源充沛（见图 8–1）。项目所在地块原为黄龙商贸城，见证了中国改革开放的历程和温商“敢为天下先”的拼搏精神。项目规划单元面积约 67.73 公顷，实施单元面积约 24.37 公顷，总建筑面积约 77.31 万平方米，总投资约 163 亿元，预计直接受益居民人数 9070 人（其中安置居民 7105 人），引进各类人才 1965 人，建成后将为温州主城区西部发展注入强劲动力。

集新社区结合项目特点，以及温商文化传承和温州诚信体系建设需要，注重科学规划引领，集约高效利用空间，加强人才创业支持，围绕“集山水启智社区，新诚信温商邻里”的定位目标，打造未来社区的鹿城方案。通过空间资源的集约利用，延续城市记忆，率全市之先打造规模顶尖的“教育场景”、配套最齐的“邻里中心”和面向未来的“5G 智慧社区治理空间”，创建城市有机更新的新样板。项目总体经济技术指标如表 8–1 所示。

图8-1　集新社区鸟瞰

表8-1　集新社区项目总体经济技术指标

项目		数量	单位
总建筑用地面积		195493	米^2
总建筑面积（包含学校地下室）		773127	米^2
地上建筑面积		530013	米^2
其中	住宅	258072	米^2
	安置房	64304	米^2
	人才公寓	56092	米^2
	商业	9926	米^2
	配套	66346	米^2
	学校	75273	米^2

续表

项目	数量	单位
地下建筑面积（不含学校）	199462	米[2]
建筑高度	99.9	米[2]
容积率	2.72	
住宅总户数（含安置房）	2978	户

二、三维价值

集新社区坚持系统观念、综合集成理念，激发创造性张力，高标准落实“三化九场景”框架体系，打造宜居、宜业、宜学的智治“综合体”。

（一）突出服务集成，打造品质生活的共同体

瞄准24小时全生活链功能体系，有机叠加教育、卫生、养老、文化、体育等公配设施22万平方米，占总建筑面积的42.5%，做到“全龄共享、世代互动”。针对鹿城西部教育资源严重不足问题，配套温州实验中学，开展“学习理想国·未来学校设计项目”，收集14名优秀校友和2000名在校学生原始创意，共同探索未来生活新形态。在每个居住组团内配置活动中心，在楼栋架空层设置邻里交流场所，按月按周安排文体竞赛、公益活动、民俗节庆、兴趣培训等活动，重构新一代温州人的社会关系网络，让“最团结的温州人”凝聚成“最团结的社区”。

（二）突出生态低碳，打造绿色宜居的有机体

创新设计不计容的“空中花园阳台”“高低并济连廊”，将绿化率提高到35%，全力打造“处处见绿、步步有景”的绿色无界社区。挖掘瓯越文化深厚底蕴，在建筑群体设计中布局转译260年前的中山书院[①]，全力营造“记得住过去、看得见未来”的公共文化公园。引进一体化开发、投资、建设和运营的综合能源服务商——国网（温州）综合能源服务公司，搭建平台，对社区水、电、煤等耗能进行整体监测。引进浙江省能源集团的生活污水一体化处理设备，实现废水处理循环利用。建筑光伏实施量达3500平方米，每年产生电能157万千瓦时用于商业部分，空气能热水年节能达310万千瓦时。

---

① 中山书院：清乾隆二十四年（1759），温州知府设“中山书院”，是当时温州最高学府，新中国成立后为温州中学分部，1989年正式定名为“温州市实验中学”。集新校区将传承温州市实验中学悠久历史，以“再现中山”为切入点，转译中山书院空间布局，于中轴线上串联文脉核心，形成知行合一的礼序空间。

（三）突出数字赋能，打造整体智治的综合体

坚持数字技术与未来社区深度融合，率全市之先开展城市大脑应用试点，建立“智慧度、感知度、参与度”标准体系，融合“生活、商业、办公、治理、交通”等功能，实现数字社区与现实社区的相互映衬、共同成长。将数字化应用于设计和施工，通过社区信息模型平台，实现对现场施工人员、设备、物资的实时管理。依托社区数字驾驶舱和服务 APP，构建智慧教育平台、智慧就医平台、智慧安防平台、智慧交通服务平台和智能物流配送体系等。

三、场景探索

集新社区从人的全生命周期出发，构建九大场景的集成系统，建设充满乡愁记忆、延续历史文脉的“城市文化公园”。立足温州鹿城地域特色、融合“温商精神”，以教育、创业、治理为主场景，联动其他场景，共同打造充满诚信、友爱、互助等人情味的精神家园。表 8–2 和图 8–2 展示了集新社区场景配置集成情况。

表8–2　集新社区场景配置

序号	设施	布置地块	布置位置	面积 / 米 ^{2}
未来邻里场景				7539
1	邻里文化交流中心	C–04	邻里服务综合体 10F–15F	5510
2	邻里活动中心	C–04/C–09/C–13/C–15	C–04地块邻里服务综合体15F；C–09地块12号楼1F；C–13地块邻里中心1F–2F；C–15地块邻里活动中心1F	2029
未来教育场景				6753
3	社区早教服务中心	C–02–01	商贸综合体 3F	1005
4	幸福学堂	C–02–01	商贸综合体 2F–4F	4544
5	老年文化中心	C–02–01	商贸综合体 4F	451

续表

序号	设施	布置地块	布置位置	面积 / 米 ^{2}
6	儿童交流空间	C-02-01	商贸综合体 2F	453
7	社区图书馆	C-02-01	商贸综合体 3F	300
未来健康场景				**20825**
8	社区健康管理服务中心	C-04	邻里服务综合体 5F-9F	6710
9	养老服务中心	C-09	养老服务中心 1F-12F	12050
10	社区健康中心	C-04	邻里服务综合体 4F-5F	2065
未来创业场景				**102174**
11	双创空间	C-02-01/C-03（TOD）	商贸综合体 6F-13F	32816
12	创客学院	C-02-01，与幸福学堂共用	商贸综合体 5F	550
13	人才公寓	C-04/C-02-01/C-03（TOD）	C-04 地块 18 号楼、19 号楼，商贸综合体 14F-25F	68808
未来交通场景				**305**
14	物流配送点	C-04	邻里服务综合体 1F	305
未来低碳场景				**1450**
15	地下垃圾分类处理中心	C-04，计入地下室容积率	地下室 -1F，计入地下室容积率	250
16	社区能源管理中心	C-04	地下室 -1F，计入容积率	400
17	光伏建筑试点	C-02-01，立面和屋顶结合设置	商贸综合体，立面和屋顶结合设置	3500（不计入建筑面积）
18	智能垃圾管理中心	C-04	地下室 -1F，计入容积率	100
19	区域能源供应站	C-04，计入地下室容积率	地下室 -1F，计入地下室容积率	700

续表

序号	设施	布置地块	布置位置	面积 / 米 ^{2}
20	热源塔与冷却塔	C-04，结合屋顶设置	邻里服务综合体，结合屋顶设置	302（不计入建筑面积）
未来服务场景				9410
21	邻里“一站式”服务中心	C-04	邻里服务综合体 2F	1010
22	菜场	C-04	邻里服务综合体 1F	2010
23	商业	C-02-01	商贸综合体 1F-2F	6390
未来治理场景				1483
24	社区综合服务中心	C-04	邻里服务综合体 2F-3F	1483
合计				149939

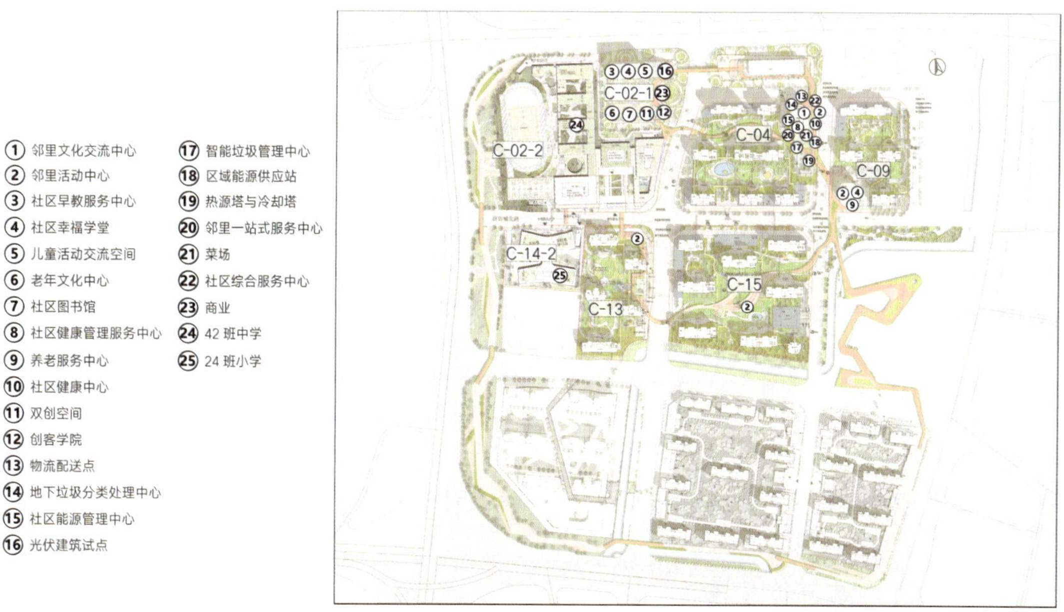

图8-2　集新社区场景配置

（一）教育场景：创新一体化教育综合体模式

在义务教育方面，建设公办九年制义务教育学校，引入温州市实验中学教育集团优质资源，校园占地100亩，一次性配齐400米标准跑道、2000人以上规模体艺馆等功能设施，打造高标准的未来社区教育场景，极大提升规划单元乃至周边区域的整体义务教育品质。在幼儿和成人教育方面，配建6700多平方米的教育配套设施，包括幸福学堂、城市书房、儿童活动中心、老人文化交流中心等。在拓展教育方面，集新社区创建“青少儿成长教育优选平台”，发挥温州“全国象棋之乡”“全国数学家之乡”等特色，开发象棋教育、数学教育等内容，以及南戏等体现瓯越文化的高端定制课程。

（二）创业场景：融合新时代温州人精神

融入“温州人精神”，集新社区特别突出服务小微双创企业的理念，配建1.78万平方米双创空间，发展“虚拟办公室、联合办公间”等新型创业空间，为创业者提供“租金低廉、空间灵活、资源共享”的创业孵化器，提供“互帮互助、用户参与”的开放式平台。配建总计5.6万平方米的人才房，50%用于出售，50%用于出租，借助“智能筛选系统和积分评估机制”，自助式兑现“购房优惠”和“房租减免”等激励政策。推动平台资源共享，探索依托西侧的四川大学温州鞋革产业研究院、鞋类设计智造U谷等众多高能级平台，共建重点实验室、技术中心、研发中心，解决中小微企业创业创新信息资源不足、渠道有限和平台不足的痛点。

（三）治理场景：突出党建引领、社会协同

发挥鹿城在全国率先推广“红色管家”的先行优势，深化“红色管家”基层治理模式，在社区党组织的统一领导下，深化“选好人、立好章、办好事”等举措，强化广泛参与的社会协同。突出“志愿服务”，冬施热粥、夏送伏茶的“红日亭”是鹿城区民间慈善的代名词，是全国道德文化的金名片，集新社区协同“红日亭”，组建民间志愿者队伍，开办社区百姓食堂，并将志愿服务积分与基本物业收费挂钩，弘扬正能量。

四、路径举措

（一）坚持政府有为、市场有效，以央地共建推动试点突破

1.全流程管理的专班运作模式

打破部门与企业之间的壁垒，联合职能部门、智库和投资建设方人员组建工作专班，

下设项目综合协调、做地攻坚、方案设计优化、招商出让、建设管理、审批服务6个专业组，围绕项目落地各个环节分工协作，定期召开专班工作例会协调化解问题。把投资建设方纳入政府“三色预警”机制，“点对点”“全时段”“全景式”现场攻坚直播，形成良性互动、高效闭环的管理体系。

2. 全链条开发的央地合作模式

从21家业界知名标杆企业中筛选中国铁建等3家央企名企提前签订战略合作协议，通过公开招标择优选取由中铁第五勘察设计集团有限公司与贝氏建筑事务所联合体设计的实施方案，最终成功引入拥有完整产业链的中国铁建，创新推动“高标谋划”“央地共建”的做法，对项目实施整体投资开发，率先探索“设计、建设、物管、运营”一体化模式，全力打造“央地”务实合作的样板工程。

3. 全场景落地的“带方案”出让模式

在土地出让前，高标准设计项目实施方案，细化量化33项约束性指标并纳入《土地出让须知》，把“拿地后优化方案需通过市规委会审查”作为兜底条款，确保九大场景在施工图中刚性兑现。采用整宗土地出让方式，将学校项目、市政道路以划拨方式代建回购，确保了项目建设过程的完整性、协同性。在土地出让后，根据“场景位置调整不出地块、场景配套内容一致、场景面积只增不减、场景覆盖面积只多不少”等原则优化方案。

（二）强化三项保障，创新建立综合保障体系

1. 政策叠加式供给

刚性落实《温州市人民政府办公室关于加快未来社区规划建设的实施意见》（温政办〔2019〕75号），集新社区土地出让金返还比例从78%提高到90%，提高后返还的5.77亿元全部用于九大场景配套设施建设和后续运营。迭代升级人才住房政策，对配建的5.6万平方米人才住房，按照人才类别分别以备案价的70%、60%和50%进行定向销售。

2. 项目全方位征询

坚持“专业人谋划专业事”的理念，引进项目全过程咨询单位，邀请行业知名专家、主管部门业务骨干组建专家委员会。在方案设计阶段，先后邀请了12家专业公司的21名专家参与方案论证，开展6轮民意问卷调查，共发放3000多份问卷，吸纳100余条群众意见。

3. 施工精密化管理

创新运用“项目 + 地图 + 航拍”的全新技术，通过鸟瞰工人高空作业、建材堆放、塔吊作业等全景，精准研判项目工期，全力推动项目从人工管理向“云端运行、精准管控”转变。

五、创新亮点

（一）创新“央地共建”模式，保障项目保质量落地

发挥央企担当优势，兼顾经济效益和社会责任，有效执行土地出让方案协议条款，保障架空层、空中连廊、立体绿化等场景内容“不折不扣”落地。发挥央企全链优势，中国铁建等央企拥有科研、规划、设计、施工、运营等完整行业产业链，具备提供“一站式”综合服务的能力，能够保障建设运营“无缝衔接”。发挥央企资源优势，组建高度可靠的管理团队，提供科学、安全、高效的监督管理，为项目建设“保驾护航”。

（二）形成“三色预警”的项目高速运转机制

拓展“三色预警”机制，覆盖政府主管部门、属地街镇，以及投资建设方及其相关合作的联盟单位，避免政府部门与建设单位“两张皮”，实现项目高速运转。建立闭环式项目工作体系，制定“9+X”工作重点，通过倒排计划、细化到月、责任到人，实行闭环管理、销号管理、挂图作战。加大缓慢项目督查力度，按照“能完成、预计可完成、难完成”三类，采用“红、橙、黄”分类标识，进行“半月一提醒、一月一通报”，建立“负面清单”，实行节点“扣分制”。创新实施建设过程“云监管”模式，快速建立各个项目建设模型，实现“三色预警”的“云端运行、精准管控”。

（三）探索可推广的未来社区“集约构造模式”

集新社区创新使用高低并济的空中连廊，将散落在不同地块的九大场景配套空间进行串联，构建社区慢行交通系统，实现雨天通行无阻的步行空间。同时，通过打造 10% 的空中绿化阳台不计容空间，进一步提升未来社区品质，形成一套可推广的未来社区集约构造模式（见图 8–3）。

（四）塑造彰显城市文化精神的标识性建筑风貌

在住宅设计的规范范式难以大尺度突破的情况下，做足建筑人文特色。北望瓯江，南

临十八湾河，以“江之形”塑造空中高线走廊，以“浪之美”打造建筑群体，以“帆之影”形成基地地标，共同形成具有未来感的区域形象（见图 8-4），寓意“勇立潮头”的温州人精神。

图8-3　集新社区空中绿化阳台与空中廊道效果

图8-4　集新社区瓯江帆影效果

第九章　运营前置　积分赋能

——湖州南浔頔塘社区探索“古镇活化”类未来社区样板

頔塘社区是浙江未来社区试点中典型的古镇复兴有机更新项目，瞄准“千年古镇新风尚，未来水城新居所”的总体定位，坚持“一心、双轴、四区”的总体空间规划发展方向，聚焦人本化、生态化、数字化三维价值坐标，围绕营建理念、建管制度、运营模式、建造技术和融资模式进行创新，提出“运营前置，积分赋能”的发展建设理念，为浙江“古镇活化”类未来社区建设提供典型案例。

一、基本概况和目标定位

頔塘社区位于湖州市南浔老城区十字交叉轴心位置，大运河南岸，是南浔古镇历史文化保护区的形象入口，属于改造更新类项目，规划单元面积 88.3 公顷，实施单元面积 28.5 公顷，直接受益居民 5045 人，计划引进人才 2836 人，总投资 59.16 亿元。未来社区建设初衷之一，是强调地方文脉传承，打造成为浙江的文化新名片。頔塘社区紧邻頔塘故道和南浔古镇，现状建筑陈旧、历史风貌缺失，严重损害了南浔的城市形象和頔塘的文化遗存。頔塘社区把握地处南浔传统古镇风貌向现代城市风貌过渡区域的特征，构建“古今辉映”建筑风貌，突出“江南水乡、运河商埠、千年古镇”的历史底蕴，发扬“开放包容、崇文重教、精致优雅”的浔商精神，打造中国最具魅力的历史文化名镇，为全面推动古镇名城复兴提供“统筹保护、传承、利用有机统一”的“南浔样本”。

二、三维价值

（一）强调城市公共职能，构建古镇未来生活样板

頔塘社区处于“运河轴”和“城市轴”双轴交汇的主节点上，承担了较多服务于整个南浔的城市功能。以基本建成的 4.6 万平方米的頔塘未来广场为中心构建全龄段、全时段、

全生活链的功能体系，导入 2000 多平方米的多业态养护服务，用以补充南浔城市基础医疗体系，以及近 2 万平方米的“教育 BOX”（教育综合体）来提升基础教育品质，建设具有典型示范意义的“社区—城市”共享核心。

（二）强调环保低碳，构建开源节流型生活示范区

頔塘社区将建立一个能源、资源的源头端减量、供给端增量的良性循环。在社区中设计太阳能光伏发电系统、水源热泵冷热源系统、空气源热泵热水系统，形成立体的可再生能源供给系统。设置“雨水 + 中水”回用系统，实现公共用水 100% 减量。在建筑前期设计过程即设定节能目的，通过建筑“被动式 + 主动式”设计、设备节能等方式，使社区综合节能率较现行节能标准再节能 20%。

（三）强调数字链接，构建智能服务孪生社区

采用物联网、云计算、大数据、AI 等新 ICT 技术快速集成异构系统，实现社区可视、可管、可控。通过社区智慧服务平台的智能物联网系统，结合未来社区场景，提供满足政府、物业公司、商家、居民等对象需求的管理和服务，让用户仅通过一个 APP 就可以享受社区的所有生活服务。

三、场景探索

（一）全龄段学习的未来教育场景

頔塘社区正在加快打造服务全龄段人群的頔塘文教中心，一层至三层部分空间配置幼儿园，共设置 21 个班级，并在二层配置托育点，提供普惠性托育服务；根据儿童、青年、中年、老年人等群体的差异化教育需求，开展才艺培训、文化修养等课程；通过吸纳社区达人入驻教学、建立“达人资源库”，提供全方位的线上线下教育服务。

（二）数字化赋能的未来交通场景

頔塘社区结合交通现状，洞察居民的真实出行需求，创建三维垂直交通体系。车辆通行方面，以“小街区、密路网”“人车分流、分层立体”的理念打造主干道、次干道、支路、社区道路四级交通系统，打造地上地下环形立体交通，并建立智能共享停车系统，实现车辆无感通行与智慧停车。行人通行方面，依托休闲慢行系、“天街”、“地廊”等步行友好设施，实现社区内外通达。物流配送服务方面，设置社区物流快件中转站作为“大脑”，链接末端智能快递柜，借助物流智慧服务系统，实现 30 分钟社区快递到家。

（三）“三位一体”的未来健康场景

岣塘社区结合居民需求，推进运动健康、医疗服务、养老服务“三位一体”场景服务，树立全龄健康乐活家园示范。通过设置“梧桐跑道”以及集中式运动场地，提供“5分钟步行圈”内无处不在的社区休闲健身空间。设置社区卫生服务站，提供全科医疗服务以及三级医院的远程诊疗服务。构建“幸福居家”养老服务体系，设置适老化养老公寓，结合邻里中心布置500平方米居家养老服务中心，提供日托养老专业服务。

四、路径举措

（一）坚持一个工作专班

组建由南浔区领导任组长，由区发改经信局、区财政局、区住建局、湖州市自然资源和规划局南浔分局、湖州南浔城市投资发展集团等相关单位为成员的未来社区工作专班。凝聚共同合力，明确目标任务，落实责任分工，形成“工作日报—沟通周例会—运营月报—季度复盘”的工作协调协商机制，推动未来社区项目有序进行。

（二）坚持设计、规划、运营有机结合

根据未来社区理念，坚持“房住不炒”原则与改善民生的初衷，合理编制规划设计、建设运营方案，土地全部实行“带方案”出让，引导原住居民回迁、招引人才落户。在运营中采用“平台＋管家”的物业模式、“公益＋商业”的业态模式、“政府＋市场”的经营模式、“党建＋自治”的治理模式等，激发居民、企业、政府多方主体参与社区事业的活力。深化岣塘社区积分制体系，利用“社币”系统形成良性循环，支撑长效可持续运营。

（三）加强政策保障，确保居民利益

南浔区级层面制定政策细则，集中土地、资金、财税、规划、项目等资源，优先支持未来社区建设。引导和鼓励优质国资、民资、外资投入未来社区的建设运营、管理服务，并在实施推进过程中充分听取公众的意见和建议。稳妥有序开展综合政策处理，合理设定征收补偿标准和拆迁安置方案，尽可能在未来社区创建中为当地弱势群体和困难群众提供就业岗位，最大限度满足原居住者的利益诉求。

五、创新亮点

（一）践行“运营前置”理念，有效推进建设运营一体化

1. 方案编制阶段：以运营为先导，超前设计

在方案编制阶段，由南浔区政府牵头，成立方案编制小组，引入运营单位协同规划设计单位开展深度调研，制定项目整体运营策略，明确社区运营特色场景，以一条文化好街、一对邻里中心、一个未来广场、一批共享空间、一套治理体系、一个智慧平台等“六个一”为依托，推动运营要求全面落地。为邻里集市的“买菜车”提供屋顶停车场，为文化好街接入能够连通古镇的观光小火车，为未来广场引入响应全龄教育需求的“文教 BOX”，由此为社区居民展示出关于未来生活的具象画面。

2. 项目建设阶段：以运营为主轴全线把关

在项目建设阶段，由运营单位对接相关规划设计单位确定场景落地打造方案，明确预留空间和建设标准，确保实际建筑空间符合运营需求。建立运营统筹设计全过程跟进机制和常规日常沟通协调机制，确保场景建设不走样、运营招商价值最大化、服务内容贴近居民实际生活。

3. 运营筹备阶段：以运营为整体统合实施

在运营筹备阶段，根据前期的细化运营实施方案，充分考虑各项服务之间的统筹协同。为使社区场景连续、功能贯通，頔塘社区将“场景综合运营、商业招商运营、物业服务、数字化平台开发运维服务”打包，通过法定程序委托给“四位一体”综合运营服务商，明确社区运营方主体责任、运营范围、实施内容、服务标准。以单一主体统筹运营，有效避免运营阶段的多头管理、权责交叉，从源头支持社区运营服务人员复用、降本增效。此外，围绕社区管理、资产运营、文化建设、服务提升等核心诉求，要求运营单位以产业联盟服务体系为基础，不断拓展符合本社区需求的供给主体，建立健全社区运营服务供应体系和服务品质标准。

（二）先行探索可持续运作的积分体系

1. 建立积分体系和运营规则

頔塘社区构建了“成长值—贡献积分—声望等级—頔塘社币”的积分体系，居民的任何点滴正面行为都会得到积分制的即时反馈。頔塘社区已召集部分居民商议起草了试行版

的邻里公约，其不仅是社区精神白皮书和行动纲领，也是积分制的参照体系。邻里公约包含“温良恭俭让忠孝节勇和”十个考察维度，在积分制里被细化成126个具体行为指标，根据行为类型赋予成长值或贡献积分，如将运动、学习等自我提升行为纳入成长值，长期累积；参与社区治理、参加公益活动、提供共享课程、合理垃圾分类等与改善社区相关的行为则纳入贡献积分项目，并依托社区的物联网系统与信息化平台实现积分记录实时更新。

2. 探索积分体系的可持续运作

在岣塘社区之前也有许多基层社区采用过积分制模式，但通常因为“通货膨胀”问题难以为继。为此，岣塘社区将以8万平方米的商业空间收益为“资金池”，为积分制持续“输血”，保障居民实现以积分换服务、换物品。

3. 实现积分的价值转化

岣塘社区创造性地设计了社区预付费机制，即“社币”系统，并将“社币”在南浔工商局备案，同时纳入中国农业银行“聚合支付”系统，打消社区居民关于“社币”合法性的疑虑，确保安全稳定运行。“社币”系统将以社区基金会为后盾，居民的贡献积分可以有条件兑换为可在社区联盟商家消费的“社币”，由此维持积分的“币值”，提高贡献积分对居民行为的激励力度。

第十章　孝德邻里双创聚才　数智赋能“虞”见未来

——绍兴上虞鸿雁社区的探索与实践

鸿雁社区是浙江省率先应用CIM平台助力全过程建设的未来社区试点项目，创新“数字化总包”模式，迭代完善数字化模型及各类数据信息，实现数字社区与现实社区同生共长、相互映射，为又好又快建设未来社区提供坚实保障。依托e游小镇和孝德之乡，重点打造“邻里、创业”两大特色场景，着力形成以“创新创业、崇孝立德”为特色，以“数字赋能、数字孪生”为支撑的大湾区节点城市未来社区标杆。

一、基本概况和目标定位

鸿雁社区位于绍兴市上虞区滨江新城核心地段，属于拆除重建类项目，规划单元面积163.6公顷，实施单元面积20.7公顷，总建筑面积约53万平方米，直接受益居民2042人，引进各类人才4168人，总投资约55亿元。鸿雁社区地处绍兴文创走廊重要节点，北邻e游小镇，南接中华孝德文化园，是中国孝德文化滥觞之地，中国山水诗人朝圣之所，文化底蕴深厚。

“一江如画，两岸诗和，栖居江畔，拥江望城”，鸿雁社区面向美好生活、面向现代化、面向未来，落实“人文上虞”建设要求，提出“立德立业，感动之城”的目标定位，传承邻里孝德风尚，共建未来创业高地。未来的鸿雁社区，交通四通八达，古今文化在此交融；创客精英多元汇聚，构筑超强人才磁极；黄发垂髫各得其乐，共同富裕率先示范。以一座崇孝立德的感恩之城、一座创新立业的生动之城、一座数字智慧的未来之城，承载百姓对美好生活的向往（见图10–1、图10–2、表10–1）。

图10-1　鸿雁社区区位

图10-2　鸿雁社区鸟瞰

表10-1 鸿雁社区总体经济技术指标

<table>
<tr><th colspan="4">名称</th><th>单位</th><th>数量</th></tr>
<tr><td colspan="4">总用地面积</td><td>公顷</td><td>20.7</td></tr>
<tr><td rowspan="2">其中</td><td colspan="3">代征市政道路、绿化带等</td><td>公顷</td><td>3.78</td></tr>
<tr><td colspan="3">河道</td><td>公顷</td><td>0.26</td></tr>
<tr><td colspan="4">总建筑面积</td><td>米^2</td><td>529102</td></tr>
<tr><td rowspan="17">其中</td><td colspan="3">地上建筑面积</td><td>米^2</td><td>375236</td></tr>
<tr><td rowspan="15">其中</td><td colspan="2">居住建筑</td><td>米^2</td><td>288436</td></tr>
<tr><td rowspan="2">其中</td><td>安置房</td><td>米^2</td><td>82659</td></tr>
<tr><td>商品房</td><td>米^2</td><td>205777</td></tr>
<tr><td colspan="2">公共配套</td><td>米^2</td><td>38043</td></tr>
<tr><td rowspan="9">其中</td><td>社区中心</td><td>米^2</td><td>19600</td></tr>
<tr><td>养育托管点</td><td>米^2</td><td>1650</td></tr>
<tr><td>健康小屋</td><td>米^2</td><td>150</td></tr>
<tr><td>居家养老服务中心</td><td>米^2</td><td>1250</td></tr>
<tr><td>物业管理用房</td><td>米^2</td><td>900</td></tr>
<tr><td>物业经营用房</td><td>米^2</td><td>1140</td></tr>
<tr><td>无人零售</td><td>米^2</td><td>300</td></tr>
<tr><td>共享盒子</td><td>米^2</td><td>300</td></tr>
<tr><td>其他</td><td>米^2</td><td>12753</td></tr>
<tr><td colspan="2">商业建筑</td><td>米^2</td><td>17853</td></tr>
<tr><td colspan="2">办公建筑</td><td>米^2</td><td>30904</td></tr>
<tr><td colspan="3">地下建筑面积</td><td>米^2</td><td>153866</td></tr>
<tr><td colspan="4">地上不计容面积</td><td>米^2</td><td>44476</td></tr>
</table>

续表

名称		单位	数量
其中	架空层部分	米²	12634
	公共开放空间部分	米²	21448
	空中花园阳台绿化部分	米²	10394
建筑基底总面积		公顷	63250
道路广场总面积		公顷	97855
绿化面积		米²	60689
其中	地面绿化面积	米²	45895
	立体绿化面积	米²	14794
绿地率（不包含立体绿化）		%	27.51
容积率			1.75
建筑密度		%	30.56
建筑高度		米	99.7
总户数		户	3046
其中	回迁安置住宅户数	户	710
	人才住宅户数	户	1832
机动车停车泊位数		个	3662
非机动车停放数量		辆	7010
人防建筑面积		米²	31379

二、三维价值

（一）坚持以人为本，打造宜居宜业宜游的“生活共同体”

设计之初融入居民的需求，在数字底盘下，以人本化为初心，集聚各项优质民生服务，创建更好的鸿雁社区服务生态。

（二）坚持绿色发展，打造绿色低碳智慧的“有机生命体”

鸿雁社区强调未来性与技术性、生态性互动关系，以碳中和为目标，通过能源、资源、交通、用地等综合手段减少建设和使用管理过程中的碳排放，打造“四时云廊”空中漫步系统，引导绿色出行，在城市中创造一个可持续发展的绿色低碳社区。

（三）坚持数字赋能，打造资源高效配置的“社会综合体”

鸿雁社区积极推动未来社区建设市场化运作，加强与知名企业集团合作，实现资源协同、技术协同、人才协同。在建设中借助数字赋能，创新实施一批规划设计及建设的新技术、新举措，同时运用社区智慧服务平台，将智慧技术与传统文化相融合，与阿里云联合开发未来社区智慧管家 APP，实行“互联网 +”办事模式；在精神内核塑造上，利用孝德积分资源，探索推行孝德积分制度（见图 10–3），加强原居住者与引进人才的社区文化融合，为未来社区建设提供智慧建设模式的典型样板。

图10–3 鸿雁社区孝德积分服务机制

三、场景探索

鸿雁社区围绕“e 游小镇双创立业，崇孝立德鸿雁归堂”目标，重点打造“邻里、创业”两大特色场景，利用互联网、物联网、大数据、云计算、人工智能等先进技术为社区赋能，通过孝德积分联动九大场景，实现社区整体智治和智慧生活（见图 10–4、表 10–2）。

一、创业场景
1 灵感孵化中心
2 双创服务大厅
3 创新工坊
4 创客学院
5 创想工作室
6 人才公寓

二、邻里场景
7 孝德文化公园
8 邻里中心
9 多功能厅
10 社区文化艺术中心等，邻里餐厅/菜篮
11 社区未来展厅，非遗体验空间
12 社区客厅，礼仪空间
13 超市（非遗产品销售）

三、建筑场景
14 回迁房
15 商品住宅
16 商业用房

四、低碳场景
17 光伏建筑一体化（邻里中心屋顶）
18 垃圾处理站
19 社区能源中心站

五、交通场景
20 公交首末站
21 智慧物流设施
22 物流处理空间

六、教育场景
23 社区托育中心
24 幸福学堂
25 综合性书店
26 教育体验馆

七、健康场景
27 社区卫生服务站
28 医养服务中心/社会办养老机构
29 居家养老服务中心
30 适老化住宅
31 健康小屋

八、服务场景
32 物业管理用房
33 物业经营用房

九、治理场景
34 党员之家
35 社区议事厅
36 社区服务大厅

图10-4 鸿雁社区场景配置

表10-2 鸿雁社区场景配置

场景	空间规模 / 米 ^{2}	产权属性	功能业态	运营主体
未来创业场景	26725	上虞城建集团	人才公寓	第三方运营机构
	528.52	上虞城建集团	双创服务大厅	e游小镇管委会
	1365.21	上虞城建集团	创客学院	e游小镇管委会
	3842.94	上虞城建集团	灵感孵化中心	e游小镇管委会
	1779.52	上虞城建集团	创新工坊	e游小镇管委会
	1005.74	上虞城建集团	创想工作室	第三方运营机构
未来邻里场景	1017.77	上虞城建集团	邻里菜篮	供销总社
	1243.59	上虞城建集团	邻里食堂	第三方运营机构
	697.25	上虞城建集团	社区服务大厅	曹娥街道
	345.33	上虞城建集团	社区礼仪空间	第三方运营机构
	345.33	上虞城建集团	社区报告厅	第三方运营机构
	956.85	上虞城建集团	未来社区展厅	第三方运营机构
	125.61	上虞城建集团	共享盒子	第三方运营机构
	844.06	上虞城建集团	老年人活动室	第三方运营机构
	831.12	上虞城建集团	社区文化讲堂	第三方运营机构
	2082.25	上虞城建集团	多功能厅(篮球场)	第三方运营机构
	628.35	上虞城建集团	非遗体验与展示	第三方运营机构
未来健康场景	1255.38	上虞城建集团	居家养老服务用房	民政局
	494.79	上虞城建集团	社区卫生服务站	卫健局
	863.44	上虞城建集团	社区运动场地	教体局
	147.04	上虞城建集团	健康小屋	卫健局
	844.06	上虞城建集团	养老机构	民政局

续表

场景	空间规模/米²	产权属性	功能业态	运营主体
未来教育场景	388.31	上虞城建集团	综合性书店	教体局
	1154.18	上虞城建集团	教育体验馆	教体局
	993.71	上虞城建集团	社区托育中心	教体局
	190.92	上虞城建集团	爱心托育点	教体局
	1382.25	上虞城建集团	幸福学堂	教体局
	1345.08	上虞城建集团	创新特色空间（儿童室内游乐设施、攀岩等）	教体局
	136.17	上虞城建集团	城市书房	教体局
未来交通场景	2604.74	上虞城建集团	公交首末站	公交公司
	200	上虞城建集团	物流分拣点	第三方运营机构
未来低碳场景	1380	上虞城建集团	光伏建筑一体化	第三方运营机构
	230	上虞城建集团	中水利用机房	第三方运营机构
	630	上虞城建集团	地源热泵＋冰蓄冷机房	第三方运营机构
未来建筑场景	2000	上虞城建集团	适老化住宅	第三方运营机构
未来服务场景	170	上虞城建集团	无人零售	第三方运营机构
未来治理场景	150	上虞城建集团	党员之家	曹娥街道
	50	上虞城建集团	社区调解室	曹娥街道
	150	上虞城建集团	智慧监控室	曹娥街道

（一）以“崇孝立德”为核心，共建共享邻里场景

上虞是中国孝德文化之乡，鸿雁社区与曹娥庙、中华孝德园大舜庙皆毗邻，传承、弘扬孝德文化将成为社区的重要使命。鸿雁社区以“孝德文化”为主题，依托“四时云廊”慢行系统、孝德文化标识、孝德文化公园、非遗体验馆、社区文化讲堂等特色文化载体的

设置（见图 10-5、图 10-6），结合上虞“二十四节气”民俗，营造孝德主题的社区节庆 IP，通过“景观空间学孝德、活动空间传孝德、互动交流承孝德”，打造极具上虞特色的“浸入式”未来邻里场景。

图10-5　鸿雁社区孝德公园效果

图10-6　鸿雁社区孝德公园上虞戏台效果

（二）以 e 游小镇为载体，融合打造创业场景

上虞具有浙江省领先的人才引进政策，e 游小镇是以数字产业为主题的省级特色小镇，目前已吸引了 400 余家数字经济企业，集聚了 4000 余名青年创客。毗邻小镇的鸿雁社区将为数字创客的安置问题提供完美的解决方案。结合小镇数字产业发展特点，鸿雁社区重点配置了创业孵化用房，设置总面积为 2.9 万平方米的双创彩盒、灵感孵化中心、创客学院等双创空间（见图 10–7），以及共享餐厅、城市书房等生活空间，实现“创业 + 投资 + 孵化 + 展示”一体式联动，为创业者提供“零租金”办公场所，引入专业化运营团队，用优势产业盘活社区，打造生活化的未来创业场景。

图10–7　鸿雁社区创业场景社区客厅效果

四、路径举措

（一）坚持集中攻坚，打造快速实施标杆社区

强化项目建设支撑，集聚各方力量实行部门联动，夯实基础保障，确保项目快速推进。

第一，专班化运作。组建由区分管领导任组长，18 个区直部门单位负责人为成员的未来社区建设专班，明确由区城建集团作为项目实施主体，以专班为“战斗单位”，项目列入全区首批“红领项目”，以保障进度。

第二，清单制推进。按照项目“快前期、快开工、快建设”的思路，把 33 项约束性

和引导性指标细化分解为138项具体指标，落实任务清单，明确责任主体。

第三，集成式攻坚。将未来社区建设纳入全区“三个一批、百项千亿”大会战重点监管项目之一，实行一月一通报、督查、解难，并实施捆绑考核、一体考评，确保项目推进。

（二）坚持资源集聚，打造政策突破样板社区

推动土地、资金、政策等要素资源向未来社区项目倾斜。

第一，“土地等项目”。针对老旧小区征迁难的问题，多方征询民意，坚持“安置地条件不低于征迁地”的原则，创新竞争性模拟签约，提前1个月完成拆迁工作，实现“土地等项目”。

第二，“资金保项目”。更大力度破解项目“资金难”问题，土地出让金剔除上缴国家部分后，其余均用于支持试点建设，实现资金“点对点”保障。

第三，“政策助项目”。积极助力高水平建设人才强区工作，在上虞区级层面出台“人才新政3.0版”基础上，优先保障未来社区双创人才。细化人才政策落地，推行高校毕业生“房票”安家补贴、市场化引才奖励、项目贷款贴息、产业化租房补贴、外籍人才子女教育补助等举措，实现最优人才政策向社区倾斜。

五、创新亮点

（一）“数字化总包”护航未来社区科学建设

鸿雁社区从申报、评审到项目实施均应用先进数字技术手段，依托社区信息模型平台（见图10-8），以“数字化总包”的形式为项目实施提供更全面的数字化保障。在方案申报阶段，“数字化总包”提供数字化平台为拟申报项目的发展价值与方案合理性进行预评估；在深化设计阶段，借助可靠有效的线上社区沉浸式体验，“数字化总包”辅助各建设参与方提高对社区设计理念的理解；在项目实施阶段，“数字化总包”汇聚施工全过程数据的数字化建设管理系统，为项目施工提供更为科学可靠的管理方式；在项目建成后，建设期积累的社区数字资产由“数字化总包”牵头移交，结合丰富的运营场景为居民提供相应的管理服务。

1. 设计阶段融合场景关键指标，实现三维可视化设计

发挥社区信息模型平台作用，在申报设计阶段多角度模拟预演建设方案，解决景观、日照及周边交通配套等潜在问题。通过对社区周边自然资源现状的有效重现，快速推算九大场景配套数量和类型、资金平衡状况、人口流动计划等各项关键指标数据，以

图10-8 鸿雁社区数字平台信息管理系统

合理便捷的可视化方式辅助各参与方快速理解设计方案。在后期设计阶段，通过 BIM 三维数字模型可视化开展实景模拟比选，对复杂节点进行三维出图，优化空间落位和节点施工步骤，高效协调设备管线排布和工艺模拟，节约设计深化时间 20%，降低施工成本 10%。

2. 建设阶段借助云端数字管控，确保工程质量和进度

在项目管理上，依托社区信息模型平台，开发智慧工地平台，全过程咨询单位可快速获取现场数据，进行项目生产及安全管理，提高决策准确性。打造工程管控云平台，紧紧围绕“人、机、料、法、环”5 个关键要素，协同管理质量、进度、安全等 13 个建设要素，并借助手机 APP 开展日常质量安全巡检，实现项目问题可追溯和闭环管理。修改完善后的 2.0 版本试运行以来，截至 2021 年 6 月，平台已发现质量问题共 108 条，整改闭合率达 95%。

3. 运营阶段与城市大脑平台交互研发，数字赋能社区服务

通过绍兴城市大脑上虞平台的时空智能操作系统及厘米级精准定位和精准授时技术为社区赋能，以无人车服务等多种应用形式，助力鸿雁社区成为首个北斗导航系统技术创新植入的未来社区。

（二）治理有温度，形成社区善治体系

积极构建“社区、运营、业主”三方代表组成治理小组，协作互助，共同治理社区。努力通过邻里与创业两大特色场景，立德立业，提升社区善治能力。发挥鸿雁社区党员凝聚力，构建社区精密治理体系（见图 10–9），实现“圈层查控、单元防控、要素管控”的社区治理新格局。

图10–9　鸿雁社区精密治理体系

附　录

附录一　浙江省未来社区建设课题调查问卷

（社区居民问卷）

所在地：__________县（市、区）__________学校__________街道

________________社区（居委会）______________小区（楼盘）

第一部分　基本情况

1. **您的性别：**□男　　□女

   说明：可根据结果了解不同性别人群对社区功能及设施的需求程度。

2. **您的年龄：**□18岁以下　□18～30岁　□31～45岁　□46～59岁　□60岁及以上

   说明：可根据结果了解不同年龄人群对社区功能及设施的需求程度。

3. **您的受教育程度：**□高中及以下　　□大专及本科　　□硕士及以上

   说明：可根据结果了解不同学历程度人群对社区功能及设施的需求程度。

4. **您的职业**

   □公职人员　　□个体私营业主　　□技术人员　　□企业管理人员

   □商业服务从业人员　　□学生　　□工人　　□失业、待岗人员

   □创业者　　□退休老人　　□全职家长　　□其他

   说明：可根据结果了解不同职业人群对社区功能及设施的需求程度。

5. **您的月收入**

   □5000元及以下　　□5001～10000元　　□10001～15000元

   □15001～20000元　　□20000元以上

   说明：可根据结果了解不同收入人群对社区功能及设施的需求程度。

6. 您在本社区的居住时间

□不到1年　□1～<3年　□3～<5年　□5年及以上

说明：了解不同居住人群对社区功能及设施的需求程度，并对居住时间较长人群填写问卷进行深入研究。

7. 您目前住房的产权关系

□自有住宅　□集体产权　□短期租房　□长期租房

说明：了解不同产权关系人群比例，重点对社区不同住宅类型设置提供指导。

8. 您目前的居住关系

□单独居住　□合租（住）　□家有未成年子女　□家有老人

□三代同堂（和老人及小孩一同居住）

说明：了解不同家庭结构人群对社区功能及设施的需求程度，尤其是家有未成年子女或老人人群的需求。

9. 您对所居住社区最满意的是（最多选5项）

□交通便捷程度　□机动车停放　□物流服务　□日常购物

□教育设施　□文体娱乐设施　□医疗服务　□养老服务

□小区规划　□环境卫生条件　□公共活动空间　□邻里关系

□社区活动　□文化特色　□治安　□物业管理服务

□住宅户型　□网速及信号　□智能化水平

说明：根据各选项选择人数，了解现状社区哪类功能服务/设施建设较好。

10. 您对所居住社区最不满意的是（最多选5项）

□交通便捷程度　□机动车停放　□物流服务　□日常购物

□教育设施　□文体娱乐设施　□医疗服务　□养老服务

□小区规划　□环境卫生条件　□公共活动空间　□邻里关系

□社区活动　□文化特色　□治安　□物业管理服务

□住宅户型　□网速及信号　□智能化水平

说明：根据各选项选择人数，了解现状社区哪几类功能服务/设施存在问题。

第二部分 住宅、建筑及空间建设

11. 您比较关注住宅建筑使用的哪些方面？（最多选3项）

□住宅户型设计 □户型大小套型配比 □住宅公摊面积 □建筑层高

□建筑外观风格 □电梯配建 □阳台封闭与否

说明：根据问卷结果，了解居民对住宅建筑的需求，为未来社区住宅建筑设计提供指导。

12. 您认为社区建筑存在的问题（最多选3项）

□建筑老旧 □缺乏电梯 □缺乏文化特色 □智能化不足

□房屋层高低 □住宅户型不好 □公摊面积过大 □其他

说明：根据问卷结果，了解现状社区建筑存在的主要问题，指导社区建筑改建或拆除重建。

13. 您认为社区中应该增加哪些住宅形式？（最多选3项）

□人才公寓 □单身公寓 □共享公寓 □老年公寓 □廉租房

□小户型住宅 □其他

说明：根据问卷结果，了解社区对新兴住宅形式的需求程度，指导未来社区配置多样化住宅。

14. 您认为社区空间布局存在哪些问题（最多选3项）

□建筑密度过高 □建筑面宽过大 □建筑高度过高 □绿地广场不足

□住宅间距小，日照不足 □社区布局不合理，通风较差 □地下空间缺乏

□停车配建不足 □没问题 □其他

说明：根据问卷结果，了解社区空间布局存在问题，可根据问题突出程度，在未来社区规划中进行布局优化和容积率调整。

15. 您认为所住小区是否需要改造重建？

□是 □否

如果是，您希望的安置方式是哪类？

□原拆原回 □货币补偿 □综合补偿 □其他

说明：将问卷结果作为社区/住宅小区是否需要拆除重建的依据之一。

第三部分　公共服务设施配套

16. 您对社区公共服务配套设施存在问题的评价（可多选）

编号	场所	无问题	场地设施缺乏	设施数量少/规模小	距离较远	服务水平低	不了解
A	托儿所	□	□	□	□	□	□
B	幼儿园	□	□	□	□	□	□
C	小学	□	□	□	□	□	□
D	初中	□	□	□	□	□	□
E	社区图书室	□	□	□	□	□	□
F	文化活动室	□	□	□	□	□	□
G	社区卫生站	□	□	□	□	□	□
H	养老照料中心	□	□	□	□	□	□

说明：根据问卷结果，了解各类公共服务设施现状存在问题，根据问题的突出程度，在未来社区公共服务配置上可通过增设设施、扩大设施规模、优化设施布局、提升服务水平等方面进行优化。

17. 您希望社区提供哪些新型文化教育服务？（最多选3项）

□社区在线教育平台　□艺术爱好培训　□社区知识分享平台

□共享图书馆　□社区学习组织　□其他

说明：根据问卷结果，了解居民对文化教育服务的需求，在未来社区建设中，可重点引导配置相应设施/服务，如建立社区虚拟教育平台，增加文化教育设施等。

18. 您希望社区提供哪些新型医疗服务？（最多选3项）

□互联网医疗　□家庭医生　□健康咨询　□数字健康档案

□在线健康监测　□健康管理服务　□心理咨询服务　□养生保健服务

□其他

说明：根据问卷结果，了解居民对医疗服务的需求，在未来社区建设中，可重点引导配置相应设施/服务，如社区医疗平台、社区健康管理中心等。

19. 您对自己或家中老人未来养老形式的预期

□由亲属或子女抚养的居家养老　　□聘请保姆进行照料的居家养老

□由社区邻居共同照料的居家养老　　□社区养老福利院

□商业化运营的养老公寓　　□外出旅游度假养老　　□其他

说明：根据问卷结果，了解未来养老形式趋势，指导未来社区养老服务设施配置。

20. 您希望社区提供哪些养老服务？（最多选3项）

□老年日托服务　　□老年生活服务　　□老年健身服务　　□老年公寓

□老年大学　　□老年餐厅　　□老年俱乐部/社团　　□老年活动中心　　□其他

说明：根据问卷结果，了解居民对养老服务的需求，在未来社区建设中，可重点引导配置相应设施/服务，如社区养老公寓、综合养老服务中心、商业养老机构等。

21. 您对社区体育健身配套设施存在问题评价（可多选）

编号	场所	无问题	场地设施缺乏	设施数量少/规模小	距离较远	服务水平较低	不了解
A	体育健身点	□	□	□	□	□	□
B	室内体育场地（含小学场馆）	□	□	□	□	□	□
C	室外公共篮球场	□	□	□	□	□	□
D	公共游泳池（馆）	□	□	□	□	□	□
E	公共健身房	□	□	□	□	□	□
F	健身步道/沿河步道	□	□	□	□	□	□

说明：根据问卷结果，了解各类体育健身设施现状存在问题，根据问题的突出程度，在未来社区健身服务设施配置上可通过增设设施、扩大设施规模、优化设施布局、提升服务水平等方面进行优化。

22. 您希望社区提供哪些体育健身服务/场地？（最多选3项）

□慢跑绿道　　□室内运动场地　　□社区公共健身房　　□社区游泳池

□共享健身仓（24小时无人自助健身仓）　　□社区健身互动平台　　□其他

说明：根据问卷结果，了解居民对健身服务的需求，在未来社区建设中，可重点引导配置相应设施/服务，如增加绿道、增加体育场馆、建立社区虚拟健身交流平台等。

第四部分　商业运营和市场服务

23. 您当前居住社区已经配备了哪些商业服务设施？（可多选）

□便利店　□便民小菜店　□餐馆　□书店（书报亭）　□药店
□社区食堂　□服装店　□酒店　□水果店　□休闲娱乐
□维修店　□洗衣/改衣　□美容美发　□母婴店　□家政中心
□银行网点　□中小超市　□其他

说明：根据问卷结果，了解现状社区哪类商业服务设施配备较为齐全。

24. 您认为当前居住社区哪些商业服务设施需要完善？（最多选5项）

□便利店　□便民小菜店　□餐馆　□书店（书报亭）　□药店
□社区食堂　□服装店　□酒店　□水果店　□休闲娱乐
□维修店　□洗衣/改衣　□美容美发　□母婴店　□家政中心
□银行网点　□中小超市　□其他

说明：根据问卷结果，了解居民对各类商业服务设施的需求程度，在未来社区建设中可重点引入相关商业设施/服务。

25. 您当前居住社区商业服务存在的主要问题是什么？（最多选3项）

□设施类型较少　□设施数量较少　□设施服务层次较低
□设施距离较远　□设施老旧　□服务价格较高　□其他

说明：根据问卷结果，了解现状社区商业服务配备存在的问题，根据问题进行针对性完善。

26. 您期待体验哪些新型商业服务模式？（最多选3项）

□社区电商平台　□无人商店　□社区智慧商圈　□社区快闪店
□共享衣柜　□社区商业O2O　□社区金融服务　□其他

说明：根据问卷结果，了解居民对新型商业服务模式的需求，在未来社区建设中，可率先试点体验。

27. 您认为以下哪些商业服务应尽量实现网络化？（最多选5项）

□日常购物　□水果生鲜　□家电维修　□家政服务　□餐饮服务

□美容美发　□按摩保健　□体育健身　□物业缴费　□其他

说明：根据问卷结果，了解居民对各类商业服务网络化的需求，在未来社区智慧化平台建设中，应该重点接入相关功能服务。

第五部分　就业及创业服务

28. 您是否有在社区就业或创业的需求？（如选择无需求，直接跳转至第六部分）

□无需求　□社区就业　□社区创业

说明：根据问卷结果，了解居民在社区就业/社区创业方面的需求。

29. 您在本社区从事或意向从事的行业领域类型？

□商业零售　□餐饮服务　□社区电商　□创意设计

□金融、财务等商务服务　□医疗保健服务　□养老服务　□教育培训服务

□体育健身服务　□互联网、人工智能等高科技行业　□其他

说明：根据问卷结果，了解社区就业行业领域类型分布情况。

30. 您认为社区创业氛围/商业氛围如何？

□氛围浓厚　□氛围一般　□没有什么氛围

说明：根据问卷结果，了解社区整体商业氛围/创业氛围。

31. 您认为社区创业或就业应配备哪些设施？（最多选3项）

□众创空间　□创业咖啡厅　□孵化器　□人才公寓

□共享会议室　□技术服务平台　□商业写字楼　□其他

说明：根据问卷结果，了解社区就业创业者对相关配套设施的需求程度，根据结果选择性配置相关设施。

32. 您认为社区应该配备哪些就业和创业服务？（最多选3项）

□创业辅导　□金融服务　□工商注册服务　□专业物流服务

□法律、财务等专业咨询服务　□科技创新服务　□路演辅导

□就业辅导　□职业培训及职业鉴定　□其他

说明：根据问卷结果，了解社区就业创业者对相关服务的需求程度，根据结果，引导社区提供或导入相关服务。

33. 您希望城市政府为社区就业和创业者提供哪方面的政策支持？（最多选3项）

□上市扶持　□人才引进扶持　□投融资扶持　□科技创新扶持

□财税优惠　□便捷的政务服务　□其他

说明：了解社区就业创业者对政策扶持的需求程度，引导相关部门出台相关政策进行扶持。

第六部分　交通、市政和能源

34. 您在社区中最常去的地方和目的是什么？

□便利店、菜市场等购物场所　□公园、广场等活动场所

□休闲娱乐场所（电影、唱歌等）　□健身房等体育运动场所　□接送孩子

□其他

说明：了解现状社区中被使用较多的公共设施是哪些。

35. 您上下班（学）/日常出行的距离大约是多少？

□3公里以内　□3～5公里　□＞5～10公里

□＞10～20公里　□＞20～30公里　□30公里以上

说明：了解居民日常出行距离。

36. 您上下班（学）/日常出行的主要方式是什么？（最多选3项）

□步行　□自行车　□电瓶车　□公交车/地铁

□共享汽车　□出租车/网约车　□私家车　□其他

说明：了解居民日常通勤类出行的方式，研究社区中公共交通换乘、接续方面的可行性与必要性。

37. 您认为应从哪些方面改善公共交通服务？（最多选3项）

□增设站点　□增设/优化公交线路　□增加班次

□提升乘坐舒适度　□延长首末班时间　□优化公交站台设计

□增加班车实时信息显示　□其他

说明：了解居民对公共交通方面的意见，研究从社区层面可能协调解决的问题。

38. 您的家庭拥有的私家车数量

□无私家车　□1辆　□2辆　□3辆　□3辆以上

说明：了解现状家庭私家车拥有数量，并与问题37一同研究拥有私家车家庭的公交出行意愿。

39. 您在小区停车的主要方式是？（无私家车无须填）

□购买小区停车位　□租小区停车位　□附近路边停放　□其他

说明：了解小区内、外停车比例，研究未来社区公共停车的需求量。

40. 您停车遇到的最大问题是？（无私家车无须填）

□小区车位不足　□车位购买（租赁）价格高　□物业停车管理不到位

□没有（缺乏）充电桩　□进出不便　□其他

说明：研究未来社区中可能解决的停车问题。

41. 您在社区内的日常步行时间（单程）是多少?

□5分钟以内　□5～10分钟　□＞10～20分钟　□＞20～30分钟　□30分钟以上

说明：了解居民非通勤类出行的步行可达范围。

42. 您认为社区道路交通存在最突出的问题是哪些？（最多选3项）

□道路拥堵　□公共交通不便捷　□行走/骑行环境差

□停车问题突出　□过境交通干扰　□交通管理水平欠缺

□居民交通安全意识较差　□共享单车停放无序　□其他问题

说明：了解现状社区内存在的主要交通问题，根据问卷结果进行优化。

43. 您最希望社区提供哪些新型交通服务（最多选3项）

□智能停车系统　□共享停车　□社区共享出行平台

□社区共享汽车　□无人驾驶体验　□立体交通（人车分离交通系统）

□社区巴士　□其他

说明：了解居民对新型交通服务的意愿与需求程度，在未来社区中可重点进行试点体验。

44. 您认为居住社区在市政配套上存在哪些突出问题？（最多选3项）

□未通燃气　□电线线路混乱　□停电频繁　□水压不稳

□停水频繁　□管线跑冒滴漏　□未实现雨污分离

□水、电、气读表不智能　□没有问题　□其他问题

说明：了解现状居民在市政配套方面存在的问题，在未来社区建设重点提升或优化。

45. 您最希望社区完善哪些市政配套？（最多选3项）

□配备净水设备　□小区中央空调　□集中供热　□新风系统（集中通风）

□垃圾分类收集处理系统　□社区智能电网　□中水回用　□其他

说明：了解居民对社区集中处理市政、能源、环境等方面的意愿与需求程度，在未来社区建设中试点提供。

46. 您目前收发快递最主要的方式是什么？（最多选3项）

□快递员上门　□快递柜　□物业门卫代收

□快递驿站　□网点自取　□其他

说明：了解现状居民接收快递的主要方式。

47. 您最期待的物流改进措施有哪些？（最多选3项）

□楼道增设智能快递柜　□物业代收送上门　□无人车（机）配送

□配送时间自由选择　□增加生鲜冷链接收柜　□增设固定快递点

□配置社区专用物流管道　□现状物流较好，无须改进　□其他

说明：了解居民对新型物流模式的意愿与需求程度，在未来社区建设中重点完善或率先试点。

48. 您希望社区在哪些方面提升安防服务水平？（最多选3项）

□增加/完善小区门禁系统　□增加/完善高清视频监控系统

□配备人脸识别门禁系统　□增加安全巡逻　□增加紧急避难场所

□加强安全防灾宣传管理　□增设消防等防灾设施　□现状安防较好，无须改进

□其他

说明：了解居民对新型安防服务的需求程度，在未来社区建设中重点完善或率先试点。

49. 您希望社区在哪方面提升通信网络服务水平？（最多选3项）

□增加网络服务商　□降低网络费用　□提升网络速度

□增强通信网络信号　□率先配备5G网络　□现状网络较好，无须改进

□其他

说明：了解居民对提升通信网络服务水平的需求。

第七部分　生态、环境和文化

50. 您认为当前社区生态环境问题在哪方面？（最多选3项）

□水环境污染　□废气扬尘　□噪声干扰　□绿地广场缺乏

□空气质量差　□花粉飘絮等植物污染　□其他

说明：了解现状社区生态环境存在的主要问题，指导未来社区重点改善。

51. 您对社区生态环境提升的建议（最多选3项）

□增加社区公园绿地　□加强社区环境在线监测　□增加步行通道绿化

□增加儿童游乐场地　□增加老年活动场所　□增加休息座椅　□其他

说明：了解现状居民在提升生态环境方面的需求，指导未来社区重点完善。

52. 您对社区环境卫生提升的建议（最多选3项）

□推行社区垃圾分类　□加强社区卫生管理整治　□增加垃圾桶等环卫设施

□加强社区环保教育宣传　□其他

说明：了解现状居民在提升环境卫生方面的需求。

53. 您认为应该从哪些方面提升社区文化氛围？（最多选3项）

□加强传统文化宣传　□开展社区文化交流活动　□增加文化雕塑、宣传栏等

□增加文化交流场所　□保留传统建筑和街区　□其他

说明：了解现状居民在提升社区文化方面的需求。

第八部分　社区管理与邻里关系

54. 您对社区邻里关系的评价

□关系很好、相处融洽　　□关系一般，不太熟悉

□关系不好，有过矛盾　　□未有接触，不认识

说明：了解现状社区居民间邻里关系。

55. 您对社区邻里关系提升的意见（最多选3项）

□建立邻里虚拟平台　　□组织社区邻里活动　　□组建社区活动社团

□开展家庭亲子活动　　□其他

说明：了解居民对于提升邻里关系的想法。

56. 您认为当前社区物业管理服务还存在哪些问题？（最多选3项）

□物业费高　　□物业维修基金使用不透明　　□服务专业化水平不够

□物业管理沟通困难　　□小区公共设施使用存在纠纷

□社区商户运营影响日常生活　　□无问题　　□其他

说明：了解现状物业服务存在的问题，后期研究是否能从前期设计、后期社区层面解决部分问题。

57. 您所在的社区是否建立了网络服务平台？

□尚未建立　　□是，建立了微信公众号　　□是，建立了微博账号　　□不了解

说明：了解现状社区网络服务的推广度与主要服务平台。

58. 您所在社区各项信息的发布渠道主要是哪些？（最多选3项）

□社区宣传栏　　□居民互相告知　　□宣传海报　　□社区网络公众号

□小区物业转告　　□短信/电话通知　　□其他

说明：了解居民获取社区信息的主要途径，在设计中更多布置，并考虑是否可以电子化、智能化。

59. 您所在社区活动举办的频次？

□每周一次　　□两周一次　　□一个月一次　　□两个月一次

☐一个季度一次　☐半年一次　☐未组织相关活动　☐不了解

说明：了解现状社区举办活动的频次（从不了解人数了解社区宣传的广泛度）。

60. 您所在社区举办过哪类活动？（可多选）

☐党建团建活动　☐普法教育宣传　☐文艺展示活动　☐亲子娱乐活动
☐公益活动　☐节庆活动　☐集市购物活动　☐社区公约宣传
☐不了解　☐其他

说明：了解现状社区举办活动的主要类型。

61. 您对哪类社区活动感兴趣？（最多选3项）

☐党建团建活动　☐普法教育宣传　☐文艺展示活动　☐亲子娱乐活动
☐公益活动　☐节庆活动　☐集市购物活动　☐社区公约制定
☐社区日常事务管理　☐其他

说明：根据问卷结果，增加居民感兴趣活动的举办频次，并在前期社区综合设计中预留场地、设施等。

62. 您对各类社区活动参与度如何？

☐积极性较高，多数会参加　☐积极性一般，部分参与
☐积极性不高，很少参与　☐完全不参与

说明：了解社区活动参与人数比例与兴趣程度。

63. 您不愿意参与社区活动的主要原因是什么？（最多选3项）

☐活动类型不够多元　☐活动时间安排不合理　☐工作生活较忙
☐活动组织水平不足　☐邻里不熟悉　☐社团组织少，覆盖面窄
☐社区宣传力度不够　☐没有兴趣参与　☐其他

说明：了解社区居民不愿意参与社区活动的主要原因，着重对从社区层面可改善、激发居民兴趣的方面进行优化。

64. 您认为目前社区治理存在哪些问题？（最多选3项）

☐管理缺乏对居民的情感关怀　☐社区行政人员数量较少，服务能力有限
☐社区服务人员服务观念落后有待提升　☐社区服务智能化水平有待提升

□社区居民在社区治理方面参与度不足　　□不了解　　□其他

说明：了解现状社区居民认为社区治理中行政人员数量、行政人员质量、服务态度、行政硬件设施哪些满意度较低。

附录二　参与撰写的人员和单位

理论创新篇

研究主持和总执笔人：柴贤龙

执行总执笔和统稿人：徐呈程

第一章　绪　论　　徐呈程

第二章　全球视野中的社区发展迭代创新　　徐呈程

第三章　社区发展的浙江实践和创新基础

一、浙江探索新时代人居典范的优势条件　　靳丽芳

二、当前浙江社区发展面临的若干困境　　洪祎丹、裘莫寒

三、基于全省问卷调查的社区痛点和民意需求分析

由浙江省发展规划研究院柴贤龙统筹，沈洁莹、徐呈程、洪祎丹参与撰写，中国联合工程有限公司沈瑞宏、侯宇红、任杰、曹晓辉、谢金玲供稿

第四章　浙江未来社区建设的顶层设计

一、未来社区的价值坐标　　徐呈程

二、未来社区的内涵特征

引用时任浙江省省长（现任浙江省委书记）袁家军专访文章《未来社区是“让老百姓幸福”的新平台》（《学习时报》2019 年 11 月 25 日头版）。

三、未来社区的功能承载

由浙江省发展规划研究院柴贤龙统筹，徐呈程参与撰写，中国联合工程有限公司郭伟华、侯宇红、任杰、王琳洁、黄双双供稿

四、未来社区的营建方式

（一）场景化营造是社区未来化的趋势导向　　徐呈程

（二）场景理论对社区未来化的启示　　徐呈程

（三）未来社区“9+X”场景系统集成创新 柴贤龙、徐呈程、吴洁珍、楼小明、宋维尔、洪祎丹等

五、未来社区的顶层设计架构　柴贤龙

第五章　浙江未来社区建设的总体方案

一、未来社区建设的思路目标　柴贤龙、徐呈程、祝立雄

二、未来社区建设的推进要点　柴贤龙、汤欢、宋维尔、徐呈程

三、未来社区建设的组织实施　汤欢、宋维尔、洪祎丹、祝立雄

第六章　未来社区建设关键突破口解决方案

一、人文价值体系构建方案　靳丽芳

二、数字孪生社区构建方案

由浙江省发展规划研究院祝诗蓓、陆诗熠统筹，中国电建集团华东勘测设计研究院有限公司富强、陈程、把操，筑家易公司杨斌、钟霞，浙江省经济信息中心吴前锋、林崇责供稿

三、可持续物业运营解决方案　徐呈程、沈洁莹

四、立体绿化解决方案　陈明雨、祝立雄

五、“去房地产化”的资金平衡解决方案　靳丽芳、牛美晨

六、“带方案”土地出让方式

由浙江省发展规划研究院洪祎丹、裘莫寒统筹，浙江省永泽建筑设计有限公司张永刚供稿

第七章　未来社区九大场景技术方案

一、“远亲不如近邻”的邻里营造方案　靳丽芳

二、“终身学习”的教育解决方案　徐呈程

三、“全民康养”的健康解决方案

由浙江省发展规划研究院陆诗熠统筹，浙江省发展规划研究院洪祎丹、中国电建集团华东勘测设计研究院有限公司把操供稿

四、“大众创新”的创业解决方案　杨淑丽

五、“艺术与风貌交融”的建筑空间创新方案　宋维尔

六、“5、10、30 分钟出行圈”的交通解决方案　楼小明

七、“近零”的能源解决方案　吴洁珍、汪洋

八、“优质生活零距离”的服务解决方案　方虹旻、邹君妤

九、“整体智治”的治理解决方案　沈洁莹

第八章　浙江未来社区的建设标准

一、国内外先进标准借鉴　　徐呈程

二、指标体系构建的理论模型　　徐呈程

三、浙江未来社区创建指标体系　　柴贤龙、吴洁珍、徐呈程、宋维尔、汤欢、楼小明、杨淑丽、方虹旻、洪祎丹、靳丽芳、沈洁莹等

第九章　未来社区建设的政策保障和推进机制

一、政策保障　　柴贤龙、徐呈程等

二、推进机制　　洪祎丹、裘莫寒

第十章　未来社区建设深化研究展望　　徐呈程

技术指引篇

研究主持和总执笔人：柴贤龙

执行总执笔和统稿人：祝立雄、徐呈程

第一章　总体要求

由浙江省发展规划研究院柴贤龙统筹，徐呈程、祝立雄撰写，中国联合工程有限公司郭伟华、郭晔、任杰、王一波、包晓兵负责人本化内容供稿，中建科技集团有限公司田慧峰、林杰团队负责生态化内容供稿

第二章　九大场景建设指引

一、邻里场景

由浙江省发展规划研究院祝立雄统筹，中国美术学院俞坚、王侃供稿，陈继华、董清清、张颖协助

二、教育场景

由浙江省发展规划研究院徐呈程统筹，祝立雄、陈明雨、毛家怡参与撰写，七彩文旅资产管理（浙江）有限公司杨攀、浙江全能教育研究院王晓燕、网易有道信息技术（杭州）有限公司陈英协助

三、健康场景

由浙江省发展规划研究院洪祎丹统筹，浙江省发展规划研究院陆诗熠、中国电建集团华东勘测设计研究院有限公司把操参与撰写，浙江大学健康医疗大数据国家研究院吴息凤、杭州医学院信息与教育技术中心辛均益、阿里健康智慧医疗创新

实验室陈立平协助

四、创业场景

由浙江省发展规划研究院杨淑丽统筹，浙江省建筑设计研究院张金星、高嵩、胡适人、潘媛、陈莉供稿

五、建筑场景

由浙江省发展规划研究院宋维尔统筹，浙江省发展规划研究院汤欢、伍洲、杨淑丽，浙江大学建筑设计研究院王健、高蔚供稿

六、交通场景

由浙江省发展规划研究院楼小明统筹，浙江数智交院科技股份有限公司赵长军、杨辉、陈冬冬、王家喜、张姣供稿

七、低碳场景

由浙江省发展规划研究院毛家怡统筹，中国能源建设集团浙江省电力设计院有限公司唐瑜、钱晓栋、徐展、朱克勤、虞伟君供稿

八、服务场景

由浙江省发展规划研究院汤欢统筹，宋维尔、方虹旻参与撰写，绿城理想生活集团周正希、杭州万科物业服务有限公司高红蕊、中国电建集团华东勘测设计研究院有限公司依俊楠协助

九、治理场景

由浙江省发展规划研究院陈明雨统筹，浙江大学公共管理学院郁建兴、吴结兵、王诗宗、钱倩严慧、宋佳钰团队供稿

第三章　重点专项工作指引

一、数字平台

由浙江省发展规划研究院祝立雄统筹，中国电建集团华东勘测设计研究院有限公司富强、把操、侯志通团队，阿里巴巴（中国）有限公司王洪波团队，以及华为技术有限公司李永波团队供稿

二、资金平衡

由浙江省发展规划研究院柴贤龙统筹，浙江省省直建筑设计院王金火、黄有光、罗巨光、赵刚团队负责，浙江省永泽建筑设计有限公司张永刚团队供稿

三、履约监管

由浙江省发展规划研究院柴贤龙统筹，浙江省省直建筑设计院肖洪、陈波、黄有光、赵刚团队负责，浙江省永泽建筑设计有限公司张永刚团队供稿

实践探索篇

研究主持和总执笔人：柴贤龙

执行总执笔和统稿人：徐呈程、祝立雄

第一章　先行探路　迭代生成——杭州萧山七彩社区发展之路
　　根据杭州市萧山区瓜沥镇人民政府、七彩文化科技集团供稿整理

第二章　产城融合 旧城复兴——杭州上城始版桥社区探索“三生”融合发展之路
　　根据杭州望海潮建设有限公司供稿整理

第三章　打造集成先进技术和优越制度的未来社会——杭州城西科创大走廊率先探索全域类未来社区
　　根据杭州城西科创产业集聚区管理委员会供稿整理

第四章　“投建管运一体化”模式探索——衢州柯城礼贤社区的思考、探索与实践
　　根据衢州市住房和城乡建设局供稿整理

第五章　绿廊上的和合未来生活样板——台州椒江心海社区探索大运营新模式
　　根据台州市商贸核心区开发建设投资有限公司供稿整理

第六章　聚焦建筑新格局、供地新机制、治理新模式首创突破——丽水莲都灵山社区系统践行未来社区初心之路
　　根据丽水市城投置业有限公司供稿整理

第七章　智扬云帆　创享钱塘——杭州钱塘云帆社区打造“产城人文”四位一体复合型社区
　　根据杭州市钱塘区发展和改革局供稿整理

第八章　集约创新“央地共建”——温州鹿城集新社区建设模式的探索与实践
　　根据温州市鹿城区广化街道供稿整理

第九章　运营前置　积分赋能——湖州南浔頔塘社区探索“古镇活化”类未来社区样板
　　根据湖州南浔城市投资发展集团有限公司供稿整理

第十章　孝德邻里双创聚才　数智赋能“虞”见未来——绍兴上虞鸿雁社区的探索与实践
　　根据绍兴市上虞城市建设集团有限公司供稿整理

附　录　浙江省未来社区建设课题调查问卷
　　由中国联合工程有限公司侯宇红、任杰团队为主设计

后记

在未来社区建设从“试点制”全面迈向“创建制”之际，《未来社区：浙江的理论与实践探索》出版了。自 2018 年 9 月开始谋划未来社区顶层设计，到现在 150 个试点和创建项目有序推进，并开启全省域推进城镇未来社区建设新征程，浙江未来社区建设探索实践正在一步步从梦想照进现实。

未来社区不是理论构造出来的产物，而是扎根于中国特色社会主义土壤之中，在浙江这片勇于创新的大地上自主生根并正在快速成长的树苗。“未来”是一个没有终极答案、永远在路上的目标，浙江未来社区建设也将是一项持续迭代创新、以人民满意为本的系统举措。随着各地的探索实践，全省已经涌现出若干“最佳实践”和政策创新，形成了一批可复制、可推广的经验做法。我们深感未来社区是代表未来发展趋势的新理念、新模式，对于城市现代化具有重要意义。因此，我们期望用学术的眼光淬炼未来社区之“根”和“道”，从技术的角度凝练未来社区的落地方向，用实践的经验迭代未来社区的创新方向，为更高质量推进全省域城镇未来社区建设工作蓄势、赋能、加码。

在浙江省发展和改革委员会的统筹组织协调下，浙江省发展规划研究院牵头成立了撰写组，经过持续优化、反复迭代，最终形成本书理论创新、技术指引、实践探索三大篇章。

感谢同济大学副校长吴志强院士、浙江省发展改革委原副主任黄勇、中共浙江省委宣传部原副部长胡坚等专家为本课题研究和书稿撰写提供的宝贵意见与建议。

感谢中国联合工程有限公司、中国电建集团华东勘测设计研究院有限公司、中国美术学院、浙江省建筑设计研究院、浙江大学建筑设计研究院、浙江省省直建筑设计院、浙江绿城建筑设计有限公司、浙江数智交院科技股份有限公司、中国能源建设集团浙江省电力设计院有限公司、浙江大学公共管理学院、中建科技集团有限公司、阿里巴巴网络技术有限公司、华为技术有限公司等单位为本书撰写提供专题研究支撑材料。

感谢杭州萧山七彩社区、杭州上城始版桥社区、杭州城西科创大走廊全域未来社区、衢州柯城礼贤社区、台州椒江心海社区、丽水莲都灵山社区、杭州钱塘云帆社区、温州鹿城集新社区、湖州南浔頔塘社区、绍兴上虞鸿雁社区等 10 个未来社区试点项目的建设主体提供案例素材。

作为一项系统工程，浙江未来社区建设工作始终强调开放式创新，最大限度整合政府、市场、居民、智库、专家、志愿者等各方力量，合力共创未来社区。希望本书的出版，可以吸引社会各界更广泛、更深入地参与到未来社区建设工作中，进一步解放思想，激发创造性张力，争取形成更多具有推广价值的创新模式和“最佳实践”案例，让未来社区不仅落在大地上，也刻在百姓心里。

图书在版编目（CIP）数据

未来社区：浙江的理论与实践探索 / 浙江省发展和改革委员会，浙江省发展规划研究院编. -- 杭州：浙江大学出版社，2021.9（2021.11重印）
ISBN 978-7-308-21727-9

Ⅰ. ①未… Ⅱ. ①浙… ②浙… Ⅲ. ①社区建设—研究—浙江 Ⅳ. ①D669.3

中国版本图书馆CIP数据核字（2021）第180085号

未来社区：浙江的理论与实践探索
浙江省发展和改革委员会　浙江省发展规划研究院　编

责任编辑　吴伟伟　陈逸行
责任校对　陈　翩
封面设计　周　灵
出版发行　浙江大学出版社
（杭州市天目山路148号　邮政编码310007）
（网址：http://www.zjupress.com）
排　　版　浙江时代出版服务有限公司
印　　刷　浙江省邮电印刷股份有限公司
开　　本　787mm×1092mm　1/16
印　　张　22.75
字　　数　435千
版 印 次　2021年9月第1版　2021年11月第3次印刷
书　　号　ISBN 978-7-308-21727-9
定　　价　118.00元

浙江大学出版社市场运营中心联系方式：（0571）88925591；http://zjdxcbs.tmall.com